I Will Teach You To Be Rich

부자 되는 법을 가르쳐 드립니다

죄책감도, 핑계도, 거짓도 없다. 정말로 효과 있는 6주 프로그램

독자 후기

"절약이 '돈을 전혀 쓰지 않는 것'이 아니라 좋아하는 일에 넉넉하게 쓰는 것이라는 가르침은 삶에 대한 관점을 바꿔놓았습니다. 아내와 저는 각각 33세와 35세에 직장생활을 그만두고 캠핑카를 타고 여행을 다닙니다. 우리는 매 순간을 원하는 대로 보낼 수 있기 때문에 매일 아침 흥분과 활력 속에서 일어납니다."

– 스티브 애드콕Steve Adcock

"저는 30세 때 퇴직연금은 얼마 되지 않았고, 갚아야 할 학자금 대출은 1만 6,000달러였어요. 하지만 35세인 지금, 학자금 대출은 다 갚았고, 퇴직연금은 물론 다른 투자계좌에 넉넉한 돈을 모아두었으며, 신용카드 하나로 공과금을 내고 있어요. 이 책 덕분에 생긴 변화예요. 지금은 대부분의 돈을 제가 좋아하는 것에 편하게 씁니다."

– 아리엘 스튜어트Ariel Stewart

"2011년에 완전 자동화 시스템을 적용한 이후 저의 재산은 0달러에서 45만 달러 가까이 불어났습니다. 이제는 돈 걱정을 할 필요가 없어요. 공과금을 내고, 좋아하는 일을 즐기고, 노후연금도 한도액까지 부을 돈이 있기 때문이죠."

– 로스 플레처Ross Fletcher

"작은 출판사에서 2만 8,000달러의 연봉을 받으며 비서로 일하던 2010년인 25세 때 이 책을 처음 읽었어요. 현재 저는 샌프란시스코에서 여러 작가들과 일하고 있으며, 연 15만 5,000달러를 벌어요."

– 클레어 피콕Claire Peacock

"이 책을 읽은 후 장기 계약과 선호 업체 계약을 제안하여 아파트 월세를 175달러나 줄였습니다. 집주인은 저의 제안에 즉시 동의하였고, 덕분에 3,500달러가 넘는 돈을 아낄 수 있었어요!"

– 사미르 데사이Sameer Desai

"저는 퇴직계좌에 10만 달러, 개인 투자계좌에 8,000달러를 넣어두고 있으며, 이자가 나오는 계좌에 내년치 로스 납입액을 이미 마련해두었습니다."

– 데이비드 챔버스David Chambers

"저는 이 책의 조언에 따라 24세 때 첫 직장에 들어가기 전부터 퇴직계좌, 개인 투자계좌, 입출금계좌를 만들었습니다. 현재 저는 30세이며 개인 투자계좌, 기업 퇴직연금, 퇴직계좌에 30만 달러가 넘는 돈을 모아두었습니다."

– 힐러리 버크Hilary Buuck

"처음에는 빚에 대한 내용을 보고 깜짝 놀랐습니다. 빚을 그렇게 빨리 청산할 수 있다니! 돈을 더 버는 일이 충분히 가능하다는 것도 깨달았어요. 저의 월수입은 4,000달러에서 8,000달러로 늘었습니다. 4,500달러이던 빚은 현재 900달러로 줄었고, 곧 0이 될 것입니다."

– 리나 반살리Reena Bhansali

"저는 이 책의 원칙대로 협상을 통해 연봉을 높이고, '부수입 1,000달러' 프로젝트에 따라 부업을 하여 2년 만에 4만 달러의 빚을 청산했습니다. 또한 아내와 저는 자동화 원칙과 자신을 우선시하는 원칙에 따라 지난 2년 동안 약 20만 달러를 모았답니다."

– 션 윌킨스Sean Wilkins

"저는 카리브해 크루즈 여행길에 이 책을 가져갔다가 손에서 내려놓지 못했습니다. 이 책 덕분에 연봉이 2만 달러 늘었을 뿐만 아니라 코치로 부업을 시작하여 매달 수천 달러를 벌게 되었지요. 또한 이 책은 협상을 통해 대금과 수수료를 낮추고, 이용한도를 늘리고, 넉넉한 노후자금을 모으고, 근본적으로 돈을 버는 일에 대한 마음가짐을 바꾸도록 도와주었습니다."

– 메리 그레이스 가드너Mary Grace Gardner

"이 책 덕분에 한 푼도 없던 투자계좌에 지금까지 5만 5,000달러를 모았습니다."

– 알렉스 크레이그Alex Craig

"저는 카드 빚이 없었기 때문에 약 3주 만에 책에 나오는 모든 내용을 실행할 수 있었습니다. 그다음에는 별로 신경 쓰지 않았어요. 8년이 지난 지금 저는 유통업체에서 일하면서 20만 달러 가까이 모았고 빚은 하나도 없습니다."

– 대니얼 리 라이펀버거Daniel Lee Reifenberger

"이 책을 읽고 학자금 대출 상환 기간을 20년에서 10년으로 바꿨어요. 처음에는 어떤 차이가 있는지 몰랐지만 한 달에 50달러를 더 갚아서 최종적으로 1만 달러 넘게 아낄 수 있었지요."

– 라일라 너트Lyla Nutt

"저는 25세 때 1만 1,500달러의 빚을 지고 있었어요. 이 책은 빚에서 벗어나고, 신용카드를 현명하게 사용하고, 매달 쪼들리지 않고, 저축을 하는 방법을 알려주었습니다. 덕분에 28세인 지금 5만 달러를 모았고, 빚은 없습니다. 올해는 집을 살 것입니다."

– 앨리슨 레이놀즈Allison Reynolds

"이 책 덕분에 2만 달러짜리 인덱스 펀드에 적립식 투자를 하여 4년 만에 4만 달러로 만들 수 있었습니다. 또한 승진과 함께 네 번이나 연봉이 인상되어 예상 수입이 70%나 늘어났지요."

– 비번 허스트Bevan Herst

"이 책이 없었다면 퇴직계좌를 만들지 않았을 겁니다. 이 책은 연금 상품에 가입하여 시스템에 따라 자동으로 돈을 저축하는 방법을 알려주었습니다. 지금까지 해마다 로스 퇴직연금을 한도액까지 부어 4만 달러가 넘는 돈을 모았습니다."

– 제임스 먼로 스티브코James Monroe Stevko

"25세 때 이 책을 처음 읽었습니다. 그때 저는 형편없는 직장에 다녔고, 모아둔 돈은 거의 없었고, 돈을 어떻게 관리해야 하는지도 전혀 몰랐는데 이 책 덕분에 연봉이 20% 더 많은 새 직장을 얻은 덕분에 지난 5년 동안 일이 잘 풀렸답니다."

– 실라 매스터슨Sheila Masterson

"이전에 저는 죄책감을 느끼며 살았습니다. 나이를 서른일곱이나 먹고도 앞가림을 제대로 하지 못했기 때문이죠. 이제는 모든 것이 자동으로 이뤄져요. 덕분에 자신감이 생겼고, 여윳돈을 죄책감 없이 쓸 수 있습니다."

– 퀸 제다Quinn Zeda

• • • •
일러두기
이 책의 모든 각주는 금융 전문가들의 조언을 받아 붙인 것이다. 또한 이해를 돕기 위해 우리나라 실정에 맞는 내용을 추가하였다.

I Will Teach You To Be Rich

부자 되는 법을 가르쳐 드립니다

죄책감도, 핑계도, 거짓도 없다. 정말로 효과 있는 6주 프로그램

라밋 세티 지음 • 김태훈 옮김

Andromedian

목차

개정판을 내면서

숱한 인플루언서들influencers이 매일 아침 '해야 한다'고 말하는 것들을 따른다면 아마 당신의 일과는 이럴 것이다.

오전 4시 : 기상

4시 1분 : 명상

5시 : 물 140리터 마시기

5시 33분 : 감사 일기 쓰기

10시 45분 : 식사(저탄고지!)

11시 : 지난 16년 동안의 지출을 한 푼까지 점검하기

11시 1분 : 사망

글쎄다. 나는 실제로 효과가 있는 조언이 좋다. 10년 전에 내가 이 책에서 제시한 조언들을 잘 살핀 후 깨달은 게 있다. 내가 옳았다는 것이다.

10년 전에 이 책을 읽고 나의 조언을 충실히 따랐다면 당신은 지금쯤

이 정도 성과를 거뒀을 것이다.

- 매달 100달러만 투자했어도 1만 2,000달러는 2만 달러 이상이 되었을 것이다(S&P 500 지수는 지난 10년 동안 연평균 13% 상승했다).
- 공격적으로 한 달에 1,000달러씩 투자했다면 12만 달러는 20만 달러 이상이 되었을 것이다.
- 한 달에 재테크에 들이는 시간은 90분 이하일 것이다.
- 신용카드 포인트로 여러 번 휴가를 가고, 공짜로 비즈니스 클래스를 이용할 수 있었을 것이다.
- 돈은 불안과 혼란의 근원이 아닌 평온과 가능성의 근원이 되었을 것이다.

앞으로 확인하겠지만 나는 일반적인 재테크 '전문가'와 다르다. 나는 라테를 덜 마시라고 훈계하지 않을 것이다(마시고 싶은 만큼 마셔라). 또한 예산을 관리해야 한다고 설득하지도 않을 것이다(더 나은 방식이 있다). 끝으로 한 가지 더 말하자면 나는 실제로 존재하는 사람이다. 나는 인스타그램과 트위터(@ramit)에 포스트를 올리고 거의 매일 나의 블로그와 홈페이지(iwillteachyoutoberich.com)에 글을 쓴다.

그러면 뭔가 다른 일을 시작해보자. 우선 당신의 목소리를 듣고 싶다. 정말이다! 이메일(ramit.sethi@iwillteachyoutoberich.com, 제목은 new book reader)로 두 가지를 알려달라.

1. 무엇 때문에 돈을 관리해야겠다고 마음먹었는가?
2. 당신이 생각하는 '부유한 삶'이란 (구체적으로) 어떤 것인가?

나는 모든 이메일을 읽고 최대한 많이 답장을 보내려 노력할 것이다.

이 책이 당신에게 어떤 도움을 주었는가?

당신이 나의 조언을 활용하여 인생을 바꾼 이야기를 듣는 것은 내게 큰 기쁨이다. 다음은 일부 독자들이 내게 들려준 성과다.

"일자리가 없을 때 쌓인 카드 빚 1만 달러를 다 갚았고, 샌프란시스코에 콘도를 샀어요. 지금은 빚 없이 은퇴자금을 모으고 있어요."

－줄리아나 브로드스키(38세)

"은퇴자금으로 20만 달러를 모았고, 전용 계좌를 만들어 여행을 많이 다녀왔어요. 너무 많이 가서 정확히 몇 번인지는 말하기 힘들어요."

－카일 슬래터리(30세)

"1년에 한두 번씩 해외여행을 갑니다. 작년에는 남아프리카, 올해는 한국에 다녀왔어요."

－에슬리 리가야(34세)

"부유한 삶이란 자유를 뜻해요. 저는 아홉 달 동안 아르헨티나, 콜롬비아, 미국을 여행할 수 있었어요. 지금은 아내가 여섯 달 동안 쉬면서 앞으로 할 일을 생각하는 시간을 갖고 있어요."

－션 윌킨스(39세)

"한 명의 수입으로 세 명의 아이를 사립학교에 보낼 수 있었어요."

－브라이언 딜버리(32세)

이처럼 많은 사람이 큰 성과를 얻었지만, 그렇다고 내가 완벽한 것은 아니었다고 인정한다. 10년 전에 이 책을 처음 쓸 때 나는 세 가지 실수

를 저질렀다.

첫 번째 실수는 돈을 둘러싼 감정적인 측면을 다루지 않았다는 것이다. 제1판은 재테크와 관련된 실용적인 내용을 자세히 다뤘다. 가령 연체료를 면제받을 수 있는 구체적인 말, 내가 투자에 활용하는 자산 분배 방식, 배우자와 같이 돈을 관리하는 법 등을 제시했다. 그러나 당신이 보이지 않는 머니 스크립트invisible money scripts를 고치지 않으면 이 모든 게 소용이 없다. 보이지 않는 머니 스크립트는 당신이 부모와 사회로부터 흡수하여 오랫동안 결정의 지침으로 삼은 메시지다. 그럼에도 그 존재를 인식하지 못하는 경우가 많다. 혹시 이런 말들에 익숙한가?

- "넌 월세로 돈을 날리고 있어."
- "이 집에서 돈 얘기는 하지 마."
- "신용카드는 사기야."
- "라테 마시는 데 돈 좀 그만 써."
- "돈은 사람을 바꿔놔."
- "온갖 구린 짓을 하지 않으면 그만한 돈을 못 벌어."
- "주식 투자는 도박이야."
- "학자금 대출은 사기야."

개정판을 쓰며 가장 교묘하고 강력한 스크립트가 무엇인지, 어떻게 물리쳐야 하는지에 대해 자세히 적었다.

두 번째 실수는 너무 고압적이었다는 것이다. 사실 당신은 당신이 생각하는 부유한 삶의 모습뿐 아니라 거기에 이르는 방식을 선택할 수 있다. 제1판에서 나는 부유한 삶의 여러 정의를 제시하면서도 다양한 경로로 거기에 이를 수 있다는 사실은 밝히지 않았다. 가령 당신에게 부유한 삶은 맨해튼에서 사는 것일 수 있다. 또는 1년에 40일 동안 유타에서 스키를 즐기는 것이거나, 돈을 모아 아이들이 뛰놀 수 있는 큰 마당이 있는 집을 사는 것이거나, 크로아티아에 있는 초등학교를 후원하는 것일 수 있다. 즉, 당신이 정하기 나름이다.

물론 거기에 이르는 방식 또한 당신이 선택할 수 있다. 어떤 사람은 저축 10%, 투자 10%라는 전통적인 경로를 선택하여 편안하고 부유한 삶에 이르는 길을 천천히 나아간다. 또 어떤 사람은 수입의 50%를 저축하여 투자 수익으로 영원히 생활비를 대는 '교차점'에 신속하게 이른다 (이는 7장에서 다룰 '파이어FIRE' 혹은 재정적 독립, 조기 은퇴Financial Independence, Retire Early라 부른다).

나는 그것이 무엇이든 당신이 선택한 부유한 삶에 이르는 다양한 길을 보여주고 싶다. 그래서 통상적이지 않은 경로로 부유한 삶을 일군 사례들을 이 책에 많이 담았다.

끝으로 세 번째 실수에 대해 말하겠다. 사실 나는 지금까지 살면서 많은 일을 망쳤다. 가령 잘못된 사람을 채용했다가 해고했다. 준비 없이 미팅에 나갔다가 테드TED 강연 기회를 잃기도 했다. 20대 중반에는 183센티미터에 58킬로그램으로 몸이 털북숭이 찰흙인형 같았다. 그러나 이런 과오도 최악의 실수에 비하면 아무것도 아니다. 그것은 바로 제1판에 여러 은행의 실제 이자율을 기재한 것이다. 그때 내가 쓴 내용은 이랬다.

"인터넷 은행이 저축예금에 더 높은 이자를 지급한다. 이자율은 2.5%에서 5%로서 1,000달러를 저금하면 1년에 25달러에서 50달러의 이자가 생긴다. 반면 대형 은행의 저축예금에 들면 이자는 1년에 5달러밖에 생기지 않는다."

이 정보는 정확했다. 당시에는 말이다. 문제는 이자율이 변한다는 사실을 밝히지 않았다는 것이다. 제1판이 출간된 후, 이자율은 5%에서 0.5%로 떨어졌다. 그러나 나는 크게 문제되지 않는다고 생각했다. 가령 예금액이 5,000달러라면 월 이자가 21달러에서 2달러로 줄어들지만, 넓게 보면 큰 문제는 아닌 것이다. 그러나 독자들은 저축예금에 붙는 이자가 줄어들자 분노했다. 그것도 많이.

그들은 내게 화풀이를 했다. 다음은 내가 받은 이메일 가운데 일부다.

- "이 책은 사기예요. 당신이 말한 5% 이자는 어디에 있습니까?"
- "어떤 은행이 3% 이자를 줍니까?"
- "제목: 당신이 말한 은행은 어디에 있나요?"

지난 10년 동안 이런 이메일을 매일 20통 넘게 받았다. 다시는 같은 실수를 저지르지 않을 것이다. 여러분, 이자율은 변하는 겁니다.

개정판에서는 지난 실수들을 바로잡았다. 그리고 다음과 같은 새로운 내용을 추가했다.

1. 새로운 도구, 새로운 투자 선택지, 돈에 대한 새로운 접근법

보다 공격적으로 투자하고 싶다면 그 방법을 알려주겠다(299쪽). 인공지능 투자상담서비스에 대해 어떻게 생각하는지 말해주겠다(172쪽). 혼인계약서에 대한 나의 생각도 밝힐 것이다(406쪽).

2. 돈과 관련하여 당신이 직면할 새로운 상황들

관계와 돈을 어떻게 관리해야 할까? 거기에 관한 새로운 내용을 추가했다(385쪽). 재테크 시스템을 구축한 후 집중해야 할 부분도 제시했다(355쪽). 끝으로 정치와 베이비붐 세대 때문에 앞으로 나아가지 못한다고 불평하는 사람이 있다면 그러한 피해 의식에 대한 나의 생각을 읽어보길 바란다(22쪽).

3. 다른 독자들의 놀라운 이야기들

20대, 30대, 40대, 50대, 남성, 여성, 무일푼으로 시작한 사람들, 더성장하기 위해 성공을 발판으로 삼는 사람들 등 온갖 사람의 고무적인성공담을 비롯해 수많은 새로운 사례를 담았다. 또한 실행을 미루다가대가를 치른 사람들의 가슴 아픈 이야기도 실었다.

적절한 곳에 새로운 내용을 추가했지만 여전히 효과가 있는 기법들은 남겨두었다. 많은 사람은 '새로운' 조언을 원한다. 그러나 이 책의 가치는 새로움이 아니라 유용성에 있다.

10년 동안 나도 많은 변화를 겪었다. 결혼했고, 사업을 키웠고, 돈과심리에 대해 더 많이 배웠다. 이제 나는 내가 배운 것을 당신과 나누려고 한다. 잡음, 허풍, 온갖 앱이 넘쳐나는 와중에도 이 책에서 제시하는재테크 시스템은 효과가 있다. 장기 저비용 투자는 효과가 있다. 자동화는 효과가 있다. 이 책을 활용하여 다른 수많은 사람처럼 당신이 생각하는 부유한 삶을 일구길 바란다.

– 라밋 세티

섹시해질 것인가, 부자가 될 것인가?

대체로 사람들은 대학을 졸업한 후 살이 찐다. 대학 때는 날씬한 몸매를 유지했고 절대 살찔 일이 없다고 장담했던 대다수가 조금씩 건강에 적신호가 되는 체중에 이르고 마는 것이다. 나는 그 이유가 늘 궁금했다.

내가 이 책의 1판을 낸 후, 10년 동안 체중과 건강은 논쟁의 중심에 섰다. 내 글에서 관련 내용을 지우라는 조언도 많이 들었다. 그러나 나는 식단, 운동, 돈과 관련된 개인적 경험을 통해 이들 사이에 연관성을 발견했다.

체중은 하룻밤 사이에 불지 않는다. 그렇다면 쉽게 인식하고 대처할 수 있을 것이다. 체중은 차를 몰고 출근하여 하루 8시간에서 길게는 10시간 컴퓨터 앞에 앉아 있는 동안, 아주 조금씩 불어난다. 이런 삶의 변화는 주위에 자전거 타는 사람, 달리기하는 사람 혹은 운동부 학생이 있어 자극이 되던 대학 캠퍼스를 벗어나 사회에 들어서면서 일어난다. 그런데 친구들과 살 빼는 문제를 이야기하면 대체로 이런 말을 들을 것이다.

"탄수화물을 피해!"

"자기 전에는 아무것도 먹지 마. 잘 때는 지방이 잘 연소되지 않거든."

"저탄고지 다이어트가 제대로 살 빼는 유일한 방법이야."

"사과식초를 마시면 신진대사가 촉진돼."

이런 말을 들으면 항상 웃음이 난다. 맞는 말일 수도 있고, 틀린 말일 수도 있지만 요점은 그게 아니다. 요점은 우리가 사소한 부분에 대한 논쟁을 즐긴다는 사실이다.

체중 감소와 관련하여 99.99%의 사람들은 두 가지만 알면 된다. 더 적게 먹어야 한다는 것과 더 많이 몸을 움직여야 한다는 것! 그럼에도 우리는 이 간단한 진실을 받아들이고 거기에 따른 노력을 기울이기보다 트랜스 지방, 정체 모를 보충제, 케톤 다이어트(고지방 위주의 식단을 통한 다이어트) 대 팔레오 다이어트(원시 시대 식습관을 따른, 육류와 채소류 위주의 식단을 통한 다이어트)에 대해 이야기하는 데 열중한다.

돈 관리와 식단 관리는 왜 비슷할까?	
식단 관리와 관련된 우리의 행동	돈 관리와 관련된 우리의 행동
칼로리 섭취량을 계산하지 않는다	지출 내역을 정리하지 않는다
생각보다 많이 먹는다	인지하는 혹은 인정하는 수준보다 많이 쓴다
칼로리, 다이어트, 운동과 관련된 사소한 부분에 대해 논쟁한다	이자율 및 인기 종목과 관련된 사소한 부분에 대해 논쟁한다
연구 결과보다 경험에 따른 조언을 중시한다	좋은 재테크 서적을 읽는 대신 친구, 부모, 텔레비전에 나오는 전문가의 말을 따른다

돈과 관련하여 대체로 다음 두 가지 부류 중 하나에 속한다. 하나는 돈 문제를 무시하고 죄책감을 느끼는 부류, 다른 하나는 행동은 하지 않고 이자율과 지정학적 위험 같은 세부 내용에 집착하는 부류다. 두 가지 태도 모두 아무 실리도 없지 못하는, 같은 결과를 낳기는 한다. 사실 대다수는 재무상담사의 도움을 받지 않아도 부자가 될 수 있다. 탄탄한 은행에 계좌를 만들고, (청구서 결제, 저축, 부채 상환 등) 일일 자금 관리를 자동화하기만 하면 된다. 또한 투자에 필요한 몇 가지 사항을 파악한 다음, 30년 동안 돈이 알아서 불어나도록 놔두면 된다. 그런데 이 단순한 진리가 조금도 그럴싸하게 들리지 않는다. 그래서 우리는 경제 그리고 '올해의 인기 종목'에 대해 끝없는 예측을 늘어놓을 뿐 선정 결과(50% 이상은 틀림)에 대해 결코 책임지지 않는 '전문가'들이 인터넷에 올려놓은 글을 읽는다. 어떤 사람은 "오를 겁니다!"라고 말하고, 어떤 사람은 "내릴 겁니다!"라고 말한다. 우리는 그들이 무슨 말을 하든 거기에 이끌린다.

왜 그럴까? 사소한 문제에 대한 논쟁을 즐기기 때문이다. 우리는 거기서 만족감을 느낀다. 결국은 시간만 낭비하고 상대의 마음을 바꾸지 못해도 상관없다. 자신의 생각을 표현했다는 것에 기분이 좋아 실질적인 성과를 냈다는 착각에 빠진다. 당신이 근래에 친구와 돈 문제나 건강 문제에 대해 이야기한 때를 돌이켜보라. 대화를 나눈 후 운동을 했는가? 저축예금에 돈을 넣었는가? 당연히 아닐 것이다. 게다가 사소한 문제에 대한 논쟁은 실제로 어떤 일을 해야 할 필요성을 없애주기도 한다.

그러면 어떻게 해야 할까? 바보들은 이러한 논쟁을 계속하도록 놔두고, 우린 그 논쟁에서 빠져나와 지출을 관리하는 작은 단계들을 밟으며 재테크를 배우면 된다. 살을 빼기 위해 영양사가 될 필요가 없듯, 차를 운전하기 위해 정비사가 될 필요도 없듯, 부자가 되기 위해 재테크와 관련된 모든 것을 알 필요는 없다. 다시 한 번 말하지만 부자가 되기 위해 전문가가 될 필요는 없다. 온갖 정보를 가로질러서 실제 행동에 나서는 방법만 알면 된다. 그러면 죄책감도 덜 수 있다.

"노후자금을 모아야 한다는 걸 알았지만 기업 퇴직연금에 돈을 넣는 것 말고는 다른 방법을 몰랐어요. 돈을 안 쓰는 게 곧 저축이라고 생각했지요. 그래서 어떤 일에든 돈을 쓰면 죄책감을 느꼈어요. 그 일 때문에 따로 돈을 모았는데도 말이에요. 게다가 연봉 인상을 요구할 생각을 해본 적이 없고, 그 문제에 어떻게 접근해야 하는지도 몰랐어요. 그저 회사에서 제시한 첫 연봉을 정해진 것으로 받아들였죠."

－엘리자베스 설리번 버튼(30세)

왜 돈 관리가 어려울까?

돈을 관리하지 않는 이유는 정말 다양하다. 그중에는 타당한 것도 있지만 대부분 게으름에 대한 변명에 지나지 않는다. 자료 조사를 10분도 하지 않는 데 대한 변명 말이다.

정보 과잉
정보가 너무 많다는 것은 사실이고, 타당한 우려다. 당신은 아마 이렇게 말할지도 모른다. "그건 우리랑 맞지 않아요! 더 나은 결정을 위해서는 더 많은 정보가 필요합니다. 텔레비전에 나오는 전문가들도 모두 그렇게 말해요. 그러니까 분명 맞는 말일 거예요!" 하지만 그렇지 않다.

실제 데이터를 보면 넘치는 정보는 결정 장애를 넘어 결정 마비를 일으킨다. 정보가 너무 많으면 오히려 아무것도 하지 못한다. 배리 슈워츠 Barry Schwartz는 자신의 저서 『점심메뉴 고르기도 어려운 사람들: 선택의 스트레스에서 벗어나는 법The Paradox of Choice: Why More is Less』에서 이 문제를 지적했다.

근로자들이 기업 퇴직연금을 통해 가입할 수 있는 뮤추얼 펀드의 수가 늘어나자 오히려 어떤 펀드든 선택하는 비중이 줄었다. 선택지에 10개의 펀드가 추가될 때마다 참여율은 2% 낮아졌다. 투자를 선택한 사람들의 경우에도 펀드에 대한 선택지가 늘어날수록, 보수적인 머니마켓 펀드MMF에 투자하는 비중이 높아졌다.

당신은 인터넷에서 주식, 기업 퇴직연금, 로스 퇴직계좌(Roth IRAs),* 보험, 529 플랜,** 해외 투자에 대한 광고를 훑는다. 어디서 시작해야 할까? 너무 늦은 건 아닐까? 무엇을 해야 할까? 광고를 보며 아마 머릿속에 많은 질문을 떠올릴 것이다. 그런데 모든 정보를 본 후 결국 당신은 아무것도 하지 않는다. 많은 정보가 최악의 선택을 이끈 것이다.

다음의 표가 보여주듯, 투자는 일찍 할수록 좋다. 샐리와 댄을 비교해놓은 표를 자세히 보라. 똑똑한 샐리는 댄보다 더 짧은 기간 동안 투

---

* 복리 이자가 가산되는 미국의 투자식 개인 연금계좌이다. 60세 이후 인출 시 세금 공제를 받으며 의무적으로 인출하지 않아도 되는 데다 수입이 있는 한 계속 적립을 할 수 있어 다른 전통적인 연금계좌에 비해 인기가 높다.

** 미국 주정부 또는 대학 등 교육 기구에서 운영하는 대학 교육비 마련 저축 플랜이다. 교육비의 일부 또는 전액을 미리 지불하는 '선불대학등록금 플랜'과 뮤추얼 펀드 같은 투자 상품을 이용하는 '대학저축플랜'으로 나뉜다. 가입했던 플랜과 다른 대학에 진학하더라도 혜택을 받을 수 있으며, 수혜자를 바꿀 수도 있다.

자했지만 6만 달러를 더 얻는다. 그녀는 35세부터 45세까지 10년간 한 달에 200달러를 투자한 후, 그 돈을 절대 건드리지 않았다. 반면 멍청한 댄은 바쁘다는 이유로 돈 문제를 신경 쓰지 않다가 45세가 되어서야 한 달에 100달러씩 20년간 투자했다. 멍청한 댄이 오히려 10년 더 투자하지만, 더 많은 돈을 얻는 건 똑똑한 샐리다. 부자가 되기 위해 당신이 해야 할 가장 중요한 일은 일찍 시작하는 것임을 알 수 있다.

친구들보다 (일을 덜하면서) 6만 달러를 더 버는 법		
	똑똑한 샐리	멍청한 댄
투자 시작 연령	35세	45세
투자 기간	10년	20년
수익률을 8%로 가정했을 때 65세 때 찾게 되는 금액	18만 1,469달러 일찍 시작한 덕분이다.	11만 8,589달러 두 배나 오래 투자했지만 6만 달러나 적다.

　나이가 적은 만큼 당신이 투자하는 돈은 더 많이 불어날 것이다. 하지만 나이가 많다고 해서 낙담할 필요는 없다. 나는 얼마 전 이런 수치를 못마땅해하는 40대 여성에게서 메시지를 받았다. 그녀는 이렇게 따졌다. "그런 내용을 쓰는 이유가 뭔가요? 이미 너무 뒤처졌다는 생각에 기분이 나빠지잖아요." 그녀의 기분을 충분히 이해한다. 그래도 엄연한 수치를 무시할 수는 없다. 나는 현실을 그럴듯하게 포장하기보다 저축을 늘리는 방법을 비롯하여 사실을 있는 그대로 알려주는 편이 낫다고 생각한다. 그렇다. 투자를 시작하기 가장 좋은 때는 10년 전이었다. 그리고 두 번째로 좋은 때는 바로 오늘이다.

미디어의 잘못(나는 잘못을 따지는 걸 좋아한다)

일반적인 금융 사이트에는 '재무 상황을 개선하기 위한 10가지 간단한 절약 팁' 또는 '오늘 진행될 상원 투표가 상속세에 미칠 영향' 같은 글이 있다. 제목만 봐도 인터넷 칼럼니스트들이 그런 글을 쓴 이유를 직관적으로 알 수 있다. 바로 페이지뷰를 늘려서 광고를 판매하기 위함이다.

이렇게 말하는 이유는 절약에 대한 글을 읽는다고 해서 행동이 바뀌는 이는 없기 때문이다. 게다가 상속세의 영향을 받는 사람은 전체 인구의 0.2% 이하다. 그럼에도 이와 같은 제목은 사람들을 기분 좋게 혹은 화나게 만든다.

이제는 그만! 나는 페이지뷰를 늘리거나 분노를 불러일으키는 데 관심이 없다. 당신이 나와 같다면 당신 역시 돈이 어디로 새는지 파악하고 이를 막는 건 물론 돈을 불리는 데 관심이 있을 것이다. 우리는 돈이 계좌에서 자동으로 불어나기를 원하는 것이지 재무 전문가가 되려는 것이 아니다.

패배주의의 부상

자신을 개선하기 위해 노력하기보다 냉소적인 태도를 취하는 게 더 쉽다고 생각하는 사람들이 있다. 주로 젊고 불만 많은 사람들이 그렇다. 그들은 이렇게 말한다.

"뭐, 투자? 피자 사먹을 돈도 없어."

"뭐, 취직? 당신은 어디 다른 세상에서….""

"우린 베이비붐 세대 때문에 망했어."

그들은 실제로 누가 더 심각한 패배자인지 가리려고 경쟁하는 듯하다. 뭐, 집을 살 돈이 없다고? 나는 종이상자에서 살 형편도 안 돼! 새로운 사람들을 만나러 파티에 간다고? 좋겠다. 나는 사회불안장애가 있는데. (병원에 가진 않았어. 내가 스스로 진단한 거야.)

당신이 그런 일로 마음이 아프다니 내 마음도 아프다. 어리석은 패배주의에 마음이 아프다.

나는 이 책의 제1판을 출간했을 때 나를 기득권자라고 비난하는 이메일을 수백 통 받았다. 그들은 소액이라도 저축하고 투자하라는 내 말에 한 달에 20달러도 저금할 형편이 안 된다며 비아냥댔다. 하지만 이런 태도는 분명 잘못된 것이다. 그들은 부정적인 태도를 지닌 사람들을 주위에 두고, 엉성한 주장에 수긍하고, 잘못된 믿음을 가지는 바람에 큰 대가를 치렀다. 그들은 수십만 달러의 이익을 거둘 기회를 놓쳤다. 반면 나의 독자들은 부유한 삶을 일구기 위해 노력했다.

선택은 당신 몫이다. 패배주의에 젖어 냉소적인 태도를 취하든지 실수하더라도 그때마다 성장할 것임을 믿고 주어진 선택지를 신중하게 평가하든지 말이다. 나는 앞으로 나아가는 쪽을 택하겠다. 이것이 복잡한 문제임을 안다. 맞다. 사회 경제 정책, 기술에의 접근성 그리고 운도 중요하다.

하지만 어쨌든 우리는 주어진 패를 갖고 플레이해야 한다. 나는 스스로 통제할 수 있는 것에 집중하는 것이 옳다고 믿는다. 가령 유치원에 들어갈 무렵, 내가 절대 프로 농구선수가 될 수 없다는 사실이 명확해졌다. 그래도 괜찮았다. 다른 한편으로 받아쓰기에서 같은 반 아이들보다 월등하다는 사실도 명확해졌기 때문이다. 물론 이 역시 괜찮았다.

그다음에 사업을 시작하는 것이나, 몸매를 가꾸는 것 혹은 데이트를 더 잘하는 것처럼 모호한 영역과 마주했고, 이런 영역에서 필요한 기술들을 익혀야 했다. 나는 정말로 열심히 노력했다.

이런 부분에서 피해의식이 개입하기도 한다. 자신의 행동은 돌아보지 않고 정치나 사회문제를 탓하는 사람들이 많다. 그들은 실패할 기미가 보이면 바로 포기해버린다. 방관자로 살고 싶다면 좋다. 흘러가는 대로 살아라. 그러나 나는 때로 경로를 벗어나더라도 내 배의 선장이 되는 편이 훨씬 즐겁다는 사실을 발견했다.

나는 자신이 처한 상황을 불평하면서도 아무것도 하지 않는 사람들을 별로 동정하지 않는다. 이 책을 쓴 이유도 거기에 있다! 나는 당신이 삶의 어느 지점에서 출발하든 자신이 처한 상황을 통제할 수 있는 힘을 갖기를 바란다. 당신이 월가의 대형 기업들, 아무 생각 없는 기사들, 심지어 자신의 심리에 맞서서 대등한 위치에 서기를 바란다.

다음은 돈과 관련된 패배주의의 일부 사례다.

"저금할 돈이 없어요." 몇 년 전 경기가 급격하게 나빠졌을 때 나는 '30일 동안 1,000달러 모으기' 도전을 통해 심리적 기법을 활용하여 돈을 모으는 전술적 방법을 선보였다. 수많은 사람이 이 도전에 참여하여 돈을 모으려 애썼다. 대다수는 내가 제안한 도전을 지지했다.

그런데 '30일 동안 1,000달러 모으기'라는 나의 제안을 불쾌하게 여기는 사람도 많았다. 한 달 수입이 1,000달러가 안 되거나, 나의 제안이 "너무 뻔하다"는 것이 그 이유였다. 비용을 줄이고, 수입을 늘리고, 지출을 최적화하는 것이 '저축'의 정의라고 설명했는데도 말이다.

다음은 나의 제안에 대한 불만 사례의 일부다.

■ "나한테는 불가능한 일이에요…. 수입이 충분치 않아요."

- "좋은 생각이지만 이곳 오하이오주의 가구 소득 중간값이 연 5만 8,000 달러예요. 세금을 내고 나면 한 달 소득이 약 3,400달러밖에 되지 않아요. 이게 중간값이니 절반의 가구는 그보다 적은 수입으로 사는 거지요! 아마 많은 가정이 애를 팔지 않고서는 한 달에 1,000달러씩 저금하는 건 꿈도 못 꿀 거예요."
- "좋아 보이네요. 내가 한 달에 1,000달러라도 벌 수 있다면 한번 해보겠어요. 하지만 지금은 대학에 다니고 있어서…."

우선 정신 나간 사람들은 글 쓰는 방식이 특이하다는 점에 주목하라. 그들은 언제나 문장의 끝을 흐린다. 누군가가 당신에게 "좋을 것 같긴 한데…"라거나 "어려워 보이네요…"라는 식으로 글을 쓴다면 그는 곧 당신의 방문을 두드린 후 당신의 피부를 비옷처럼 걸칠 연쇄살인마일 가능성이 높다.

또한 사람들은 오하이오주나 말레이시아에 산다거나, 명문대에 가지 못했다는 등 자신이 처한 상황을 들어 다른 사람과 같은 결과를 얻지 못한 이유를 설명한다. 그러면 나는 같은 지역에 살면서 놀라운 결과를 낸 사람들의 사례를 보여준다. 반응이 어땠을까? 그들은 그 사람이 어릴 때 세 번이나 이사를 다녔는지, 혹은 손가락이 11개인지 등 이상한 조건에 속하는지 되묻고는, 내가 아니라고 답하면 "그렇죠? 그러니 나한테는 효과가 없을 줄 알았어요"라고 말했다. 냉소적인 사람들은 결과를 원하지 않는다. 그저 행동하지 않는 데 대한 핑계를 원할 뿐이다. 억지 주장을 내세워 말싸움에서 이긴다고 해도 결국 그들은 패배자다. 자신이 만든 감옥에 갇혀 있기 때문이다.

"온 세상이 방해해요." 맞다. 현재 수많은 사회문제가 있다. 그러나 나는 돈 관리에 있어서만큼은 내가 통제할 수 있는 것에 집중한다. 하지만 불평꾼들은 이런 생각을 하지 않는다. 상황을 개선하기 위해 무슨 일이라도 하라는 말을 들으면 그들은 너무도 자연스럽게 그렇게 하지 못하는 이유를 만들어 들이댄다. 과거에는 주로 개인적인 핑계를 댔고 ("시간이 없어요"), 사회 전반에 패배주의가 만연한 요즘에는 중간 소득이나 경제정책 같은 외부 요인을 댄다.

맞다. 당신의 재정 상태를 바로잡으려면 약간의 노력이 필요하다. 그러나 그 보상은 들인 수고보다 훨씬 클 것이다. 불평꾼들은 중요한 요점을 놓쳤다. 한 달에 1,000달러를 저금하는 것은 명백히 타당한 동시에 야심찬 목표이기도 했다. 1,000달러를 모을 수 없다면, 500달러는 어떤가? 200달러는? 1년 전에 돈을 모으기 힘들다고 불평했던 사람들은 여전히 불평을 하고 있을 것이다. 그러나 얼마가 되었든 도전을 시작한 사람은 수백 달러, 심지어 수천 달러를 모았다.

그 외의 핑곗거리

불평꾼들이 돈을 관리하지 않는 이유는 참 다양하다. 물론 대부분 합당하지 않다.

"학교에서 이런 걸 가르치지 않아요." 대학에서 재테크를 가르쳐주면 좋겠다고 말하는 20대가 많다. 이미 대다수 대학은 관련 강의를 제공하고 있다. 당신이 듣지 않았을 뿐이다!

"카드사와 은행이 우리를 상대로 이득을 챙기려 해요." 맞다. 그들은 원래 그렇다. 그러니 불평은 그만하고, 그들에게 당하는 것이 아니라 이기는 법을 배워라.

"돈을 잃을까 봐 불안해요." 이런 불안은 타당하다. 특히 글로벌 위기 이후 '대실패'나 '길 잃은 세대' 같은 표현이 주요 기사를 장식하는 시기에는 더욱 그렇다. 그러나 장기적인 관점을 가져야 한다. 경기는 주기적으로 팽창하고 수축한다. 2009년에 주식시장에서 돈을 뺐다면 역사상 가장 오래 이어진 상승 국면을 놓쳤을 것이다. 두려움은 아무것도 하지 않은 것에 대한 핑계가 될 수 없다. 명심하라. 투자 선택지는 다양하다. 공격적인 것도 있고, 보수적인 것도 있다. 당신이 위험을 감수하고자 하는 정도에 좌우된다. 실제로 투자를 자동화하면 다른 사람들이 두려워할 때 계속 저축하고 투자하여 앞서 나갈 수 있다. 많은 사람이 투자를 꺼리는 시기에는 싼 매물이 있기 마련이다.

"한 달에 추가로 100달러를 못 벌면 어떡해요?" 돈을 더 벌 필요는 없다. 기존 지출을 정리하여 투자에 필요한 돈을 마련하는 방법을 알려주겠다. 나의 CEO 방식에 따라 비용을 줄이고(Cut costs), 소득을 늘리고(Earn more), 지출을 최적화하라(Optimize existing spending).

"평균 수준의 수익률은 싫어요." 우리는 대체로 평균을 하찮게 본다. 누가 평균적인 관계 혹은 평균적인 수입을 원할까? 금융기업들은 이 평균에 대한 일반적인 생각을 무기로 삼는다. 그들은 평균은 하찮고 따분한 것이며, 당신은 얼마든지 더 나은 성과를 거둘 수 있다고 부추긴다. 실제로 이런 생각을 바탕에 둔 광고도 있다. 그 광고는 '평균보다 나은 성과를 거두세요'라는 문구와 함께 인공지능 투자 상담 서비스를 소개한다. 사실 당신은 평균 수익률조차 거두지 못할 가능성이 높다. 실제로 8%라는 평균 수익률은 아주 양호한 수준이다. 아이러니하게도 '평균에 그치는 것'을 싫어하는 사람들이 자주 매매하고, 과감한 베팅을 하고, 그러느라 많은 세금을 내고, 불필요한 수수료를 무는 등 평균보다 못한 성과를 내게 하는 일들을 초래한다. 명심하라. 관계와 일에서는 평균보다 나아야 하지만, 투자에서 평균은 아주 좋은 것이다.

당신은 패배자가 아니다. 통제권은 당신에게 있다. 이 사실을 받아들이면 공격에 나설 수 있다. 재테크를 하기 전에 재정적인 부분을 모두 완벽하게 정리해야 한다는 생각에 더 이상 발목 잡히지 마라.

그릴에 구운 치즈 샌드위치를 만들기 위해 요리사가 되어야 하는가? 아니다. 일단 첫 요리를 완성하면 더 복잡한 요리도 쉬워지듯, 부자가 되는 데 가장 중요한 요소는 더 똑똑해지는 것이 아니라 일단 시작하는 것이다.

핑계는 집어치워라

여기는 당신 할머니 집도 아니고, 나도 당신의 투정을 받아줄 생각은 없다. 당신이 안고 있는 돈 문제는 당신이 초래한 것이다. 그러니 당신이 처한 재정적 상황을 두고 환경을 탓하는 대신, 당신이 스스로 바꿀 수 있는 일에 집중하라. 너무 많은 선택지로 우리를 혼란에 빠트리는 다이어트 업계처럼 재테크 부문도 과도한 허풍, 속설, 노골적인 기만이 뒤섞인 난장판이다. 그리고 우리는 충분히 노력하지 않았다거나 제대로 하지 못했다는 죄책감에 사로잡혀 있다. 지금의 재정 상태에 만족하지 못하고 기꺼이 자신을 성찰할 의지가 있다면 한 가지 피할 수 없는 진실을 발견하게 될 것이다. 문제도, 해결책도 우리 자신이라는 진실 말이다.

핑계는 집어치우자. "저번 달에 이 정도 쓴 것 같은데?"가 아니라 주도적으로 지출을 결정하면 어떨까? 모든 계좌를 조화롭게 운용하고 알아서 저축이 이뤄지도록 하는 자동 인프라를 구축한다면 어떨까? 두려움 없이 단순하고 꾸준하게 투자할 수 있다면 어떨까? 이 모든 게 가능하다! 지금부터 당신이 버는 돈을 경기와 무관하게 장기적으로 크게 불리는 것을 비롯하여 원하는 방향으로 돌리는 방법을 알려주겠다.

이 책의 핵심 메시지

나는 작은 단계들이 중요하다고 믿는다. 또한 우리 생각과 결정을 마비시키는 선택지의 수를 줄이고 싶다. 세계 최고의 펀드를 가려내느라 엄청난 시간을 들이기보다 일단 시작하는 것이 더 중요하다. 이 책은 첫 단계, 그러니까 재테크를 하지 못하게 막는 장벽들을 파악한 다음, 그것들을 무너트리고 목표를 이룰 수 있도록 우리의 돈을 올바른 곳에 두는 법을 다룬다. 재무 전문가가 되는 것이 당신의 목표는 아닐 것이다. 당신이 살아가는 데 돈이 도움을 주도록 하는 것이 목표일 것이다. 그래서 나는 '돈을 얼마나 벌어야 할까?'가 아니라 '나는 어떤 삶을 원하고, 그런 삶을 살기 위해 돈을 어떻게 써야 할까?'라고 생각하게 할 것이다. 두려움에 휘둘리는 것이 아니라 투자와 성장에 대해 역사가 우리에게 보여준 사실들을 지침으로 삼도록 할 것이다.

앞으로 다룰 내용은 단순하다. 돈에 대한 모든 것을 다루려는 책이 너무 많다. 당신은 이런 책을 '읽어야 한다'고 생각하지만 너무 부담이 되어서 엄두를 내지 못한다. 나는 설령 100달러밖에 없다고 해도 재테크 자동화를 시작할 수 있는 지식을 알려주고자 한다. 이 책의 핵심 메시지는 다음과 같다.

전문가가 되는 것보다 일단 시작하는 것이 중요하다

돈을 완벽하게 관리해야 한다는 생각 때문에 아예 아무것도 하지 못하는 사람이 많다. 돈을 관리하는 가장 손쉬운 방법은 완벽을 기하려 하지 말고 한 번에 한 단계씩 밟아나가는 것이다. 나는 아무것도 하지 않는 것보다 85% 맞는 일이라도 하는 것이 낫다고 생각한다. 생각해보라. 85%는 0%보다 훨씬 낫다. 일단 재테크 시스템이 충분히, 즉 85% 정도 갖춰지면 당신은 살아가며 정말로 원하는 일을 할 수 있다.

실수를 해도 괜찮다

지금 약간의 돈을 잃으며 실수를 하는 편이 낫다. 그래야 돈이 더 모였을 때 무엇을 피해야 하는지 알 수 있다.

당신이 좋아하는 것에 아낌없이 돈을 써라

이 책은 라테를 마시지 말라는 얘기를 하지 않는다. 그저 당신이 좋아하는 것에 돈을 쓸 수 있도록 좋아하지 않는 잡다한 것에 쓰는 돈을 줄이라고 말할 뿐이다. 대개는 모든 것에서 최고를 원한다. 우리는 항상 놀러가고 싶어 하고, 좋은 아파트에 살고 싶어 하고, 새 옷을 사고 싶어 하고, 새 차를 몰고 싶어 하고, 언제든 원할 때 여행을 떠나고 싶어 한다. 그러나 우선순위를 정해야 한다. 내 친구 짐은 연봉이 인상된 날 더 작은 아파트로 이사했다. 왜 그랬을까? 그는 집에 별로 신경 쓰지 않는 반면, 캠핑과 자전거에 돈 쓰는 걸 좋아했기 때문이다. 이것이 소위 의식적 지출conscious spending이다.

섹시해지는 것과 부자가 되는 것은 다르다

사람들이 지난주 주식을 매매한 이야기를 듣고 있으면 나의 투자 스타일이 대단히 따분하다는 생각이 든다. 5년 전에 좋은 펀드들을 골라서 투자한 이후로는 자동으로 납입액을 늘리는 것 외에 나는 아무것도 하지 않았기 때문이다. 그러나 투자는 섹시해지려고 하는 것이 아니라 부유해지려고 하는 것이다. 투자 관련 자료를 보면 장기 보유 방식이 장기적으로, 언제나 더 돈을 번다.

내 인생 최고의 실수

고등학생 시절, 내 부모님은 대학에 가고 싶으면 장학금을 받아야 한다고 말했다. 그래서 착한 인도계 아들인 나는 여러 장학금을 신청했다. 최종적으로 약 60개의 장학금을 신청한 끝에 수십만 달러를 받았다.

그러나 내게 최고의 장학금은 가장 먼저 받은 2,000달러짜리 장학금이었다. 해당 장학기금은 내 이름으로 수표를 써주었다. 나는 그 돈으로 주식에 투자하여 곧바로 절반을 잃었다. 그때 나는 돈에 대해 제대로 공부해야겠다고 결심했다. 그래서 재테크 서적을 읽고, 재테크 프로그램을 보고, 재테크 잡지를 샀다. 얼마 후에는 내가 알게 된 내용을 다른 사람들과 공유했다. 스탠퍼드 대학에 다닐 때는 친구들을 상대로 비공식 강의를 하기도 했다(초기에는 아무도 듣지 않았지만). 그러다가 2004년에 'I Will Teach You to Be Rich'라는 블로그를 시작하여 저축, 예산, 투자에 대한 기본적인 내용을 다뤘다. 그 이후 보다시피 여기까지 오게 되었다.

도표 안에서 살지 마라

나는 당신이 적절한 재테크 방식을 선택한 후에는 신경을 끄고 생활하기 바란다. 그러니까 지출이나 주가의 작은 변동에 집착하거나 '도표 안에서 살지 말라'는 것이다. 지금은 그렇게 하기가 어려워 보일지 몰라도 이 책을 다 읽고 나면 재테크와 투자에 대해 대단히 느긋한 태도를 갖게 될 것이다. 나는 다양한 시나리오를 돌려보고, 얼마나 빨리 은퇴할 수 있을지 따지면서 자산 변동을 일일이 확인하는 사람들을 많이 안다. 제발 그러지 마라. 잘못하면 이상한 사람으로 비칠 수 있고, 무엇보다 그렇게 살 필요가 없다. 내가 하는 조언을 잘 따르면 재테크를 자동화하고 도표와 무관하게 부유한 삶을 살 수 있다.

수비가 아니라 공격에 나서라

재테크를 수비적으로 하는 사람이 아주 많다. 그들은 월말에 지출 내역을 보고 "돈을 이만큼 썼네" 하고는 그냥 넘어간다. 부담스런 수수료도 그대로 받아들인다. 이해할 수 없는 복잡한 조언에 질문을 던지지도 않는다. 앞으로 신용카드, 은행, 투자 심지어 돈과 관련된 당신의 심리에 공격적으로 대응하는 방법을 알려주겠다. 나의 목표는 당신이 부유한 삶의 토대를 갖추도록 돕는 것이다. 공격적으로 나가라! 누구도 그일을 대신해주지 않는다.

이 책은 돈을 활용하여 부유한 삶을 설계하기 위한 토대다

앞으로 관리를 거의 하지 않아도 원활하게 돌아가는 자동화된 재테크 인프라를 구축하는 방법을 가르쳐줄 것이다. 또한 피해야 할 것, 재테크 관련 자료에 나오는 놀라운 사실들(부동산 투자가 정말로 좋은 투자일까?), 흔한 재테크 실수를 피하는 법도 알려줄 것이다. 이 책을 읽고 나면 사소한 부분에 연연하지 않고 행동에 나서게 될 것이다. 이 모든 변화를 6주 만에 이룰 수 있다. 당신은 부자가 되는 길에 오르게 된다. 멋지지 않은가?

왜 풍족한 삶을 원하는가?

나는 지난 15년 동안 나의 홈페이지와 강연을 통해 수많은 사람과 재테크에 관해 대화를 나눴다. 그때마다 나는 두 가지 질문을 했다.

- 왜 부자가 되고 싶은가요?
- 풍족하다는 것은 당신에게 어떤 의미인가요?

대부분 '풍족하다는 것'이 어떤 의미인지 전혀 생각하지 않는다. 힌트를 주자면 그 의미는 사람마다 다르며, 돈은 풍족한 삶의 한 부분일 뿐이다. 가령 내 친구들은 저마다 다른 것들을 중시한다. 폴은 한 끼에 500달러씩 하는 미슐랭 스타 레스토랑에서 식사하는 걸 좋아한다. 니콜은 여행을 좋아한다. 닉은 옷 사는 걸 좋아한다. '풍족하다는 것'의 기준을 의식적으로 정하지 않으면, 아무 생각 없이 남들을 따라하게 된다. 나는 다음과 같은 일들을 할 수 있을 때 풍족하다고 생각한다.

- 돈 때문이 아니라 내가 원해서 경력과 관련된 결정을 내린다.
- 은퇴한 부모님이 원하지 않으면 일을 안 하셔도 되게 한다.
- 내가 좋아하는 것에 아낌없이 돈을 쓰고 그렇지 않은 것에 쓰는

돈은 가차 없이 줄인다(가령 나는 뉴욕의 좋은 아파트에서 살지만 차를 몰지 않는다).

나는 매년 12월 아내와 같이 다음해 계획을 세운다. 어디로 여행을 갈지, 누구를 초대할지, 50년 동안 기억될 근사한 일은 무엇일지 생각한다. 이렇게 의도적으로 풍족한 삶을 설계하는 일은 우리가 부부로서 가장 즐기는 시간 중 하나다.

본격적인 내용으로 들어가기 전에 당신에게 풍족한 삶이 무엇인지 생각해보기 바란다. 왜 부자가 되고 싶은가? 모은 돈으로 무엇을 하고 싶은가?

이 질문에 아주 구체적으로 답하라. 당신에게 풍족한 삶이 '버스가 아니라 택시를 탈 수 있는 것'이라면 그렇게 해라! 나는 뉴욕에 살지만 온갖 문화행사를 제대로 즐기지 못했다는 사실을 깨달았다. 그래서 분기에 한 번씩 박물관에 가거나 브로드웨이 뮤지컬을 보기로 했다. 이렇게 의도를 갖고 선택한 일은 풍족한 삶의 일부가 된다. 꿈이 너무 작거나 혹은 터무니없이 크다고 창피해하지 마라. 내가 처음 작성한 풍족한 삶의 목록에는 식당에서 애피타이저를 주문할 수 있는 것도 있었다. 어릴 때는 한 번도 그런 적이 없었기 때문이다. 그러다가 시간이 지날수록 나의 목표도 커졌다.

이상적인 삶을 그릴 때 당신은 무엇을 원하는가?

이 책에서 얻을 것

대부분 '주식을 사는 것'이 곧 투자라고 생각한다. 투자를 하려면 무슨 종목이든 사고팔아서 이익을 남겨야 한다고 말이다. 투자가 곧 종목

풍족한 삶을 위한 열 가지 규칙

1. 풍족한 삶이란, 좋아하지 않는 것에 들이는 비용을 가차 없이 줄이면 좋아하는 것에 아낌없이 돈을 쓸 수 있는 것이다.

2. 빅 원Big Win, 즉 저축과 투자를 자동화하고, 좋아하는 일을 찾고, 연봉을 협상하는 것을 포함하여 다섯 가지 내지 열 가지 일에 집중하면 라테를 실컷 마실 수 있다.

3. 투자는 장기적으로 아주 따분하게 해야 하고 수익성이 있어야 한다. 그래서 나는 투자 수익을 확인하는 것보다 타코를 먹는 일이 더 흥분된다.

4. 당신이 아낄 수 있는 금액에는 한계가 있지만 벌 수 있는 금액에는 한계가 없다. 나의 독자 중에는 연 수입이 5만 달러인 사람도 있고, 75만 달러인 사람도 있다. 그들은 같은 빵을 산다. 지출을 통제하는 건 중요하다. 그와 더불어 소득을 크게 늘릴 수도 있다.

5. 재테크를 시작하면 가족과 친구들이 많은 '팁'을 알려줄 것이다. 정중하게 듣고 이 책에 나오는 프로그램을 고수하라.

6. 구매 결정에 활용할 '지출 기준'을 만들어라. 대부분 무언가를 제한하는 규칙("외식을 줄여야겠어")을 정한다. 하지만 반대로 항상 지출할 내역을 정할 수도 있다. 나의 경우는 도서구입비가 이에 해당한다. 책을 사고 싶다면 그냥 사라. 5초도 고민하지 마라. 하나라도 새로운 아이디어를 활용할 수 있는 책이라면 살 가치가 있다(이 책처럼).

7. '고급' 팁을 계속 찾아다니지 마라. 단계별로 상황을 개선하는 힘들지만 실질적인 일을 피하고 고차원적 해답만 찾는 사람이 많다. 매일 아침 10분 조깅하기보다 보스턴 마라톤에서 우승하는 꿈을 꾸는 편이 더 쉽기 때문이다. 꾸준히 기본적인 일을 하는 것이 앞으로 나아가는 최선의 길임을 잊지 마라.

8. 통제권은 당신에게 있다. 디즈니 영화처럼 누군가 나타나 당신을 구해주지는 않는다. 다행히 당신은 재테크를 통제하여 풍족한 삶을 구축할 수 있다.

9. 풍족한 삶을 만드는 요소 중 하나는 남들과 다르게 살겠다는 당당한 의지다. 돈에 얽매이지 않으면 오히려 풍족한 삶을 설계할 수 있는 자유가 생긴다. 당신이 만들어갈 풍족한 삶은 일반적인 풍족한 삶과는 다를 수밖에 없다. 그 사실을 받아들여라. 이것이 재미있는 대목이다!

10. 도표에서 벗어난 삶을 살아라. 이 책에 나오는 시스템대로 재테크를 자동화하면 풍족한 삶에서 가장 중요한 부분은 도표와 무관하다는 사실을 알 수 있게 된다. 풍족한 삶은 관계, 새로운 경험, 나눔을 수반한다. 당신은 그런 삶을 누릴 자격이 있다.

선정이라는 잘못된 전제에서 출발하기 때문에 투자에 대해 더 배우려는 사람들은 '헤지펀드', '파생상품', '콜 옵션' 같은 화려한 용어의 함정에 빠지고 만다. 전제부터 틀렸다. 투자는 종목을 선정하는 것이 아니다. 투자 계획이 실제 개별 투자보다 더 중요하다. 그런데도 대부분 어느 정도 복잡한 투자를 할 수 있어야 부자가 된다고 생각한다. 매일 인터넷에서 그럴듯한 말을 늘어놓는 사람들을 접하기 때문이다. 그러나 당신과 나 같은 개인투자자들에게 그런 선택지는 무의미하다.

어려운 개념은 섹시해 보인다. 그러나 개인투자자들이 어려운 개념을 놓고 논쟁하는 것은 테니스부에 가입한 초등학생이 라켓 줄의 장력에 대해 논쟁하는 것과 같다. 물론 장력이 중요할 수 있으나, 논쟁할 시간에 테니스 연습을 하는 게 실력 향상에 더 도움이 될 것이다.

간단히 말해서 장기 투자는 누구에게나 통한다. 그럼에도 장기 투자라는 단어는 하품을 유발한다. 물론 결정은 당신 몫이다. 섹시한 용어를 들먹이며 뽐내고 싶은가 아니면 나와 함께 금으로 장식된 왕좌에 앉아 시종들이 야자수 잎으로 부쳐주는 바람과 입에 넣어주는 포도를 즐기고 싶은가?

이 책은 당신의 돈이 어디로 새는지를 파악하고, 원하는 곳에 쌓이도록 도와줄 것이다. 중국 여행이나 결혼식을 위해 돈을 모으고 있는가? 아니면 돈이 계속 불어나기를 원하는가? 다음은 당신이 목표를 이루도록 돕는 6주 프로그램의 내용이다.

6주 프로그램 실천사항

1주차 신용카드를 만들고, (해당되는 경우) 부채를 상환하고, 본인의 신용기록 및 무료 혜택에 통달하는 방법을 익힌다.

2주차 올바른 은행계좌를 갖춘다.

3주차 기업 퇴직연금에 가입하고, 투자계좌(설령 100달러밖에 없다고 해도)를 만든다.

4주차 지출 내역을 파악한다. 그다음 원하는 곳으로 돈이 가도록 하는 방법을 파악한다.

5주차 새로운 인프라를 자동화하여 여러 계좌가 조화롭게 운용되도록 한다.

6주차 투자가 종목 선정이 아님을 인식하고, 최소한의 노력으로 최대한의 성과를 얻는 방법을 배운다.

덧붙여 일반적으로 월가에서 제시하는 포트폴리오를 이기는 '저비용 자동화 포트폴리오'를 선택하는 법을 배울 것이다. 손대지 않아도 돈이 자동으로 쌓이는 시스템을 구축하여 투자를 관리하는 법도 배울 것이다. 또한 차를 사는 법, 결혼식 비용을 치르는 법, 연봉을 협상하는 법 등 구체적인 질문에 대한 답도 얻을 수 있을 것이다.

이 책을 읽고 나면 다른 99%의 사람들보다 더 재테크를 잘하게 될 것이다. 어떤 계좌를 만들어야 할지, 어떻게 은행 수수료를 피할 수 있는지, 어떻게 투자해야 하는지, 어떻게 돈을 대해야 하는지, 인터넷에 매일 쏟아지는 수많은 허풍을 어떻게 간파할 수 있는지 알게 될 것이다.

부자가 되는 특별한 비결은 없다. 작은 단계들과 규칙, 약간의 노력이 필요할 뿐이다. 그러면 시작해보자.

CHAPTER 1

신용카드를 최적화하라
: 카드 게임에서 카드사를 이기는 법

인도계 사람들은 절대 문 2개짜리 쿠페를 사지 않는다. 만약 이웃에 인도계 사람이 산다면 한번 살펴보라. 그는 아마 실용적인 문 4개짜리 세단을 몰 것이다. 대체로 인도계 사람들은 합리적인 것을 선택한다. 이뿐만이 아니다. 구매할 때 가격을 한 푼이라도 깎으려고 혈안이 된다. 우리 아버지만 해도 그렇다. 아버지는 차 한 대를 사려고 5일 동안 흥정을 벌였고 나는 일주일 내내 그런 아버지를 따라다녔다. 마침내 계약서에 서명하려던 아버지는, 갑자기 펜을 멈추더니 매트(50달러짜리)를 공짜로 달라고 요구했고, 거절당하자 그냥 나와버렸다. 무려 5일이나 흥정을 해 가격을 깎아놓고도 말이다. 나는 아버지에게 이끌려 매장을 나오면서 멍한 표정으로 앞만 바라보았다.

　내가 처음 차를 사러 갔을 때, 나 역시 흥정에 익숙한 상태였다. 태연하게 과한 요구를 하고 거절을 받아들이지 않는 법을 알았다. 다만 나는 보다 현대적인 접근법을 취했다. 일주일 내내 여러 매장을 돌아다니는 대신 노스캐롤라이나 지역에 있는 17명의 딜러들을 상대로 경쟁 입찰을 붙였다. 그러고는 집에 앉아 이메일과 팩스(정말이다)로 받은 제안서를 차분하게 살폈다(자세한 내용은 428쪽에 나온다). 가장 좋은 조건을 제시한 사람은 팔로알토 지역에 있는 딜러였다. 나는 계약서에 서명할 생각으로 매장을 방문했다. 모든 일이 순조롭게 진행되었다. 딜러가 나의 신용을 확인하기 전까지는 말이다. 그는 웃으며 이렇게 말했다. "손님 나이에 그렇게 신용이 좋은 사람은 처음 봤습니다." 나는 "고마워요"라고 대답했다. 실은 "네, 뭐 그럴 겁니다"라고 대답하고 싶었다. 신용에 자부심을 느끼는 별난 20대 인도계였으니 말이다.

그런데 딜러가 난처한 표정을 지었다. 나는 왜 그런지 물었다. 돌아온 답은 뜻밖이었다. "신용은 좋은데 대출을 받을 수 있는 데가 많지 않네요." 그러니까 처음 흥정할 때 제시한 저금리 대출을 받을 수 없다는 것이었다. 이자율이 1.9%가 아닌 4.9%가 되었다. 큰 차이는 아닌 듯했다. 재빨리 계산해보니 대출 기간 전체에 걸쳐 2,200달러 이상 차이가 났지만, 차 값을 워낙 많이 깎았으니 이자율이 높아져도 괜찮겠다고 생각했다. 그런데 그것과는 별개로 화가 났다. 신용이 좋은데 왜 2,000달러 이상 추가로 내야 하는 걸까?

대다수 사람들은 흥정에 익숙하지 않다. 대다수 미국인은 흥정을 싫어한다. 흥정할 때 무슨 말을 해야 할지 모르고, 쪼잔하게 보일까 봐 걱정한다. 그래서 "정말 그렇게까지 할 필요가 있을까?"라고 자문한다. 결국 불편함을 느끼기 싫어서 "그렇지 않다"라는 결론을 내리고, 그냥 전액을 지불하고 만다.

나는 신선한 관점을 갖고 있다. 그 관점에 따르면 매번 흥정을 할 필요는 없다. 그러나 흥정을 통해 '빅 윈'을 이룰 수 있는 몇몇 분야가 있다. 이 장에서는 공격적인 자세를 취하여 카드사로부터 최대한 많은 보상과 혜택을 얻어내는 법을 알려줄 것이다. 당신은 카드사에 맞서서 이길 것이고, 처음으로 흥정이 재미있어질 것이다.

신용카드와 관련된 흔한 겁주기 전술

모든 책에서 신용카드를 다룰 때 다음의 세 가지 겁주기 전술로 시작한다.

겁나는 통계 프로스페리티 나우 스코어카드Prosperity Now Scorecard에 따르면 미국 가구의 카드 부채 중간값은 2,241달러이고, 학자금 대출 부채 중간값은 1만 7,711달러다. 연준은 "2017년 기준 성인 10명 중 4명은 400달러를 갑자기 지출해야 할 경우 돈을 빌려야 하거나, 물건을 팔아야 하거나, 아예 지출이 불가능하다"고 밝혔다.

겁나는 기사 CNBC는 "다가오는 부채 위기는 취약한 미국인들에게 가장 큰 피해를 입힐 것"이라고 보도한다. 〈워싱턴 포스트〉는 "부채 위기가 임박했다"고 보도한다. 〈비즈니스 인사이더Business Insider〉는 "미국의 학자금 대출 위기는 우리가 생각했던 것보다 심각하다"고 보도한다.

겁나는 감정 언론은 혼란과 불안 같은 감정을 자극하면 페이지뷰가 늘어나고 광고가 팔린다는 사실을 안다.

이런 겁주기 전술을 접하면 어떤 생각이 드는가? 대다수는 생각을 중단하고 문제를 무시하는 식으로 대응한다.

"빚은 두려움을 불러일으켜요. 저는 빚에 대해 이야기하지 않았고, 전반적인 상황을 확인하지 않았으며, 빚에 대한 모든 대화와 생각을 피했습니다."

– 워렌 코프(36세)

"빚에 대한 생각이 항상 머릿속을 맴돌았습니다. 그 생각 때문에 돈이 있어도 즐겁게 쓸 수 없었어요."

– 크리스 베런스(45세)

"신용카드를 신청했다가 거절당했을 때 창피했던 기억이 납니다. … 추심대행업체에서 연락이 오면 애써 외면하면서도 수치심과 스트레스에 시달렸어요. 빚을 졌는데 갚을 능력이 없었으니까요."

– 앨리슨 레이놀즈(28세)

언론은 빚이 벗어날 수 없는 족쇄인 것처럼 불안을 조장하여 이득을 본다. 해결책을 제시하는 경우는 드물다. 그나마 제시하는 해결책은 기껏 "외식을 줄이라"는 정도다. 고맙기도 하지.

그 결과는 빚에 대한 온갖 부정적인 감정이다. 우리는 절망하고 분노한다. 누구의 잘못일까? 나는 잘 모르지만 누군가는 잘못이 있다.

무엇보다 우리는 아무 일도 하지 않는다. 이것이 '분노 문화'가 작동하는 방식이다. 분노 문화는 당신을 화나고 지치게 만든다. 결국 당신은 아무 일도 하지 못한다.

나는 다른 접근법을 갖고 있다.

신용카드에 대한 나의 관점

신용카드는 수천 달러 가치의 혜택을 준다. 제때 카드 대금을 내면 무료 단기 대출을 받을 수 있다. 또한 신용카드를 쓰면 현금을 쓸 때보다 지출 내역을 훨씬 쉽게 파악할 수 있고, 무료로 사용 명세서를 다운로드할 수 있다. 대다수 신용카드사는 구매 물품에 대해 무료로 보증 기간을 늘려주고, 무료 렌트카 보험도 제공한다. 수백 달러, 심지어 수천 달러 가치의 혜택과 포인트를 제공하는 카드사도 많다.

반면 신용카드는 쉽게 가리킬 수 있는 적이기도 하다. 거의 모든 사람이 연체 수수료, 비승인 청구, 과다 지출과 관련된 나쁜 경험을 갖고 있다. 이에 많은 전문가가 신용카드에 대해 반사적인 반응을 보인다. 그들은 "신용카드를 쓰는 것은 최악의 재테크입니다." 혹은 "신용카드를 모두 잘라 버리세요!"라고 외친다. 쉬운 해결책을 바라면서, 복수의 신용 원천이 제공하는 혜택을 모르는 사람들은 이 말에 쉽게 선동된다.

신용카드에 대한 진실은 이 두 극단의 중간쯤에 있다. 신용카드는 잘 관리할 수 있다면 보유할 가치가 있다. 그러나 해당 결제일에 대금을 전부 갚지 못하면 남은 금액에 대해 대개 14% 정도의 엄청난 이자를 물게 된다. 이를 연이자율(annual percentage rate)이라 부른다. 또한 카드사는 당신이 대금을 연체할 때마다 높은 수수료를 물린다. 게다가 많은 신용카드 소지자가 그랬던 것처럼 과도하게 신용카드를 쓰다가 빚에 빠지기도 쉽다.

당신이 신용카드를 쓰지 못하도록 겁을 주려는 게 아니다. 사실 나는 당신이 신용카드를 아예 쓰지 않는 방어적인 태도보다 신중하게 쓰고 최대한 많은 혜택을 얻어내는 공격적인 태도를 갖기를 바란다. 그렇게 하기 위해서는 신용카드를 최적화하고 전반적인 신용을 개선하는 교두보로 삼아야 한다. 이 장을 다 읽으면 불필요한 수수료를 내지 않고 카드사를 최대한 쥐어짜는 방법과 신용카드를 활용하여 너무나 중요한 신용점수를 올리는 법을 알게 될 것이다. 또한 카드사를 상대로 협상하는 방법과 누구도 알려주지 않은 비밀 혜택도 알게 될 것이다. 그리고 포인트를 활용하여 무료 항공권이나 고급 호텔 숙박권 등 혜택을 얻고 캐시백을 극대화하는 방법도 알게 될 것이다.

"약혼녀와 함께 두바이에 있는 그녀의 가족을 만나러 갔을 때 사막에 있는 7성급 리조트에서 3박을 하여 그녀를 놀라게 했습니다. 모든 식사가 제공되는 전용 수영장이 딸린, 두바이 사막이 내려다보이는 전통적인 베두인 스타일의 빌라였죠. 숙박비가 하룻밤에 2,000달러는 되는 곳인데 전부 포인트로 해결했습니다."

– 네이선 라첸마이어(29세)

"이번 가을에 2주 동안 휴가를 가려고 얼마 전 샌프란시스코 – 이탈리아 왕복 항공권을 2장 예약했습니다. 포인트로 결제해서 하나도 돈이 들지 않았어요!"

– 제인 필립스(30세)

"작년에 비즈니스 항공권으로 스페인에 가서 일주일 동안 고급 호텔에 머물렀고, 여자 친구와 같이 비즈니스 항공권으로 태국에도 갔어요. 80세 생일을 맞은 외할아버지를 볼 수 있도록 어머니에게 독일행 비즈니스 항공권도 끊어 드렸지요. 내년 봄에도 마일리지로 부다페스트 여행을 할 겁니다."

– 조던 프티트(27세)

학자금 대출을 받는 것이 좋은 결정이 될 수 있다 언론인들은 학자금 대출 '사태'에 대한 기사를 즐겨 쓴다. 물론 빚은 성가시다. 학위의 실제 가치에 대해 적극적으로 거짓말을 하는 기만적인 대학과 대학원이 많은 것도 사실이다. 성실하면서도 순진한 많은 학생이 상담원, 대학, 심지어 부모로부터 잘못된 조언을 듣고 쓸모없는 학위를 따려고 학자금 대출을 받는다. 그러나 학자금 대출은 최고의 투자가 될 수 있다. 대졸자의 평균 소득은 고졸자의 평균 소득보다 100만 달러 이상 많다.

당신은 스스로 가능하다고 생각하는 것보다 더 빨리 학자금 대출을 갚을 수 있다(그 방법은 383쪽에 나와 있다). 또한 대학 학위는 분명 가치가 있다. 평생의 친구를 사귀고, 귀중한 자제력을 기르고, 교육받은 사람으로서 새로운 생각을 접하는 혜택을 포함하지 않고 투자 수익만 따지더라도 그렇다. 학자금 대출 '사태'를 들먹이는 겁주기 전술은 무시하자. 학자금 대출 빚이 있다면 이 책에 나오는 자료를 토대로 상환 계획을 수립하라.

대다수 사람들은 게임을 잘못하고 있다 나는 빚을 지고 있는 수천 명의 사람들과 대화했다. 그들 중에는 예기치 못한 질병에 걸리거나, 부모를 부양해야 하거나, 갑작스런 일이 생기는 등 어려운 상황에 처한 사람도 있었다. 그런데 그저 게임을 잘못하고 있는 사람들도 있었다. 그들은 재테크에 대한 책을 전혀 읽지 않았다. 심지어 빚이 얼마인지도 몰랐다! 그들은 빚 청산 게임에서 이기려고 적극적으로 노력하는 것이 아니라 불평만 늘어놓았다. 그들은 모노폴리 게임을 하려고 했지만 (한 번도 읽어보지 않은) 규칙을 이해할 수 없어서 화를 내며 판을 뒤집는 네 살짜리 아이들 같았다.

학자금 대출과 신용카드에 대한 나의 조언은 방어적인 태도를 버리고 공세를 취하라는 것이다. 학자금 대출의 경우, 공격적인 상환 계획을 세워 이자를 최소화하라. 신용카드의 경우, 최대한 많은 혜택을 받아내라. 재테크에서 공세로 전환하면 재정 상황은 대단히 빨리 바뀐다.

"이 책을 읽은 후 3년 반 만에 1만 4,000달러의 카드 빚과 8,000달러의 학자금 대출을 갚았어요."

– 라이언 힐리(27세)

"작년에 이 책을 읽은 후 기업 퇴직연금과 로스 퇴직계좌에 가입했고, 운용 방식을 이해했으며, 은퇴자금으로 7,200달러를 모았습니다. 또한 활용도와 신용점수를 높이기 위해 2개의 신용카드를 만들었고, 무조건 제때 대금을 내고 있습니다."

– 제프 콜린스(35세)

"이 책을 통해 카드 대금을 자동으로 납부하고, 유연한 지출 방식을 마련하고, 인덱스 펀드에 투자하는 법을 배웠습니다. 덕분에 대학 졸업한 지 2년도 채 되지 않아 4만 달러를 모았지요. 소중한 조언에 감사드려요!"

– 에밀리 바우먼(24세)

신용카드 단기 대출

저자는 제때에 카드 대금을 결제하면 무료 단기 대출을 받을 수 있으니, 이를 활용하면 유리하다고 강조한다. 하지만 국내 신용카드사에서는 무료 단기 대출 서비스를 제공하지 않는다. 구매 물품에 대한 무료 보증기간을 제공하는 경우도 극히 드물다(아예 없다고 보면 된다).

신용카드 대출은 미국과 우리나라 모두 금리가 부담스러울 정도로 높다. 2019년 상반기 미국의 신용카드 대출 금리는 약 16~17%대로 제1금융권에 비해 상당히 높다. 국내도 상황은 별반 다르지 않다. 국내 신용카드 대출 유형은 단기 카드 대출(구: 현금서비스), 장기 카드 대출(구: 카드론)로 구분된다. 두 유형의 대출 모두 금리는 제1금융권에 비해 훨씬 높다.

2019년 11월 현재 여신금융협회 데이터에 의하면, 롯데카드, 삼성카드, 신한카드 등 19개사의 단기 카드 대출 평균 최저 금리는 연 7.3%, 평균 최고 금리는 연 23.3%이며, 장기 카드 대출 평균 최저 금리는 연 6.9%, 평균 최고 금리는 연 22.1%다.

신용등급이 높거나(3등급 이상) 프로모션 혜택 등을 적용하면 보다 낮은 금리로 카드 대출을 이용할 수 있으나 신용등급이 높은 사람들은 시중 은행과 같은 제1금융권 대출을 이용하는 편이다. 제2금융권인 카드사 대출은 신용등급이 좋지 못한 사람들이 이용한다. 더욱 중요한 것은 제2금융권 대출(신용카드, 저축은행, 캐피탈 등)을 이용하면 나이스평가정보, KCB와 같은 신용평가사, 은행(자체적인 신용 점수를 산정)에서 개개인의 신용평가점수에 이를 반영한다는 것이다. 그 결과, 신용등급이 하락할 위험이 높아진다. 개인적인 사유로 제2금융권 대출을 이용한 일부 사람들에게는 억울할 수도 있겠지만, 이들이 볼 때는 제2금융권에서 돈을 빌렸다는 것 자체가 시중 은행에서 대출을 거절당했음을 전제로 하기 때문이다.

2019년 6월 금융위원회가 신용정보(CB)사의 개인 신용평가 모형을 개선하는 방안을 발표함에 따라, 제2금융권 이용자들의 신용점수가 일률적으로 하락하는 불이익이 완화되었다. 그럼에도 신용등급(혹은 신용점수) 산정에 여전히 정량적인 측면 이외에 정성적인 측면이 반영되는 만큼, 제2금융권 대출 이용은 신중히 결정해야 할 사항이다.

시중 은행에서 대출을 받으려면 직접 은행 창구에 가서 재직증명서, 소득증명원 등 여러 서류를 제출해야 하는데 신용카드 대출은 이와 같은 번거로움이 없다. 그저 카드사 홈페이지나 어플리케이션을 이용해 대출을 신청하면 그 즉시 대출금이 입금된다. 이러한 편의성으로 급전이 필요할 때, 혹은 제1금융권 대출한도가 다 차서 추가 대출을 받지 못할 때 신용카드 대출을 이용할 유인이 크지만, 앞서 강조했듯이 제2금융권 대출은 신용점수와 등급에 불리하게 작용한다는 점을 기억해야 한다. 더 나아가 과도한 빚은 불행의 시작이라는 금융업계의 조언도 기억해야 함은 물론이다.

국내 신용카드 대출 금리 현황				
회사명	단기 카드 대출(현금서비스)		장기 카드 대출(카드론)	
	최저금리	최고금리	최저금리	최고금리
롯데카드	5.95	23.5	4.95	23.5
비씨카드	7.85	23.28	–	–
삼성카드	6.4	23.9	5.9	23.9
신한카드	6.1	23.9	6.16	23.9
우리카드	6.4	23.8	5.9	19.9
하나카드	6.9	23	6.9	23
현대카드	6.5	23.9	5.5	23.5
KB국민카드	5.9	23.6	4.9	23.5
NH농협은행	6.5	23.9	6.9	22.4
경남은행	9.99	23.59	7.9	21.4
광주은행	8.2	24	8.2	22.6
부산은행	7.9	23.6	7.74	22.62
수협중앙회	10	19	6.65	20.76
씨티은행	7.9	23.5	6.9	22.9
전북은행	8.9	23.5	11.81	22.47
제주은행	7.4	24	7	20.39
DGB대구은행	5.5	22.9	8.37	18.9
IBK기업은행	6.4	23.4	6.3	19.2
SC제일은행	8	23	5.5	23.5
평균	7.3	23.3	6.9	22.1

출처: 여신금융협회(2019년 11월 기준)

학자금대출을 받아서라도 대학에 진학하는 것이 좋은 이유

국내에서도 시간이 지날수록 지방대학은 물론, 인서울 대학교에 다니는 것이 미래를 위한 올바른 선택인가에 대한 의구심이 커지고 있다. 4년제 대학을 나온다고 해서 취업이 보장되는 시대도 아니고, 무수히 많은 국내 대학교 수를 보고 있자니 대학 졸업장의 희소성도 떨어진 것 같다.

대학 등록금도 만만치 않다. OECD 자료에 의하면, 2018년도 우리나라 국공립대학의 연평균 등록금은 4,886달러로 OECD 국가 중 8번째로 높았으며, 사립대학의 등록금은 8,760달러로 OECD 국가 중 4번째로 높았다. 여느 선진국 못지않은 비싼 학비를 자랑(?)한다.

부모의 소득이 일정 수준이 되지 않는 이상, 대학교에 진학하려는 사람들은 직접 학비를 마련해야 한다. 그게 아니라면 학자금 대출을 이용할 수밖에 없다. 안 그래도 취업난이 극심한 요즘 같은 상황에서 사회에 진출하기도 전에 '빚'을 지는 것이 어떤 이들에게는 두려움 자체가 될 수 있다.

하지만 저자가 책에서 강조했듯, 학자금 대출은 중장기적으로 봤을 때 최고의 투자가 될 수 있다. 최소한 중학교 혹은 고등학교만 졸업했을 경우와 대학교를 졸업했을 경우의 소득 차이가 예상 외로 크기 때문이다. 대졸자 프리미엄은 여전히 존재한다. 저자는 미국의 경우, 대졸자의 평균 소득이 고졸자의 평균 소득보다 100만 달러 이상 많다고 했다(여기서 이야기한 평균 소득의 차이는 특정 시점이 아니라 특정 기간 동안 누적된 소득 차이를 언급한 것으로 추정된다).

우리나라도 미국과 크게 다를 바 없다. 〈OECD의 교육지표 2019〉에서 2017년 기준으로 우리나라 성인(25~64세)의 교육 단계별 상대적 임금을 비교했다. 고졸자의 임금을 100으로 놓고 봤을 때, 전문대 졸업자는 115.2%, 대학 졸업자는 144.5%, 대학원 졸업자는 187.9%로 학위에 따라 고졸자에 비해 15~88% 이상의 월 급여 차이가 발생한 것으로 나타났다.

OECD 46개국 평균을 놓고 봐도 비슷하다. OECD 국가의 전문대 졸업자는 120.2%, 대학 졸업자는 144.4%, 대학원 졸업자는 191.2%로 집계됐으니, (과거에 비해 감소하고 있는 것은 사실이지만) 대졸자 프리미엄은 확실히 존재한다. 여기서 기억해야 할 중요한 점이 하나 있다. 그저 4년제 대학을 나왔다고 해서 무조건 고졸자보다 높은 임금을 받는 것은 아니다. 하위권 부실 대학의 졸업자의 경우 오히려 고졸자보다 임금 수준이 낮은 사례도 빈번하다. 즉, 4년제 대학 중에서도 상위에 해당하는 사람들이 상대적으로 대기업 정규직과 같은 고임금 일자리를 구할 확률이 높다는 이야기다.

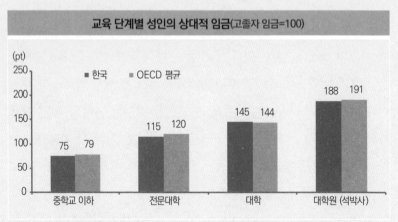

교육 단계별 성인의 상대적 임금(고졸자 임금=100)

자료 : 통계청 경제활동인구조사

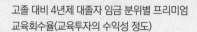

[참고] 대졸자 프리미엄 추이 - 시간이 지날수록 하락하고 있는 것은 사실

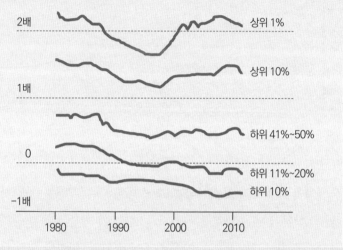

고졸 대비 4년제 대졸자 임금 분위별 프리미엄
교육회수율(교육투자의 수익성 정도)

자료 : 과학동아, '청년실업문제, 어쩌다 여기까지 왔을까', 2018년 5월.

학자금 대출을 받는 자체만으로도 이자 상환 혹은 원리금 상환 부담이 있긴 하지만, 과거에 비해 그 부담은 적어졌다. 2009년도 이전까지만 해도 학자금 대출은 한국주택금융공사로부터 정부 보증을 받아서 진행됐는데, 평균금리가 9%대 수준이었다. 그러나 2009년 한국장학재단이 설립되고 해당 기관으로 학자금 대출 업무가 이관되면서 금리 수준이 지속적으로 낮아지고 있다. 2019년 현재 학자금 대출 금리는 2%대 수준으로 이전보다 부담이 덜하다.

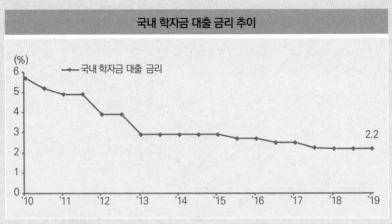

국내 학자금 대출 금리 추이

(%)
국내 학자금 대출 금리

2.2

'10 '11 '12 '13 '14 '15 '16 '17 '18 '19

자료 : 한국장학재단

　게다가 국회에서도 학자금 대출에 대한 이자 부담을 경감시키기 위해, 1) 학자금 대출 금리를 무이자로 전환, 2) 학자금 대출 금리를 소득구간별로 차등 적용하는 방안을 검토하고 있다. 학자금 대출 장기 연체 및 부실 리스크를 최소화하고자 '학자금 대출로 인한 신용유의자 지원 확대' 방안도 추진하고 있다. 정부 차원에서 대학생 학자금 제도가 가진 잠재적인 문제점들을 개선해나가고 있는 상황이니 중장기적으로 대학생들의 등록금 부담은 과거에 비해 감소할 것으로 예상된다.

　다음의 표는 한국장학재단에서 운영하는 '취업 후 상환 학자금 대출', '일반 상환 학자금 대출', '농촌 출신 대학생 학자금 융자' 등 3가지 유형의 학자금 대출 제도를 정리한 것이다. 현재 대학에 다니고 있거나, 대학(또는 대학원)에 진학하려는 사람 중 학자금 대출을 이용할 계획이 있는 사람들이 보면 도움이 될 만한 자료이니 참고하길 바란다.

한국장학재단의 학자금 대출 비교			
구분	취업 후 상환 학자금 대출	일반 상환 학자금 대출	농촌 출신 대학생 학자금 융자
신청 연령	만 35세 이하	만 55세 이하	제한 없음
성적 기준	* 직전 학기 성적 100점 만점 중 70점(C학점) 이상, 직전 학기 이수 학점 12학점 이상 * 졸업 학년 학생과 대학원생은 직전 학기 성적이 100만 만점 중 70점 이상(직전 학기 이수 학점 적용 제외) * 신입생/군입대/장애인은 직전 학기 성적과 직전 학기 이수 학점 적용 제외		
대학원생 대출 여부	불가	가능	불가
소득 구간	기초생활수급자, 차상위 계층, 소득 1~8구간(다자녀 학생은 소득 구간 무관)	소득 구간 무관	소득 구간 무관
지역 거주 요건	해당사항 없음	해당사항 없음	* 농어촌 지역에 6개월 이상 거주하는 학부모의 자녀 * 농어촌지역 6개월 이상 거주 + 농어업에 종사하는 본인
등록금 대출	상한: 등록금 전액 (입학금, 수업료) 하한: 등록금 (10만원 이상)	* 등록금 전액 * 대출자의 고등교육기관에 따른 등록금 대출한도 산정 – 일반 대학: 4천만 원 – 일반, 특수대학원 및 5, 6년제 대학: 6천만 원	등록금 전액
생활비 대출	학기당 10~150만 원	학기당 10~150만 원	취업 후/일반 학자금 생활비 대출 가능
상환 방법	취업 후 일정 기준 이상 소득 발생 시 의무적 상환 또는 자발적 상환	* 거치 기간 : 최장 10년 * 상환 기간 : 최장 10년	* 거치 기간 : 최장 10년 * 상환 기간 : 최장 10년
대출금 지급	* 대출이 승인되어 대출금 지급을 신청하면 해당 대학의 계좌로 입금 * 생활비는 본인 계좌로 입금		

출처: 한국장학재단

공세 취하기: 신용카드를 활용해 풍족한 삶으로 나아가라

사람들은 돈을 벌고 싶을 때 섹시한 투자 상품을 고르고 '부실 종목'이나 '세전 영업이익' 같은 화려한 용어를 쓰는 것을 즐긴다. 그런데 중요해 보이지 않는다는 이유로 정작 너무나 단순하고 기본적인 것을 무시하는 경향이 있다. 바로 신용이다. 신용은 풍족해지는 데 가장 중요한 요소 중 하나임에도 간과되는 경우가 많다. 이제는 신용에 신경 써야 한다. 좋은 신용을 쌓는 것은 풍족해지기 위한 인프라를 구축하는 첫 단계이기 때문이다. 생각해보라. 목돈을 들여 비싼 물건을 살 때는 거의 언제나 신용이 필요하다. 이때 신용 등급이 높은 사람은 수만 달러를 아낄 수 있다. 신용은 하루에 커피 한 잔을 참으며 몇 달러를 아끼는 것보다 재정에 훨씬 큰 영향을 미친다.

신용(혹은 신용 기록)과 관련하여 두 가지 주요 요소가 있다. 신용평가서와 신용점수다. 이 개념들은 따분해 보일지는 몰라도 평생에 걸쳐 수만 달러를 아끼도록 해준다. 그러니 잘 들어라. 귀담아들을 만한 빅 윈의 사례니까 말이다.

신용평가서는 대출 기관에게 제공하는 대출자, 대출자의 계좌, 대출자의 상환 이력에 대한 기본적인 정보다. 신용과 관련된 모든 활동(가령 신용카드 사용 및 대출)이 기록되어 있는데 특히 최근 활동에 더 큰 비중을 둔다.

신용점수는 300점에서 850점 사이의 수치로 대출자의 신용 상태를 알려준다.* 즉, 대출 관문을 위한 수능점수라고 말할 수 있다(높을수록

---

* 2020년을 기준으로 우리나라 개인 신용 평가 체계가 등급제(1~10등급)에서 점수제(1~1000점)로 바뀐다. 점수제가 더 세밀하게 신용을 평가할 수 있기 때문이다.

좋다). 대출 기관은 이 점수와 함께 대출자의 연봉과 연령 같은 다른 정보를 참고하여 신용카드 발급이나 주택담보대출, 자동차담보대출 등의 적격 여부를 판단하는데, 이때 점수에 따라 이자율이 결정된다.

신용점수와 신용평가서를 확인하는 일은 아주 쉬우니 지금 당장 해 보라.* 여기에는 당신의 모든 계좌와 상환 이력에 대한 기본적인 정보가 담겨 있다.

신용평가서와 신용점수가 왜 중요할까? 좋은 신용점수는 수십만 달러의 이자를 아껴준다. 어떻게? 신용점수가 높으면 대출기관이 감수하는 위험이 줄어들어 더 낮은 이자로 돈을 빌려주기 때문이다. 당신이 오

신용점수 vs. 신용평가서	
신용점수 산정 방식	신용평가서 기재 내용
상환 이력 35%(대출자의 신뢰도를 말해준다. 연체하면 점수가 깎인다.)	기본 인적사항
카드 사용 금액 30%(카드 사용 금액과 이용한도를 토대로 신용 활용률credit utilization rate을 따진다.)	전체 대출 계좌 목록
신용 획득 기간 15%(신용을 획득한 기간을 말해준다.)	대출기관, 상환 내역, 연체 여부 등에 대한 기록
신규 신용 10%(계좌가 오래될수록 신뢰도가 높아진다.)	대출 금액
신용 유형 10%(신용카드, 학자금 대출 등 다양할수록 좋다.)	다른 대출기관이 신용 정보를 요청한 내역, 즉 신용 조회 내역
수수료를 내면 마이피코닷컴(myfico.com)에서 신용점수를 확인할 수 있다.	연 1회 annualcreditreport.com에서 신용평가서를 확인할 수 있다.

---

* 올크레딧, 나이스신용평가정보 등에서 1년에 3회까지 무료로 조회할 수 있다.

늘 당장 대출을 받을 일은 없을 것이다. 그러나 3, 4년 후에 차나 집을 사게 될 수도 있다. 그러니 앞서 말한 내용을 무시하지 마라. 부자는 계획이 필요해지기 전에 미리 계획한다는 것을 잊지 말자.

다음의 표는 신용점수에 따른 대출 이자율을 정리한 것이다. 30년 상환 주택담보대출 이자 총액이 얼마나 많이 차이가 나는지 확인해보라.

신용점수가 이자에 미치는 영향		
피코 신용점수	30년 상환 20만 달러 대출에 대한 연이자율*	이자 총액
760~850	4.279%	355,420달러
700~759	4.501%	364,856달러
680~699	4.678%	372,468달러
660~679	4.892%	381,773달러
640~659	5.322%	400,804달러
620~639	5.868%	425,585달러

* 2018년 8월 기준

보다시피 신용점수가 높으면 수만 달러를 아낄 수 있다(생활비가 많이 드는 지역에 산다면 더 많이 아낄 수 있다). 사람들은 할인쿠폰을 잘라내는 데 많은 시간을 쓰고, 더 저렴한 물건을 사려고 발품을 팔며, 아침에 라테를 사먹었다고 후회하면서도 큰 그림은 보지 못한다. 지출에 신경 쓰는 것도 좋지만, 무엇보다 중요한 것, 즉 빅 윈에 집중해야 한다. 이제 절약에 대한 어떤 조언보다 훨씬 가치 있는 신용 개선 전술을 살펴보자.

우리나라에서는

신용평가

국내 금융권에서도 신용평가제도를 통해 개인들의 신용을 평가하고 그에 따른 신용등급을 산정한 뒤, 대출 등 각종 신용 거래의 승인 여부와 금리를 결정한다.

신용등급은 개인신용평점을 기반으로 산정된다. 개인신용평점이란 개인신용평가회사(CB사)가 개인의 다양한 신용정보를 종합한 뒤, 통계적인 모형을 통해 개인의 신용도를 1~1,000점으로 점수화하여 향후 1년 이내에 90일 이상 장기 연체 등 신용위험이 발생할 가능성을 판단하는 것이다. 우리가 은행에서 대출받을 때, 은행의 대출 승인 여부, 대출 한도 및 대출 금리 산정 등이 신용도를 바탕으로 결정된다.

신용점수를 산정하는 신용평가사로는 대표적으로 올크레딧(KCB), 나이스신용평가정보가 있다(저자가 책에서 언급하는 피코와 유사한 기능을 수행하는 기관이다). 이들은 신용정보 데이터(금융사, 대부업, 일반 기업, 신용정보원 등에서 수집한 정보 및 조회한 정보)를 기반으로, 상환 이력 정보, 현재 부채 수준, 신용 거래 기간 등 정량적인 분석을 통해 신용점수를 산정한다. 예를 들어, 나이스신용평가정보의 평가요소 및 활용 비중은 다음과 같다.

신용평가 요소 및 활용 비중

평가 요소	평가 요소의 상세 내용	활용 비중
상환 이력 정보	현재 연체 보유 여부 및 과거 채무 상환 이력	40.3%
현재 부채 수준	채무 부담 정보 (대출 및 보증 채무 등)	23.0%
신용 거래 기간	신용 거래 기간 (최초/최근 개설로부터의 기간)	10.9%
신용 형태 정보	신용 거래 종류, 신용 거래 형태 (상품별 건수, 활용 비중)	25.8%
신용 조회 정보	신규 신용 거래를 위한 신용 활동 정보 (조회 건수 등)	0.0%
계		100.0%

출처: 나이스신용평가정보

신용평가사별 점수 등급표

등급	나이스신용평가정보(NICE)	올크레딧(KCB)
1	900점-1000점	942점-1000점
2	870점-899점	891점-941점
3	840점-869점	832점-890점
4	805점-839점	768점-831점
5	750점-804점	698점-767점
6	665점-749점	630점-697점
7	600점-664점	530점-629점
8	515점-599점	454점-529점
9	445점-514점	335점-453점
10	0점-444점	0점-334점

출처: 나이스신용평가정보, 올크레딧

나이스신용평가, 올크레딧 이 두 기관에서 활용하는 분석 지표는 유사하나, 항목당 비중과 계산 방식이 다소 상이하기 때문에 앞의 표에서 보듯 신용점수별 등급 기준은 금씩 차이가 난다.

이렇게 산출한 신용등급은 한 개인의 신용 생활에 큰 영향을 미치기 때문에, 금융기관들뿐만 아니라 일반인들도 신용등급 관리에 신경을 써야 한다. 각각의 신용등급별 특징과 신용등급 분포 현황은 다음과 같다.

신용등급별 특징		
등급	구분	특징
1~2	최우량	오랜 신용 거래 경력, 다양하고 우량한 신용 거래 실적 보유, 부실화 가능성 매우 낮음
3~4	우량	활발한 신용 거래 실적은 없으나, 꾸준히 우량 신용 거래 지속 시 상위 등급 진입 가능
5~6	일반	저신용 업체(캐피탈, 카드사 등 제2금융권)와 거래가 있는 고객, 혹은 단기 연체 경험이 있는 고객. 신용관리 주의 필요
7~8	주의	저신용 업체와 많이 거래한 고객으로 단기 연체 경험도 많음. 단기적 신용도 하락 예상. 주의 요망
9~10	위험	현재 연체 중이거나 매우 심각한 연체 경험. 부실화 가능성이 매우 높으며 관리가 필요

출처: 나이스신용평가정보

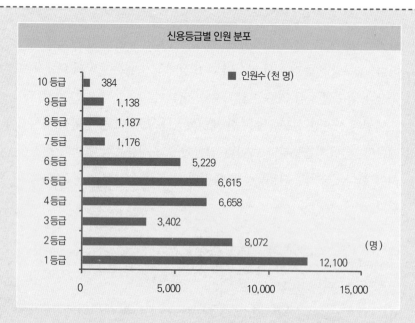

신용등급별 인원 분포

■ 인원수(천 명)

- 10 등급 384
- 9등급 1,138
- 8등급 1,187
- 7등급 1,176
- 6등급 5,229
- 5등급 6,615
- 4등급 6,658
- 3등급 3,402
- 2등급 8,072
- 1등급 12,100

(명)

0   5,000   10,000   15,000

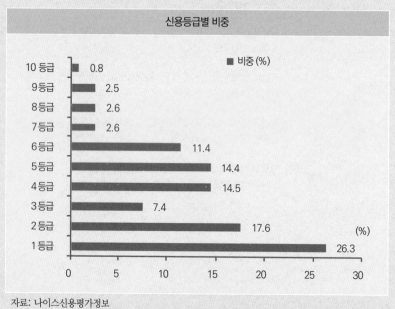

신용등급별 비중

■ 비중(%)

- 10 등급 0.8
- 9등급 2.5
- 8등급 2.6
- 7등급 2.6
- 6등급 11.4
- 5등급 14.4
- 4등급 14.5
- 3등급 7.4
- 2등급 17.6
- 1등급 26.3

(%)

0   5   10   15   20   25   30

자료: 나이스신용평가정보

다만, 신용평가사에서 1등급을 받았더라도 시중은행에서는 2등급이 나올 수도 있다는 점에 유의해야 한다. 시중 은행, 캐피탈사, 보험사 등 금융기관들은 신용평가사들의 점수는 참고용으로 활용하고 자체적인 신용 평가 기준을 활용해 신용등급을 재산정하기 때문이다. 예를 들어, 최근 신용등급이 2등급에서 1등급으로 상향되어 은행에 찾아가 마이너스통장 대출한도 확대 또는 대출금리 인하를 요구했다 하더라도, 오랜 기간 연체 없이 10년 이상 장기간 1등급을 유지한 사람과 동일한 대출 조건을 적용받지는 못한다.

신용등급은 자본주의 시대를 살아가는 우리에게 있어서 나를 증명하는 금융 명함 혹은 금융 신분증과 같은 역할을 한다. 신용관리는 필수라는 이야기다. 앞서 언급했듯이, 신용카드 대출은 신용등급을 하락시키는 요인이니, 제2금융권 대출 활용은 되도록 자제하는 등 건전한 신용생활을 추구할 필요가 있다.

더 나아가 이제는 누구나 쉽게 자신의 신용점수와 등급을 확인할 수 있다. 과거에는 나이스평가정보, 올크레딧 같이 전통적인 신용평가사에서 1년에 2회 정도 무료로 조회할 수 있었으며, 그 이상 조회하려면 유료 정액제 회원 가입을 해야만 했다. 지금은 카카오뱅크, 토스, 뱅크샐러드와 같은 금융 어플리케이션을 통해 누구나 매일매일 수시로 무료로 조회가 가능해 과거에 비해 신용관리가 더욱 수월해졌다.

또한 신용점수 조회뿐만 아니라 카드 내역, 대출 내역, 연체 내역까지도 확인할 수 있다. 이들 금융 어플리케이션을 통해 조회하는 신용점수와 신용등급은 전통적인 신용평가사들의 자료를 기반으로 하는 것이므로, 유료로 조회하는 것과 큰 차이가 없으니 마음껏 금융 어플리케이션을 활용해 신용관리를 해보자.

카카오뱅크의 신용점수 확인 예시

자료 : 카카오뱅크의 네이버 포스트

카카오뱅크의 카드내역, 대출내역, 연체내역 확인 예시

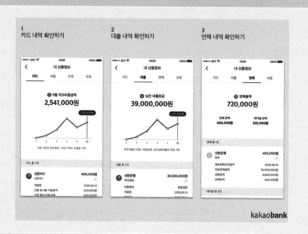

자료 : 카카오뱅크의 네이버 포스트

참고로, 우리나라는 미국과 달리 신용점수제가 아니라 신용등급제를 적용하고 있지만, 2020년부터는 신용점수제로 변경될 예정이다. 2019년 9월 금융위원회에서는 신용등급제(1~10등급) 적용에 따른 문턱효과를 해소하기 위해, 개인신용평가체계를 등급제에서 점수제로 변경하기로 결정했다. 여기서 이야기하는 문턱효과란 신용점수가 신용등급 구간 내 상위에 있는 경우(ex. 7등급 상위)는 상위등급(ex. 6등급 하위)과 신용도가 유사함에도, 대출 심사 시 등급제 적용으로 인해 불이익을 받게 되는 현상을 뜻한다.

신용등급제에서 신용점수제로 바뀌게 되면 금융권에서 대출 심사, 만기 연장 심사 시에 보다 유연한 평가가 적용될 것이다. 이로 인해 일반 국민들도 신용거래상의 혜택(금리 인하, 추가 연장 승인 등)을 받을 것으로 예상된다. 다만 현재까지는 신용등급이 보편적으로 활용되는 점을 감안하여, 시중 5개 대형은행(국민, 신한, 우리, 하나, 농협)을 대상으로 우선적으로 신용점수제와 신용등급제를 병행 활용한 후, 보험사, 증권, 캐피탈사 등 전 금융권으로 2020년부터 확대 적용될 예정이다.

신용카드로 신용 쌓기

신용은 여러 형태로 나타나는데(자동차담보대출, 주택담보대출 등) 신용카드부터 다루기로 하자. 거의 모든 사람이 신용카드를 갖고 있는 데다, 신용을 최적화하는 가장 빠르고 확실한 수단 또한 신용카드이기 때문이다. 대부분 신용카드와 관련하여 적어도 한두 가지 큰 실수를 저지르

는데, 다행히 신용카드가 운용되는 방식을 조금만 알면 쉽게 바로잡을
수 있다.

<table>
<tr><th colspan="3">신용카드로 물건을 사는 비용은 얼마일까?</th></tr>
</table>

신용카드가 수반하는 큰 문제 중 하나는 숨겨진 비용이다. 매장에서 카드로 물건을 사는 것은
아주 편리하다. 그러나 매달 제때 대금을 결제하지 않으면 생각보다 많은 수수료를 내게 된다.

구매 물품	리볼빙 결제 시 상환 소요 기간	이자 총액
1,000달러짜리 아이폰	9년 2개월	732.76달러
1,500달러짜리 컴퓨터	13년 3개월	1,432.19달러
1만 달러짜리 가구	32년 2개월	13,332.06달러

*연이자율 14%, 리볼빙 결제액 2%로 가정

1만 달러짜리 물건을 산 후 리볼빙 결제를 할 경우 다 갚는 데 32년 이상 걸리고 이자로 구매액
보다 많은 1만 3,000달러를 내게 된다. 게다가 이 계산에는 '기회비용'이 포함되지 않았다는 사
실을 명심하라. 30년 넘게 1만 달러를 갚는 대신 그 돈을 투자하여 8%의 수익을 올렸다면 약 2
만 7,000달러가 되었을 것이다! bankrate.com/brm/calc/minpayment.asp에서 리볼빙 결
제에 따른 실제 비용을 계산해보라.

새 카드 만들기

어떻게 좋은 카드를 고를 수 있을까? 다음은 내가 카드를 선택할 때
따르는 규칙이다.

- 우편으로 광고하거나 갭Gap, 노드스트롬Nordstrom 같은 유통업체
  가 제공하는 카드는 쓰지 않는다.
- 혜택은 최대한 많이 받아낸다.
- 좋은 카드를 고른 다음에는 신경 쓰지 않는다.

그러면 구체적인 실행 방법을 알아보자.

사용 혜택을 받아라

리워드 카드 종류는 다양하다. 아주 기본적인 것도 있고, 사용액에 따라 1년에 수백 달러, 심지어 수천 달러의 혜택을 받을 수 있는 것도 있다.

우선 캐시백, 여행 등 어떤 혜택을 받을지 선택하라. 나는 캐시백을 추천한다. 직관적이고, 좋은 카드들이 많고, 가치를 극대화하려면 약간의 계산이 필요한 여행 혜택보다 간단하기 때문이다. (여행 혜택의 가치를 극대화하는 방법은 '신용카드 활용'과 관련된 인터넷 게시판을 검색하라.)

핵심 혜택을 선택했다면 어떤 카드들이 있는지 살펴보라. 좋은 리워드 카드는 대개 연회비가 있다. 연회비를 내고 카드를 쓸 가치가 있을까? 5분 정도만 계산하면 답이 나올 것이다. 기본적으로는 한 달에 수천 달러를 쓴다면 대개 연회비를 낼 만한 혜택을 받을 수 있다. 그보다 사용 금액이 적거나 확신이 들지 않는다면 '신용카드 혜택 계산기'를 검

인터넷으로 신용카드 검색하기

신용카드 업계의 비밀을 알려주겠다. 인터넷에서 여러 신용카드를 비교하면 돈을 받고 올려주는 검색엔진 최적화와 제휴 수수료의 혼탁한 세계로 들어서게 된다. 사실상 모든 사이트가 '추천' 카드를 보여주는 대가를 받는다. 특정 카드를 추천하는 이유도 알기 어렵다. 물론 이런 사이트에서 좋은 카드를 찾을 수도 있다. 그러나 당신이 돈을 많이 쓰는 편이라면 시간을 더 들여서 좋은 카드를 물색해야 한다. 나는 결혼식을 준비할 때 최고의 캐시백 카드를 찾아다녔다. 여러 게시판을 뒤진 끝에 한 게시글 맨 밑에서 가입 첫 해에 3%, 그다음부터는 2%를 적립해주는 얼라이언트 크레딧 유니언 Alliant Credit Union의 캐시백 카드를 발견했다. 최고의 혜택을 제공하는데도 처음 검색할 때는 찾지 못한 카드였다.

색하여 손익을 따져보라. 이 계산기에 금액을 입력하면 연회비보다 많은 혜택을 얻을 수 있는 카드들이 제시된다.

결론은 리워드 카드는 거의 언제나 소지할 가치가 있다는 것이다. 다만 사전에 조사해서 당신이 원하는 혜택을 제공하는 카드를 골라야 한다.

유통업체의 신용카드는 쓰지 마라

이런 카드에는 아주 큰 글씨로 '바보'라고 써야 한다. 나는 매장 계산대에 줄을 서 있다가 40달러짜리 양말이나 싸구려 티셔츠를 산 사람이 직원으로부터 "카드 만드시겠어요?"라고 권유받는 장면을 숱하게 목격했다. 직원은 월 할당량을 채워서 인센티브를 받기를 바라며 "10% 할인이 됩니다"라고 말한다. 이런 광경을 보면 나는 어금니를 꽉 깨문 채 나 자신에게 "가만있어. 쓸데없이 끼어들지 마"라고 중얼거린다.

권유받은 사람은 "그래요. 만들죠 뭐. 손해 보는 것도 없는데요"라고 말한다. 이 사람이 알아야 할 두 가지 요점이 있다.

1. "손해 볼 게 없다"고 생각하는 경우, 대체로 큰 손해를 본다. 지금까지 나는 이런 생각을 할 때마다 큰 실수를 저질렀다.
2. 앞서 예로 든 사람은 겨우 4달러를 아끼려고 최악의 카드를 만들었다. 차라리 동전을 주우려고 더러운 하수구에 손을 집어넣는 편이 낫다. 그런 행동은 최소한 금전적으로 손해를 보지는 않으니 말이다.

기준을 만들어라. 처음 눈이 맞은 사람과 무조건 결혼하지는 않을 것 아닌가? 연회비가 높고, 거의 착취 수준의 이자를 물리고, 혜택은 형편 없는 카드를 왜 만들려고 하는가?

내가 사용하는 신용카드

몇년 전 나는 신용카드 혜택을 극대화하기로 마음먹었다. 개인용 지출과 사업용 지출을 위한 캐시백 카드와 여행 카드를 갖고 있었고, 95% 정도는 혜택을 잘 활용하고 있는 상태였지만, 남은 5%까지 철저하게 활용하고 싶었던 것이다. 회사가 커지고 직원이 10여 명으로 늘어나면서 지출액도 크게 늘었다. 그래서 받을 수 있는 카드 혜택이 상당한 수준에 이르렀다. 나는 가능한 한 모든 혜택을 받아내고 싶었다.

매달 광고비로 4만 달러 이상 쓰던 시기였기에 포인트도 제법 쌓였다. 물론 대부분 이 정도까지 포인트를 쌓아두지는 않는다. 하지만 포인트가 많으면 놀라운 혜택을 받을 수 있다. 그래서 내가 알게 된 것들을 공유하고자 한다.

내가 자문한 내용은 다음과 같았다.

- 카드 사용에 따른 혜택을 최대한 받아내고 있는가?
- 결혼식이나 야유회처럼 지출이 큰 행사를 어떻게 치를 것인가?
- 캐시백 카드와 여행 카드를 언제 써야 할까?

가장 중요한 질문은 '내가 놓친 것은 없을까?', '모르고 있지만 요구하면 받을 수 있는 멋진 혜택들은 무엇일까?'였다. 그 답을 찾는 일은 생각보다 어려웠다. 먼저 나는 페이스북에 글을 올려서 나의 지출 내역을 분석하고 내가 쓰는 카드에 대해 조언해줄 전문가를 찾았다. 처음에 내가 접촉한 사람들은 대부분 소박한 여행을 위해 포인트를 최대한 적립하는 데 집중했다. 그것도 좋지만 내가 원하는 바는 아니었다. 그러다가 크리스 허친스Chris Hutchins라는 사람과 특별한 대화를 나누게 됐다. 크리스는 내게 이렇게 말했다. "신용카드를 잘 활용하는 편이었지만 더 잘 활용하고 싶었어요. 하지만 우리 같은 사람들은 계속 카드를 신청하고 해지할 시간이 많지 않잖아요." 나는 그의 말에 귀를 기울였다. 크리스는 수백만 포인트 수준으로 혜택을 극대화하도록 카드를 정돈하는 방법을 알려주었다. 관심이 갔지만 그가 제대로 알고 하는 말인지 의심이 갔다. 그때 그가 이렇게 말했다.

"포인트를 최대한 많이 쌓기 위해 내가 뭘 하는지 알고 싶어요?"

"네!"

"어떤 호텔은 청소를 안 해도 된다고 하면 하루에 500포인트를 줘요. 그래서 나는 혼자 여행할 때 침대 두 개짜리 방을 써요. 침대와 수건을 번갈아 쓰면 500포인트가 생기죠."

나는 이 말에 완전히 넘어갔다. 그는 수건을 번갈아 쓰는 경지에 이른, 너무나 세세하고 철저한 사람이었다. 드디어 나의 영웅을 만난 것이다.

크리스는 젊은 직장인들을 상대로 재무 설계 서비스를 제공하는 그로브Grove (hellogrove.com)의 대표다. 또한 여행 혜택을 최적화하는 데 탁월한 사람이기도 하다.

나의 목표는 개인적, 직업적 삶을 위한 혜택을 극대화하도록 카드를 활용하는 '지침서'를 만드는 것이었다. 나의 비서 질은 몇 주 동안 크리스와 함께 나의 지출 내역 및 지출 계획을 분석한 뒤, 간단한 '지침서'를 작성했다. 지침서는 15쪽 분량이지만 핵심 내용은 다음과 같다.

'호텔이나 비행기를 예약하거나 외식을 할 때는 혜택을 극대화하도록 여행 카드를 써라. 다른 모든 것은 캐시백 카드를 써라.'

내가 여행과 외식을 위해 쓰는 카드는 체이스 사파이어 리저브Chase Sapphire Reserve다. 다른 모든 것에는 얼라이언트 캐시백 카드를 쓴다. 업무용으로는 캐피털 원Capital One 캐시백 기업용 카드를 쓴다. 또한 추가 혜택을 위해 아멕스 플래티넘 Amex Platinum 카드도 갖고 있다.

이렇게 카드를 정돈한 결과, 해마다 수천 달러의 캐시백과 수백만 리워드 포인트를 누리고 있다. 또한 고급 객실에서만 묵는다는 새로운 모토도 갖게 되었다.

인터넷에서 조금만 검색해도 우편으로 광고하는 카드보다 더 좋은 선택지를 찾을 수 있다.

"깜빡하고 갭에서 청구한 25달러를 제때 결제하지 못했어요. 그 후로 겨우 25달러 때문에 엄청나게 피곤한 일들이 생겼지요. 신용이 나빠졌고, 추심업체까지 찾아올 뻔했어요. 6개월 후에야 이의를 제기했죠. 상담원한테 단 한 번의 실수였다고 말했더니 편지를 보내라며 주소를 알려주더군요. 편지를 보낸 지 두 달 후 계좌에서 기록이 사라졌어요."

– 폴 프레지어(30세)

카드를 너무 많이 만들지 마라

카드를 찾다 보면 다양한 신규 가입 선물에 유혹당하기 쉽다. 그래도 너무 많이 만들지 마라. 정해진 최적의 수는 없지만, 카드가 하나 더 생길 때마다 재테크 시스템이 복잡해져서 관리해야 할 대상과 문제가 생길 여지가 늘어난다. 대체로 두세 장이면 적당하다. (미국인들은 평균 네 장의 카드를 갖고 있다.)

신용카드 외에 다른 신용 원천이 있다는 사실을 명심하라. 거기에는 (자동차담보 신용대출 같은) 할부, 개인 신용, 주택 담보 신용, (공과금 신용 같은) 공공서비스 신용service credit 등이 포함된다. 당신의 신용점수는 전체 신용 원천에 걸쳐 산정된다. 아이작 코퍼레이션의 크레이그 와츠 Craig Watts는 특정한 수의 신용 원천을 미리 정하지 말라며 이렇게 말한다. "천천히 가세요. 모든 것은 신용을 얼마나 오래 관리했는지에 좌우됩니다. 신용평가서에 기재된 정보가 적을수록 새로운 내용이 더 두드러집니다. 가령 본인 명의로 된 신용카드가 하나뿐인 경우, 다른 계좌를 만들면 10년 후에 그렇게 할 때보다 훨씬 큰 영향을 받게 됩니다." 요컨대 두세 개의 좋은 카드를 고르고, 합리적으로 혜택을 극대화하고, 이 카드들이 전반적인 재무 인프라의 일부일 뿐임을 명심하라.

신용카드 비교

핀테크 기술 발전에 따라 국내는 물론, 미국 등 여타 선진국에서도 현금 없는 사회가 도래했다(국내 커피 프렌차이즈의 최고봉인 스타벅스에서는 현금 결제가 아예 안 된다). 시간이 지날수록 현금보다는 체크카드, 신용카드 또는 간편 결제 어플을 통해 소비를 하는 현상이 심화될 것이다. 신용카드사들은 다양한 부가혜택 서비스를 제공하면서 고객 유치 경쟁에 열을 올리고 있는데, 카드업계 내 경쟁이 심해질수록 고객들은 이득을 보게 된다.

그렇다면 어떤 카드가 나에게 유리할까? 내가 원하는 혜택만 최대한 제공하는 카드에는 어떤 것들이 있을까? 최고의 할인 카드, 최고의 마일리지를 제공하는 카드를 어떻게 알 수 있을까? 고맙게도 온라인 쇼핑 비교 사이트처럼 신용카드 역시 비교해주는 사이트가 여럿 있다. 혜택뿐만 아니라 매월 프로모션이 있는 카드를 선별해주는데, 대표적으로 다음 3개의 사이트를 들 수 있다.

1) 네이버 신용카드 비교(검색창에 입력)

2) 밸류챔피언(valuechampion.co.kr)

3) 카드고릴라(www.card-gorilla.com)

'네이버 신용카드 비교'는 혜택, 연회비, 월평균 사용액을 기반으로 신용카드를 비교해준다. '밸류챔피언'은 신용카드 후기, 할인율이나 마일리지가 높은 것, 직장인이나 학생에게 적합한 것 등을 추천한다. '카드고릴라'는 카드타입별, 연회비별, 이용자수별 순위 등을 제공하거나,

매월 프로모션을 실행하는 카드들을 선별한다. 3개의 사이트 모두 내게 적합한 신용카드를 찾아준다는 점에서는 동일하니, 각자의 취향에 맞춰 이용하면 도움이 될 것이다.

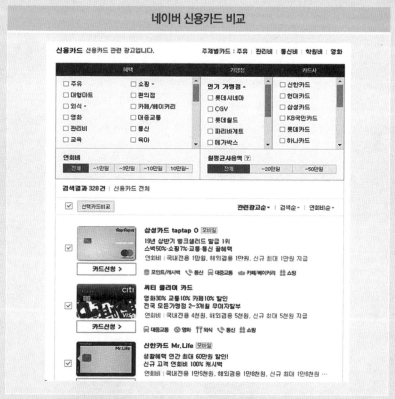

자료 : 네이버

밸류챔피언

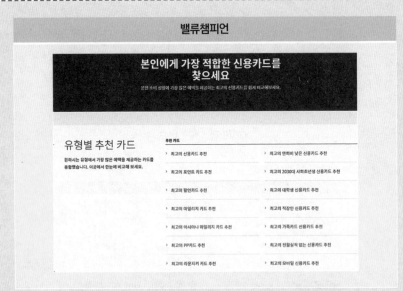

자료 : 밸류챔피언

카드고릴라

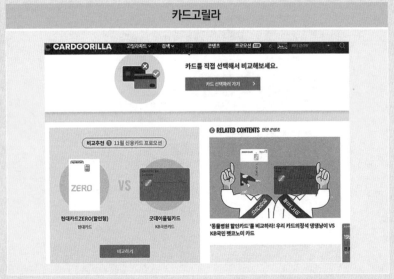

자료 : 카드고릴라

신용카드 6계명

이제 공세를 취하여 카드를 십분 활용할 때가 되었다. 지금부터 나오는 내용을 따르면 지금의 지출에 대한 혜택을 자동으로 받는 동시에 신용도 개선할 수 있다. 신용을 최적화하는 일에는 여러 단계가 필요하다. 가장 중요한 요소 중 하나는 빚에서 벗어나는 것이다. 이 문제는 말미에 다룰 것이다. 그전에 먼저 결제를 자동화하여 다시는 연체하지 않도록 하라.

지금부터 수수료를 줄이고, 더 나은 혜택을 얻고, 카드사로부터 가능한 한 모든 것을 얻어내는 방법을 살펴보자.

1. 제때 결제하라

맞다. 누구나 들어본 말이다. 하지만 상환 이력이 신용점수에서 가장 큰 35%의 비중을 차지한다는 사실은 몰랐을 것이다. 신용을 개선하기 위해 할 수 있는 가장 중요한 일은 제때 결제하는 것이다. 전액을 결제하든 일부만 결제하여 나를 화나게 만들 위험을 감수하든 어쨌든 제때 결제하라. 대출기관은 제때 빚을 갚는 사람을 좋아한다. 그러니 며칠 결제가 늦었다는 이유로 카드사가 수수료를 높이고 신용점수를 깎도록 하지 마라. 이는 부자가 되는 데 집중하는 좋은 사례다. 여행을 가거나 옷을 사려고 온갖 사이트를 검색하는 친구를 생각해보라. 그들은 10달러를 아꼈다고 좋아하고, 특별 할인을 받았다며 자랑할 것이다. 그러나 당신은 신용의 숨겨진 중요성을 이해하여 제때 결제하고 신용점수를 높여서 조용히 수천 달러를 아낄 것이다.

요즘은 대부분 온라인으로 카드 대금을 결제한다. 아직 자동결제 신청을 하지 않았다면 지금 당장 하라. 참고로 카드 대금 전액을 결제할

한번이라도 카드 대금을 연체하면 다음과 같은 네 가지 끔찍한 결과를 맞게 된다.

1. 신용점수가 100점 이상 떨어져서 30년 상환 고정금리 주택담보대출의 한 달 이 자가 227달러 늘어난다.
2. 연이자율이 최대 30%까지 오른다.
3. 35달러 정도의 연체수수료를 물게 된다.
4. 한 번도 연체한 적 없는 다른 카드의 수수료까지 올라갈 수 있다. (내가 보기에는 놀라운 사실이다.)

금액이 항상 계좌에 있지 않아도 걱정할 필요 없다. 매달 미리 청구서 가 오니 필요에 따라 결제액을 조정하면 된다.

하지만 너무 겁먹지 마라. 대개 몇 달이면 신용점수를 회복할 수 있 다. 게다가 단 며칠 연체된 것이라면 수수료는 물지 몰라도 신용조사기 관에 보고되지는 않는다. 77쪽에 카드 대금을 연체했을 때 무엇을 해야 하는지에 대해 써놓았다.

"카드 대금을 결제해야 된다는 사실을 까맣게 잊어버린 적이 있어요. 카드사는 연체수수료를 물렸을 뿐 아니라 그달과 전달의 결제액에 대 한 이자까지 물렸지요. 그래서 상담센터에 전화해서 지금까지 우수 고객이었으니 수수료를 면제해 달라고 요청했죠. 상담원은 연체수수 료를 면제해줬고 20달러의 이자를 계좌로 환불해줬어요. 전화 한 번 으로 59달러를 돌려받았어요."

— 에릭 헨리(25세)

---

2. 수수료를 면제받을 방법을 찾아라

이는 신용카드를 최적화하는 좋은 방법이다. 카드사가 필요한 일을 모두 해줄 것이기 때문이다. 카드 뒷면에 있는 번호로 전화해서 연회비나 서비스 수수료를 포함하여 어떤 것이든 수수료를 내고 있는지 물어라. 대충 다음과 같은 식으로 말하면 된다.

당신: 제 카드로 수수료를 내는 게 있는지 알고 싶은데요.

상담원: 연회비로 100달러를 내고 계십니다. 사실 이 정도면 낮은 편입니다.

당신: 그래도 내고 싶지 않은데, 올해 연회비를 면제해줄 수 있나요?

앞서 리워드 카드의 경우 연회비를 낼 가치가 있다고 말했다. 그래도 연회비를 면제해 달라고 요청하지 못할 이유는 없다. 카드사는 서로 치열하게 경쟁하기 때문에 그 혜택을 볼 수 있다는 점을 명심하라. 연회비가 발생하기 한 달 전에 전화해서 면제해 달라고 요청하라. 그 요청을 들어줄 때도 있고, 그렇지 않을 때도 있다.

연회비가 값어치를 못한다고 생각되면 카드사에 뭘 해줄 수 있는지 물어라. 연회비를 면제해준다면 잘된 일이다! 그렇지 않다면 연회비가 없는 카드로 바꿔라.

3. 더 낮은 연이자율을 협상하라

연이자율은 카드사가 당신에게 적용하는 이자율을 말한다. 연이자율은 바뀌지만 대체로 13%에서 16% 수준이다. 이는 아주 높은 수준이다! 주식 투자수익률이 평균 약 8%라는 점을 감안하면 카드사는 당신에게 돈을 빌려주고 엄청난 이득을 보는 셈이다. 만약 주식투자로 14%의 수익을 올리면 당신은 아주 기뻐할 것이다. 그러니 카드사에 아까운 돈을 바치지 않도록 이자라는 블랙홀을 피하라.

카드사에 전화를 걸어 연이자율을 낮춰 달라고 요청하라. 이유를 물으면 지난 몇 달 동안 제때 결제를 했으며, 다른 카드사에서는 더 낮은 연이자율을 제공한다고 말하라. (108쪽에 협상 대본이 있다.) 나의 경험에 따르면 절반의 경우에는 통했다.

매달 제때 카드 대금 전액을 결제한다면 연이자율은 크게 중요치 않다. 이자를 낼 일이 없으니 연이자율이 2%든 80%든 관계없다. 그래도 전화 한 통으로 연이자율을 낮추는 것은 대단히 쉽고 빠르게 돈을 아끼는 방법이니 알아두면 좋다.

"이 책을 읽은 후 이자로만 1만 5,000달러에서 2만 5,000달러를 아꼈습니다. 또한 자동차담보대출, 학자금 대출, 주택담보대출 등 모든 대출을 받을 때 협상을 했습니다."

−라일라 너트(30세)

---

4. 기본 카드는 오래 보유하고 계속 쓰되 간단하게 관리하라

대출기관은 긴 신용 이력을 좋아한다. 즉, 계좌를 오래 유지할수록 신용점수를 높이는 데 도움이 된다. 신규 가입 선물과 낮은 연이자율에 넘어가지 마라. 지금 갖고 있는 카드에 만족한다면 계속 유지하라. 일부 카드사는 일정 기간 사용하지 않으면 카드 발급을 취소한다. 잘 쓰지 않는 카드가 취소되지 않도록 하려면 자동 결제 수단으로 설정하는 것도 방법이다. 가령 나는 가만히 있어도 카드 하나에 매달 12.95달러의 구독료가 결제되도록 설정해두었다. 이 카드는 5년 넘게 사용한 것이어서 신용점수를 높이는 데 도움을 준다. 신용카드가 있다면 자동 결제를 통해 적어도 3개월에 한 번은 사용하도록 하라.

결제 대금 연체 시 해야 할 일

누구도 완벽하지 않다. 나의 경고에도 뜻밖의 일은 일어난다. 당신은 언젠가 결제일을 놓칠지 모른다. 이 경우 나는 인도계의 유산을 활용하여 카드사와 협상한다. 당신도 그렇게 할 수 있다.

당신: 깜빡하고 연체했는데 신용점수가 깎이지 않았으면 좋겠어요.

상담원: 연체수수료가 부과되지만 신용점수는 깎이지 않습니다.

　　　(결제일로부터 며칠 안에 결제하면 대개 신용조사기관에 보고되지 않는다. 그래도 확실하게 해둘 필요가 있다.)

당신: 고마워요. 다행이네요. 저, 연체수수료 말인데요, 연체한 건 맞지만 면제받고 싶어요.

상담원: 왜 그러시나요?

당신: 실수였어요. 앞으로는 그런 일이 없을 겁니다. 그러니까 이번에는 면제해주세요.

　　　(언제나 문장 끝에 힘을 줘라. "면제해 줄 수 없나요?"라고 하지 말고 "면제해주세요"라고 말하라. 이 시점에서 연체수수료를 환불받을 가능성은 50% 이상이다. 그러나 완고한 상담원을 만났다면 이렇게 해보라.)

상담원: 죄송합니다. 환불은 해드릴 수 없어요. 대신 저희 회사에서 얼마 전에 나온 상품을 특별히 어쩌고저쩌고….

당신: 미안하지만 4년 동안 이 카드를 썼는데 이런 일로 없애고 싶지 않아요. 방법이 없을까요?

상담원: 잠시만 확인해보겠습니다. (잠시 후) 네, 고객님. 이번에는 면제해드리겠습니다. 고객님 계좌로 환불해드렸습니다.

이렇게 간단할 거라고 믿지 못하겠는가? 정말로 환불받을 수 있다. 누구라도 말이다.

이제 까다로운 문제를 다뤄보자. 새 카드를 만들면 기존 카드는 해지해야 할까? 나의 경우 시간이 지나면서 이 문제에 대한 생각이 바뀌었다. 일반적인 조언은 최대한 오래 카드를 유지하라는 것이다. 이는 대체로 현명한 선택이다. 그러나 한 번도 쓰지 않은 카드가 많다면 재고할 필요가 있다. 어떤 독자들은 혜택을 '뽑아먹으려고' 20개가 넘는 카드를 만들었다가 제대로 관리하지 못하는 지경에 이른다. 당신이 이런 상황이라면 위험과 혜택, 단순성과 복잡성 사이에서 결단을 내려야 한다. 많은 사람이 카드를 해지하지 말라고 조언한다. 그러나 제때 대금을 결제하여 신용이 좋다면, 오래된 카드를 해지하는 것은 장기적으로 신용점수에 별 영향을 미치지 않는다.

균형을 고려하라. 대부분의 경우 두세 장의 카드만 있으면 충분하다. 사업체를 운영하거나 한시적인 가입 선물을 받는 등 특별한 이유가 있다면 더 만들어도 괜찮지만, 카드가 너무 많아서 감당이 안 된다면 쓰지 않는 것들은 해지하자. 신용이 좋은 한 장기적인 영향은 미미할 것이며, 카드를 간단하게 관리할 수 있어 오히려 마음이 편할 것이다.

5. 이용한도를 늘려라(주의! 빚이 없을 때만 시도할 것)

이 조언은 통념에 어긋난다. 이렇게 조언하는 이유를 설명하려면 내가 재테크와 관련하여 개인적으로 얻은 교훈을 들려줄 필요가 있다. 80년대 여성 그룹인 솔트 앤 페파Salt- N- Pepa의 '밀어붙여요Push It'라는 노래를 들어보면 춤은 모든 사람이 아니라 '섹시한 사람들만을' 위한 것이라는 가사가 나온다. 많은 사람이 깨닫지 못하지만 이 가사는 사실 좋은 재테크 전략을 말해주고 있다.

그 이유를 설명하기 전에 먼저 내가 솔트 앤 페파의 노래 가사를 책에서 실제로 인용했다는 사실을 밝혀두고 싶다. 어쨌든 이 조언과 관련하여 '섹시한 사람들'은 '돈에 대해 절제할 수 있는 사람들'을 가리킨다. 진지하게 경고하건대 이 조언은 카드 빚이 없고 매달 제때 대금을 결제하는 사람들만을 위한 것이다. 다른 사람들은 해당되지 않는다.

이용한도를 늘리는 이유는 카드 사용 금액을 이용한도로 나눈 비율, 소위 신용활용률을 개선하기 위해서다. 가령 카드 사용 금액이 4,000달러이고, 이용한도가 4,000달러라면 신용활용률은 100%로(($4,000/$4,000)×100) 나쁜 수준이다. 그러나 이용한도가 4,000달러인데 카드 사용 금액이 1,000달러라면 신용활용률은 훨씬 나은 25%(($1,000/$4,000)×100)가 된다. 신용활용률은 낮을수록 좋다. 대출기관은 한도까지 돈을 쓰는 사람을 좋아하지 않는다. 그런 사람은 곧 돈이 떨어져서 상환 능력을 잃을 가능성이 높기 때문이다.

신용활용률을 개선하는 데는 두 가지 선택지가 있다. 하나는 (매달 결제한다고 해도) 카드 빚을 많이 지지 않는 것이고, 다른 하나는 이용한도를 늘리는 것이다. 앞서 카드 빚이 없는 것을 전제했으니 결국 남은 선택지는 이용한도를 늘리는 것이다. 이를 위해서는 카드사에 전화해서 다음과 같이 요청하면 된다.

당신: 이용한도를 5,000달러에서 1만 달러로 늘리고 싶어요.
상담원: 이유를 물어봐도 될까요?
당신: 지난 18개월 동안 대금 전액을 결제했고, 조만간 비싼 물건을 살 일이 있어요. 그래서 1만 달러로 늘리려고 합니다. 가능할까요?
상담원: 그럼요. 한도 증액을 요청했습니다. 약 일주일 후에 조정될 겁니다.

나는 6개월에서 12개월마다 한도 증액을 요구한다. 신용활용률이 신용점수 평가에서 30%의 비중을 차지한다는 사실을 명심하라. 신용활용률을 개선하려면 먼저 빚을 갚아야 한다. 그다음 한도를 늘리려고 시도해야 한다. 자꾸 반복해서 미안하지만 정말 중요한 일이다!

"남편과 저는 대학교에 다닐 때 티셔츠 같은 걸 공짜로 받고 적당한 한도(500달러)가 있는 카드를 발급받았어요. 물론 수입이 없었지만 그때는 중요하게 여기지 않았습니다. 그리고 얼마 후 합리적으로 한도를 2,000달러로 늘렸죠! 문제는 제가 그다지 합리적이지 않았다는 거예요. 결국 오랫동안 이자와 연체수수료로 수천 달러를 내고 신용등급을 망쳤죠. 카드 빚을 청산하는 데 몇 년이 걸렸어요. 필요한 물건을 산 적은 별로 없었어요."

－미셸 밀러(38세)

---

6. 비밀 혜택을 활용하라!

혜택 프로그램을 다루기 전에 해둘 말이 있다. 당신이 믿을 만한 고객이라면 자동차 보험에 가입할 때와 마찬가지로 신용카드를 이용할 때도 좋은 조건을 받아낼 수 있다. 사실 신용이 좋은 사람들에게 해줄 조언은 많다. 당신이 거기에 해당한다면 1년에 한 번 카드사와 다른 대출기관에 전화해서 어떤 혜택을 받을 수 있는지 물어봐라. 종종 그들은 수수료를 면제하거나 이용한도를 늘려줄 뿐 아니라 다른 고객들은 접근하지 못하는 특별 사은 혜택을 제공해준다. 전화해서 이렇게 말하라.

"제 신용점수를 확인해보니 750점이네요. 4년 동안 고객이었는데 특별 사은 혜택이나 상품을 받을 수 있을까요? 연회비 면제나 고객 유지용 특별 상품을 생각하고 있는데요."

앞서 말한 대로 카드사는 캐시백이나 항공권 혹은 다른 상품을 제공하는 혜택 프로그램을 운용한다. 그러나 대부분 이런 무료 혜택을 챙기지 않는다. 가령 나는 지인의 결혼식에 참석하기 위해 위스콘신으로 가야 했을 때 카드사가 제공하는 여행 혜택을 활용하여 600달러 이상을 아꼈다. 이것은 손쉬운 사례이고, 더 많은 혜택을 누릴 수 있다. 카드사가 훌륭한 소비자 보호 서비스를 자동으로 제공한다는 사실을 아는가? 다음은 당신이 모를 가능성이 높은 몇 가지 서비스다.*

- 자동 보증 수리기간 연장: 대다수 카드사는 구매품의 보증 수리기간을 연장해준다. 만약 당신이 산 아이폰이 애플의 보증 수리기간이 지난 후 고장 났다면 카드사가 기간 연장에 필요한 비용을 충당해줄 것이다. 거의 모든 카드사가 거의 모든 물건에 대해 자동으로 이런 서비스를 제공한다.
- 렌트 카 보험: 차를 렌트할 때 추가 자차보험에 가입하라는 말에 넘어가지 마라. 완전히 쓸데없는 짓이다! 기존 자동차 보험으로 이미 보장이 되는 데다가 카드사가 대개 최대 5만 달러까지 보장해준다.
- 여행 취소 보험: 휴가를 가려고 항공권을 예약했는데 아파서 가지 못할 경우 항공사가 일정 변경에 대해 높은 수수료를 물린다. 이 경우 카드사에 전화해서 여행 취소 보험 서비스를 요청하면 대개 건당 3,000달러에서 1만 달러까지 변경 수수료를 보전해 준다.
- 컨시어지 서비스: 나는 LA 필하모닉 콘서트 티켓을 구하지 못해 카드

---

* 컨시어지 서비스를 제외하면 국내 카드사가 대체로 제공하지 않는 서비스들이다.

사에 컨시어지 서비스로 구해 달라고 요청한 적이 있다. 담당자는 이틀 후 티켓을 구해주었다. 비록 수수료가 있었지만(사실 꽤 많다) 덕분에 구하기 힘든 티켓을 얻을 수 있었다.

가장 중요한 사실은 신용카드를 쓰면 지출 내역이 자동으로 기록되기 때문에 항목을 분류하기 쉽다는 것이다. 이런 이유로 나는 모든 물건 특히 비싼 물건을 살 때 무조건 카드로 결제한다.

핵심 교훈은 카드사에 전화해서 전체 혜택 내역을 보내달라고 요청하라는 것이다. 그다음 혜택 내역을 활용하라!

"우리는 포인트를 써서 뉴욕 라스베이거스 왕복 일등석 항공권, 베네시안 호텔 숙박권, 고급 렌트 카, 기타 숙소, 오락, 음식(네, 심지어 음식까지) 등 3주 동안의 신혼여행 경비를 전부 처리했어요. 사실상 한 푼도 쓰지 않았지요(게다가 블랙잭으로 200달러 넘게 땄어요)."

– 테 로미오(34세)

"우리 부부는 해마다 거의 포인트만 써서 하와이나 유럽에 가요. 우리가 호화롭게 사는 것 같지만 지난번에 9일 동안 이탈리아를 여행했을 때 쓴 돈은 350달러밖에 되지 않아요. 그마저도 우리가 좋아하는 시에나Sienna의 호텔이 포인트를 받지 않아서 쓰게 된 거예요."

– 로빈 기니(45세)

피해야 할 실수

해지하기 전에 먼저 생각하라

차나 집 혹은 교육을 위해 목돈을 대출받을 계획이라면 신청 전 6개월 안에는 어떤 카드도 해지하지 마라. 대출을 신청할 때는 최대한 신용점수가 높아야 한다. 단, 카드가 있으면 돈을 쓰게 되기 때문에 해지하고 싶다면 어쩔 수 없다. 신용점수가 조금 깎이겠지만* 시간이 지나면 회복된다. 그 편이 과소비하는 것보다 낫다.

빚을 관리하여 신용점수가 깎이지 않도록 하라

피코의 크레이그 와츠는 "카드를 해지하더라도 빚을 갚아서 신용활용률을 같은 수준으로 유지하면 신용점수가 깎이지 않는다"고 말한다. 가령 각각 한도가 2,500달러인 카드 2개에 1,000달러의 빚이 있다면 신용활용률은 20%다(총 한도 5,000달러에 빚 1000달러). 이 중 하나를 해지하면 갑자기 신용활용률이 40%가 된다(총 한도 2,500달러에 빚 1000달러). 그러나 500달러를 결제하면 신용활용률은 20%로 낮아지며(총 한도 2,500달러에 빚 500달러) 신용점수는 바뀌지 않는다.

이자 놀이를 하지 마라

새 카드를 만들어서 기존 카드의 대금을 이전하거나 현금서비스를 받아서 이득을 보는 이자 놀이를 하는 사람들이 있다. 이 경우 처음에는(대개 6개월 동안) 연이자율 0%라는 혜택을 받는다. 또한 사람들은 낮

---

* 국내의 경우, 카드 해지와 신용점수는 상관이 없다.

금융기관과의 통화 내역을 기록하라

당신에게는 안타까운 일이지만 카드사는 연체수수료로 매출을 늘리는 데 능숙하다. 그런데 그들이 안타깝게도 내가 연체수수료 면제받는 방법을 여러분에게 알려주었다(77쪽 참고). 면제 가능성을 높이는 최고의 방법 중 하나는 카드사, 은행, 투자회사 등 금융기관과의 통화내역을 모두 기록하는 것이다. 나는 분쟁의 소지가 있을 때 통화내역을 보고 마지막으로 언제, 누구와 통화했고 어떻게 해결되었는지 확인한다. 범죄자들이 나만큼 꼼꼼하다면 좋을 텐데 말이다. 통화내역의 양식은 다음과 같다.

날짜	시간	상담원	상담원 ID #	내용

청구서와 관련된 이견으로 전화를 할 때 지난 통화내역을 토대로 상담원의 이름, 날짜, 내용을 언급하는 것이 얼마나 큰 힘을 발휘하는지 모른다. 대다수 상담원은 당신이 만만치 않다는 사실을 알고 바로 두 손을 들 것이다. 지난 통화내역을 무기로 카드사나 은행을 상대하면 원하는 것을 얻을 가능성이 높다.

은 이자로 돈을 빌린 다음, 이자가 더 높은 은행에 넣어 이득을 본다. 일부는 단기 CD나 심지어 주식에 투자하기도 한다. 나중에 돈을 돌려주고 이자만 챙기려는 심산인 것이다. 내가 보기에 이런 이자 놀이는 엄청난 시간낭비에 불과하다. 물론 1년에 수십 달러 혹은 잘하면 수백 달

한번은 통신서비스를 해지했는데 160달러가 청구된 적이 있다. 명목은 '조기 해지 수수료'였다. 하지만 나는 통신사와 어떠한 약정도 맺지 않았고, 3년 전 이미 협상을 통해 조기 해지 수수료를 면제받은 일도 있었다. 대체로 통신사는 고객들이 짜증만 낼 뿐 포기하고 그냥 지불하기를 바라면서 이런 꼼수를 부리고 실제 이렇게 많은 돈을 번다. 그러나 나는 그런 꼼수에 넘어갈 사람이 아니다. 이미 3년 전에 내게 같은 짓을 시도했을 때 모든 통화내역을 기록해 둔 터였다.

상담원은 매우 정중했지만 수수료를 면제해줄 권한이 없다고 버텼다. 이전에도 경험한 일이었다. 나는 통화내역을 꺼내어 크게 내용을 읽어주었다. 그러자 기적처럼 상담원에게 면제 권한이 생겼다. 두 달 후 무사히 서비스가 해지되었다. 참으로 고맙게도 말이다.

이게 이야기의 끝이라면 얼마나 좋을까? 그럴 리가. 통신사는 약속과 달리 수수료를 청구했다. 화가 난 나는 큰 무기를 꺼내들었다.

카드사가 뛰어난 소비자 보호 서비스를 제공한다는 사실을 모르는 사람이 많다. 내가 큰 금액은 (현금이나 직불카드 말고) 신용카드로 결제하라고 권하는 주된 이유가 여기에 있다. 나는 카드사에 연락하여 수수료 청구에 이의를 제기하고 싶다고 말했다. 상담원은 청구액이 얼마이며 어떤 명목인지 물었다. 나는 통신사와 있었던 일을 설명했다. 상담원은 바로 잠정 보상액을 넣어주고 이의 제기 양식을 보내달라고 요청했다. 나는 요청한 대로 했다. 2주 후 내가 원하는 방향으로 분쟁이 해결되었다.

이런 경우 카드사는 고객을 대신하여 해당 업체와 싸운다. 앞으로 비슷한 문제가 생기면 참고하라.

러를 벌 수 있지만, 투입한 시간, 중간에 실수할 위험, 신용점수를 망칠 가능성을 고려하면 시도할 가치가 없다. 무엇보다 겨우 단기적인 결과를 얻으려고 한눈을 팔게 된다. 여기저기서 푼돈을 버는 것이 아니라 장기적으로 목돈을 만들 수 있는 재테크 인프라를 구축하는 편이 더 낫다. 재테크 부문의 인기 저술가이자 라디오 진행자인 데이브 램지Dave

신용점수가 떨어졌어요!

일부 소심한 독자들은 신용점수에 너무 신경 쓴다. 신용점수가 갑자기 떨어졌다면 먼저 신용점수와 신용평가서를 확인하여 이유를 파악하라(55쪽). 그다음 어떻게 대처하느냐가 중요하다. 제때 대금을 결제하는 것처럼 긍정적인 정보가 접수되면 신용점수는 금방 회복된다. 그러니 현명하고 끈질기게 신용을 관리하라. 크레이그 와츠는 이렇게 말한다. "신용점수는 원래 천천히 오르게 되어 있습니다. 신용점수가 800점 중반인 사람들은 어떻게 그런 점수를 얻었을까요? 그들은 오랫동안 꾸준히 신용을 관리했지요."

한 달에 25달러를 벌려고 시간을 낭비하는 이자 놀이꾼들

나의 블로그 독자 중 한 명인 마이크는 내게 자신이 하는 이자 놀이에 대해 들려주었다. 그의 경우는 카드가 아닌 저축예금이 대상이지만 골자는 비슷하다. 즉, 아주 미미한 이득을 보려고 계속 새 계좌를 만드는 것이다.

마이크가 한 이야기는 이렇다. "저는 4만 달러의 비상금을 가지고 계속 은행을 바꾸는 방법으로 MMF 계좌보다 0.65%에서 0.85%를 더 벌고 있습니다. 1년으로 따지면 300달러 정도가 되죠. 이 정도면 4달에서 6달에 한 번씩 은행을 바꿀 가치가 있습니다."

나는 답장에 이렇게 썼다. "비상금을 4만 달러나 확보할 만큼 현명하다면(실제로 대단히 인상적이다) 1년에 300달러를 버는 것보다 더 나은 일, 더 많은 금액을 지속적으로 벌어다주는 일에 시간을 쓸 수 있으리라 생각합니다. 1년에 300달러면 하루에 0.82달러밖에 되지 않아요! 그럴 시간에 자산 배분을 최적화하는 건 어떨까요(311쪽)? 그 일만 해도 1년에 수천 달러의 가치가 있습니다. 혹은 부업을 시작해보는 건 어때요? 아니면 그 시간을 가족에게 쓰는 건요? 당신이 무엇을 중시하는지는 모르지만 제가 보기에 이중 어떤 일을 하든 1년에 300달러보다 많은 가치를 얻을 겁니다. 특히 당신처럼 다른 사람보다 많이 앞서 있는 사람이라면 말이죠. 이것이 저의 소박한 조언입니다."

큰 성과를 얻도록 빅 윈에 집중하라. 빅 윈은 계좌를 바꿔가며 몇 푼을 얻는 것보다 명백하고 섹시하지는 않더라도, 장기적으로 당신을 부자로 만들어준다.

Ramsey는 사람들이 빚에서 벗어나도록 하는 데 전문이다. 그는 이렇게 말한다. "재무상담 일을 하면서 수천 명의 백만장자를 만났습니다. 그 중 디스커버Discover 카드 보너스 포인트로 부자가 되었다고 말한 사람은 한 명도 없었습니다."

빚, 빚, 빚

통계적으로 볼 때 빚이 있는 것은 '정상'이다. 하지만 한번 따져보자. 가진 돈보다 많은 빚을 지는 게 정상일까? 집이나 교육 같은 특정 목적을 위해서라면 괜찮을지 모른다. 하지만 카드로 아무 물건이나 마구 사느라 빚을 내는 건?

어떤 사람은 장기적으로 가치가 오르느냐(교육) 내리느냐(차)에 따라 '좋은 빚'과 '나쁜 빚'을 구분한다. 또 어떤 사람은 무조건 빚을 경멸한다. 어느 쪽이든 대다수가 많은 빚을 지고 산다. 하지만 빚을 지는 건 별로 기분 좋은 일은 아니다.

나는 가장 금액이 큰 학자금 대출과 카드 빚에 대해 이야기하고 싶다. 그전에 명백한 사실부터 짚고 넘어가자. 우리는 이미 빚이 나쁘다는 사실을 안다. 사실 어떻게 해야 할지도 안다. 그런데 왜 행동으로 옮기지 않는 걸까? 그건 심리 때문이다.

행동으로 옮기지 않는 이유

당신에게 신용에 대한 온갖 정보를 제공할 수는 있지만, 당신이 돈과 관련된 심리를 알지 못하면 그 정보들은 아무 의미가 없다. 많은 사람이 모든 정보를 '알면서도' 여전히 빚에 허덕이거나, 수수료와 잃어버린 혜택으로 수천 달러의 손해를 안기는 부실한 카드를 계속 쓰는 이유가 거기에 있다. 왜 행동에 옮기지 못하는 걸까? 지식 부족이 원인이 아니다. 원인은 다른 데 있다.

금융심리학 교수인 브래드 클론츠Brad Klontz 박사(yourmentalwealth.com)는 '보이지 않는 머니 스크립트'라는 개념을 만들었다. 이는 어린 시절에 형성되어 지금까지 행동을 이끄는 '무의식적이고 세대를 초월하는 돈에 대한 믿음, 고정관념'을 일컫는다. 이 믿음은 엄청나게 강력하다. 자신이 그런 믿음을 가졌음을 인식하면 자신의 행동을 더 잘 이해할 수 있다.

다음은 빚과 관련된 일반적인 보이지 않는 머니 스크립트다.

카드와 빚에 대한 스크립트	
내용	의미와 조언
"그렇게 나쁜 건 아냐. 모두가 카드 빚을 갖고 있어. 적어도 나는 미셸만큼 많진 않아."	인간은 자신을 다른 사람과 비교하는 습성이 있다. 흥미롭게도 나쁜 상황에 처해 있을수록 상황이 그렇게 나쁜 건 아니라는 확신을 안겨줄 다른 사람들을 찾는다. 그래도 상황이 바뀌는 건 아니지만 기분은 좋아진다.
"이건 사면 안 될 것 같아. 하지만 100달러는 내 빚에 비하면 아무것도 아냐. 그러니까…."	문제가 너무 크면 우리는 하나의 변화로는 '충분하지 않다'고 합리화한다(사실은 작고 끈질긴 노력을 통해 진정한 변화가 일어나는데도 말이다). 빚이 과도한 사람과 체중이 과도한 사람의 의사결정은 비슷한 면이 많다.
"이자는 다른 수수료나 마찬가지야."	'표준화normalization' 혹은 빚에 대한 이자를 내는 게 사실 그렇게 나쁜 게 아니라는 생각에서 비롯된 말이다. 나는 이런 말을 하면서 정작 14%의 이자가 어떤 의미인지 이해하는 사람을 본 적이 없다.

카드와 빚에 대한 스크립트	
내용	의미와 조언
"카드사는 무조건 우리를 함정에 빠트리려고 해."	이는 자신의 결정에 대한 책임을 포기하는 생각이다. 빚에 빠진 친구나 가족이 있는 사람들이 흔히 이런 생각을 한다. 맞다. 카드사는 당신이 많은 수수료를 내기를 원한다. 그러나 애초에 빚에 빠지게 만든 결정을 내린 사람은 당신이다. 스스로의 책임을 인정하기 전까지 카드사는 욕하기 편한 악당이 되어줄 것이다.
"빚이 얼마인지도 모르겠어."	이제 더 가망 없는 스크립트로 넘어간다는 점에 주목하라. 내가 추정하기로는 빚을 안고 있는 사람 중 75% 이상은 실제 빚이 얼마인지 모른다. 진실이 너무나 고통스러워 외면해버리는 것이다. 그러나 문제를 인식하고 계획을 세우는 데서 힘이 생기는 법이다.
"난 지금도 최선을 다하고 있어."	가장 가망 없는 유형이다. 이런 생각은 자신의 힘을 인식하기보다 사실상 "돈 문제는 어쩔 수 없어"라거나 "인생이 꼬여버렸어"라고 말하는 것과 같다. 이런 말을 하는 사람은 바꾸기가 정말 어렵다.

대단히 우울한 내용이다. 보이지 않는 머니 스크립트가 얼마나 은밀하고 강력하게 작용하는지 보여주기 위해 이 사례들을 들었다. 이런 보이지 않는 머니 스크립트는 특정 행동을 유발한다. 사람들은 돈을 제대로 관리하지 못한다는 사실을 '알면서도' 오랫동안 하던 행동을 계속한다. 그런 행동은 주변 사람을 혼란스럽게 한다. 그래서 "넌 빚이 있잖아! 그런데 왜 800달러나 쓰면서 주말여행을 가는 거야?"라고 다그치게 만든다.

그러나 사람들은 순전히 합리적이지 않다. 사실 보이지 않는 머니 스크립트는 빚을 안고 있는 많은 사람이 청구서를 아예 열어보지 않는 이유를 설명한다. 아마 당신은 그들에게 "그냥 열어서 확인해! 빚을 갚아! 그렇게 어렵지 않아!"라고 말하고 싶을 것이다. 그러나 20여 년 동안 스스로에게 한 이야기를 통해 형성된 보이지 않는 머니 스크립트('청구서=

나쁜 것')는 바꾸기가 어렵다. 나의 목표는 이 책을 통해 돈과 관련된 이야기를 바꿀 수 있음을 보여주는 것이다. 당신은 빚에 대해 자신에게 어떤 이야기를 하는가?

사람들은 자기 빚이 얼마인지 모른다

⟨뉴욕타임스⟩의 빈야민 아펠바움Binyamin Appelbaum은 이렇게 지적한다. "미국인들은 자기 빚이 얼마인지도 모르는 것 같다. 전체 가구 중 카드 빚이 있다고 밝힌 비중은 50%에 불과하다. 카드사의 발표에 따르면 전체 가구 중 75%가 카드 빚을 안고 있는데 말이다."

믿기 힘든 내용이다. 그러나 내가 경험하기로도 대다수가 빚이 정확히 얼마인지 모른다. 빚을 안고 있는 사람들이 내게 매일 10여 통의 이메일을 보내는데, 그들에게 액수를 물어보면 제대로 대답하는 사람은 25%가 채 되지 않는다. 상환일이 언제인지 모르는 사람은 95%에 달한다.

나는 빚에 시달리는 사람들에 대해 많은 연민을 갖고 있다. 그들 중에는 아주 힘든 상황에 처한 사람도 있다. 신용카드를 어떻게 써야 하는지 모르는 사람도 있다. 여러 장의 카드 빚과 학자금 대출까지 안고 있는 사람도 있다. 또한 거의 모두가 빚을 갚기 위해 최선을 다하고 있다. 그러나 아무 계획 없이 불평만 하는 사람들에게는 전혀 동정심이 생기지 않는다. 적어도 빚이 있다면 얼마이고 언제까지 갚아야 하는지 정도는 알아야 한다. 그런데 그런 사람이 아주 드물다.

계획은 빚을 '뜨거운' 감정적 주제에서 '차가운' 수학적 문제로 바꾼다. 나는 사업에 대해 강연할 때 '마술이 아니라 수학'이라고 가르친다. 이 말은 사업을 키우는 일분 아니라 빚을 청산하는 일에도 적용된다. 무엇보다 계획은 통제력을 부여한다. 빚을 갚는 데 3달이 걸릴 수도 있고, 10년이 걸릴 수도 있다. 그러나 일단 계획을 세우고 이 책에 나오는 자동화 시스템을 구축하면 풍족한 삶에 이르는 길에 오를 수 있다. 앞으로 그 방법을 알려주겠다.

학자금 대출의 부담

거짓말은 하지 않겠다. 학자금 대출을 청산하는 일은 어렵다. 대졸자들은 평균적으로 약 3만 달러의 학자금 대출을 받는다. 내 친구들 중에는 대출액이 10만 달러가 넘는 경우도 많다. 안타깝게도 마술봉을 휘둘러서 학자금 대출이 사라지게 할 수는 없다. 사실 파산을 신청해도 여전히 학자금 대출은 갚아야 한다. 그러니 학자금 대출이 아무리 많더라도 매달 얼마를 상환하는지는 신경 써야 한다. 학자금 대출은 금액이 크기 때문에 한 달에 100달러만 추가로 상환해도 몇 년을 앞당겨 청산할 수 있다.

사례를 살펴보자. 내 친구 토니는 학자금 대출을 3만 달러 받았다. 이돈을 10년에 걸쳐 상환할 경우 매달 내는 돈은 약 345.24달러다. 즉, 총 1만 1,428.97달러를 이자로 내게 된다. 그러나 한 달에 100달러만 더 상환해도 총 이자액은 7,897.77달러로 줄어든다. 또한 7.2년 만에 대출을 청산할 수 있다.

대다수 사람들은 상환액을 바꿀 생각을 하지 않는다. 매달 청구서를 받고 짜증을 내면서도 그냥 납부할 뿐 적극적으로 대처할 수 있다는 사실을 모른다. 분명히 말하지만 상환액을 바꿀 수 있다.

먼저 학자금 대출을 일찍 청산하고 싶다는 의욕이 생기도록 이자를 계산해보라. 월 상환액에 따라 이자 총액이 어떻게 달라지는지 확인하는 것이다. 그다음 어떤 대출이든 매달 적어도 50달러를 추가로 상환할 것을 권한다. 대출을 청산하기 위해 의식적으로 노력한다는 인식은 심리적 승리일 뿐 아니라 더 빨리 투자에 집중하게 해준다. 상환은 돈을 직접 다룰 필요 없이 계좌를 통해 자동으로 이뤄지도록 하라(자동 상환 설정 방법은 5장에서 다룬다).

나는 인터넷 게시판에서 이런 대화가 오가는 걸 숱하게 보았다. 어떤 사람이 35세, 40세, 50세에 평균적으로 얼마를 저축해야 하는지에 대한 글을 올리면, 이 글에 자본주의, 지정학, 베이비붐 세대를 탓하는 8,000개의 댓글이 달린다.

도움이 되는 댓글: "수입의 10%를 저축하고 투자를 시작할 수…."

500개의 분노에 찬 댓글: "저축요? 나는 집도 없어요! 우리 같은 사람은 저축할 방법이 없어요." (20만 개의 '좋아요')

도움이 되는 댓글: "처음에는 한 달에 20달러로 시작하면 돼요."

분노에 찬 댓글: "당신은 그럴 수 있을지도 모르죠. 나는 1년에 50센트도 못 모아요."

도움이 되는 댓글: "안타깝네요. 어쨌든 나는 조금씩 저축을 시작했을 때 일부를 투자했어요. 거기서 8%의 수익만 나도 몇 년 후에는…."

분노에 찬 댓글: "8%요? 그러면 정말 좋죠. 나는 쓰레기 매립장에 투자해서 9년 동안 0.0000023%의 수익을 올렸어요. 하하하, 8%라니."

도움이 되는 댓글: "S&P 500 지수의 수익률이 물가상승분을 반영하여 평균 8%였어요. 인덱스 펀드에 투자하면 돼요."

분노에 찬 댓글: "정말인가요? 혹시 추가로 정보를 얻을 수 있는 링크를 보내줄 수 있어요?"

　대다수 사람들은 인터넷 게시판에 불평을 늘어놓느라 시간을 보내고 수십 년 동안 이자로 수천 달러를 낸다. 그러면서 재테크에 대한 책은 하나도 읽지 않는다. 당신은 그러지 말아야 한다.

끝으로 아무리 계산해봐도 합리적인 기간 안에 대출을 청산할 수 없다면 대출기관에 전화를 걸어라. 당신이 계속 외면하던 청구서에 적힌 번호로 전화를 걸어 조언을 요청하라. 이 말은 아무리 강조해도 지나치지 않다. 전화를 걸어라. 대출기관은 "이번 달에 낼 돈이 없어요"부터

"대출이 5건인데 하나로 합치고 싶어요"까지 온갖 요청에 익숙하다. 전화를 걸어서 이런 질문을 하라.

- "한 달에 100달러를 더 갚으면 어떻게 되나요?" (당신에게 맞는 금액으로 대체하라.)
- "상환기간을 5년에서 15년으로 바꾸면 어떻게 되나요?"
- 일자리를 찾고 있다면 "지금 구직 중이라서 그러는데, 앞으로 3달 정도 상환을 못 하면 어떻게 되나요?"라고 물어라.

대출기관은 이 모든 질문에 대한 답을 갖고 있다. 그리고 상환방식을 조정할 수 있도록 도와줄 가능성이 높다. 대개 월 상환액이나 상환기간을 조정해줄 것이다. 전화 한 통으로 수천 달러를 아낄 수 있다.

"학자금 대출을 민간 은행으로 갈아타서 이자율을 8%에서 6%로 낮췄어요. 덕분에 1만 달러의 원금에 대해 약 2,000달러를 아낄 수 있었어요."

– 댄 불먼(28세)

"내비언트Navient(미국 학자금 융자 상환 서비스 업체)에 전화를 걸어서 학자금 대출 상환기간을 20년에서 10년으로 바꿨어요. 처음에는 어떤 차이가 있는지 몰랐지만 한 달에 50달러를 더 갚아서 최종적으로 1만 달러 넘게 아낄 수 있었지요."

– 라일라 너트(30세)

신용카드 때문에 문제가 생겼을 때

대체로 단기간에 심각한 수준의 카드 빚을 지지는 않는다. 조금씩 상황이 나빠지다가 뒤늦게 심각한 문제가 생겼음을 깨닫게 되는 것이다. 일단 카드 빚이 쌓이면 감당할 수 없을 것 같은 생각이 든다. 〈닥터 필 Dr. Phil〉 같은 고민 상담 토크쇼 프로그램을 보면 거기 나오는 사람들이 왜 명백한 답을 두고 문제를 해결하지 못하는지 의아해진다. 그래서 "그 사람을 떠나요! 그 사람은 8년 동안이나 일을 하지 않았어요! 게다가 하고 있는 꼴을 봐요. 눈이 멀었어요?"라고 생각한다. 그러나 정작 우리 자신의 문제에 대해서는 답이 그렇게 간단하지 않다. 무엇을 해야 할까? 일상적인 돈 관리는 어떻게 해야 할까? 왜 상황이 자꾸 나빠지는 걸까? 다행인 점은 계획을 세워서 착실하게 단계를 밟으면 대부분의 경우 카드 빚을 관리할 수 있다는 것이다.

"빚을 다 갚을 수 있다고 깨달은 순간"

나는 독자들에게 빚을 다 갚을 수 있다는 사실을 언제 깨달았는지 물었다. 다음은 일부 독자가 보내온 내용이다.

"제게 중요한 전환점은 여자 친구와의 관계를 진지하게 생각하기 시작한 때였어요. 그녀의 수입은 제 수입의 3분의 1 정도였는데, 그녀는 1년치 월급을 저축한 상태였어요. 창피하게 저는 빚만 4만 달러였죠. 그래서 이 책에 나온 원칙들을 활용하여 빚을 갚아나갔고, 2년 만에 전부 청산했습니다."

－선 윌킨스(39세)

"제게 빚은 '익숙한 것'이었습니다. 저의 생활방식은 계획적이라기보다 단편적이고 즉흥적이었죠. 매달 돈을 다 써버리는 데 너무나 익숙해서 의식적으로 금전적 선택을 할 수 있는 자유를 한 번도 누린 적이 없어요. 하지만 이제 돈은 저의 주인이 아니라 도구입니다."

―데이브 빈튼(34세)

"빚은 정말 끔찍했어요. 빚 때문에 많이 울었죠. 저는 주립대학 학비를 대고, 9,000달러 짜리 가슴 확대 수술을 하고, 3,000달러짜리 매트리스를 사고, 매일 쇼핑을 하느라 빚을 졌어요. 너무나 불행했고, 어떻게 해야 할지 몰랐죠. 인생을 바꾸기로 결심했을 때 이 책을 가장 먼저 샀어요. 덕분에 완전히 정신을 차릴 수 있었지요. 당신의 책을 읽은 것만으로도 부자가 될 수 있을 것 같았어요. 이제 저는 빚을 완전히 청산했고 로스 퇴직연금을 붓기 시작했습니다."

―스테파니 가노스키(27세)

"저는 자신감이 없어서 삶의 기쁨을 제대로 누리지 못한다고 생각했어요. 이 책을 읽은 후(그리고 빚을 모두 청산한 후) 지금은 자신감을 얻어서 내가 중시하는 경험, 사람, 열정에 돈을 쓰고 있어요."

―저스틴 카(28세)

요즘 카드 빚만큼 사람들에게 죄책감을 안기는 것은 거의 없다. 미국인의 75%는 바로 갚을 수 없으면 카드로 큰 금액의 구매를 하지 않는다고 말한다. 그러나 실제 지출 양상을 보면 70% 이상이 카드 빚을 안고 있으며, 절반 이하는 친구에게 그 사실을 밝히고 싶어 하지 않는다. 재정 전문 사이트 뱅크레이트Bankrate의 선임 부사장이자 수석 금융 분석가인 그레그 맥브라이드Greg McBride는 이 수치를 통해 미국 소비자들이 카드 빚을 부끄럽게 생각한다는 사실을 알 수 있다고 말한다. 그의 지적에 따르면 "그들은 이름, 나이, 심지어 성생활에 대해서는 밝힐 수 있어도 카드 빚은 밝히지 않으려 한다."

수치심을 느낀다는 것은 대개 자신의 행동이 잘못된 것임을 알면서도 스스로 절제하지 못한다는 의미다. 그들은 정보와 절제력이 부족한 사람들을 노리는 카드사의 부도덕한 관행에 희생당한다. 카드사들은 우리에게서 더 많은 돈을 뽑아내는 데 아주 능숙하다. 반면 우리는 그런 관행을 거부할 수 있도록 정보를 얻는 데 미숙하다.

가령 사람들이 카드를 쓰면서 저지르는 가장 큰 실수는 매달 전액을 결제하지 않고 잔액을 남기는 것이다. 놀랍게도 카드 빚이 있는 1억 2,500만 명의 미국인 가운데 절반이 최소 금액만 결제한다. 물론 물건을 사고 그 값을 조금씩 치를 수 있다는 건 유혹적인 일이지만, 이에 대해 카드사가 말도 안 되게 높은 이자를 물리는 만큼, 이는 엄청난 실수라 할 수 있다.

다시 말한다. 카드를 효율적으로 쓰는 핵심 원칙은 매달 대금을 전액 결제하는 것이다. 식탁에서 소금을 건네 달라고 말하듯 가볍게 말하고 있지만 정말로 중요하다. 1만 2,000달러의 카드 빚을 진 친구에게 어쩌다 그렇게 되었는지 물어보라. 아마 어깨를 으쓱하며 매달 '최소 금액'만 결제해서 그렇다고 대답할 것이다.

"저는 모든 걸 카드로 사고 매달 최소 금액만 결제했습니다. 곧 한도가 다 차버렸죠. 그러면 다른 카드로 갈아탔어요. 돈을 너무 무리하게 썼고, 비상금이 없었기 때문에 정말로 필요한 비용도 카드로 처리했어요. 결국 내가 아는 모든 카드사에 빚을 졌고, 지금도 빚이 있어요. 이자가 저를 짓눌렀습니다. 카드 한도가 남았다고 해서 예산에도 한도가 남은 건 아니에요!"

— 데이비드 토머스(32세)

일일이 설명하지 않겠지만 내가 이야기를 나눈 사람들 가운데 이자를 포함해 실제로 얼마를 내는지 모르는 채 카드를 쓰는 사람이 너무나 많다. 최소 금액만 결제하는 것은 학교에서 돈을 빼앗긴 아이가 이후에도 매일 주머니에 돈을 넣고 학교에 가는 것과 같다. 즉, 한 번만 당하는 것이 아니라 계속 당하게 된다. 시스템이 돌아가는 방식을 알면 카드사가 놓은 덫을 피하고 더 빨리 빚에서 벗어날 수 있다.

최소금액결제의 위험

신용카드는 할인, 포인트 및 마일리지 적립, 쿠폰 등 다양한 혜택을 누릴 수 있어 현명하게 잘 사용하면 여러모로 이득을 얻을 수 있는 수단이다. 게다가 스마트폰 전용 결제 어플리케이션에 신용카드를 등록하면, 굳이 실물을 들고 다니지 않아도 되어 과거보다 사용이 편리해졌다.

하지만 (다소 추상적인 표현이긴 하지만) 제대로 사용하지 못하면 치명적인 독이 된다. 저자가 지적하는 '매달 전액을 결제하지 않고 잔액을 남기는 행위'가 대표적이다. 국내 신용카드사도 이와 유사한 서비스를 제공하는데, 이를 일부결제금액 이월약정(혹은 리볼빙) 서비스라고 부른다. 일부결제금액 이월약정의 특징은 최소결제금액(최소10%~최대100%)만 결제하면, 연체처리가 되지 않고 나머지 잔여대금에 대한 결제가 다음 달로 자동 연장되는 것이다.

매달 청구되는 카드대금을 제때 결제하지 못할 경우, 일정 시간이 지난 뒤 연체자로 분류되며 신용거래상 불이익을 받는다. 그래서 신용카드사들은 '표면상으로' 다양한 사유로(수중에 결제할 현금이 없거나, 결제일을 잠시 잊어버렸거나 등) 결제일에 결제대금을 납입하지 못하는 고객들을 위해 이러한 서비스를 제공하고 있다.

언뜻 보기에, 일부결제금액 이월약정은 내 지갑 사정에 따라 탄력적으로 자금을 운용하게 해주는 기특한 수단 같다. 매월 카드대금 결제로 골머리를 앓는 사람들에게는 "결제대금의 일부만 결제해도 된다"는 게 꽤나 유혹적으로 다가온다. 하지만 심각한 문제가 있다. 일부만 결제하되 남은 금액에 대해서는 높은 이자율이 부과된다는 것이다. 즉, 할부 서비스보다는 단기카드 대출(구:카드론)의 성격이다. 현재 국내 카드사 리볼빙 서비스 평균 이자율은 이용자의 신용도 등에 따라 최저 연 7.0%, 최고 연 20.0%이니, 실로 무시무시한 이자 부담인 셈이다.

물론 카드대금을 연체하면 신용거래상 불이익을 받는다고 했으니, 차라리 이 서비스를 이용해 그런 위험을 줄이는 게 낫다고 생각할 수 있다. 그러나 1년에 1~2회 정도 일부결제금액 이월약정을 이용하는 것은 괜찮지만, 매월 누적하여 이를 사용하다 보면 신용점수가 하락하거나, 신용등급이 내려가게 되니 주의할 필요가 있다. 당장의 상환부담을 줄이기 위해 미래의 신용을 희생하는 것은 올바른 신용관리 방법이 아니다.

목돈을 쓰게 되어 수중에 남은 현금이 일시적으로 없을 때처럼 정말로 급한 상황이 아니라면, 일부결제금액 이월약정 서비스를 이용하는 것은 신중에 신중을 기해야 한다. 한 가지 더! 자신도 모르게 이런 서비스에 가입되어 있는 경우가 있다. 본인이 사용하고 있는 신용카드사의 홈페이지나 어플리케이션을 이용해 이를 확인해보자. '일부결제금액 이월약정'이라는 이름 이외에도 '회전결제', '페이플랜', '자유결제' 등 다양한 이름으로 되어 있으니, 꼭 한번 확인해보길 바란다.

일부결제금액 이월약정(리볼빙)과 일반 결제의 차이점		
구분	일부결제금액 이월약정	일반 결제
결제 금액	고객별 최소 결제비율 ~ 100% 범위 내 자유 결제	매월 청구금액 전액(100%) 결제
일부 결제 시 (최소결제금액 이상 결제 시)	최소결제금액 이상 결제 시 정상 결제 처리 (나머지 미결제금액은 익월로 이월)	미결제 잔액 연체 처리로 신용 손상
미결제금액 이자율 (최소결제금액 이상 결제 시)	정상 이자율 적용	연체이자율 적용

출처: 신한카드

일부결제금액 이월약정(리볼빙)과 할부 결제의 차이점		
구분	일부결제금액 이월약정	할부 결제
결제 기간	1년~5년 (연단위)	최장 24개월 (업종별 차등)
월 상환액	자금 사정에 따라 월상환액 조정 가능 (결제비율 수시 조정 가능)	매월 일정 금액 상환
업종 제한	업종 제한 없음	귀금속, 요식업 등 일부 업종 할부 결제 불가능

출처: 신한카드

일부결제금액 이월약정(리볼빙) 금리		
회사명	최저 금리(%)	최고 금리(%)
롯데카드	5.9	23.5
비씨카드	–	–
삼성카드	5.8	23.9
신한카드	5.4	23.9
우리카드	5.4	22.9
하나카드	6.9	23.0
현대카드	5.5	23.5
KB국민카드	5.6	23.6
NH농협은행	5.9	23.9
경남은행	10.0	23.5
광주은행	–	–
부산은행	5.0	23.0
수협중앙회	–	–
씨티은행	6.9	23.5
전북은행	11.8	23.5
제주은행	7.5	20.4
DGB대구은행	9.0	22.0
IBK기업은행	5.5	17.0
SC제일은행	7.0	20.5
평균	6.8	22.6

출처: 여신금융협회(2019년 11월 기준)

공격적으로 빚을 갚아라

많든 적든 카드 빚이 있다면 세 가지 난관에 봉착한 것이다.

- **첫째,** 이월 잔액에 대해 엄청난 이자를 낸다.
- **둘째,** 신용점수가 나빠진다. 부채액은 신용점수 산정 기준에서 30%를 차지한다. 그래서 집이나 차를 사기 위해 대출을 받을 때 나쁜 신용점수 때문에 더 많은 이자를 내야 하는 악순환에 빠진다.
- **셋째,** 가장 큰 악영향으로 심리적 타격을 입을 수 있다. 빚을 감당할 수 없다는 생각이 들면 청구서를 열어보지 않으려 하며, 그에 따라 연체가 반복되고 빚이 늘어나는 파멸의 악순환에 빠지게 된다.

신속하게 빚을 갚기 위해 희생을 할 때가 되었다. 그렇게 하지 않으면 매일 더 많은 대가를 치르게 된다. 더 이상 미루지 마라. 갑자기 100만 달러가 생기거나 돈 문제를 파악할 '충분한 시간이' 생기는 마술 같은 일은 일어나지 않을 것이다. 당신은 3년 전에 이미 이런 말을 했다! 지금보다 나은 상황을 만들고 싶다면 돈을 관리하는 것이 우선되어야 한다.

생각해보라. 카드사의 높은 이자율을 감안하면 당신은 이월 잔액에 대해 엄청난 이자를 내고 있을 가능성이 높다. 멍청한 댄의 카드 빚이 5,000달러이고 연이자율이 14%라고 가정하자. 이 경우 매달 2%의 최소 금액만 결제하면 전부 청산하는 데 25년 넘게 걸린다. 잘못된 수치가 아니다. 정말로 25년이다! 게다가 그때까지 원금보다 많은 6,000달러를 이자로 내게 된다. 이마저도 빚을 더 늘리지 않는다는 가정에 따른 것이다. 물론 그런 일은 일어나지 않을 것이다.

반면 똑똑한 샐리는 카드 빚에 진저리가 나서 공격적으로 청산하기로 결심한다. 그녀에게는 몇 가지 선택지가 있다. 매달 100달러를 고정적으로 갚으면 약 2,500달러의 이자를 낸다. 카드 빚을 청산하는 데는 6년 4개월이 걸린다. 무조건 최소 결제 금액보다 많은 금액을 계좌에 넣어야 하는 이유가 여기에 있다. 또한 이것이 5장에서 설명할 자동화 시스템에 잘 맞는다는 추가적인 혜택도 있다.

혹은 매달 약간 더 많은 금액, 가령 200달러를 결제할 수도 있다. 이 경우 이자는 약 950달러가 되고 청산하는 데 걸리는 기간은 2.5년으로 줄어든다. 이 모든 것이 매달 갚는 돈을 조정함으로써 이뤄진다.

만약 공격적으로 한 달에 400달러씩 갚으면 어떻게 될까? 이 경우 1년 2개월 만에 빚을 청산할 수 있으며, 총 이자는 400달러에 불과하다. 한 달에 100달러 내지 200달러를 더 갚으면 이렇게 된다. 200달러의 여윳돈이 없다고? 그렇다면 50달러는 어떤가? 20달러도 없는가? 매달 갚는 돈을 조금만 늘려도 빚을 청산하는 기간을 크게 줄일 수 있다.

결제를 자동화하고 빚을 갚아나가면 더 이상 연회비를 내지 않아도 된다. 금융수수료도 낼 필요가 없다. 미래를 내다보며 자유롭게 돈을 불릴 수도 있다. 카드사가 보기에 당신은 매달 제때 전액을 결제하여 사실상 아무런 수익도 안기지 않는 소위 '무임승차자deadbeat'가 된다. 그들에게는 아무 가치 없는 존재인 것이다. 하지만 내게는 완벽한 독자다. 카드사를 이기려면 빚부터 청산해야 한다.

"대학에 다니는 4년 동안 많은 빚을 졌어요. 그래도 취직만 하면 쉽게 갚을 수 있을 거라고 믿었죠. 봄방학 때마다 라스베이거스, 멕시코, 마이애미로 놀러 다녔습니다. 마놀로 블라닉Manolo Blahnik 구두를 사고, 밤마다 놀러 나갔어요. 그때는 학교를 졸업하고 빚을 갚는 데 5년이나 걸릴 줄 몰랐죠. 5년 동안 휴가를 가지 못했고, 예쁜 구두도 사지 못했고, 밤에 나가지도 못했어요. 그래서 카드 빚을 전부 갚은 날 다시는 빚을 지지 않겠다고 결심했죠. 절대 빚을 지지 말자고 나 자신과 약속했어요."

―줄리 누엔(26세)

멍청한 댄 vs. 똑똑한 샐리: 연이자율 14%에 5,000달러의 카드 빚 갚기		
최소 금액만 결제하는 멍청한 댄의 경우		
첫 달 결제 금액	청산 소요 기간	총 지불 이자
100달러*	25년 이상	6,322.22달러
매달 고정 금액을 결제하는 똑똑한 샐리의 경우		
매달 결제 금액	청산 소요 기간	총 지불 이자
100달러**	6년 4개월	2,547.85달러
매달 두 배의 금액을 결제하는 엄청 똑똑한 샐리의 경우		
매달 결제 금액	청산 소요 기간	총 지불 이자
200달러**	2년 6개월	946.20달러

* 이 금액은 잔액이 줄어들수록 낮아진다(즉, 잔액이 4,000달러로 줄어들면 80달러가 된다). 최소 결제 금액은 계속 줄어들므로 청산 기간이 길어져서 더 많은 이자를 물게 된다. 결론은 무조건 최소 결제 금액보다 많이 결제해야 한다는 것이다.
** 이 금액은 고정되어 있다. 잔액이 줄어들어도 계속 고정된 금액을 갚으면 청산 속도가 빨라져 이자를 적게 낸다.

카드 빚을 청산하는 다섯 단계

최대한 빨리 빚을 갚을 때 얻게 되는 이득을 확인했으니, 이제 빚 청산에 필요한 단계들을 살펴보자. 이 책은 6주짜리 프로그램이다. 물론 빚을 청산하는 데는 그보다 긴 시간이 걸린다. 빚을 안고 있어도 이 책의 남은 부분을 마저 읽어야 한다. 재테크를 자동화하고 의식적 지출을 하는 중요한 교훈들이 담겨 있으니 말이다. 다만 빚을 갚기 전에는 내가 권하는 공격적인 투자를 할 수 없다는 점을 명심하라. 안타까운 일이지만 빚을 진 데 따른 대가라고 생각하라. 그러면 지금부터 해야 할 일을 살펴보자.

1. 빚이 얼마인지 파악하라

믿기 어렵겠지만 너무나 많은 사람이 빚이 얼마인지도 모른 채 아무 계획 없이 청구서가 날아오는 대로 납부한다. 카드사가 원하는 것이 바로 이런 행동이다. 사실상 그들의 호주머니에 돈을 넣어주는 꼴이기 때문이다. 정확히 빚이 얼마인지 알기 전에는 청산 계획을 세울 수 없다. 진실을 확인하는 것은 고통스럽지만 그래도 감수해야 한다. 그러면 나쁜 습관을 끝내기가 그렇게 어렵지 않다는 사실을 알게 될 것이다. 나아가 카드사로부터 도움까지 받을 수 있다. 카드 뒷면에 적힌 번호로 전화를 걸어서 들은 내용을 다음 양식에 기록하라.

카드 빚이 얼마인가?			
신용카드 종류	총 부채액	연이자율	최소 결제 금액

축하한다! 이제 정확히 카드 빚이 얼마인지 알려주는 목록이 생겼다.

2. 무엇을 먼저 갚을지 판단하라

빚이라고 해서 다 같은 게 아니다. 카드사마다 이자율이 다르니 이를 토대로 무엇을 먼저 갚을지 판단하라. 이 문제와 관련하여 두 가지 방법론이 있다. 표준 방법론은 모든 카드에 대해 최소 결제 금액을 지불하되 연이자율이 가장 높은 카드에 더 많은 금액을 지불하는 것이다. 연이자율이 가장 높으면 가장 큰 비용을 초래하니 말이다. 반면 데이브 램지의 눈덩이 방법론에 따르면 모든 카드에 대해 최소 결제 금액을 지불하되 잔액이 가장 적은 카드에 더 많은 금액을 지불해야 한다. 그래야 가장 먼저 청산할 수 있기 때문이다.

빛의 우선순위를 정하라		
	눈덩이 방법론: 잔액이 가장 적은 것 우선	표준 방법론: 연이자율이 가장 높은 것 우선
실행방식	모든 카드에 대해 최소 금액을 결제하되 잔액이 가장 적은 카드에 더 많은 금액을 결제한다. 해당 카드 빚을 청산한 후에는 그다음으로 넘어간다.	모든 카드에 대해 최소 금액을 결제하되 이자가 가장 많은 카드에 더 많은 금액을 결제한다. 해당 카드 빚을 청산한 후에는 그다음으로 넘어간다.
효력의 근거	작은 성과를 통한 심리적 자신감을 얻을 수 있다. 첫 번째 카드 빚을 청산하면 그다음 카드 빚을 청산할 의욕이 생긴다.	수학적으로 볼 때 가장 많은 비용을 초래하는 카드 빚부터 청산해야 한다.

이 두 방법론을 둘러싸고 격렬한 논쟁이 벌어지고 있다. 엄밀하게 말해서 눈덩이 방법론이 가장 효율적인 것은 아니다. 잔액이 가장 적은 카드가 반드시 연이자율이 가장 높은 것은 아니기 때문이다. 그러나 심리적 측면을 고려하면 카드 빚 하나를 청산하는 것은 큰 보람을 주어 다른 카드 빚도 빨리 청산하고 싶은 의욕을 불러일으킨다. 결론은 어떤 방법론을 따를지 길게 고민할 필요는 없다는 것이다. 그냥 하나를 골라서 실행하라. 목표는 결제 방식을 최적화하는 것이 아니라 빚을 청산하는 일을 시작하는 것이니 말이다.

> "지금까지 3,000달러 넘게 모았고 카드 빚도 3,000달러 넘게 갚았습니다. 가장 금액이 적은 카드 빚부터 갚아나가는 눈덩이 방법론은 청산에 대한 심리에 큰 영향을 미쳤습니다."
>
> −션 스튜어트(31세)

3. 연이자율을 낮춰달라고 협상하라*

나는 큰 이득을 볼 수 있고 5분밖에 걸리지 않는 일이라면 확률이 반반이라도 무조건 해야 한다고 생각한다. 그러니 연이자율을 낮춰 달라고 협상해보자. 예상 외로 자주 성공할 수 있다. 설령 실패하면 어떤가? 일단 카드사에 전화해서 이런 식으로 말하라.

당신: 연이자율을 좀 낮춰주셨으면 합니다.

상담원: 특별한 이유가 있나요?

당신: 다음 주부터 남은 대금을 적극적으로 갚아나갈 생각이거든요. 다른 회사는 연이자율을 절반이나 낮춰준대요. 그러니 50%, 아니 40%라도 낮춰줄 수 있나요?

상담원: 잠깐만요. 확인해보니 연이자율을 낮춰드리기는 어려울 것 같습니다. 대신 한도는 높여드릴 수 있습니다.

당신: 아뇨, 그건 도움이 안 돼요. 아까 말한 대로 다른 카드사로 갈아타면 12개월 동안 무이자 혜택을 받고 연이자율도 절반밖에 되지 않지만, 오랫동안 죽 이 카드를 써서 다른 카드로 바꾸고 싶지 않아서 그래요. 다른 카드사의 조건을 맞춰주거나 더 낮춰줄 수 없을까요?

상담원: 알겠습니다. 그러면 손을 써볼게요. 다행히 연이자율을 낮춰드릴 수 있네요. 지금 바로 해드리겠습니다.

매번 이렇게 성공하지는 못할 것이다. 그래도 일단 성공하면 5분의 대화로 상당한 돈을 아낄 수 있다. 전화를 걸어라. 그리고 성공하면 잊

---

* 국내 카드사에 적용하기 어려운 내용이다. 국내 카드사의 경우 대출 금리 할인 프로모션을 하기도 하지만, 대체로 정해진 이자율을 일률적으로 적용하므로 개별 협상은 사실상 불가능하다.

지 말고 청산 계획에 따르는 수치로 바꿔라.

"말 그대로 공항 서점에서 이 책을 사기 전에 내용을 먼저 읽고 카드
사에 전화를 걸었습니다. 그리고 대본대로 말했더니 연이자율을 낮
출 수 있었습니다. 게다가 지난 몇 년 동안 낸 이자도 환불받았어요
(몇 백 달러밖에 되지 않지만 그래도 그게 어딘가요). 전화를 끊은 직후 바
로 이 책을 샀죠."

　　　　　　　　　　　　　　　　　　　　　　　-크리스 콜레티(33세)

"대본대로 실행한 첫 주에 카드사에 전화를 걸어서 연이자율을 18%
에서 11%로 낮췄습니다."

　　　　　　　　　　　　　　　　　　　　　　　-샬롯(5세)

"빚을 안고 있는 건 끔찍했어요. 항상 먹구름이 끼어 있는 것 같았죠.
그래서 최소 결제 금액보다 100달러씩 더 갚아서 완전히 없애버렸어
요. 지금도 전액 상환했다는 안내문을 저장해 두고 있어요."

　　　　　　　　　　　　　　　　　　　　　　　-매트 그로브스(31세)

---

4. 카드 빚을 갚을 돈을 어디서 끌어올지 판단하라

청산을 가로막는 장애물 중 하나는 돈 나올 구멍을 찾기 위한 고민이
다. 다른 카드로 갈아탈까? 연금이나 적금을 헐까? 매달 얼마를 갚아야
할까? 이런 문제가 버겁기는 하지만 그래도 포기하면 안 된다.

카드 갈아타기　　많은 사람이 연이자율이 더 낮은 다른 카드로 갈아타
는 것을 고려한다. 나는 이 방법을 별로 좋아하지 않는다. 물론 몇 달
동안은 도움이 되고 특히 큰 금액을 쓸 때 돈을 아낄 수 있다. 그러나

이는 큰 문제(카드 빚의 경우 대개 당신의 지출 습관)를 덮는 미봉책에 불과하다. 이자율을 바꾸는 것으로는 문제가 해결되지 않는다. 게다가 카드를 갈아타는 과정은 매우 복잡해 더 많은 돈을 뽑아먹으려는 카드사의 덫에 빠질 수도 있다. 내가 아는 사람들 중에도 어떤 카드로 갈아타는 게 좋을지 조사하느라 실제로 빚을 갚는 시간보다 더 많은 시간을 쓴 사람이 많다. 앞서 말한 대로 지금 쓰는 카드사에 전화해서 연이자율을 낮춰달라고 협상하는 편이 낫다.

기업 퇴직연금을 인출하거나 주택담보대출 받기   두 가지 다 권하지 않는다. 설령 비용이 조금 더 들더라도 상황을 단순하게 만들어야지 더 복잡하게 만들면 안 된다. 또한 심리적 문제도 고려해야 한다. 카드 빚이 있는 사람은 종종 지출을 줄이는 데 어려움을 겪으며, 결국 기업 퇴직연금이나 주택담보대출을 동원한 후에도 다시 카드 빚을 진다. 주택담보대출을 받아서 카드 빚을 갚으면 빚이 더 쌓였을 때 집을 잃을 수 있다.

지출을 줄이고 빚의 우선순위 정하기   카드 빚을 청산하는 가장 지속 가능한 방법은 가장 덜 섹시한 방법이기도 하다. 카드 빚을 갚기 위해 지출을 줄인다고 말하는 것은 카드 갈아타기나 주택담보대출 받기만큼 흥미롭지 않다. 그래도 이 방법은 효과가 있다.

하나만 물어보자. 지금 당신이 100달러를 번다면 그중 빚을 갚는 데 얼마를 쓰는가? 2달러? 5달러? 혹은 10달러? 놀라운 사실은 지출을 줄이지 않아도 빚을 빨리 갚을 수 있는 경우가 많다는 것이다. 아무 물건이나 사지 않고, 빚의 우선순위를 정하고, 공격적인 상환 계획이 자동으로 실행되도록 설정하기만 하면 된다. 그렇다고 해서 빚을 쉽게 갚을 수 있다고 생각하면 안 된다. 실제로 빚을 갚는 일은 어렵다. 그래도 수많은 사람이 그 일을 해냈다.

남은 부분을 읽을 때 카드 빚을 갚을 돈이 나올 구멍을 찾는 보물찾기를 한다고 생각하라. 특히 다음 내용에 주목하라.

- 247쪽에 나오는 '다음 100달러' 개념
- 209쪽에 나오는 의식적 지출 계획에 따른 상환액 파악
- 24쪽에 나오는 '30일 동안 1,000달러 모으기' 도전
- 249쪽에 나오는 자동자금흐름
- iwillteachyoutoberich.com/bonus에 있는 보너스 자료

앞으로 알게 되겠지만, 나는 노력 없이 빚을 갚을 수 있는 간단한 비결이나 그럴듯한 조언은 제시하지 않는다. 그런 것은 없기 때문이다. 만약 있다면 내가 가장 먼저 알려주겠다. 사실 빚을 갚는 일은 계획과 끈기가 필요할 뿐이다. 처음 몇 주 동안에는 정말 힘들겠지만 매달 빚이 줄어들 때 느끼는 안도감을 상상해보라. 거기서 시간이 더 지나면 빚에서 벗어날 수 있다! 그러면 모든 기운을 앞으로 나아가는 데, 투자하는데, 풍족한 삶을 사는 데 쏟을 수 있다.

5. 시작하라

당장 다음 주부터 빚을 갚는 데 돈을 더 들여야 한다. 그보다 늦으면 쓸데없이 생각을 많이 하는 것이다. 85% 해결책의 이면에 있는 심리를

기억하라. 목표는 돈이 어디서 나올지 모든 곳을 조사하는 것이 아니라 행동하는 것이다. 빚이 얼마인지 파악하고, 어떻게 갚을지 결정하고, 이자율을 협상하고, 바로 시작하라. 계획과 금액은 나중에 조정할 수 있다. 의식적 지출 계획은 4장에서 더 자세히 다룰 것이다.

"빚을 안고 있으면 선택지를 포기해야 하고, 월급이 많다는 이유로 싫어하는 직장을 계속 다녀야 하고, 저축을 제대로 할 수 없어요. 제가 저지른 가장 큰 실수는 미래를 생각지 않고 분에 넘치게 카드를 많이 쓴 거예요. 저는 옷, 외식, 영화 같은 쓸데없는 것에 계속 돈을 쓰다가 20대 중반에 빚을 졌어요. 지금은 정신을 차리고 2년 안에 빚을 청산할 수 있도록 엄격한 예산 안에서 분수에 맞는 생활을 하고 있지요. 현재 모든 빚은 연이자율이 0%에서 4.99% 사이인 여러 신용카드에 남아 있어요. 그 외에 조금씩 불어나는 약간의 저축과 기업 퇴직연금 그리고 재정적 자유를 누리기 위한 계획도 있지요."

– 멜리사 브라운(28세)

1. 신용점수와 신용평가서를 구하라(1시간)

신용점수와 신용평가서를 구하여 오류가 없는지 확인하고 자신의 신용 수준에 익숙해져라. myfico.com에서 점수와 평가서를 구할 수 있다. (앞서 말한 대로 무료로 점수를 구하려고 크레딧 카르마를 쓰는 사람이 많다. 그러나 나는 마이피코에서 제시하는 공식 신용점수를 선호한다. 약간의 수수료를 내야 하지만 더 정확하기 때문이다.) 무료 신용평가서는 annualcreditreport.com에서 구할 수 있다.

2. 신용카드를 정돈하라(2시간)

신용카드가 있다면 카드사에 전화하여 연회비를 확인하라. 새 신용카드를 만들고 싶다면 bankrate.com에서 당신에게 가장 적합한 것을 골라라.

3. 신용카드를 효율적으로 관리하라(3시간)

매달 제때 결제되도록 자동 결제를 설정하라. (빚이 있다면 감당할 수 있는 최고 금액으로 설정하라.) 연회비를 면제받아라. 빚이 없다면 최대한 혜택을 누릴 수 있는 다른 카드를 신청하라.

4. 빚이 있다면 갚기 시작하라(일주일 동안 계획한 후 더 많이 갚기 시작하라)

내일도 아니고, 다음 주도 아니고 오늘부터 해야 한다. 일주일 동안 빚이 얼마인지 파악하고, 대출기관에 전화를 걸어 연이자율을 낮추거나 상환 조건을 바꾸고(학자금 대출의 경우), 지금보다 많은 금액을 자동으로 상환하도록 설정하라. 신속하게 빚에서 벗어나는 것은 당신이 돈과 관련하여 지금까지 내린 최고의 결정이 될 것이다.

여기까지다! 당신은 신용카드를 활용하여 신용을 개선하는 방법을 배웠다. 또한 연회비를 면제받았고, 연이자율을 낮췄고, 자동 결제 서비스까지 설정했다. 빚이 있는 경우에는 청산하기 위한 첫 단계를 밟았다. 축하한다! 다음 장에서는 은행 계좌를 최적화할 것이다. 이자를 더 많이 받고, 수수료를 안 내고, 쓸모없는 입출금계좌(입출금이 자유로운 계좌) 및 저축예금보다 나은 저축예금으로 바꾸는 법을 배울 것이다. 그리고 투자를 시작하여 돈을 크게 불릴 준비를 하게 될 것이다.

CHAPTER 2

은행을 이겨라

: 이자가 많고 번거롭지 않은 계좌 만들기

지난 주 당신은 신용카드를 정돈했다. 이제 2주차를 맞아 은행 계좌를 정돈할 것이다. 은행 계좌는 재테크 인프라의 근간이므로 올바른 계좌를 고르고, 최적화하며, 불필요한 수수료를 피하는 데 약간의 시간을 들일 것이다. 좋은 소식은 몇 시간만 들이면 이 일을 할 수 있고, 일단 해두면 기본적으로 알아서 돌아간다는 것이다. 나쁜 소식은 아마도 당신이 가까운 대형 은행에 갖고 있는 계좌는 낼 필요가 없는 수수료와 최소 잔액을 강요하는 바가지 상품일 가능성이 높다는 것이다. 은행들은 우리 같은 평범한 고객을 좋아한다. 웬만해서는 다른 은행으로 가지 않기 때문이다. 그들은 우리가 계좌유지수수료*나 초과인출보호 서비

---

* 저축예금에 붙는 수수료이다. 미국과 유럽에서 시행되고 있고, 미국의 경우 5~14달러 정도 된다. 최근 일본에서 도입이 논의되고 있으며, 우리나라의 경우 2001년 SC제일은행이 월 2,000원의 계좌유지비를 도입했으나 고객 반발로 3년 만에 폐지했다.

스**같은 것을 잘 모른다고 생각한다. 이 장은 그런 상황을 바꿀 것이다. 지금부터 최고의 은행과 계좌를 골라서 최대한 이자를 많이 받는 방법을 알려주겠다.

당신은 일반적인 기업의 경우, 고객을 잘 대할수록 성과가 나아진다고 생각한다. 그렇지 않은가? 이는 합리적인 가정이다. 아마존 대표인 제프 베조스Jeff Bezos는 "좋은 경험을 제공하면 고객들은 서로에게 그 사실을 알린다. 입소문은 대단히 강력하다"라고 말한 적이 있다. 아마존은 역사상 가장 성공적인 기업 중 하나로 엄청나게 성장했다.

그러나 예외도 있다. '고객을 돕는 것이 사업에 좋다'는 규칙에 크게 어긋나는 기업들이 있다. 어떤 기업들인지 짐작할 수 있겠는가? 도움이 되도록 사례 하나를 들겠다. 고객을 부실하게 대하는 기업이 있다고 상상해보자. 수수료는 과도하고 고객 서비스는 형편없다. 심지어 수많은 고객을 대리하여 불법적으로 계좌를 만든다. 도대체 어떤 기업일까? 바로 은행이다.

"사실 저는 은행을 싫어합니다. 사기꾼 같고, 정직하지 않으며, 자기들에게 유리한 정보만 보여주죠. 은행의 조언은 늘 고객이 아니라 자기들을 위한 거죠. 한번은 방세로 낸 수표가 은행에서 거부된 적이 있어요. 저축예금에 엉터리 같은 수수료를 물려 초과인출이 되는 바람에 입출금계좌까지 묶인 거죠. 그 금액은 겨우 5달러였습니다. 다른 은행은 암으로 죽어가는 할아버지를 도우려는 저에게 노인 학대 혐의를 씌우기도 했어요. 지옥에는 분명 그 은행원을 위해 특별한 자리가 마련되어 있을 겁니다."

– 제이미(36세)

** 계좌에 잔액이 없는 경우 잔액을 넘어서는 카드 사용료에 대해 부과되는 수수료이다. 미국에서는 높은 수수료가 문제시되고 있는데, 우리나라에는 없는 제도다.

나는 당신이 적극적인 자세로 올바른 계좌를 고르기를 바란다. 별로 어렵지 않다. 그냥 은행이 지금까지 한 일들을 살펴보라. 좋은 은행은 더 나은 서비스를 제공하고 수수료를 물리지 않는다. 반면 나쁜 은행은 갈수록 수수료를 늘리고, 불필요한 상품을 제시하며, 당신의 돈을 가져갈 더욱 창의적인 수단을 고안한다.

사실 사람들은 이런 사실을 이미 알고 있다. 단지 신경 쓰지 않을 뿐이다. 사람들은 좋은 서비스를 원한다고 말하면서도 형편없는 은행을 계속 이용하고 있다.

"저는 웰스 파고를 싫어합니다. 어릴 때부터 웰스 파고에 계좌를 갖고 있었는데 가난하던 젊은 시절, 그 계좌에 16달러가 남아 있다는 사실이 기억났어요. 그 돈으로 식료품을 사고 싶었어요. 그런데 알고 보니 제가 18세가 된 후 웰스 파고가 수수료 명목으로 전액을 차감하고 계좌를 닫아버렸더군요. 아이가 저금한 돈을 빼앗아가고, 젊은이가 식료품을 사려던 돈을 훔치고, 겨우 16달러를 챙기려고 고소득 고객을 잃어버린 거죠. 참 잘했어요, 웰스 파고."

– 제시카 덴험(42세)

"뱅크 오브 아메리카는 제가 여행을 간 동안 초과인출이 없었는데도 수수료를 물렸어요. 나중에는 수수료가 자그마치 800달러나 쌓였죠. 심지어 수수료를 내지 않는다고 저를 고소하려고 들었어요."

– 앨런 내시(28세)

당신은 거대 은행들이 당신에게서 최대한 많은 돈을 등치려 한다는 사실을 이미 안다. 그들은 숱한 수수료를 물리며, 고객에게 필요 없을 뿐 아니라 용어를 알면 동의하지 않을 서비스에 가입하도록 속이는 마

30초 테스트

나는 식당에 들어간 후 30초면 그 식당에 대해 알아야 할 모든 것을 알 수 있다는 지론을 갖고 있다. 얼마 전 필라델피아 암트랙 역에서 기차를 기다리는데 너무 배가 고팠다. 그래서 한 식당에 들어갔다. 문가에 선 종업원은 나를 못 본 척하며 시선을 돌렸다. 샌드위치 카운터에 있던 직원은 주방으로 들어가더니 나오지 않았다. 나머지 한 명은 사무실에 앉아 텔레비전을 보고 있었다. 손님이 들어왔는데 세 직원 모두 신경을 쓰지 않은 것이다.

나의 지론은 이렇다. 식당에 들어선 후 30초 동안 나쁜 인상을 받았다면 절대 다시 좋아지지 않는다. 첫 30초는 식당에서 가장 친근하고 카리스마 있는 직원을 내보내 손님을 맞는 시간이다. 접객조차 제대로 못하는 식당인데, 주방에서 무슨 일이 일어나는지 어떻게 알겠는가?

진정한 교훈은 기업 혹은 사람이 실체를 드러내면 그대로 믿으라는 것이다.

웰스 파고는 부정을 저지르고 연방 규제기관으로부터 10억 달러의 벌금을 맞았다. 그러니 웰스 파고는 형편없는 은행이고, 기회가 생기면 당신한테 엿 먹일 곳이라는 사실을 믿어라.

TIAA는 믿을 만한 투자기업이었다. 심지어 이 책의 제1판에서 내가 추천까지 했었다. 그러나 과도한 영업 할당량을 부과하고 불필요한 상품을 강매했다고 고발당한 후 추천 목록에서 제외했다.

반면 꾸준히 뛰어난 가치를 증명하는 기업들도 있다. 슈왑Schwab은 오래전 견줄 데가 없는 혜택을 무료로 제공하는 탁월한 고금리 예금상품을 출시했다. 그들은 처음 내건 약속을 지켰을 뿐 아니라 시간이 지날수록 혜택을 강화했다. 그래서 나는 슈왑을 신뢰하며 해당 예금 계좌를 유지하고 있다.

뱅가드Vanguard는 저비용과 고객우선주의에 꾸준히 초점을 맞추고 있다. 실제로 그들은 적극적으로 수수료를 낮춘다. 나는 그들을 신뢰하며 그들의 투자 상품을 이용한다.

내가 이 이야기를 하는 이유는 당신이 거래할 곳을 신중하게 고르기를 바라기 때문이다. 거기에는 당신의 돈이 걸려 있다. 실로 중요한 일이다. 그러니 회사의 가치관과 태도를 보고 거래 여부를 판단해야 한다.

케팅 캠페인을 펼친다. 웰스 파고는 350만 명의 명의로 가짜 계좌까지 만들었다!

〈포브스Forbes〉가 보도한 바에 따르면 "웰스 파고는 고객의 승인 없이 153만 4,280계의 저축예금을 만들었고, 그중 8만 5,000개의 계좌에서 총 200만 달러의 수수료가 발생했다."

이 가짜 계좌들은 고객의 신용점수만 낮춘 것이 아니었다. CNN의 보도에 따르면 "웰스 파고는 최대 57만 명의 대출자들에게 필요하지 않은 자동차보험에 가입하도록 강요했다고 인정했다. 그중 약 2만 명은 불필요한 보험료 때문에 자동차를 압류당했다."

어떤 사람들이 웰스 파고에게 당해 차를 압류당하는지 생각해보라. 그들은 맨해튼에 사는 헤지펀드 거물들이 아니라 평범한 사람들이다.

"뱅크 오브 아메리카는 아무런 근거 없이 때로는 갑작스럽게 새로운 수수료를 부과해요. 저축예금 유지 수수료가 5달러라고요? 이자도 그만큼은 안 돼요. 잔액이 250달러 이하인 입출금계좌에 물리는 12 달러는 언급도 안 했어요. 금액이 적어 보이지만 어떤 사람들에게는 5달러, 12달러가 큰돈이고, 생활비 문제와 직결돼요. 잔액이 적은 사람들이 늘 결국 손해를 보는 것 같아요."

— 브리짓 샐리(26세)

이런 일들은 나를 화나게 한다. 영리한 금융기업들이 복잡한 금융상품을 이해하지 못하는 사람들을 이용하는 게 정말 싫다. 그래서 이 책을 통해 이런 이야기를 들려주는 것이다.

문제는 사람들이 나쁜 행동을 한 은행을 여전히 이용한다는 것이다.

은행의 돈벌이 방식

근본적으로 은행은 고객의 예금을 다른 사람에게 빌려줘서 돈을 번다. 가령 당신이 1,000달러를 예금하면 대형 은행은 당신에게 소액의 이자를 주고 그 돈을 갖고 있다가 다른 이에게 훨씬 높은 이자를 받고 주택담보대출로 내준다. 모두가 대출을 전액 상환한다고 가정하면 은행은 단순한 차익거래로 수익률을 올리는 것이다. 그러나 은행이 정말로 많은 돈을 벌어들이는 방식은 다음과 같다.

수많은 수수료 : 2017년에 은행들은 초과인출 수수료만으로 340억 달러를 벌어들였다. 당신이 직불카드를 쓰는데 실수로 계좌에 남은 잔액보다 비싼 물건을 샀다고 가정하자. 당신은 당연히 지급이 거절될 거라 생각할 것이다. 그렇지 않다. 은행은 청구액을 지급한 다음 당신에게 초과인출 수수료로 30달러 정도를 부과한다. 하루에 여러 번 초과인출 수수료가 발생하여 100달러 이상 부과되는 무시무시한 경우도 있다.

더 이상 초과인출 수수료를 내지 마라 : 초과인출 수수료를 한 번만 내도 1년 동안 발생한 이자가 모두 사라지고 당신이 은행을 지금보다 더 싫어하게 된다. 물론 그런 일이 가능하다면 말이다. 내가 재테크 강연을 하면서 이야기를 나눈 사람들 중 절반 이상은 적어도 한 번은 초과인출 수수료를 냈다. 하루는 친구(엘리자베스라 하자)와 저녁을 먹었는데, 그녀가 초과인출 수수료에 대해 질문했다. 그녀의 질문 내용은 갈수록 복잡해져서 나를 당황하게 했다. 그녀가 어떻게 초과인출 수수료에 대해 그렇게 많이 아는지 궁금했다. 나는 그녀에게 지금까지 초과인출 수수료를 얼마나 냈는지 물었다. 그녀는 갑자기 침묵했다. 물론 그녀의 반응은 그녀를 더 취조하고 싶게 만들었다(내가 원래 좀 삐뚤어진 구석이 있다). 알고 보니 그녀는 대학 4년 동안 계좌 잔액을 확인하지 않아서 400달러 정도의 초과인출 수수료를 냈다. 안타까운 사실은 그녀가 초반에 협상을 통해 수수료를 면제받고 다시 그런 일이 일어나지 않도록 할 수 있었다는 것이다. (수수료 협상에 대한 내용은 138쪽을 참고하라.)

은행 수수료는 그들이 제시하는 이자보다 더 중요할 수 있음을 명심하라. 당신이 1,000달러의 예금을 갖고 있고 다른 은행이 1% 높은 이자를 준다면 1년에 10달러의 차이가 난다. 그러나 초과인출 수수료로 그 세 배의 금액을 낼 수도 있다. 비용은 중요하다.

나는 웰스 파고나 뱅크 오브 아메리카 같은 형편없는 은행을 계속 이용하는 독자들에게 그 이유를 물었다. 그들의 답은 이랬다.

"20년 가까이 웰스 파고를 이용했어요. 그래서 '항상 그렇게 하던 일'이 되었고, 거기에 대해 생각해 본 적이 없었지요."

— 익명

"웰스 파고에 계좌를 8개 갖고 있어요. 웰스 파고가 싫지만 그 계좌들을 다 옮기려면 시간도 많이 걸리고 엄청나게 짜증날 것 같아요."

— 익명

"이전에 은행을 바꾼 적이 있는데 새로 시작하는 게 힘들었어요. 그래서 애착이 생기는 것 같아요."

— 익명

내가 아무리 더 좋은 은행으로 바꾸라고 말해도 대다수 독자는 듣지 않는다. 좋다! 당신 명의로 가짜 계좌를 만들고, 거의 갈취 수준의 수수료를 물리고, 오늘 혹은 지금부터 5년 동안 당신을 등칠 궁리만 하는 은행을 계속 이용하라. 말도 안 되지만.

반면 나의 조언을 따른 사람들은 하나같이 결과에 만족했다.

"당신이 추천한 슈왑을 오랫동안 이용하고 있어요. 항상 서비스가 좋고 사소한 문제가 생겨도 언제나 해결해줘요."

— 릭 맥크렐랜드(27세)

"오래전에 당신의 추천을 받고 슈왑으로 옮겼는데 한 번도 후회한 적이 없어요."

— 라이한 안와르(29세)

"당신의 추천에 따라 슈왑으로 옮겼어요. (세계에서 가장 높은 곳에 자리한 현금지급기가 있는 파키스탄을 비롯하여) 전 세계에서 슈왑의 서비스를 이용하고 있어요."

―사드 굴(42세)

은행을 바꾸지 않는 이유	
보이지 않는 머니 스크립트	조언
"은행을 바꾸는 게 머리가 아파요."	이해한다. 계좌를 만들었고, 잘 쓰고 있는데 계속 쓰지 말아야 할 이유가 있을까? 나의 분석은 이렇다. 무조건 은행을 바꿀 필요는 없다. 그러나 하루만 들여서 은행을 바꾸면 재테크 시스템의 토대를 탄탄하게 만들 수 있다. 내가 추천하는 은행들은 대형 은행보다 편리하고, 저렴하며, 더 나은 혜택을 제공한다. 당신의 소득이 늘면 최고의 은행과 거래하고 있다는 사실을 알게 될 것이다.
"어떤 은행으로 옮겨야 할지 모르겠어요."	무의미한 고민이다. 이 장의 남은 부분을 읽으면 최고의 은행이 어디인지 알 수 있다.
"지금 거래하는 은행이 제 첫 은행이에요."	한 번밖에 들은 적이 없는 말이지만 하도 어처구니가 없어서 여기 포함시켰다. 처음 산 압정을 평생 간직하는가? 처음 산 정원용 호스는 어떤가? 아니라고? 그렇다면 왜 '첫 은행'을 계속 끌어안고 있는가? 당장 걷어차라.

계좌 관리의 기본

은행 욕은 실컷 했으니 계좌 관리의 기본을 살펴보자. 당신은 다 안다고 생각하겠지만(실제로 그럴 수도 있지만) 그래도 읽어보기 바란다.

입출금계좌

입출금계좌는 재테크 시스템의 근간이다. 입출금계좌는 당신의 돈이 저축예금, 투자계좌, 죄책감 없는 지출 등 시스템의 여러 부분으로 '걸러지기' 전에 가장 먼저 향하는 곳이다. 그래서 최고의 계좌를 고르고 다음 단계로 넘어가는 것이 중요하다.

알다시피 입출금계좌에 넣어둔 돈은 직불카드, 수표, 인터넷 송금 등으로 인출할 수 있다. 나는 입출금계좌를 이메일 수신함이라고 생각한다. 그래서 모든 돈을 입출금계좌에 넣은 다음 정기 자동이체를 이용하여 저축이나 투자 같은 적절한 용도로 배분한다. 청구서는 대부분 신용카드로 처리하지만 월세나 차 할부금처럼 카드로 처리할 수 없는 비용은 자동이체로 입출금계좌에서 바로 지급한다. (5장에서 자동이체를 통해 청구서를 자동으로 처리하는 법을 설명할 것이다.) 입출금계좌에는 불필요한 수수료가 가장 많이 붙는데, 앞으로 이 문제를 해결할 것이다.

저축예금

저축예금은 단기(6개월)에서 중기(5년) 목돈 마련을 위한 수단으로 생각하라. 즉, 저축예금을 통해 휴가나 선물을 위한 비용 혹은 결혼이나 주택 계약금 같은 장기 비용을 위한 돈을 모으면 된다. 입출금계좌와 저축예금의 주된 차이는 엄밀하게 따지면 저축예금이 이자를 더 받는다는 것이다. '엄밀하게 따지면'이라는 말을 넣은 이유는 현실적으로 이자가 무의미한 수준이기 때문이다.

이 책의 제1판에는 대형 은행의 이자(미미한 금액)와 인터넷 은행의 이자를 비교하는 표가 나온다. 이후 이자율이 바뀌는 바람에 10년 동안 내가 책에서 말한 이자는 어디서 받을 수 있는지 따져 묻는 이메일을 수천 통 받았다. 이 일로 두 가지 교훈을 얻었다. 첫 번째 교훈은 다시는 구체적인 이자율을 책에 넣지 말아야 한다는 것이다. 두 번째 교훈은 저축예금에 붙는 이자가 그다지 중요치 않다는 사실을 설명해야 한다는 것이다. 당신이 비상금으로 저축예금에 5,000달러를 넣어뒀다고 가정하자.

이자가 3%라면 1년에 150달러, 한 달에 12.50달러가 된다. 이자가 0.5%라면 1년에 25달러, 한 달에 2.08달러가 된다. 한마디로 뭐가 그렇게 중요한가? 평생에 걸쳐 다루게 될 수십만 달러를 이야기하는 마당에 12.50달러 대 2.08달러는 큰 차이가 아니다.

"이 책을 읽기 전에는 돈 관리가 엉망이었어요. 연체 수수료, 초과인출 수수료, 신용카드 연회비로 엄청난 돈을 날렸죠. 이 책을 읽은 후에는 돈 관리를 자동화하여 초과인출 수수료와 연체 수수료를 아예 내지 않게 되었어요. 또한 당신의 전략을 활용하여 더 좋은 집으로 옮겼고, 매달 갚는 대출금도 두 배로 늘렸지요."

— 조 라라(29세)

(흥미로운 사실은 엄밀하게 따지면 많은 사람이 돈을 은행에 넣어두는 동안 매일 손해를 본다는 것이다. 물가가 오르면서 돈의 실질구매력이 줄어들기 때문이다. 부의 대부분은 투자를 통해 얻게 되는 이유가 거기에 있다. 이 내용은 7장에서 다룰 것이다.)

이 책에서 오직 하나만 배운다면 미시적인 문제에서 거시적인 문제로 관점을 돌려야 한다는 것이다. 푼돈을 버는 데 골몰하지 말고 빅 윈에 집중하여 풍족한 삶을 일궈라. 나의 경우 투자계좌를 정돈하고 자동화해서 1년에 투자로 버는 돈이 500년 동안 받을 예금 이자와 맞먹는다. 정말로 그렇다. 예금 이자를 일일이 최적화하는 데 연연하지 마라. 그냥 좋은 은행에 계좌를 만들고 다음 단계로 넘어가라.

"당신의 책을 읽기 전에는 모든 예금을 체이스Chase 저축예금에 몰아넣고 투자는 전혀 하지 않았어요. 선택의 부담 때문에 새 계좌를 만들고 투자를 시작하기가 꺼려졌지요."

－조너선 바즈(24세)

저축예금과 입출금계좌가 모두 필요한 이유

현실적인 측면에서 입출금계좌와 저축예금의 가장 중요한 차이는 입출금계좌에서는 꾸준히 돈을 인출하게 된다는 것이다. 반면 저축예금에서는 돈을 인출하는 일이 드물다. 입출금계좌는 돈을 자주 인출하기 위한 것이다. 그래서 편리하게 직불카드와 현금지급기를 활용할 수 있다. 반면 저축예금은 집이나 휴가 혹은 비상금처럼 특정한 용도를 위해 돈을 모아두는 '목적성' 계좌다.

당신은 아마 내가 같은 은행에서 입출금계좌와 저축예금을 만들라고 권할 줄 알았을 것이다. 놀랍게도 그렇지 않다. 다른 은행에 각각의 계좌를 만드는 것이 좋다. 별도의 은행에 따로 계좌를 만들면 예금을 계속 불리고 싶은 심리를 활용할 수 있기 때문이다. 근본적으로 저축예금은 돈을 모으기 위한 것이고, 입출금계좌는 돈을 빼서 쓰기 위한 것이다. 당신은 금요일 밤에 친구들과 놀러 가고 싶을 때 "잠깐만, 입출금계좌로 돈을 이체하려면 사흘이 걸려"라고 말하지는 않을 것이다. 당신은 '유흥비'를 다 써서 자유입출금계좌에 잔액이 없다는 사실을 알고 있다.

별도로 저축예금을 갖고 있으면 술을 마시느라 돈을 날리는 대신 장기적인 목표에 집중하게 된다. 끝으로 나의 경험에 따르면 예금 서비스, 투자 서비스를 모두 제공하려는 은행은 하나도 제대로 하는 게 없다. 어느 은행이든 최고의 입출금계좌, 최고의 저축예금, 최고의 투자계좌가 필요하다.

"이전에는 카드로 쇼핑을 하고, 빚을 갚는 데 돈을 다 썼어요. 저축은 한 적이 없었습니다. 항상 수입이 부족하다고 느꼈고, 돈을 더 벌게 되면 그때 저축을 시작해서 재정 상태를 좋게 만들겠다고 생각했죠. 그러나 틀린 생각이었습니다. 아무리 돈을 더 벌어도 계획을 세우지 않으면 항상 돈이 부족하게 느껴질 수밖에 없어요. 계획을 세운 지 4개월 후 빚을 다 갚았고, 저축예금을 갖고 있으며, 투자를 시작했습니다. 내 삶의 가장 중요한 기둥 중 하나를 바로 세웠기 때문에 지금은 한결 마음이 편하고 더 나은 삶을 만드는 데 집중할 수 있답니다."

－록산나 발렌티나(27세)

지금 어쩌면 당신은 이렇게 자문하고 있을지 모른다. "어차피 가진 돈이 300달러뿐인데 저축예금을 왜 신경 써야 해?" 나는 늘 이런 말을 듣는다. 그만한 액수로 받는 이자는 몇 푼 되지 않는다는 말은 맞다.

그러나 여기서 핵심은 당장 이자를 조금 더 받는 것이 아니라 올바른 습관을 기르는 것이다. 한번은 독자들에게 은행 계좌를 바꾸거나 투자를 자동화하는 것 같은 결정을 하지 않는 이유를 물은 적이 있다. 한 독자는 액수가 너무 적어서 의미가 없다고 대답했다.

내가 보기에는 오히려 그런 때, 즉 걸린 돈이 적을 때가 시작하기에 완벽한 때다. 액수가 적을 때 적절한 계좌를 고르고, 저축과 투자를 자동화하는 올바른 습관을 길러야 한다. 그래야 소득이 늘었을 때 굳어진 습관으로 더 빨리 원하는 풍족한 삶에 이를 수 있다.

얼마 되지 않는 돈으로 시작하는 것이 맞다. 예금이 5,000달러, 1만 달러, 10만 달러, 100만 달러 이상으로 불어나면 습관이 정말로 중요해진다. 지금 시작하여 돈이 많을 때 어떻게 해야 하는지 알 수 있도록 하자.

완벽한 계좌 구성

이따가 내가 가장 좋아하는 계좌들이 무엇인지 알려주겠다. 당신이 사용할 특정 은행과 계좌를 다루기 전에 잠시 큰 그림을 살펴보자. 우선 당신의 성격과 잘 맞는 계좌를 골라야 한다. 즉, 당신 자신을 알아야 한다. 간단한 것을 좋아하는가? 아니면 조금이라도 더 이득을 보기 위해 시간을 들여 복잡한 시스템을 구축하는 편인가? 대부분의 경우 '기본적인 구성+약간의 최적화'가 가장 적합하다.

가장 기본적인 구성(게으른 사람들에게 적합함): 동네 은행에 개설한 입출금계좌 하나와 저축예금 하나, 이것이 최소 구성이다. 이미 해당 계좌들을 갖고 있다면 수수료를 내는지 은행에 확인하라.

기본적인 구성+약간의 최적화(대부분에게 추천함): 이 선택지는 두 개의 은행에 따로 계좌를 만드는 것이다. 구체적으로는 동네 은행에 수수료가 없는 입출금계좌를 만들고, 인터넷 은행에 이자율이 높은 저축예금을 만든다. 입출금계좌가 있으면 바로 돈을 찾을 수 있고, 이자율이 높은 인터넷 저축예금으로 수수료 없이 이체할 수 있다. 또한 동네 은행에서 현금 입금이 가능하다. 이미 이런 구성을 갖췄다면 잘했다! 다만 불필요한 수수료를 내는지 확인하라.

진전된 구성+완전한 최적화(《라이프해커Lifehacker》나《나는 4시간만 일한다4- Hour Workweek》 같은 책을 읽는 사람들에게 적합함): 이 구성은 대개 최대한 많은 이자를 받고 다양한 서비스를 누리기 위해 여러 은행에 복수의 입출금계좌와 저축예금을 만드는 것이다. 가령 나는 한 인터넷 은행에 이자가 붙는 입출금계좌를 만들었고, 다른 인터넷 은행에

나의 계좌 구성

다음은 내가 계좌를 구성한 방식이다.

계좌 모든 돈은 이자가 붙는 슈왑 인터넷 입출금계좌로 들어간다. 입금은 정기 이체 혹은 수표 사진을 찍어서 슈왑 앱으로 처리한다.

시스템 나의 돈 관리는 월 단위로 이뤄지며, 시스템에 따라 자동으로 돈이 필요한 곳에 할당된다. 나는 입출금계좌에서 다른 계좌로 돈이 빠져나가도록 설정했다. 가령 캐피털 원 360 저축예금은 매달 특정 금액을 입출금계좌에서 빼간다. 투자계좌도 마찬가지다(투자계좌는 3장에서 자세히 다룰 것이다). 또한 혜택, 지출 내역, 소비자 보호 서비스를 위해 신용카드로 각종 청구서를 지불한다. 카드 대금은 인터넷 입출금계좌를 통해 매달 자동으로 전액 결제된다. 필요한 현금은 전국에 설치된 슈왑 현금지급기에서 찾아 쓴다. 현금지급기 이용료는 매달 말에 자동으로 환급된다. 대체로 나는 캐피털 원 360 계좌를 출금용이 아니라 입금용으로 쓴다. 그래서 입출금계좌에 돈이 부족하거나 휴가 같은 중요한 일에 예금을 쓰고 싶을 때가 아니면 거기서 돈을 빼는 일은 거의 없다.

나는 이렇게 계좌를 관리한다.

저축예금을 만들었다. 이런 식으로 구성해도 인터넷 자동이체를 잘 설정하면 된다. 다만 은행이 여러 곳이면 여러 사이트에 들어가야 하고, 여러 고객상담센터에 연락해야 하며, 여러 비밀번호를 관리해야 한다. 그래서 어떤 사람들은 너무 복잡하다고 생각한다. 당신도 그렇다면 기본 구성을 따르면 된다(개인적으로는 이 구성이 좋다고 생각한다). 은행 계좌를 완전히 최적화하는 일이 아주 중요하지 않다면 말이다.

너무 많은 선택지, 너무 적은 시간

계좌를 구성하는 작업은 당신이 어떤 계좌를 가졌는지 그리고 어떤 구성을 선택했는지에 따라 잠시 설정을 바꾸는 정도로 쉽게 끝날 수도 있고 힘들게 새 계좌를 만드느라 오래 걸릴 수도 있다.

돈과 관련된 결정이 대개 그렇듯 선택지가 너무나 많다. 그래서 대부분 대학 시절에 만든 계좌를 평생 갖고 있는, 좋지 않은 선택을 한다. 세상에는 좋은 계좌들이 있다. 물론 은행들이 언제나 그런 상품을 쉽게 찾을 수 있도록 해주는 것은 아니다.

전통적인 은행들은 대개 고객의 다양한 요구와 다양한 자금에 맞춰 다양한 입출금계좌 및 저축예금을 제공한다. 그들이 먼저 제공하는 것은 수수료, 최소 예금액, 부가가치 서비스가 없는 기본적인 계좌다. 또한 급여 이체(매달 급여가 자동으로 입금됨)나 최소 예금액 유지 등을 통해 이체 수수료를 면제받는 방법도 제공한다. 회사에서 급여를 이체해 준다면 이런 계좌가 좋은 선택지가 될 수 있다. 끝으로 은행은 최소 예금액이 높은 대신(대개 5,000달러에서 1만 달러) 주식 거래 수수료 면제(은행은 절대 투자를 맡길 곳이 아니므로 이 서비스는 피해야 한다), '보너스' 금리, 주택담보대출 이자 할인 같은 서비스를 제공하는 고급 계좌를 제공한다. 하지만 이런 계좌는 가치가 없다. 무조건 피해라. 그렇게 돈이 많다면 어떻게 굴려야 하는지 7장에서 설명하겠다.

일단 계좌를 구성하기에 앞서 여러 은행에서 어떤 선택지를 제공하는지 조사해야 한다. 은행 사이트를 방문하거나 그냥 내가 거래하는 은행을 이용하면(132쪽 참고) 한 시간 내로 비교 작업을 끝낼 수 있다.

은행을 선택할 때 계좌 유형 말고도 고려해야 할 사항들이 있다. 나는 신뢰도, 편의성, 서비스를 고려한다.

신뢰도　나는 현금지급기를 편리하게 쓸 수 있다는 이유로 오랫동안 웰스 파고 계좌를 이용했다. 그러나 더 이상은 대형 은행을 신뢰하지 않는다. 나만 그런 게 아니다. 그들은 타행 현금지급기 이용료 등 몰

신용협동조합Credit Union은 어떨까?

나는 과거에 신용협동조합을 좋아했다. 설립 취지가 마음에 들어서 이 책의 제1판에서 추천했다. 심지어 몇 년 전에 전국 신용협동조합 총회에서 강연하기도 했다.

신용협동조합은 일반 은행과 비슷하지만 비영리조합이며 고객들(혹은 신용협동조합에서 쓰는 용어로는 '조합원들')이 지분을 소유한다. 그래서 이론적으로는 더 좋은 서비스를 제공할 수 있다.

하지만 지금은 생각이 바뀌었다. 나의 독자들이 실제로 중시하는 해결책과 서비스를 제공하기보다 자기 자랑("조합원 소유 방식이 왜 더 나은지 자세히 설명해 드리죠.")을 멈추지 않는 모습은 실망스럽다. 신용협동조합은 뱅크 오브 아메리카나 웰스 파고 같은 약탈적이고 사기꾼 같은 은행에 맞서서 고유한 입지를 확보할 절호의 기회를 놓쳤다. 앞으로는 달라지기를 기대한다.

은행들이 자주 쓰는 다섯 가지 그럴듯한 꼼수 마케팅

1. 티저TEASER 금리("첫 두 달 동안 6%") 이런 꼼수에 넘어가지 마라. 첫 두 달은 중요치 않다. 오랫동안 거래할 수 있는 은행, 겨우 25달러(혹은 보다 현실적으로는 3 달러)를 벌어주는 판촉용 금리가 아니라 전반적으로 좋은 서비스를 제공하는 은행을 골라야 한다. 티저 금리를 내세우는 은행은 기본적으로 피해야 한다.

2. 최소 잔액 요구 입출금 서비스나 지불 서비스를 '무료'로 받기 위해 최소 잔액을 유지하도록 요구하는 은행들이 있다. 나는 이런 조건에 동의할 수 없다. 차라리 그냥 다른 은행으로 갈 것이다.

3. 더 비싼 상품 권유 '더 빠른 고객서비스' 등을 내세워 비용이 많이 드는 계좌로 바꾸라고 권유하는 은행들이 있다. 이런 '부가가치 계좌'는 쓸데없는 서비스에 수수료를 물리기 위한 것이다. 나는 빨리 아이를 낳고 싶다. 그래서 아이가 세 살이 되었을 때 웰스 파고로 걸어가서 지점장에게 사탕을 던지며 "이 계좌는 바가지야!"라고 외치는 모습을 보고 싶다. 잘했어, 우리 아기.

4. 상품 감추기 수수료와 최소 예금액이 없는 계좌를 더 이상 제공하지 않는다고 거짓말을 하는 은행들이 있다. 실제로는 제공하면서도 말이다. 그들은 처음에는 거부하다가 고객이 완강하게 요구하면 마지못해 계좌를 만들어준다. 끝까지 거부하면 다른 은행으로 가라. 선택지는 많으며, 예금 시장의 주도권은 소비자가 갖고 있다.

5. 신용카드와 은행 계좌 연동하기 특정 은행 신용카드를 원하는 경우가 아니라면 선택하지 마라.

래 비싼 수수료를 물린 다음, 고객이 좀처럼 대응하지 않는다는 점을 활용하여 돈을 뜯어간다. 그러나 여전히 좋은 은행들도 있다. 그런 은행을 찾는 최선의 방법 중 하나는 친구들에게 마음에 드는 은행이 있는지 물어보는 것이다. 또한 주요 은행의 사이트도 둘러볼 필요가 있다. 그러면 계좌와 수수료를 얼마나 명확하게 제시하는지 여부를 기준으로 약 5분 안에 믿을 만한 은행을 가려낼 수 있다. 믿을 만한 은행은 홈페이지에서 여러 서비스를 분명하게 설명하고, 쉽게 계좌를 열 수 있으며, 전화로 언제든 상담할 수 있어야 한다. 또한 매주 홍보물을 보내는지도 물어보라. 나는 더 이상의 홍보물을 원치 않는다! 더 이상의 끼워 팔기를 원치 않는다! 나는 일주일에 세 번이나 홍보물을 보낸다는 이유로 자동차보험사를 바꾼 적이 있다. 21센츄리 21st Century 보험사여, 지옥에나 가라.

편의성 거래 은행이 편리하지 않다면 이자가 얼마인지는 중요치 않다. 어차피 쓰지 않을 테니까. 은행은 돈 관리의 최전선인 만큼 입출금과 이체가 쉬워야 한다. 또한 홈페이지가 잘 돌아가야 하며, 필요할 때 이메일이나 전화로 도움을 받을 수 있어야 한다.

높은 이자를 쫓아다니지 마라

부탁이 있다. 다른 은행에서 약간 높은 이자를 준다고 해서 바로 갈아타지 마라. 대개 6개월 후에는 더 낮아지는 티저 금리일 가능성이 높다. 나라면 이자가 조금 낮아도 장기적으로 좋은 서비스를 제공할 것이라고 믿을 수 있는 은행을 고수할 것이다. 인터넷으로 가장 높은 이자를 주는 은행을 뒤지다가 발견하는 순간 바로 갈아타는 사람들이 많다. 그들은 "세상에! 앨라이 은행Ally Bank이 이자를 2.25%에서 2.75%로 높였어! 캐피털 원 360보다 0.02%p나 높잖아! 지금 바로 바꿔야지!"라고 말한다. 그런 사람이라면 당신은 멍청이다.

매달 어느 은행이 약간 더 높은 이자를 주는지 파악하고 싶은가? 대부분의 경우 이는 시간낭비다. 0.5%p 차이라고 해봤자 겨우 매달 몇 달러밖에 되지 않는다. 게다가 이자율은 시간이 지나면 바뀌니 높은 이자를 쫓아다니는 것은 불합리하다. 나는 앞으로도 기존 거래 은행을 고수할 계획이다. 당신도 그 시간에 다른 일을 하는 편이 나을 것이다. 은행 갈아타기가 아니라 빅 원에 집중하라.

서비스 　 이자율이 경쟁력이 있어야 한다. 자금 이체를 많이 할 것이니 쉽고 무료여야 한다. 지불 서비스가 무료여야 한다. 앱과 홈페이지를 사용하기 쉬워야 한다.

최고의 계좌(내가 쓰는 계좌 포함)

앞서 살핀 대로 적절한 계좌를 찾을 때 고려해야 할 사항이 많다. 다음은 내가 볼 때 많은 사람에게 적합한 선택지들이다. 내가 직접 고른 계좌도 포함시켰다.

입출금계좌

슈왑 원Schwab One 주식투자계좌와 연계된 슈왑은행 투자자 입출금계좌(schwab.com/banking): 내가 쓰는 입출금계좌다. 내가 보기에는 시중에 나와 있는 입출금계좌 가운데 가장 좋다. 슈왑은 수수료, 최소 잔액, 초과인출 수수료가 없고, 지불 서비스, 수표 발행 서비스, 현금카드, 자동이체 서비스를 무료로 제공하며, 무엇보다 모든 현금지급기 이용료를 무제한 환급해주는 엄청나게 좋은 계좌를 제공한다. 즉, 어떤 현금지급기를 이용하든 이용료를 아낄 수 있다.
수수료를 모두 면제받으려면 슈왑 주식투자계좌(투자계좌)를 만들어야 하지만 굳이 이용할 필요는 없다. 주식투자계좌는 그냥 비워두고 입출금계좌의 탁월한 서비스만 이용하면 된다. 입금은 이체나 급여 이체 혹은 모바일 수표 입금으로 가능하다. 주의할 점은 현금으로는 입금이 불가능하다는 것이다. 현금으로 입금해야 한다면 다른 입출금계좌를 이 입출금계좌와 연동해야 한다. (나의 경우에는 현금을 거의 쓰지 않고, 쓴다고 해도 주로 입금이 아니라 출금을 한다. 남는 현금은 침실 협탁에 넣어둔다. 그렇다고 우리 집에 와서 훔쳐가지는 말길.)

수수료와 최저 예금액이 없는 동네 은행 입출금계좌: 현금을 자주 입금해야 하는 드문 경우가 여기에 해당된다. 그렇지 않다면 솔직히 동네 은행의 입출금계좌를 이용해야 할 이유를 모르겠다. 독자들에게 물어보면 "편리해요"라거나, "슈왑은 현금 입금이 안 돼요"라고 대답한다. 동네 은행에 입출금계좌를 굳이 만들고 싶다면 대개 학생이거나 급여 이체를 하는 등 특정 요건을 충족할 경우 수수료와 최저 예금액 요건을 면제받을 수 있다. 또한 대부분 무료 지불 서비스, 무료 수표 발행 서비스, 무료 현금카드를 제공한다. 이런 계좌는 이자가 거의 없다. 그래도 큰돈을 넣어둘 것이 아니기 때문에 상관없다. 앞서 제시한 기준을 따르면 만족할 만한 동네 은행을 찾을 수 있을 것이다.

저축예금

대형 은행의 일반 저축예금은 누구에게도 권하지 않는다. 인터넷 은행의 저축예금은 이용하기 쉽고 이자가 더 높다. 또한 어차피 출금이 아니라 입금을 할 것이기 때문에 바로 돈을 찾을 수 없다는 사실은 신경 쓸 필요가 없다.

캐피털 원 360 저축예금(capitalone.com/bank): 내가 가입한 저축예금이다. 이 계좌는 가상 부계좌를 만들어 비상금, 결혼자금, 주택 계약금 같은 특정 목적에 쓸 수 있다. 또한 다른 계좌로 자동이체도 설정할 수 있다(가령 매달 1일에 다른 저축예금으로 100달러를, 5일에 투자계좌로 20달러를 이체할 수 있다). 수수료도, 최소 예금액도, 교묘한 고수익 상품 팔기도, 짜증나는 판촉도 없다. 이자가 항상 최고로 많은 것은 아니지만 거의 최고 수준이다. 캐피털 원 360 저축예금은 편하게 쓸 수 있는 좋은 저축예금이다.

앨라이 인터넷 저축예금(ally.com/bank): 이 계좌도 추천한다. 수수료가 없는 이 계좌 역시 부계좌를 여러 개 만들 수 있어 시스템을 자동화하는 데 도움이 된다. 또한 이자율이 높고 편리하다.

고려할 만한 다른 저축예금으로는 마커스 바이 골드만 삭스Marcus by Goldman Sachs와 아메리칸 익스프레스 퍼스널 세이빙스American Express Personal Savings가 있다.

고려할 만한 은행	피해야 할 은행
앨라이 은행: ally.com	뱅크 오브 아메리카
캐피털 원 360: capitalone.com	웰스 파고
슈왑: schwab.com	
마커스 바이 골드만 삭스: marcus.com	
아메리칸 익스프레스 퍼스널 세이빙스: americanexpress.com/personalsavings/home	

이제 입출금계좌나 저축예금을 새로 만드는 데 필요한 정보는 모두 확인했다. 조사하는 데 3시간, 각 계좌를 만들고 돈을 넣는 데 2시간이

면 충분하다. 구계좌에서 신계좌로 돈을 이체하는 일은 은행에서 도와줄 것이다. 여전히 구계좌에서 자동이체로 돈을 빼가려는 곳이 있을지 모르니 소액은 구계좌에 남겨둘 것을 권한다. 60일 정도 여유 기간을 둔 후 구계좌를 없애라. 이제 다음 단계로 넘어가자!

"저는 목표를 정하고 돈을 모으는 법을 몰랐어요. 저축예금을 하나만 갖고 계속 머릿속으로 돈 쓸 곳을 정리했죠. 그러나 이 책을 읽은 후에는 따로 계좌를 만들어서 비상금이나 은퇴자금뿐 아니라 여행과 기부 등 하고 싶은 일에 필요한 돈을 모으고 있어요."

– 에밀리 크로포드(33세)

은행 계좌 최적화

새로 만든 것이든, 기존에 갖고 있던 것이든 입출금계좌와 저축예금을 최적화해야 한다. 즉, 서비스 수수료를 내지 말아야 한다. 계좌를 최적화하는 핵심은 직접 혹은 전화로 상담원과 이야기하는 것이다. 그렇다. 자신이 소심한 사람이라도 실제로 전화를 걸어야 한다. 왜 그런지 모르겠지만 내 친구들 중 절반은 상담센터에 전화하기를 꺼린다. 어떤 친구는 근래에 비밀번호를 잊어버리는 바람에 보안 문제로 상담센터에 연락해서 본인 확인을 받아야 했다. 그러나 그는 스톡홀름 증후군(인질이 인질범에게 동화되어 그에게 동조하는 비이성적 현상)에 빠진 사람처럼 "그렇게 큰일이 아냐. 은행 말이 맞아. 은행에 갈 시간이 날 때까지 기다리지 뭐"라고 계속 중얼거렸다. 그는 몇 달이 지나도록 비밀번호를 받지 못했다! 도대체 왜들 이러는 걸까? 전화하는 걸 좋아하지 않더라도 앞으로 내가 소개할 특별 혜택을 얻으려면 직접 혹은 전화로 이야기해야 한다.

월 계좌유지비 피하기[*]

내가 너무 까다로운 건지 모르겠지만, 사실 예금을 하면 은행에 내 돈을 빌려주는 건데 추가로 수수료를 내야 할 이유가 없다고 생각한다. 생각해보라. 대형 은행에 월 계좌유지비로 5달러를 내면 사실상 이자가 없는 셈이다. 내가 월 계좌유지비, 초과인출 수수료, 개설 수수료를 포함하여 모든 수수료를 안 내려고 애쓰는 이유가 거기에 있다. 만약 월 계좌유지비를 내고 있다면 면제받을 방법을 찾아라. 매달 회사에서 자동으로 급여를 이체하면 계좌유지비를 면제해주는 경우가 많다. 은행에서 '최소 예금액'을 요구하는 꼼수를 부리기도 한다. 이 금액을 유지해야 계좌유지비를 면제해주거나 지불 서비스를 '무료'로 제공한다. 이는 꼼수다. 은행에서 이자가 적은 입출금계좌에 최소 1,000달러를 넣어두도록 요구한다고 생각해보라. 그 돈을 투자하면 20배로 불릴 수 있다.

급여 이체를 할 수 없거나 '최소 예금액' 요건을 면제받지 못했다면 수수료와 최소 예금액이 없고 이자율이 높은 인터넷 은행으로 갈아탈 것을 강력하게 권한다.

참고로 일부 수수료는 괜찮다. 가령 우편환 서비스나 수표 재발행 서비스에 붙는 수수료가 그렇다. 이런 수수료까지 안 내려고 은행으로 뛰어 들어가서 "라밋이 수수료는 무조건 내지 말라고 했어요!"라고 고함치지 마라. 다만 혹시 그렇게 할 생각이면 나의 인스타그램이나 트위터 계정(@ramit)으로 영상을 보내달라.

---

[*] 국내 은행 계좌, 증권사 계좌의 경우 월 계좌유지비가 없다.

"수수료 면제 계좌는 없다"고 할 때 대처하는 방법

당신이 현재 갖고 있는 계좌에 수수료가 붙는다는 사실을 확인하고 다른 계좌로 바꾸려 한다고 가정하자. 상담센터에 전화하면 아마 수수료는 면제해줄 수 없다고 말할 것이다. 이 말을 그냥 받아들일 것인가? 그럴 수 없다. 공격적으로 나가라. 이런 식으로 말하라.

당신: 확인해보니까 제 계좌에 수수료가 붙네요. 계좌유지비, 결제 수수료, 최소 예금액 요건을 면제받고 싶어요.

상담원: 죄송하지만 더 이상 수수료 면제 계좌는 제공하지 않습니다.

당신: 그래요? ○○은행(경쟁 은행)에서는 만들어준다고 하던데요? 다시 한 번 확인해주실래요?

(80%의 경우는 이 정도만 해도 좋은 조건의 계좌를 만들 수 있다. 혹시 안 된다면 책임자를 바꿔달라고 요구하라.)

책임자: 무엇을 도와드릴까요?

당신: (처음부터 다시 요구하라. 책임자가 요구를 들어주지 않으면 이렇게 덧붙여라.) 지금까지 이 은행과 ○년이나 거래했어요. 가능하면 계속 거래하고 싶어요. 어차피 신규 고객을 유치하는 데 비용이 많이 들잖아요. 앞으로 계속 이 은행과 거래할 수 있도록 도와줄 수 없어요?

책임자: 그러시다면 마침 고객님에게 맞는 상품이 나와 있네요. 원하시는 대로 해드리겠습니다.

당신: 고마워요. (다즐링 차를 마신다.)

은행은 이미 당신을 고객으로 유치하기 위해 많은 돈을 썼다. 그래서 겨우 월 5달러 때문에 당신을 놓치고 싶어 하지 않는다. 금융회사를 상대할 때는 항상 이 사실을 지렛대로 삼아라.

거의 모든 수수료는 협상 가능하다

가장 고통스럽고 비용이 큰 수수료는 대개 지불액보다 계좌 잔액이 적을 때 은행이 부과하는 초과인출 수수료다. 물론 초과인출 수수료를 피하는 가장 좋은 방법은 애초에 그런 일이 일어나지 않도록 하는 것이다. 자동이체를 설정하고 완충용 자금을 넣어둬라. (나는 입출금계좌에 항상 1,000달러 정도를 넣어둔다.) 물론 실수할 때도 있다. 대부분의 은행은 고객이 실수로 잔액을 잊어버릴 수 있다는 점을 고려하여, 요청할 경우 첫 번째 수수료를 면제해준다. 다만 그다음부터는 면제받기가 어렵다. 그래도 잘 해명하면 면제받을 수 있다. 명심하라. 은행은 당신을 계속 고객으로 두고 싶어 한다. 상담원과 협상을 잘하면 결과가 달라지는 경우가 많다. 상담센터에 전화할 때 목표가 명확해야 하고(수수료 면제) 쉽게 물러서지 말아야 한다는 점을 명심하라.

나는 (옛날에 계좌를 갖고 있을 때) 웰스 파고와 협상하여 20달러의 초과인출 수수료와 27.10달러의 금융 수수료를 면제받은 적이 있다. 당시 입출금계좌에 잔액이 부족하여 저축예금에서 돈을 이체했는데 입금이 하루 늦어버렸다. 초과인출 수수료가 붙은 것을 본 나는 한숨을 쉬고 협상하기 위해 상담센터에 전화를 걸었다.

나: 약간 문제가 있어서 초과인출 수수료가 붙었는데 면제해주실 수 있나요?

상담원: 잠깐만요. 죄송하지만 면제해 드릴 수 없을 것 같습니다. (면제를 해줄 수 없는 이런저런 이유를 댄다.)

이 대목에서 하지 말아야 할 말:

"확실해요?": 상담원이 거절하기 쉽게 만들지 마라.

"다른 방법은 없을까요?": 당신이 상담원이고 고객이 이런 말을 한다고 생각해보라. 거절하기가 더 쉬워질 것이다. 그런 빌미를 줘서는 안 된다.

"《부자 되는 법을 가르쳐 드립니다》이라는 책에는 된다고 나와 있던데요. 혹시 읽어보셨어요?": 상담원은 관심이 없다. 수많은 고객이 전화해서 같은 말을 한다면 좋겠지만 말이다.

"알겠습니다.": 여기서 포기하지 마라. 돌아서기는 쉽지만 더 나은 방법이 있다.

대신 이렇게 말하라:

"다른 방법으로 저를 도와줄 수 없을까요?" (불만을 반복하면서 건설적으로 바로잡아 달라고 요구하라.)

이 시점에서 약 85%의 경우는 수수료를 환불받을 것이다. 이 조언을 따라서 수천 달러의 수수료를 아낀 사람들이 나의 블로그에 댓글을 달았다. 만약 상담원이 완고하다면 이렇게 대처하라.

상담원: 고객님, 죄송합니다. 환불은 불가합니다.
나: 어려운 건 알지만 거래 내역을 봐요. 3년 넘게 이 은행을 이용했고 앞으로도 그러고 싶어요. 실수로 수수료가 붙은 거니까 한 번만 면제해줘요. 다시는 이런 일이 없을 겁니다. 도와주실 수 있죠?
상담원: 네, 보니까 우수 고객이시네요. 팀장님한테 물어볼 테니 잠시

만 기다려주세요.

(장기 고객이라는 사실은 당신의 가치를 높여준다. 오래 이용할 은행을 골라야 할 이유가 여기에 있다. 또한 처음 거부당했을 때 물러서지 않았다는 사실은 당신을 99%의 고객과 다른 사람으로 만들어준다.)

상담원: 고객님, 팀장님에게 확인해보니 수수료를 면제해 드릴 수 있을 것 같습니다. 더 도와드릴 일이 있나요?

이렇게만 해도 충분하다! 초과인출 수수료에 대해 협상할 때만 통하는 게 아니다. 취급 수수료, 연체 수수료, 심지어 현금지급기 이용료도 이런 식으로 협상할 수 있다. 나는 힘들게 이 교훈을 얻었다. 여름 동안 인턴으로 일하며 뉴욕에서 살 때였다. 당시 시간이 걸리고 게을러서 따로 계좌를 만들지 않기로 했다. 그래서 매번 3달러(은행 수수료 1.5달러, 현금지급기 이용료 1.5달러)씩 내면서 현금지급기만 썼다. 지금 생각하면 멍청한 짓이었다. 근래에 뉴욕으로 이사 간 친구가 해준 이야기를 들어보니 더욱 그랬다. 그녀는 몇 달만 머물 계획이어서 따로 계좌를 만들지 않았다. 대신 상담센터에 전화를 걸어서 현금지급기 이용료를 면제해 줄 수 있는지 물었다. 은행에서는 바로 해주었다. 그녀는 전화 한 통으로 250달러가 넘는 돈을 아꼈다! 명심하라. 고객획득비용이 100달러가 넘는 상황에서 은행들은 당신을 고객으로 계속 붙들어두고 싶어 한다. 그러니 이를 무기 삼아 계좌에 수수료가 붙었을 때 전화를 걸어라.

"은행이 말도 안 되는 수수료를 부과하는 경우가 많지만 우수 고객에게는 기꺼이 면제해준다는 사실을 알았어요. 저는 바보같이 수표에 엉뚱한 계좌번호를 적는 바람에 지급 거부를 당한 적이 있어요. 5년

가까이 거래하던 은행이라 바로 찾아가서 수수료를 면제해 달라고 했죠. 그 자리에서 바로 면제해주더군요. 길게 말할 필요도 없었어요."

-애덤 퍼거슨(22세)

1. 입출금계좌를 만들거나 기존 입출금계좌를 평가하라 (1시간)

당신에게 맞는 계좌를 찾아서 전화로(혹은 지점을 방문하여) 신청하라. 계좌가 이미 있다면 수수료와 최소 예금액 요건 여부를 확인하라. 방법은 최근 거래내역을 보거나 상담센터에 전화를 걸어 물어보면 된다. 수수료가 있다면 138쪽에 나온 협상법을 활용하여 수수료와 최소 예금액 요건을 면제받아라. 요구를 들어주지 않으면 다른 은행을 이용하겠다고 공격적으로 나가라.

2. 이자율이 높은 인터넷 은행의 저축예금을 만들어라(3시간)

인터넷 은행에 계좌를 만들면 이자를 더 받을 수 있다. 또한 저축예금과 입출금계좌를 별도로 관리하는 것이 심리적인 측면에서 많은 도움이 된다. 저축예금에서 돈을 빼기가 쉽지 않아 예금에 손을 댈 가능성이 줄어든다. 134쪽에서 내가 추천한 은행들을 꼼꼼히 살펴라. 더 많은 자료를 참고하고 싶다면 bankrate.com에 나오는 이자율을 비교하거나 독자들이 여러 계좌에 대해 나의 홈페이지에 올린 댓글들을 훑어보라.

2a. 선택사항: 인터넷 입출금계좌를 만들어라(2시간)

반드시 필요한 일은 아니지만 보다 진전된 방식으로 입출금계좌를 관리하고 이자를 더 받고 싶다면 인터넷 입출금계좌를 만들어라. 인터넷 입출금계좌의 주된 장점은 이자율이 높고 교묘한 수수료가 적다는 것이다. 기존 입출금계좌가 마음에 들지 않는다면 바꿔라! 시간이 그렇게 많이 걸리지 않고 올바른 입출금계좌를 가지면 나머지 재테크 시스템이 오랫동안 원활하게 작동될 것이다.

3. 인터넷 저축예금에 돈을 넣어라(1시간)

입출금계좌에 1.5개월에 해당하는 생활비 혹은 최대한 그 수준에 준하는 금액만 남겨
라. (약간의 추가 금액을 넣어두면 여러 계좌로 돈을 이체하는 사이에 초과인출을 막
아준다.) 그런 다음 설령 30달러밖에 되지 않는다고 해도 나머지 금액을 저축예금으
로 옮겨라.

축하한다! 재테크 인프라의 근간을 마련했다. 이제 투자계좌를 만들어보자.

CHAPTER 3

투자 준비
: 기업 퇴직연금 및 로스 퇴직계좌 가입하기

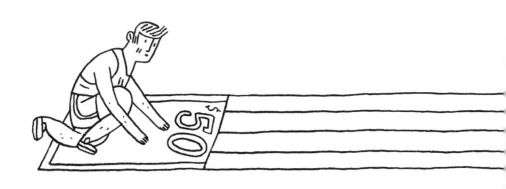

인도계 부모들에게는 특별한 구석이 있다. 이 말이 무슨 의미인지 알려면 당신이 아는 인도계 아이에게 전 과목 A학점 성적표를 집에 가져가면 어떤 일이 일어나는지 물어보라. 아마 그의 부모는 흐뭇한 미소를 지으며 꼭 안아줄 것이다. 그리고 바로 인상을 찡그리며 "아주 잘했다! 하지만 왜 이 과목은 A－를 받았지?"라고 말할 것이다. 짐작대로 이런 태도는 아이들에게 비판적 사고방식을 길러준다.

나 역시 이러한 사고방식을 갖고 자랐다. 그래서 누군가 마침내 재테크에 대해 생각하기 시작했다고 말하면 약 6초 동안 축하해주지만 곧이어 속으로 비판을 하게 된다. 내 생각에는 노력이 아직 부족하기 때문이다. 《투자 대가들의 위대한 오답 노트Big Mistakes: The Best Investors and Their Worst Investments》를 쓴 마이클 배트닉Michael Batnick은 이렇게 말한다. "56세에서 61세 사이의 미국인들이 은퇴할 때 통장에 갖고 있는 중간 잔고는 2만 5,000달러다. 이 금액은 1980년부터 한 달에 6달러씩 60/40 포트폴리오(주식 60 : 채권 40)에 투자하면 모을 수 있다." 사실 이 게임에서 이기기는 아주 쉽다. 이 장을 끝까지 읽으면 당신은 승자가 될 것이다. 앞서 예금에 대해 이야기했다. 당신이 이자율 높은 저축예금을 만들게 되어서 기쁘다. 정말이다. 하지만 그것으로는 부족하다! 절약하는 요령을 알려주는 수많은 책과 블로그에 나오는 내용과 달리 여기저기서 약간의 돈을 아끼는 걸로는 부족하다. "오렌지 주스를 200통 사면 6%를 아낄 수 있다! 대단하지 않은가!" 같은 내용 말이다. 편하게 살아라. 안타깝게도 최소한의 비용만 쓰고 절약하면서 한 달에 100달러씩 적금을 부어도 그 결과는 그다지 인상적이지 않을 것이다.

높은 예금 이자를 받아도 목돈을 모으려면 아주 오랜 시간이 걸린다. 간단히 말해서 예금만으로는 부족하다. 돈을 굴려서 최고 수준의 예금 이자보다 더 벌어야 한다. 투자가 이를 위한 최고의 수단이다. 아인슈타인은 "복리는 부를 안정적이고 체계적으로 축적할 수 있도록 하므로 인류가 만든 최고의 발명품"이라고 말했다.

대다수 사람들처럼 예금으로 약간의 이자를 버는 데 그치지 않고 투자를 하면 장기적으로 약 연 8%의 수익을 올릴 수 있다. 20세기 동안 연평균 주가상승률은 11%였다. 여기서 물가상승률 3%를 빼면 8%의 수익이 나온다. 예를 들어 당신이 35세에 1,000달러의 여윳돈을 모았다고 가정하자. 당신은 예금으로 평균 3%의 이자를 벌든지 혹은 주식에 투자하여 장기적으로 8%의 수익을 올릴 수 있다.

30년 후 각 선택지의 결과가 어떨지 살펴보자. 1,000달러를 그냥 저축한 경우 얼마가 될까? 금액만 놓고 보면 2,427달러가 되지만 물가상승률이 실질적인 수익을 '갉아먹는다.' 그래서 언뜻 돈을 잘 굴린 것 같지만 물가상승률을 반영하면 30년 전과 같은 구매력을 지니는 수준에 그친다. 당연히 좋은 결과가 아니다.

반면 이 돈을 주식에 투자했다면 1만 달러(10배!) 이상으로 불어나 물가상승률을 극복하고도 놀라운 성과를 얻게 될 것이다. 단 한 번만 투자하고도 그렇다.

투자란 게 부담스럽게 느껴질 수 있다. 그러나 사실 그렇게 힘들지 않다. 지금부터 내가 그 방법을 알려주겠다. 이 장을 읽고 나면 투자계좌를 만들게 될 것이다. 아직은 어디에 투자할지 고민할 필요가 없다. 그 문제는 7장에서 다룰 것이다. 일단 자동이체를 통해 매달 자금이 투입되도록 적절한 계좌부터 만들도록 하자.

"6년 전에 이 책을 읽었습니다. 제가 이룬 가장 큰 성과 중 하나는 겨우 18세 때 은퇴자금을 모을 계좌를 만들었다는 겁니다. 그 계좌에 충분한 돈이 있다는 사실을 생각하면 매일 웃음이 납니다. 매우 자유로운 기분이 들죠. 이제 저금을 안 해도 99%의 사람들보다 낫다는 사실을 아니까 보다 공격적으로 창업을 한다거나 원하는 물건을 마음껏 사는 등 삶의 다른 영역에서 모험을 감행할 수 있답니다."

– 알렉스 크레이그(25세)

당신 친구들이 아직 한 푼도 투자하지 않은 이유

자세한 내용으로 들어가기 전에 젊은 사람들이 투자하지 않는 이유를 잠시 살펴보자. 이 일은 대다수 밀레니엄 세대가 잘하는 것, 바로 다른 사람을 재단하는 데 도움을 줄 것이다.

친구들에게 얼마를 투자했는지 물어보면 아마 "뭐?"라고 되묻거나 "수입이 충분치 않아서 투자를 못해"라는 식으로 대답할 것이다. 또한 대다수는 "주식 고르는 법을 몰라"라고 말할 것이다. 이는 조금 우스운 말이다. 투자는 종목 선정과 관계없기 때문이다. 어떤 친구들은 퇴직계좌의 일종인 기업 퇴직연금을 붓고 있겠지만, 아마 그게 투자의 전부일 것이다. 지금이 인생에서 가장 중요한 투자 적기인데도 말이다!

사람들이 투자하지 않는 다른 이유는 돈을 잃을까 봐 불안하기 때문이다. 투자를 안 하면 확실하게 돈을 잃는데도, 주식을 하다가 '혹시' 돈을 잃을지 모른다고 불안해하는 것은 아이러니하다. 〈워싱턴 포스트〉지는 "한 설문 조사에 따르면 대다수 노인은 죽는 것보다 돈이 모두 떨어지는 것을 더 두려워한다"고 밝혔다. 이 서글픈 기사에 따르면 "그 결과 돈이 많은 드는 생활방식을 버리고 캠핑카를 사서 전국을 돌며 일하는

기업 퇴직연금에 대한 놀라운 통계

우선 기업 퇴직연금은 투자계좌의 한 가지 유형에 불과하다는 사실을 명심하라. 157쪽에서 다루겠지만 기업 퇴직연금은 큰 혜택을 제공한다. 다음은 기업 퇴직연금과 관련된 놀라운 통계다.

- 기업 퇴직연금 가입률은 3분의 1에 불과하다.
- 연 소득이 5만 달러 이하인 사람 가운데 96%가 납입 한도액을 채우지 않는다.
- 회사 부담금을 전액 받을 수 있는 수준으로 자기 부담금을 내는 사람은 5명 중 1명뿐이다. 회사 부담금은 말 그대로 그저 얻는 돈이다. 즉, 80%의 사람들은 해마다 수천 달러를 잃는 셈이다.

노동 캠핑족work campers, 소위 워캠퍼workamper 생활을 하는 노인들이 많다. 그들은 대개 복지혜택 없이 시급만 받는 임시직으로 일한다.”

사람들은 위험에 대해 특이한 믿음을 갖고 있다. 우리는 (사실 심장병을 걱정해야 할 때) 상어에게 물려 죽을까 걱정한다. 또한 달걀이나 닭고기가 할인가로 팔리면 좋아하면서도 주가가 저렴해지면 나쁜 일로 받아들인다. (장기투자자는 주가 하락을 기뻐해야 한다. 같은 돈으로 더 많이 살 수 있으니까.)

나이 든 사람들은 투자하지 않은 것을 후회한다

그들은 후회하지만 당신은 그럴 필요 없다. 아래는 각 연령대에 대한 나의 생각이다.

연령	기업 퇴직연금 중간 납입액	나의 논평
25세 미만	1,325달러	직접 하지도 않을 거면서 요리 방송을 보느라 너무 바쁨
25~34세	8,192달러	이제 막 돈을 모으기 시작했으나 아직 그 가치를 모름
35~44세	23,491달러	돈을 모으는 게 중요하다는 사실을 깨달음
45~54세	43,467달러	〈백 투 더 퓨처 2〉의 비프처럼 과거로 돌아가 저축을 더 많이 하지 않는 자신을 혼내고 싶어 함.

출처: 뱅가드 보고서

명심하라. 투자하는 방법은 명확하지 않다. 사실 그게 문제다. 돈에 관해서는 실제로 대다수 다른 사람처럼 되기 쉽다. 즉, 아무것도 하지 않게 된다. 나는 오랫동안 젊은 사람들을 상대로 돈에 대한 이야기를 한 후 사람들을 A, B, C 세 부류로 나눌 수 있다는 결론에 이르렀다. A부류는 이미 돈을 관리하고 있으며, 최적화를 원한다. 가장 큰 집단인 B부류는 아무것도 하지 않지만 쉽게 설득할 수 있다. C부류는 가망 없는 족속이다. 이론적으로는 의욕을 불어넣을 수 있지만 바보 같은 이유와 핑계를 넘어서 재테크를 우선순위로 올리게 하는 일은 거의 불가능하다.

환경의 제약을 받는 이도 있지만 대부분 돈에 대한 부실한 태도와 행동 때문에 절대 부자가 되지 못한다. 사실 대다수 20대는 B부류에 속한다. 즉, 좋지도 나쁘지도 않다. 20대의 경우 공격적인 투자 목표를 세울 시간은 많이 있다. 그러나 아무런 행동을 취하지 않으면 C부류로 밀려나게 된다. 그런 일이 당신에게 일어나도록 하지 마라!

"대학원을 졸업한 후 얻은 첫 직장에서 거의 2년 동안 기업 퇴직연금에 가입하지 않았어요. 수천 달러를 놓친 셈이죠."

– 테 로미오(34세)

"대학 졸업 후 첫 직장에서 기업 퇴직연금에 가입하지 않았어요. 전 남친이 좋은 투자가 아니라고 말했거든요. 가장 후회되는 점은 저의 육감이 아니라 그의 부실한 조언을 따랐다는 거예요. 5년 후에 가입하긴 했지만, 얼마나 많은 손해를 입었는지 알아요."

– 이베트 바티스타(37세)

"35세가 되어서야 기업 퇴직연금을 제공하는 회사에 들어갔어요. 20세 때 그런 회사를 찾으라고 조언하는 사람이 있었다면 좋았을 겁니다. 하지만 그때는 제가 하찮고 불안해서 어떻게든 취업부터 하고 싶었어요. 지금 생각하면 10년에서 15년 가까이 기회를 잃은 것 같아요."

– 로빈 기니(45세)

보이지 않는 투자 스크립트	
내용	의미와 조언
"주식 종목과 매매 방법이 너무 많고 조언이 제각각이어서 부담스러워."	이런 생각은 '복잡하다는 핑계 뒤에 숨고 싶다'는 의미다. 식이 조절이나 운동법, 옷을 잘 입는 법, 자녀 양육법 등 새로운 주제는 모두 부담스럽다. 그래도 피하지 말고 정보의 원천을 골라 배우기 시작해야 한다.
"항상 고점에서 사는 것 같아. 다시는 주가가 고점일 때 사고 싶지 않아."	이렇게 생각하는 사람은 주가 변동을 맞출 수 없다는 사실을 '안다.' 그러나 제대로 이해하고 있지는 않다. 이 문제를 해결하려면 매달 자동으로 투자해야 한다.
"장기적으로 돈을 투자할 수단(부동산, 주식, 암호화폐, 원자재 등)이 너무 많아서 어디에도 투자하지 않았어. 투자해야 한다는 건 알지만 주식은 '통제'할 수 있다는 느낌이 들지 않아."	대단히 아이러니한 점은 이런 사람들이 투자를 '통제'할 수 있으면 수익에 도움이 된다고 생각하는 것이다. 실상은 통제를 덜할수록 더 나은 수익을 올릴 수 있다. 관련 데이터를 보면 일반적인 투자자들은 고점에 사서 저점에 팔고, 자주 매매한다(그에 따라 많은 세금을 낸다). 이 모든 행태는 수익을 크게 떨어뜨린다. 투자를 통제하고 싶겠지만 정말로 그러면 안 된다. 그냥 놔둬라.
"지식과 경험이 부족해서 힘들게 번 돈을 날리고 싶지 않아."	아이러니하게도 투자를 안 하면 물가상승률 때문에 매일 돈을 잃는다. 당신은 70대가 되어 너무 늦기 전에는 이 사실을 결코 깨닫지 못할 것이다(내가 냉정한 사람인 건 잘 알고 있다).
"수수료가 너무 많아. 투자 금액이 크지 않으면 매매 수수료가 수익을 많이 잡아먹어."	사람들이 왜 '투자=주식 거래'라고 생각하는지 도통 모르겠다. 아마 멍청한 광고와 앱 때문일 것이다. 나의 조언을 따르면 수수료를 크게 줄일 수 있다.
"매일 사이즈가 작은 커피를 주문하고 있어. 이렇게 돈을 아끼고 있으니 어른이 된 건가?"	당신은 홀로 죽을 것이다.

왜 돈에 대해 부실한 태도를 가진 사람들이 그토록 많을까? 아마 교육 부족, 정보 과잉, 언론의 혼란스런 메시지, 흥미 부족을 그럴듯한 이유로 내세울 수 있을 것이다. 이유가 무엇이든 젊은 사람들이 충분히 투

자하지 않는다는 사실은 분명하다.

　내가 자기계발과 관련된 일을 하면서 깨달은 한 가지 사실은 모두가 투자, 치실 사용, 창업 등 '해야 하는' 일을 하지 않는 수많은 이유를 갖고 있다는 것이다. 시간이 없거나, 돈이 없거나, 어떻게 시작해야 할지 모른다는 식이다. 때로 진실은 단순하다. 원치 않기 때문에 하지 않는 것이다.

　돈을 어떻게 굴리는지 배우고 싶지 않다면 어떤 말도 도움이 되지 않는다. 물론 (종종 커미션과 그들이 추천하는 쓸데없는 펀드 때문에 수십만 달러의 숨겨진 비용을 지불하면서) 다른 사람을 고용할 수 있다. 혹은 부모가 하는 대로 따라할 수 있다. 아니면 미국인들이 오랫동안 보여준 특징대로 문제를 외면하고 사라지기를 바랄 수 있다. 나는 이런 것들을 권하지 않는다.

　금융기업들은 흥미로운 현상을 발견했다. 사람들이 40대에 들어서야 갑자기 저축에 대한 필요성을 깨닫는다는 것이다. 그래서 돈과 관련하여 미국인들이 가장 크게 걱정하는 점은 은퇴자금 부족이다. 최근 갤럽에서 조사한 바에 따르면 미국인 중 절반은 은퇴자금이 부족한 것에 대해 '많이' 혹은 '어느 정도' 걱정하고 있다. 이 사실을 분명하게 확인하고 싶다면 부모님에게 무엇을 가장 걱정하는지 물어보라. 아마 '돈'이라고 대답할 것이다. 그런데도 우리는 부모들보다 재테크에 훨씬 많은 주의를 기울이지 않고 있다.

따분한 진실

　복권에 당첨돼서 부자가 되겠다고 '계획'하기는 쉽지만, 부자가 되는 진정한 방법은 실제로 훨씬 간단하다. 미국의 백만장자 중 3분의 2는 자수성가했다. 즉, 부모가 부유하지 않았다. 그들은 지출을 통제하고, 꾸준히 투자하고, 일부 경우에는 사업을 시작하여 대부분의 부를 축적했다. 복권 당첨만큼 섹시하지는 않지만 훨씬 현실적이다.

근래에 유에스 트러스트US Trust가 백만장자들을 상대로 조사한 바에 따르면 "부자의 83%는 큰 위험을 감수하지 않고 장기적으로 조금씩 이익을 보면서 최대의 투자 수익을 쌓았다." (참고로 그렇다고 해서 커피를 줄이라는 말은 아니다. 그보다는 위험한 투기를 하지 말고 절제된 저축과 투자 같은 꾸준하고 의미 있는 행동을 하라는 말이다.)

그들의 부는 해마다 벌어들이는 금액이 아니라 장기간에 걸쳐 모으고 투자한 금액으로 측정된다. 즉 연봉이 5만 달러인 프로젝트 책임자가 연봉이 25만 달러인 의사보다 더 많은 재산을 가질 수 있다. 장기적으로 더 모으고 투자한다면 말이다.

미국 문화는 투자를 올바로 생각하는 데 도움을 주지 않는다. 우리는 부자가 되는 방법이 아니라 그 결과만을 보여주는 유명인과 인스타그램 포스트를 접한다. 이런 오락거리가 인기를 끌면서 우리 태도가 바뀌었다. 전미심리학회American Psychological Association의 발표에 따르면 지금의 미국인들은 50년대의 미국인들보다 두 배나 더 외식을 많이 하고 두 배나 더 많은 차를 갖고 있는데도 덜 행복하다. 우리는 대형 텔레비전, 스마트폰, 전자레인지 같은 장난감을 훨씬 많이 갖고 있다. 그러나 이런 것들은 충만한 삶으로 이어지지 않는다.

물질에 대한 집착 그리고 종일 방송되는 금융 뉴스 채널, 수많은 전문가, 넘치는 인터넷 재테크 사이트를 비롯하여 어지러울 정도로 많은 정보의 원천에도 불구하고 우리는 돈을 잘 관리하지 못한다. 무엇보다 우리는 불안하다. 고소득자도 돈을 잘 관리하지 못한다. 선트러스트

젊은 사람 중 5분의 1은 복권에 당첨돼서 부자가 될 것이라고 생각한다		
비중	부자가 되는 방법	나의 의견
21%	복권 당첨	한심하다.
11%	상속	한심하다.
3%	보험금	재테크를 배워서 미래를 보장하는 건 어떤가?

SunTrust가 조사한 바에 따르면 연 소득이 10만 달러 이상인 사람 4명 가운데 1명은 매달 남는 돈이 없다.

그래서 우리는 어떻게 할까? 심하게 자책하면서 새해에 더 잘하겠다고 다짐한다. (앱이 문제를 해결해줄 것처럼) 새 앱을 다운로드한다. 미래를 위해 더 저축하고 투자해야 한다는 사실을 사람들이 모르기라도 하는 것처럼 '교육'이 해결책이라고 말한다.

정보만으로는 부족하다. 당신은 복리가 무엇인지 이미 '안다.' 그냥 정보가 필요한 것이라면 이미 찾았을 것이다. 진정한 문제와 해결책은 당신이다. 당신의 심리, 감정, 보이지 않는 스크립트, 이 모든 것이 문제다. 왜 돈을 잘못 관리하는지 이해하고 앞으로 바꾸겠다고 마음먹지 않으면 어떤 정보도 의미가 없다.

모든 구조가 우리에게 전적으로 불리하게 되어 있다는 어두운 믿음에 주의하라. 투자는 말할 것도 없고 돈을 모을 방법이 없다고 불평하는 사람들이 얼마나 많은가? 어떤 면에서 이처럼 학습된 무력감은 중독성을 지닌다. 가령 "뭐, 투자? 불가능해. 내가 할 수 있는 게 없어! 베이비붐 세대 때문에 완전히 망했어" 같은 생각 말이다. 나에게 10분만 당신의 지출 내역을 보여주면 당신이 실제로 무엇을 우선시하는지를 파악하고 우선순위를 어떻게 바로잡아야 할지 알려주겠다.

돈에 대해 순진하고 잘못된 생각을 가진 사람이 많다. 그렇다고 해서 당신이 그런 사람 중 하나가 될 필요는 없다. 당신이 현실을 직시하고, 주도권을 쥐고, 투자가 가능하다는 사실을 깨닫도록 도와주겠다. 투자 금액은 한 달에 50달러일 수도 있고, 5,000달러일 수도 있다. 나는 두 경우를 모두 겪었다. 그래서 무엇이 필요한지 알려줄 수 있다. 앞으로 10년, 아니 3개월만 있으면 투좌계좌에서 매달 자동으로 금액이 불어나는 걸 보게 될 것이다. 그러면 자는 동안에도 돈을 벌 수 있다. 기적처럼 복권에 당첨되기를 바랄 필요 없이 의식적으로 투자계좌를 활용하여 부자가 될 수 있다.

지금 투자하라! 당신은 더 젊어지지 않는다

5년 전에 매주 10달러를 투자했다면 어떨까? 얼마가 되었을지 맞춰보라. 아마 지금쯤 수천 달러가 되었을 것이다. 하루에 1달러가 조금 넘는 돈을 투자해서 그만큼 번 것이다. 투자하지 않았다면 일주일에 10달러를 어디에 썼을지 생각해보라. 당신이 대다수 사람과 같다면 우버를 타거나 점심을 사먹으면서 헛되게 썼을 것이다. 증시는 변동이 심하다. 그러니 일찍 시작해서 장기적으로 투자하는 것이 가장 좋다.

매주 투자액	1년 후 금액	5년 후 금액	10년 후 금액
10달러	541달러	3,173달러	7,836달러
20달러	1,082달러	6,347달러	1만 5,672달러
50달러	2,705달러	1만 5,867달러	3만 9,181달러

* 연 수익률 8%로 가정

투자는 부유해지는 가장 효과적인 수단이다

투자계좌를 만들면 역사상 최고의 돈벌이 수단, 바로 주식시장에 접근할 수 있다. 계좌를 만드는 것은 실제 투자로 나아가는 첫 단계다. 부자가 아니어도 계좌를 만들 수 있다. 월 자동이체를 설정하면 최소액(계좌를 만들 수 있는 최소 금액) 요건을 면제해주는 곳도 많다. 이는 단지 이론이 아니다. 투자가 독자들의 삶을 어떻게 바꿨는지 보라.

"이 책을 읽은 후 7만 달러를 투자했고, 로스 퇴직연금을 한도액까지 부었으며, 월급의 19%를 기업 퇴직연금에 넣었습니다. 주식 매매 때문에 잠을 설친 적은 한 번도 없었어요. 1년에 한 번 자금 배분 방식을 정한 후에는 잊어버리고 살았죠. 돈에 대한 무지를 극복한 기분은 정말 좋아요. 옛날에는 스트레스를 받으면서 다른 사람들을 부러워했죠. 이제 올바른 길을 가고 있다는 사실을 아니까 걱정이 없어요. 덕분에 마음이 편해졌고 돈을 더 벌 여유가 생겼어요."

– 샘 해서웨이(29세)

"오랫동안 로스 퇴직연금, 기업 퇴직연금, HSA(Health Savings Account: 의료비저축예금)에 투자해서 마침내 10만 달러를 모았어요. 지금 저는 28세예요. 지금 추세라면 늦어도 50대 중반에는 은퇴할 수 있어요. 소비를 늘리지 않으면 40대 중반으로 그 시기를 앞당길 수도 있어요. 게다가 지금도 전혀 박탈감을 느끼지 않아요. 이미 부유한 삶을 살고 있어요."

– 마이크 켈리(28세)

"이 책은 재테크를 위한 기본적인 인프라를 마련하는 데 도움을 줬어요. 저는 2010년에 대학을 졸업한 후 2011년 무렵 이 책을 읽었어요. 그래서 지금까지 해마다 교직연금과 로스 퇴직연금을 한도액까지 부었어요. 처음에는 교직연금에 8~10%를 넣다가 계속 비중을 늘렸죠. 8월에 31세가 되는데 교직연금에 13만 5,000달러, 로스 퇴직연금에 1만 8,000달러, 입출금/저축예금에 1만 2,000달러, 주식과 암호화폐 같은 다른 투자 부문에 6만 달러 정도가 들어 있어요. 돈의 노예가 아니라 주인으로 사는 게 너무 좋아요."

– 로스 화이트(30세)

투자의 단계

다음은 투자할 때 체계적으로 밟아야 할 여섯 단계다. 각 단계는 이전 단계를 발판으로 삼는다. 그래서 1단계를 끝내고 2단계로 넘어가야 한다. 6단계까지 못 가도 걱정하지 마라. 그저 지금 할 수 있는 최선을 다하라. 5장에서 1년에 몇 시간만 할애하면 시스템이 알아서 돌아가도록 자동화하는 방법을 알려주겠다. 우선 여러 계좌를 만들고 투자를 시작하는 것이 가장 중요하다.

1단계　회사에서 기업 퇴직연금 사용자 기여분을 내준다면 최대한 활용하여 기여분을 100% 받을 수 있을 만큼 납입하라. 사용자 기여분이란 당신이 납입하는 금액에 맞춰서 회사에서 특정 금액까지 같이 납입하는 것을 말한다. 가령 계산하기 쉽도록 당신의 연봉이 10만 달러이고 회사에서 급여의 5%까지 사용자 기여분을 100% 납입해 준다고 가정하자. 이 경우 당신은 5,000달러, 회사에서 5,000달러를 갹출하게 된다. 회사에서 내주는 돈은 그저 생기는 것이니, 이보다 좋은 조건은 없다.

2단계 카드 빚과 다른 빚을 청산하라. 카드사의 평균 연이자율은 14%이고 이보다 높은 경우도 많다. 당신이 쓰는 카드의 연이자율이 얼마든 빚을 청산하면 즉시 상당한 이득을 본다. 카드 빚을 청산하는 방법은 105쪽을 참고하라.

3단계 로스 퇴직연금 계좌를 만들고(166쪽 참고) 가능한 한 많은 금액을 납입하라. (2018년 기준으로 소득이 12만 달러 이하인 경우 최대 5,500달러를 납입할 수 있다. 납입 한도액은 검색하여 확인하라.)

4단계 남는 돈이 있다면 기업 퇴직연금에 최대한 많이 납입하라(이번에는 사용자 기여분을 100% 맞추는 수준을 넘어도 된다). 현재 한도액은 1만 9,000달러다. 납입 한도액은 검색하여 확인하라.

5단계 HSA를 만들 수 있다면 사람들이 잘 모르는 엄청난 비과세 혜택을 누리는 투자계좌로 활용할 수 있다. HSA에 대한 자세한 내용은 178쪽을 참고하라. 4단계를 완료하고도 여윳돈이 있다면 이 계좌를 활용하라.

6단계 아직 투자할 돈이 있다면 일반(과세) 투자계좌를 만들어서 최대한 많은 돈을 넣어라. 이 계좌는 7장에서 자세히 다룰 것이다. 또한 주택담보대출 상환액을 늘려라. 그리고 사업을 시작하거나 추가 학위를 따는 등 자신에 대한 투자를 고려하라. 대개 경력에 대한 투자만큼 좋은 투자는 드물다.

여기서는 어떤 계좌를 만들어야 할지만 말하고, 7장에서 어디에 투자할지 알려주겠다.

기업 퇴직연금 확실하게 알기

내가 수많은 사람의 삶을 바꿀 수 있는 연금에 최악의 이름을 붙이고 싶다면 아마 이렇게 할 것이다.

1. 세법처럼 엄청나게 따분한 문헌을 찾는다.
2. 아무 페이지, 가령 401(k) 항을 연다.
3. 사무실을 한 번 둘러보고 어깨를 으쓱한 다음, 401(k)를 연금의 이름으로 정한다.

이름은 형편없지만 기업 퇴직연금은 아주 좋다. 기업 퇴직연금은 많은 기업이 직원에게 제공하는 퇴직연금이다. (회사에서 기업 퇴직연금을 제공하는지 인사과에 물어보라. 제공하지 않는다면 166쪽부터 다루는 로스 퇴직연금으로 건너뛰어라.) 기업 퇴직연금이 '퇴직'연금인 이유는 해당 나이가 될 때까지 인출하지 않는 조건으로 세금 유예 혜택을 제공하기 때문이다. (실제로는 70½세까지 돈을 빼지 않아도 되며, 70세에도 여전히 일한다면 예외를 적용받을 수 있다. 어쨌든 지금은 이 부분을 걱정하지 않아도 된다.)

기업 퇴직연금에 가입하려면 매달 급여에서 얼마를 납입할지 정하는 양식을 작성해야 한다. 납입금은 회사가 바로 대납하기 때문에 급여에 포함되지 않는다. 또한 계좌를 만든 후에는 간단한 투자 선택지 중에서 원하는 것을 고르게 된다. 그 다음에는 저절로 돈이 쌓이도록 놔두면 된다.

그러면 기업 퇴직연금 혜택을 살펴보자.

첫 번째 혜택: 세전 자금을 통한 25% 이상의 추가 투자 효과

퇴직연금은 특정 조건을 제시한다. 거기에 따르면 당신이 장기적으로 돈을 투자한다고 약속하면 그 대가로 큰 세금 유예 혜택을 준다. 연금을 수령할 때까지 세금 유예 혜택을 받기 때문에(그래서 '세전 자금'이라 불린다) 대개 25%에서 40% 더 많은 돈을 복리로 불릴 수 있다.

우선 일반 투자계좌('비퇴직계좌')부터 살펴보자. 증권사에서 투자계좌를 열면 세금 혜택을 별로 받지 못한다. 그래서 100달러를 벌어도 약 75달러만 투자할 수 있다. 세율에 따라 다르지만 약 25%를 소득세로 내야 하기 때문이다.

기업 퇴직연금은 다르다. '세금 유예' 혜택을 받기 때문에 100달러를 전부 투자하여 30여 년 동안 불릴 수 있다. 물론 나중에 연금을 수령할 때 세금을 내지만 추가로 투자하는 25%의 자금은 복리로 불릴 때 엄청난 차이를 만든다.

두 번째 혜택: 공짜로 주어지는 회사 부담금

많은 경우 회사에서 당신이 내는 납입금과 같은 금액을 부어준다. 즉, 투자 자금을 공짜로 받을 수 있다. 말 그대로 '윈 윈' 상황인 것이다. 회사가 부담금을 내주는지 알고 싶다면 인사과에 관련 정책을 문의하라.

갹출 방식은 어떨까? 한 가지 예를 들어보자. 회사에서 최대 급여의 5%까지 1:1('일대일')로 부담금을 맞춰준다고 가정하자. 즉 당신이 받는 급여의 5%까지는 당신이 납입하는 금액과 같은 금액을 회사에서 내주는 것이다. 당신의 연봉이 6만 달러이고 1년에 3,000달러(급여의 5%)를 납입한다면 회사에서도 3,000달러를 내준다. 그래서 실제 투자액은 1년에 6,000달러가 된다.

회사가 갹출해주는 경우 25세에 가입하여 8%의 투자수익률을 올린다면 은퇴할 때 기업 퇴직연금으로 160만 달러를 확보하게 된다. 반면 회사 부담금이 없다면 그 금액은 80만 달러 정도에 머문다. 급여의 5%를 회사에서 내주면 총액이 두 배로 늘어나는 것이다. 회사 부담금 여부에 따른 차이는 해마다 크게 벌어진다.

회사 부담금 여부에 따른 차이		
연령	비갹출 시 금액	갹출 시 금액
35세	5,400달러	1만 800달러
40세	3만 1,679.65달러	6만 3,359.29달러
45세	7만 8,227.44달러	15만 6,454.87달러
50세	14만 6,621.42달러	29만 3,242.83달러
55세	24만 7,114.61달러	49만 4,229.21달러
60세	39만 4,772.08달러	78만 9,544.15달러
65세	61만 1,729.34달러	122만 3,458.68달러

* 투자수익률 8%로 가정

세 번째 혜택: 자동으로 이뤄지는 투자

기업 퇴직연금에 가입하면 가만히 있어도 급여의 일부가 투자계좌로 들어간다. 자동으로 이체되기 때문에 처음부터 급여에서 빠져도 곧 거기에 맞춰 사는 데 익숙해지게 된다. 이는 심리를 이용하여 투자에 나서게 만드는 좋은 사례다. 실제로 이런 효과가 얼마나 강력한지 밝히는 문헌들이 나오고 있다.

가령 일부 기업은 기업 퇴직연금 가입을 의무화하지 않고 원할 경우 가입하지 않아도 되도록 한다. 그러면 자동으로 가입하여 소득의 특정 비율을 무조건 기업 퇴직연금에 넣지 않아도 된다. 물론 선택은 자유다. 자동 가입 제도는 대다수 사람들이 투자에 적극적이지 않다는 사실을 고려한 것이다. 자동 가입 제도에 따른 결과는 엄청나다. 자동 가입 제도가 도입되지 않은 초기에는 가입률이 40%에 불과했다. 그러나 제도 도입 후 그 비율이 90% 이상으로 치솟았다.

기업 퇴직연금에 대한 일반적인 우려

중간에 정말로 돈이 필요하면 어떻게 하지? 기업 퇴직연금은 입출금계좌나 저축예금과 달리 장기 투자를 위한 퇴직계좌다. 그래서 도중에 인출하면 소득세와 10%에 달하는 중도 인출 수수료를 포함하여 상당한 불이익을 받는다. 이는 의도된 것이다. 기업 퇴직연금에 넣는 돈은 툴룸Tulum으로 가는 요가 여행이 아니라 은퇴 후 생활을 위한 것이다. 다만 의료비용 지출, 주택 구매, 교육비 지출 등을 위해서는 '비상인출hardship withdrawals'을 허용한다. 이 경우에도 소득세와 10%의 중도 인출 수수료를 내야 하므로 좋은 선택지는 아니다(정말로 절박한 사정이 아니라면 중도 인출을 하지 않는 것이 좋다). 대부분의 문제점은 저축과 투자를 전혀 하지 않는 것이다. 그러니 돈을 인출하는 문제에 대한 걱정 때문에 머뭇거릴 필요는 없다. 일단 저축과 투자가 이뤄지면 정말로 필요할 때 인출할 수 있는 방법이 있다.

인출할 때 세금을 내야 할까? 그렇다. 기업 퇴직연금 혜택은 세금을 유예할 뿐 면제해주는 것은 아니다. 연금을 수령하면 세금을 내야 한다. 그렇다고 기분 나쁠 필요는 없다. 납입금이 30년에서 40년 동안 세금을 내지 않은 채 이미 복리로 불어났으니 말이다. 즉, 당신은 기업 퇴직연금에 가입하는 조건으로 돈을 25%나 더 불린 셈이다.

직장을 옮기면 어떡하지? 기업 퇴직연금은 당신 명의다. 그러니 걱정할 필요가 없다. 기업 퇴직연금도 옮기면 된다. 방법은 다음과 같다.

1. 개인 퇴직연금으로 옮긴다: 바람직한 선택지다. 이 경우 기업 퇴직연금에 넣은 돈을 '이월'할 수 있다. 개인 퇴직연금은 7장에서 다룰 라이프스타일 펀드와 인덱스 펀드를 비롯하여 투자할 곳을 보다 자유롭게 선택하도록 해준다. 뱅가드나 피델리티Fidelity, 슈왑(이 장이 끝나기 전까지 이중 한 곳을 이용하게 될 것이다) 같은 디스카운트 증권사에 연락하여 로스 퇴직계좌로 전환하는 것을 비롯하여 이월 문제를 도와달라고 요청하라. 10분 정도면 충분하고 무료로 해줄 것이다. 다른 연금으로 자금을 이체하는 데 기한이 있을 수 있다. 그러니 직장을 옮긴다면 디스카운트 증권사에 바로 연락해서 이월 방법을 문의하라.

2. 새 직장의 기업 퇴직연금계좌로 옮긴다: 이것도 괜찮다. 그러나 기업 퇴직연금계좌를 이미 갖고 있다면 투자 선택지가 한정되어 있다는 사실을 알 것이다. 게다가 기업 퇴직연금을 붓는 주된 이유는 사용자 기여분을 활용하는 것이다. 그러나 새 계좌로 이월하는 자금에는 이것이 적용되지 않는다. 그래서 나는 개인 퇴직연금으로 이월하는 편

을 선호한다. 굳이 새 기업 퇴직연금계좌로 옮기고 싶다면 인사과에 도움을 청하라.

3. 이전 직장 계좌에 놔둔다: 이것은 거의 언제나 나쁜 선택이다. 시간이 지나면 잊어버리고 시류에 맞게 투자 선택지를 바꾸지 않을 것이기 때문이다.

4. 돈을 인출하여 세금과 10% 중도 인출 수수료를 낸다: 이건 정말 최악의 선택이다. 놀랍게도 20대의 50%가 회사를 그만둘 때 기업 퇴직연금을 인출하여 엄청난 손해를 본다. 그러지 마라!

로스 기업 퇴직연금은 어떨까?　일부 기업은 로스 기업 퇴직연금을 제공한다. 이 연금은 일반 기업 퇴직연금처럼 세전 자금이 아니라 세후 자금을 납입하도록 해준다. 왜 그래야 할까? 나중에 세율이 높아질 것이라고 예상한다면 로스 기업 퇴직연금이 좋은 선택지다. 이 연금은 두 가지 의외의 혜택을 제공한다. 첫째, 소득 상한선이 없다. 로스 퇴직연금에 가입하기에는 소득이 너무 높다면 로스 기업 퇴직연금이 세후 혜택을 누릴 수 있는 좋은 수단이 된다. 둘째, 로스 기업 퇴직연금에서 투자 선택지가 더 많은 로스 퇴직연금으로 세금 부과 없이 자금을 이월할 수 있다.

퇴직연금 중도 인출

저자가 이야기했듯, 미국에서는 비상인출 사유(의료비, 주택구매 비용, 교육비 등)를 충족할 경우 기업 퇴직연금 중도 인출이 가능하다. 그러나 중도 인출 시 소득세(개인마다 세율이 다르다)와 10%에 달하는 수수료가 부과되니 정말 절박한 상황이 아니라면 중도인출을 지양하라고 권고한다.

우리나라의 퇴직연금제도는 원칙적으로는 특정 시점(퇴직 또는 퇴직연금 수령 나이 도달 등)이 될 때까지 중도인출이 불가능하다. 하지만 확정기여형 퇴직연금(DC), 개인형 퇴직연금(IRP) 가입자들은 다음의 사유가 하나라도 충족된다면, 회사 인사팀에 문의해 관련 서류(신청서 등)를 제출하여 중도 인출을 할 수 있다(물론 미국과 마찬가지로 퇴직소득세와 수수료를 내야 한다). 참고로 확정급여형 퇴직연금(DB) 가입자들은 중도 인출이 불가하다는 점에 주의하자.

① 무주택자인 가입자가 본인 명의로 주택을 구입하는 경우

② 무주택자인 가입자가 주거를 목적으로 민법 제303조에 따른 전세금 또는 주택임대차보호법 제3조의 2에 따른 보증금을 부담하는 경우

③ 근로자 본인, 배우자, 부양가족이 6개월 이상 요양을 필요로 하고, 그 비용을 근로자가 부담하는 경우

④ 그밖에 다음의 사유와 요건에 해당하는 경우

천재지변 등 _ 태풍, 홍수, 호우, 강풍, 풍랑, 해일, 조수, 대설, 낙뢰, 가뭄, 지진(지진해일 포함) 및 이에 준하는 자연현상으로 발생하는 재해

⑤ 중도 인출을 신청한 날부터 역산하여 5년 이내에 가입자가 채무자 회생 및 파산

기업 퇴직연금의 혜택 정리

기업 퇴직연금의 혜택은 앞서 다뤘지만 다시 확인할 가치가 있다. 기업 퇴직연금은 사실상 아무런 노력을 하지 않아도 세전 자금(로스 기업 퇴직연금의 경우 세후 자금)을 굴릴 수 있어서 좋다. 이 사실이 의미하는 바는 아직 세금을 내지 않았기 때문에 장기적으로 굴릴 수 있는 자금이 늘어난다는 것이다. 게다가 회사에서 당신이 내는 납입액과 같은 금액을 내주기도 한다. 미치지 않고는 이런 공짜 돈을 마다할 이유가 없다. 납입액은 공격적으로 정하라. 지금 더 내는 만큼 나중에 훨씬 많이 불어날 것이다.

지금 가입하라!

기업 퇴직연금에 가입하려면 인사과에 전화해서 가입 양식을 받아야 한다. 양식을 작성하는 데는 약 30분이 걸린다. 이때 어느 펀드에 투자할 것인지 기재해야 한다. 펀드를 선택하기 전에 투자 계획을 다루는 7장을 끝까지 읽어라.

회사가 사용자 기여분을 내주는 경우 100%를 받으려면 얼마나 납입해야 하는지 계산한 다음, 급여에서 자동으로 빠져나가게 하라. (가입 양식에 기재란이 있다.) 가령 회사가 급여의 5%까지 갹출해주고, 당신의 연봉이 5만 달러라면 한 달에 약 208달러(50,000의 5%를 12개월로 나눔)를 납입해야 한다. 이 돈이 급여에서 자동으로 빠져나가도 생활이 가능할까? 가능하다. 그렇지 않다면 적정한 수준으로 금액을 조정하라. 가능한 수준의 85%라도 투자하는 것이 아예 하지 않는 것보다 훨씬 낫다.

회사가 사용자 기여분을 내주지 않아도 기업 퇴직연금계좌를 만들어라(월 수수료가 없어야 함). 다만 지금 당장은 납입하지 마라. 투자의 2단계와 3단계에 따라 빚부터 갚고 로스 퇴직연금을 한도액까지 부어라. 그다음에 4단계로 넘어가 기업 퇴직연금에 투자하라.

빚을 없애라

투자의 두 번째 단계는 빚을 청산하는 것이다. 카드 빚이 없다면 이 단계를 건너뛰고 다음 단락으로 넘어가라. (학자금 대출은 왜 괜찮은지 궁금하다면 그 이유는 이렇다. 학자금 대출은 카드 빚보다 이자율이 낮다. 또한 금액이 크다. 그래서 상환 일정을 세우되 동시에 투자도 진행할 수 있다.)

학자금 대출 말고 다른 빚이 있다면 이제 갚을 때가 되었다. 물론 섹시하거나 쉬운 일은 아니다. 투자 이야기를 할 때는 더욱 그렇다. 재미있는 사실은 사람들이 새 계좌를 만들고 '자산 배분' 같은 용어를 익히면서 투자의 맛을 보고 나면 오랜 빚을 갚는 일보다 투자에 훨씬 흥미로워한다는 것이다. 그들은 "빚 얘기는 왜 해야 해? 빚을 갚는 것보다 투자로 훨씬 더 이득을 볼 수 있어!"라고 말한다. 나는 당신이 부자가 되지 못하도록 막는 모든 장애물을 없애고 싶다. 그래서 빚, 특히 높은 이자를 물어야 하는 카드 빚을 갚는 데 집중하기를 권한다. 빚을 청산하는 최고의 방법에 대해서는 105쪽을 참고하라.

로스 퇴직연금의 장점

    기업 퇴직연금에 가입하고 빚을 청산했다면, 3단계로 나아가 로스 퇴직연금을 부을 때가 되었다. 로스 퇴직연금은 상당한 세금 혜택을 제공하는 퇴직연금이다. 다만 회사가 지원하는 것이 아니라 당신이 알아서 납입해야 한다. 모든 20대는 기업 퇴직연금을 붓고 있더라도 로스 퇴직연금에 가입해야 한다. 로스 퇴직연금은 내가 찾은 최고의 장기 투자 수단이다.

로스 퇴직연금의 세금 혜택

세율 25%(현재 그리고 퇴직 시), 투자수익률 8%, 연 납입액 5,000달러(월 417달러)라고 가정할 때, 세금이 얼마나 수익을 갉아먹는지 보라.

기간	로스 퇴직연금	일반 과세 투자계좌	아무것도 안 하기
5년	3만 1,680달러	2만 9,877달러	0
10년	7만 8,227달러	6만 9,858달러	0
15년	14만 6,621달러	12만 3,363달러	0
20년	24만 7,115달러	19만 4,964달러	0
25년	39만 4,772달러	29만 782달러	0
30년	61만 1,729달러	41만 9,008달러	0

    로스 퇴직연금의 한 가지 이점은 어디든 당신이 원하는 곳에 투자할 수 있다는 것이다. 기업 퇴직연금은 선택할 수 있는 펀드가 정해져 있지만 로스 퇴직연금은 인덱스 펀드, 개별 종목 등 어디든 투자할 수 있

다. 두 번째 차이는 과세 방식이다. 앞서 기업 퇴직연금은 세전 자금으로 납입하고 퇴직 시 인출할 때 세금을 낸다고 말한 것을 기억하는가? 로스 퇴직연금은 세후 자금을 활용하여 더 나은 조건을 제공한다. 이미 세금을 낸 소득을 투자하기 때문에 인출할 때 세금을 낼 필요가 없다.

예를 들어보자. 로스 퇴직연금이 1972년부터 존재했고, 당신이 1만 달러의 세후 자금을 사우스웨스트 항공 주식에 투자했다면 대박을 쳤을 것이다. 총액이 약 1,000만 달러로 불어날 뿐 아니라 30년 후 인출할 때 세금을 내지 않아도 된다. 즉, 1만 달러의 초기 투자금에 대해 1972년에 낸 세금이 전부다. 나머지 999만 달러는 비과세 혜택을 받게 된다. 이보다 나은 조건은 없다.

생각해보라. 로스 퇴직연금의 경우 납입금에 대해서는 세금을 내지만 수익에 대해서는 내지 않는다. 30년 넘게 투자한다고 가정하면 앞에 나온 표에서 보듯 엄청나게 좋은 조건이다.

제한 사항

로스 퇴직연금은 기업 퇴직연금과 마찬가지로 장기 투자 수단으로 봐야 한다. 그래서 중도에 수익을 인출하면 수수료를 내야 한다. 여기서 '수익'이라고 말한 점에 주목하라. 대다수 사람들은 모르지만 원금(실제로 납입한 돈)에 대해서는 수수료를 내지 않는다. 또한 주택 계약금, 본인 혹은 배우자/자녀/손주의 교육비 그리고 기타 비상 상황에 대해서도 예외를 적용받는다.

중요한 점은 5년 이상 납입해야만 예외를 적용받을 수 있다는 것이다. 이 사실만으로도 이번 주에 로스 퇴직연금에 가입할 이유가 된다. 현재 최대 납입액은 연 5,500달러다. 최신 납입 한도는 검색하여 확인하면 된다.

당신이 알아야 할 또 다른 중요한 점은 연 소득이 13만 5,000달러 이상일 경우, 납입 한도가 더 낮다는 것이다(특정 소득을 초과하면 아예 가입할 수 없다). 한도는 해마다 바뀌므로 검색하여 최신 납입 한도를 확인하자.

가입 방법

어디서 돈을 마련하든 무조건 로스 퇴직연금을 부어라(지출을 줄이고 소득을 늘리는 방법은 4장에서 다룰 것이다). 최대한 많이 납입하는 것은 일찍 시작하는 것만큼 중요하다. 장황하게 말하고 싶지는 않지만 지금 투자하는 돈은 나중에 훨씬 많은 가치를 지니게 된다. 2년만 머뭇거려도 수만 달러를 손해 볼 수 있다. 이번 주 안에 자료를 조사하여 로스 퇴직연금에 가입하라.

로스 퇴직연금에 가입하려면 먼저 믿을 만한 증권사에 계좌를 만들어야 한다(170쪽 표 참고). '증권사 계좌'가 집이고 로스 퇴직연금이 하나의 방이라고 생각하라. 이 계좌는 지금은 로스 퇴직연금을 위해서만 활용되지만 필요에 따라 다른 계좌(과세 투자계좌나 미래의 배우자 및 자녀를 위한 추가 로스 퇴직연금)로 확대할 수 있다.

복잡하게 들려도 걱정하지 마라. 지금은 실제 투자 상품을 고르지 않을 것이다(이 내용은 7장에서 다룰 것이다). 우선 계좌를 만들고 준비가 되면 투자할 수 있도록 소액을 넣어라.

우리는 뱅가드 같은 디스카운트 증권사에 초점을 맞출 것이다. 모건 스탠리 같은 종합 증권사보다 수수료가 훨씬 저렴하기 때문이다. 종합 증권사는 소위 '포괄적 서비스'를 제공하지만 기본적으로 쓸모없는 리

성장성 대 접근성

Q. 조만간 필요할지 모르는 돈을 퇴직계좌에 넣어두고 싶지 않아요. 어떻게 해야 하죠?

A. 많은 사람이 퇴직계좌에 돈을 넣으면 아예 뺄 수 없다고 생각하는데 그렇지 않다. 로스 퇴직연금의 경우, 당신이 납입한 돈('원금')은 수수료 없이 인출할 수 있다. 또한 기업 퇴직연금과 로스 퇴직연금 모두 정말로 필요한 일이 생기면(의료비 지불, 압류 방지, 교육비 지불, 장례비 지불 등 '비상인출' 요건에 해당하는 경우) 수수료 없이 자금을 인출할 수 있다. 그렇다고 해도 정말로 다른 방법이 없는 경우가 아니면 퇴직계좌에서 돈을 인출하지 말아야 한다.

5년 안에 쓸 일이 있는 돈은 이자율 높은 저축예금에 넣어라. 그게 아니면 투자 방법을 배우기 귀찮아서 그냥 저축예금에 돈을 넣어두는 실수를 저지르지 마라. 만약 10년 전에 투자를 시작했다면 지금 훨씬 많은 돈을 보며 기뻐하지 않을까? 그다음으로 투자하기 가장 좋은 때는 바로 오늘이다.

서치를 팔거나 영업사원과 이야기할 수 있도록 해준 대가로 많은 돈을 청구한다. 반면 디스카운트 증권사는 당신이 직접 종목을 선택하도록 하고, 소액의 수수료만 청구하며, 온라인으로 매매할 수 있도록 해준다. 말만 번지르르한 영업사원에게 속지 마라. 투자계좌는 얼마든지 당신이 직접 관리할 수 있다.

추천 디스카운트 증권사		
이름	로스 퇴직계좌 최소 개통 금액	알아야 할 점
뱅가드 vanguard.com	1,000달러	개인적으로 추천하는 증권사다. 뱅가드는 저비용 펀드에 꾸준하게 초점을 맞추기 때문에 좋다. 자동 투자 설정을 해도 최소 투자액 요건을 면제해 주지는 않는다. 그래도 아낄 수 있는 돈을 생각하면 감수할 가치가 있다. 뱅가드에 계좌를 만들고 싶지만 1,000달러가 없다면 저축 목표로 설정하라.
슈왑 schwab.com	1,000달러	매달 100달러를 자동으로 납입하면 최소 투자액 요건을 면제해준다. 또한 고금리 예금계좌를 만들면 증권계좌를 자동으로 연결해준다. 자동 투자를 하는 데 간편한 수단이다.
피델리티 fidelity.com	0	피델리티는 최소 투자액 요건이 없고 특정 뮤추얼 펀드에 대해 수수료도 받지 않는 계좌를 내세워 가격 전쟁을 시작했다. 이는 고객에게 아주 좋은 일이며, 피델리티가 유망한 방향으로 나아가고 있다는 증거다. 다만 타깃 데이트 펀드target date fund(가입자의 은퇴 시점에 맞춰서 안전자산과 위험자산의 비중을 조절하는 펀드)는 여전히 뱅가드보다 비용이 많이 든다.

증권사 선택 시 고려사항

사실 대다수 디스카운트 증권사는 거의 비슷하다.

최소 투자액 요건● 투자계좌를 만들기 전에 최소 투자액 요건을 비교하는 것이 좋다. 가령 일부 종합 증권사는 상당한 금액을 입금해야만

● 국내 증권사는 최소 투자액을 요구하지 않는다.

계좌를 만들어준다. 근래에 내가 접촉한 모건스탠리 상담요원은 5만 달러를 최소 투자액으로 설정하도록 권했다. 그녀는 "사실 5,000달러로도 계좌를 만들 수 있지만 수수료가 많아요"라고 말했다. 내가 디스카운트 증권사를 권하는 이유가 여기에 있다. 대다수는 로스 퇴직계좌를 여는 조건으로 1,000달러에서 3,000달러의 최소 납입액을 요구한다. 그러나 자동이체를 설정하면 면제해주는 경우가 많다. 자동이체를 설정하여 신경 쓰지 않아도 돈이 불어날 수 있도록 할 것을 권한다. 이 부분은 5장에서 자세히 다룰 것이다.

서비스　증권사들이 제공하는 여러 서비스를 비교해볼 수 있지만 사실 대부분은 흔한 것이 되었다. 과거에는 차별점이 되었던 24시간 고객상담, 앱, 쓰기 편한 웹사이트 같은 것은 이제 표준이 되었다.

이게 전부다. 물론 오랜 시간을 들여서 총 펀드 수, 우편물 발송 빈도, 대안 투자계좌 같은 것을 자세히 비교할 수 있다. 그러나 나쁜 결정보다 결정을 미루는 데서 더 많은 손해가 발생한다. 벤저민 프랭클린 Benjamin Franklin이 말한 대로 "오늘 할 수 있는 일을 내일로 미루지 마라." 또한 라밋 세티는 이렇게 말했다. "사소한 부분에 대한 논쟁은 다른 사람들에게 맡겨라. 당신은 디스카운트 증권사에서 투자계좌를 만들기만 하면 된다."

계좌를 여는 데는 한 시간이면 충분하다. 온라인으로 하거나 상담센터로 전화하면 우편 혹은 이메일로 필요한 서류를 보내줄 것이다. 그들이 당신에게 올바른 가입양식을 보낼 수 있도록 로스 퇴직연금에 가입하려 한다고 분명하게 밝혀라. 입출금계좌를 투자계좌와 연결하면 자동으로 자금을 이체할 수 있다. 나중에 7장에서 투자에 대해 본격적으로 다룰 때 매달 50달러에서 100달러를 자동으로 이체하여 최소 투자액 요건을 면제받는 방법을 자세히 알려주겠다. 로스 퇴직연금계좌는 무료로 만들 수 있다. 투자금액은 늘리는 것이 이상적이다. 다음 장에서 매달 투자 가능한 금액을 파악하는 방법을 알려주겠다.

인공지능 투자상담서비스는 어떨까?

베터먼트Betterment나 웰스프론트Wealthfront 같은 '인공지능 투자상담서비스'에 대해 들어본 적이 있을 것이다. 이 서비스는 컴퓨터 알고리즘을 활용하여 당신의 돈을 투자한다('인공지능'은 비싼 재무상담사 대신 투자를 해주는 컴퓨터를 가리킨다).

인공지능 투자상담서비스는 재무상담사 혹은 피델리티 같은 종합 증권사의 고객들이 받는 고급 재테크 서비스를 일반인에게 제공한다. 우버는 택시보다 쉽고 편리하게 개인용 이동수단을 제공한다. 인공지능 투자상담서비스는 투자업계에서 그와 같은 일을 한다.

인공지능 투자상담서비스는 신기술을 활용하여 저렴한 수수료로 투자 상품을 제안한다. 또한 온라인으로 가입하고, 질문하며, 어디에 투자해야 할지 몇 분 만에 알 수 있도록 사용자 인터페이스를 개선했다. 그리고 집을 사고 싶은 시기처럼 개인적인 조건을 설정하면 자동으로 자금을 배분하는 등의 맞춤식 서비스를 제공한다.

나는 인공지능 투자상담서비스에 대해 확실한 의견을 갖고 있다. 이 서비스는 좋은 선택지이지만 그 비용에 맞는 가치를 제공하지는 못하며, 더 나은 선택지가 있다고 믿는다. 가령 나는 뱅가드를 선택한 후 오랫동안 이용해왔다.

당신이 스스로 결정할 수 있도록 인공지능 투자상담서비스의 장단점을 알려주겠다. 최근 몇 년 동안 인공지능 투자상담서비스는 세 가지 이유로 점차 인기를 끌었다.

- 편의성: 인터넷과 휴대폰으로 활용할 수 있는 훌륭한 인터페이스를 제공한다. 또한 최저 투자금액이 낮고 자금을 이체하여 투자를 시작하기 쉽다.
- 낮은 수수료: 대체로 피델리티나 슈왑처럼 완전한 서비스를 갖춘 증권사보다 수수료가 낮다(이 증권사들은 새로운 경쟁자의 등장에 수수료를 낮췄다. 한편 뱅가드 같은 디스카운트 증권사의 수수료는 언제나 낮았다).
- 마케팅 공세: 마케팅을 통해 다양한 주장을 한다. 그중에는 편의성처럼 사실인 것도 있지만 '절세용 손절tax- loss harvesting' 같은 솔직하지 않고 말도 안 되는 것도 있다.

이미 짐작했을지 모르지만 나는 일반인이 저비용 투자를 할 수 있게 해주는 모든 수단을 강력하게 지지한다. 장기 투자는 부유한 삶을 살기 위한 필수 요소다. 따라서 투자와 관련된 복잡성을 제거하고 비교적 낮은 수수료로 투자를 시작하기 쉽게 만들어주는 회사라면 기꺼이 지지한다. 인공지능 투자상담서비스는 주택 구매 같은 중기 목표나 은퇴 같은 장기 목표를 설정하는 것을 비롯하여 정말로 도움이 되는 탁월한 서비스를 추가했다.

어떤 대상을 누가 싫어하는지 보면 그 대상이 얼마나 좋은지 알 수 있는 경우가 많다. 뱅크 오브 아메리카는 내가 공개적으로 꼼수를 고발했기 때문에 나를 싫어한다. 그래도 괜찮다! 인공지능 투자상담서비스는 커미션을 받는 재무상담사들이 대체로 싫어한다. 기술이 사람을 대체하기 때문이다. 재무상담사들은 사람마다 사정이 다르기 때문에 일괄적인 조언이 아니라 개인적으로 맞춤형 도움이 필요하다고 말한다(그렇지 않다. 대부분 돈과 관련된 사정은 거의 비슷하다). 인공지능 투자상담서비스 제공업체는 이에 대한 대응으로 직접 상담할 수 있는 재무상담사들을 추가했다.

인공지능 투자상담서비스는 이전에는 간과되었던 고객들, 바로 디지털 기기를 잘 다루고, 비교적 여유가 있으며, 답답한 상담실에서 재무상담사의 강의를 듣고 싶어 하지 않는 젊은 사람들에게 인기가 좋다. 재테크를 할 줄 몰라서 입출금계좌에 돈을 묵히고 있는 구글 직원이 그런 예다. 인공지능 투자상담서비스는 이런 사람들을 성공적으로 공략했다.

하지만 여기서 진정한 문제는 '과연 돈을 내고 이용할 만한 가치가 있느냐?'다. 나의 대답은 '아니오'다. 인공지능 투자상담서비스가 제공하는 가치는 수수료를 정당화하기에 부족하다. 가장 인기 있는 인공지능 투자상담서비스 제공업체는 탁월한 사용자 인터페이스를 지녔다. 그러나 나는 그것 때문에 돈을 내고 싶지는 않다. 많은 인공지능 투자상담서비스 제공업체가 영업을 시작한 이후 때로는 뱅가드보다 낮은 수준으로 수수료를 낮췄다. 그러나 거기에는 두 가지 문제점이 있다. 0.4%보다 낮은 수수료로 사업을 유지하려면 더 비싼 새로운 서비스를 제공하고 거액의 자금, 즉 수조 달러 규모의 자금을 관리해야 한다. 예를 들어 뱅가드는 현재 베터먼트보다 9배, 웰스프론트보다 10배 많은 자산을 관리한다. 이처럼 막대한 규모는 뱅가드에게 경쟁우위를 제공한다. 덕분에 뱅가드는 아주 적은 수수료만으로 오랫동안 사업을 영위할 수 있었다. 새로운 인공지능 투자상담서비스는 사업 규모를 신속하게 키우지 않는 한 낮은 수수료로 생존할 수 없다. 그러나 사업 규모를 단기간에 키울 수 있는 가능성은 낮다. 그래서 그들은 신속한 성장을 원하는 벤처투자사로부터 운영 자금을 모았다.

또한 인공지능 투자상담서비스는 더 많은 고객을 끌어들이기 위해 투자의 사소한 부분인 '절세용 손절' 같은 것을 강조하는 마케팅 수법을 활용하기 시작했다. 절세용 손절은 기본적으로 손해가 난 종목을 팔아서 전체적인 투자 소득에 대한 세금을 줄이는 것이다. 그들은 이런 사소한 기법을 계좌 관리의 중요한 요소인 것처럼 부풀린다. (이는 자동차 회사가 수백만 달러를 들여서 세 겹 페인트가 자동차의 중요한 요소인 것처럼 광고하는 것과 비슷하다. 물론 절세용 손절로 장기적으로 약간의 돈을 아낄 수 있을지도 모른다. 그러나 결코 많은 돈은 아니다. 또한 불필요한 경우도 많다. '있으면 좋은' 기능이지만 투자 자금을 맡기는 중요한 결정에서 참고할 만한 요소는 아니다.)

일부 인공지능 투자상담서비스는 더 높은 수수료가 붙는 상품을 제공한다. 〈월스트리트저널〉은 2018년에 이 내용을 다음과 같이 보도했다.

> 웰스프론트는 자체적인 고비용 펀드를 추가했다. 이 펀드는 파생상품을 활용하여 '위험 균형risk-parity' 전략이라는 인기 있는 헤지펀드 전략을 모방한다.
>
> 일부 고객은 인터넷 게시판에 소비자 권리 운동가 및 경쟁업체와 더불어 이 펀드의 비용과 복잡성을 비판했다. 또한 그들은 웰스프론트가 특정 고객을 펀드에 자동으로 가입시킨 것을 비판했다.
>
> 웰스프론트 고객으로서 캘리포니아주 샌 후안 카피스트라노San Juan Capistrano에 거주하는 57세의 셰릴 페라로Cheryl Ferraro는 최근 트위

터에 "방금 계좌를 확인해보니 사실이네요. 동의하지도 않았는데 '위험 균형' 펀드로 돈이 빠져나갔어요"라는 글을 올렸다. 페라로는 인터뷰에서 "담당자한테 연락해 그 펀드에서 돈을 빼달라고 말했어요. 이 일로 웰스프론트에 대한 믿음이 사라졌어요"라고 말했다.

저비용 서비스 제공업체가 벤처투자사의 투자를 받아 빠르게 성장해야 할 경우 이런 일이 일어난다. 더 많은 고객을 찾거나 기존 고객에게서 더 많은 돈을 벌 방법을 찾기 때문이다.

나는 뱅가드가 장점을 지닌다고 믿기에 그들을 통해 투자한다. 뱅가드나 인공지능 투자상담서비스 같은 저비용 서비스 제공업체로 범위를 좁혔다면 이미 가장 중요한 선택을 한 셈이다. 저비용으로 장기간에 걸쳐 돈을 불리겠다는 선택 말이다. 인공지능 투자상담서비스나 뱅가드 혹은 다른 저가 증권사 가운데 무엇을 선택할지는 사소한 문제다. 그러니 그중 하나를 골라 다음 단계로 넘어가라.

계좌 비밀번호 관리

나를 미치게 만드는 것 중 하나는 수많은 계좌의 로그인 정보를 찾는 일이다. 나는 모든 계좌를 관리하기 위해 라스트패스LastPass라는 비밀번호 관리 프로그램을 활용한다. 이 프로그램은 URL, 비밀번호, 계좌 정보를 암호화해 저장하여 노트북과 휴대폰에서 쓸 수 있다. 이 프로그램은 나의 재테크 시스템에서 중요한 부분을 차지한다. 필요할 때 원활하게 로그인하려면 모든 정보를 한곳에 관리하는 것이 좋다.

투자계좌에 입금하기

당신은 이제 투자계좌를 만들었다. 잘했다! 대부분의 경우 최소 투자액 요건을 면제받기 위해 자동이체를 설정한다. 그래서 매달 돈이 로스 퇴직연금으로 이체될 것이다. 이 돈은 당신이 투자 방법을 결정할 때까지 참을성 있게 기다릴 것이다. 투자 방법은 7장에서 다룰 것이다. 자동이체를 설정하지 않았다면 지금 하라. 한 달에 50달러라도 괜찮다. 이런 좋은 습관을 들이면 필요한 최소 투자액을 모으는 데 도움이 된다.

더 투자하고 싶은가?

가령 당신이 열심히 노력해서 회사로부터 사용자 기여분을 최대한 받아내고, 카드 빚을 다 갚고, 로스 퇴직연금도 붓고 있다고 가정하자. 그래도 투자할 돈이 있다면 좋은 선택지들이 있다.

첫째, 4단계로 넘어가 다시 기업 퇴직연금을 살펴라. 2019년에는 한도액이 연 1만 9,000달러(최신 한도액은 검색하면 알 수 있다)였다. 지금까지 당신은 회사에서 사용자 기여분을 받을 수 있을 정도로만 납입했다. 그러니 기업 퇴직연금에 더 많이 투자해서 큰 세금 혜택을 누릴 여지가 있을지 모른다. 사용자 기여분은 납입 한도액에 산정되지 않는다. 즉 당신이 5,000달러, 회사가 5,000달러를 갹출할 경우 여전히 1만 4,000달러를 더 납입하여 1년에 총 2만 4,000달러를 납입할 수 있다.

그러면 어떻게 해야 할까? 해마다 얼마를 납입할지 계산하라. 1만 9,000달러에서 당신이 파악한 납입액을 빼면 된다. 그러면 더 납입할 수 있는 금액이 나온다. 이 금액을 12로 나눠서 월 납입액을 계산하라.

이 경우에도 자동이체로 알아서 납입되도록 설정하라.

그다음 선택지는 아는 사람이 많이 없지만 엄청난 세금 혜택을 받을 수 있는 계좌다.

HSA: 투자의 비밀무기

만약 불지옥에 떨어져서 아리아나 그란데Ariana Grande 리믹스를 1만 년 동안 듣는 것과 건강보험에 대한 글을 쓰는 것 중 하나를 선택하라고 한다면, 아마 나는 한숨을 쉬며 고개를 '이리저리Side to Side(아리아나 그란데의 노래 제목이다)' 흔들 것이다. 누구나 건강보험에 대해 이야기하는 것을 싫어한다. 그래서 나도 하지 않을 것이다.

대신 당신에게 보여줄 것은 소위 HSA*를 재테크의 초강력 발판으로 삼아 수십만 달러를 버는 지름길이다. HSA는 본인부담금, 기본 진료비 및 다른 의료 관련 비용을 포함한 의료비를 충당하기 위해 세전 자금을 모아두도록 해준다. 멋진 점은 그 돈을 투자할 수 있다는 것이다.

HSA는 세 가지 이유로 주목받지 못했다.

- 첫째, 사람들은 '보험'이라는 단어가 붙는 모든 것에 대해 최대한 빨리 생각을 멈추고 싶어 한다. 누구도 휴대폰 요금 청구서에 흥분하지 않는다. 의료보험도 마찬가지다.
- 둘째, HSA는 본인부담금이 높은 보험에 가입한 사람만 들 수 있다.

---

* HSA은 Health Savings Account의 약자로, 말 그대로 미국의 건강 관련 저축 계좌이다. 65세 이후 출금 가능한 노후 대비 성격이 강하며, 의료비용으로 사용할 경우 출금에 대한 세금이 공제된다. 우리나라는 국민건강보험제도가 잘 구축되어 있어 개인의 의료비 부담이 미국에 비해 상당히 적다. 그래서 우리나라의 경우 HSA와 같은 의료비 저축 상품은 따로 존재하지 않는다.

대다수 사람들은 어떤 보험에 가입했는지 알아보느니 아침으로 모래를 먹는 편을 택한다. 그래서 그냥 지나쳐 버린다.

■ 셋째, HSA에 가입할 수 있고, 심지어 HSA를 활용하는 사람도 그것을 활용하여 돈을 버는 세부적인 방법은 잘 모른다.

사실 HSA는 대단히 강력한 투자계좌가 될 수 있다. 세전 자금으로 납입하고, 세금 공제를 받으며, 세금 없이 돈을 굴리는 삼중 효과를 누릴 수 있기 때문이다. 이 계좌를 제대로 활용하면 수십만 달러를 벌 수 있다.

HSA 투자가 내게 적절할까?

HSA 투자에 흥분하기 전에 먼저 자격 여부를 확인해야 한다. 가입 자격이 안 된다면 시간을 낭비하지 말고 183쪽으로 건너뛰어라.

1. 재테크의 1, 2, 3단계를 완료했는가? 그러니까 회사의 갹출금과 함께 기업 퇴직연금을 납입하고, 카드 빚을 청산하고, 로스 퇴직계좌를 한도액까지 납입하고 있는가? 그렇다면 뒤에 나오는 내용을 읽어라. 그렇지 않다면 이 단락은 넘어가라. 아직 HSA에 투자할 준비가 되지 않았다.

2. 본인부담금이 높은 보험에 가입했는가? 보험사에 연락해서 본인부담금이 높은지 문의하라. 아니라고 하면 쓸데없는 전화를 하게 했다고 나를 욕해도 된다. (다만 전화를 끊기 전에 본인부담금이 높은 보험에 가입할 수 있는지 물어라. 당신이 젊고 대체로 건강하다면 가입을 고려할 만하다.) 반대로 그렇다고 하면 HSA와 연계할 수 있는지 물어라.

두 질문에 대한 답이 모두 '그렇다'라면 HSA에 가입할 준비가 된 것이다. 나는 나비아 베네피츠Navia Benefits라는 계좌를 쓰는데, 검색을 통해 여러 선택지를 비교해보는 게 좋다. 내게 가장 중요한 요소는 투자 선택지와 수수료였다. 수수료가 낮은 좋은 펀드들이 많은가?

HSA의 운용 방식

1. HSA 계좌에 돈을 납입한다. 이 돈은 사실상 다른 입출금계좌에 들어 있는 돈처럼 쓸 수 있다. 다만 몇 가지 특수한 예외가 있다.

2. 상처 치료, 척추 교정, 시력 검사 및 안경 구입, 처방 같은 '적격 의료비'로 쓸 수 있는 직불카드를 받는다. (이 예들은 HSA 카드로 지불할 수 있는 의료비 중 일부에 불과하다. 전체 목록을 확인하라.)

3. 왜 이 점이 중요할까? HSA 납입금은 세금 혜택을 받는다. 즉, 세금이 붙지 않은 돈을 쓸 수 있어서 20% 이상의 이득을 보는 셈이다.

가령 당신이 연 10만 달러를 번다고 가정하자. 또한 임신 검사, 검사 수수료, DEXA(이중 에너지 방사선 흡수계측) 촬영, 레이저 눈 수술을 위해 신용카드로 5,000달러를 썼다고 가정하자. 항목이 중구난방이지만 당신이 하고 싶은 대로 한 것이다. 당신은 5,000달러를 썼다고 생각하지만 사실은 그렇지 않다. 5,000달러에 대해 이미 소득세를 냈기 때문에 사실상 6,000달러를 쓴 것이다. 반면 HSA 계좌를 쓰면 세금이 붙지 않은 돈을 쓰는 것이므로 그만큼의 돈을 아낄 수 있다.

4. HSA의 진정한 혜택은 투자 수단으로 삼을 때 주어진다. 생각해보라. HSA에 수천 달러를 납입하는데 해마다 검사를 받거나 새 안경을 맞추지 않는다면 그 돈으로 무엇을 할 수 있을까? 대부분 그냥 넣어둔다고 생각한다. 그렇지 않다. 그 돈을 투자할 수 있다. 세금이 붙지 않

은 돈을 투자하여 불릴 수 있다. 정말 엄청난 혜택이다.

몇 가지 예를 들어 설명하겠다. 계산하기 쉽게 당신이 1년에 3,000달러(혹은 세후 2,250달러)를 투자할 수 있다고 가정하자.

첫 번째 사례: 당신은 넷플릭스를 보면서 건성으로 이 책을 읽는다. 그래서 투자와 관련하여 내가 조사한 멋진 내용을 모두 건너뛴다. 당신은 1년에 3,000달러를 투자할 수 있다. 다만 25%의 세금을 내야 하므로 실제 투자금액은 2,250달러다. 당신은 이 돈을 기업 퇴직연금이나 로스 퇴직계좌에 넣지 않고 일반 저축예금에 넣는다. 계산하기 쉽게 이자가 1%라고 가정하자. 20년 후 당신이 손에 쥐는 돈은 4만 9,453달러다. 여기서 세금을 빼면 4만 8,355달러가 된다. 사실은 물가상승률 때문에 돈을 잃었지만 그 사실은 알지 못한다. 이 사례의 교훈은 저축만으로는 부족하다는 것이다.

두 번째 사례: 앞의 사례처럼 1년에 3,000달러를 투자할 수 있고, 25%의 세금을 빼면 2,250달러가 된다고 가정하자. 이번에는 저축예금에 묻어두는 것이 아니라 세금 혜택이 없는 투자계좌에 넣어둔다. 연 수익률이 8%일 경우 20년 후 손에 쥐는 돈은 10만 2,964달러다. 여기서 세금을 빼면 최종 금액은 8만 2,768달러가 된다.

세 번째 사례: 이번에는 같은 돈을 기업 퇴직연금에 넣는다. 즉 세전 금액으로 납입하고 인출할 때 세금을 낸다. 이 경우 기업 퇴직연금이 강력한 투자 수단인 이유를 알 수 있다. 일단 앞의 사례들처럼 세금을 뺀 2,250달러가 아니라 3,000달러 전부를 기업 퇴직연금에 넣을 수 있다. 또한 사용자 기여분이 없다고 가정해도 20년 후에 13만 7,286달러를 손에 쥘 수 있다. 만기 수령 시 25%의 세금을 내도 최종 금액은 10만 2,964달러가 된다. 결코 나쁘지 않다. 이 사례를 보면 세

금 혜택이 얼마나 큰지 알 수 있다.

네 번째 사례: 이번엔 3,000달러에 대한 세금을 내고 2,250달러를 로스 퇴직계좌에 넣는다. 로스 퇴직계좌의 특별한 점은 세후 자금을 납입하지만 투자 수익에 대한 세금을 내지 않는다는 것이다. 20년 후 당신이 손에 쥐는 금액은 10만 2,964달러다. 잘했다. 앞의 사례와 같은 금액이지만 사용자 기여분이 있다면 결과는 크게 달라진다.

마지막 사례: 당신은 많은 것을 배웠다. 자세도 진지해졌다. 당신은 돈을 가지고 얻을 수 있는 모든 혜택을 짜내기로 마음먹는다. 그래서 3,000달러의 세전 자금을 HSA에 투자한다. 이 대목이 멋지다. 당신은 납입금뿐 아니라 투자 수익에 대해서도 세금을 내지 않는다! 20년 후 당신이 손에 쥐는 돈은 13만 7,286달러가 된다. 엄청나다!

HSA에 넣어둔 돈은 언제든 적격 의료비로 세금 없이 쓸 수 있다. 게다가 65세 이후에는 산토리니 여행처럼 어떤 용도로도 쓸 수 있다. 다만 65세 이전에 비적격 의료비를 대기 위해 돈을 인출하면 엄청난 수수료를 낸다는 점을 주의해야 한다. 또한 65세 이후에 비적격 의료비를 대기 위해 돈을 인출하면 세금을 내야 한다. 끝으로 어떤 사람들은 HSA의 장점이 너무 맘에 들어 의료비는 최대한 다른 돈으로 충당한다. HSA에 투자한 돈을 계속 불리고 싶기 때문이다.

이런 접근법들이 얼마나 강력한지 알겠는가? HSA가 투자에 큰 도움이 되는 이유를 알겠는가? 이런 투자 선택지를 서로 '겹치는' 것은 아주 현명하다. HSA에 세전 자금을 넣어서 굴리면 세금 '부담'을 줄일 수 있다. 그래서 거의 모든 투자계좌보다 빠르게 돈을 불릴 수 있다.

자격이 되고 자금이 있다면 반드시 HSA를 활용해야 한다. 당신이 가입하는 HSA가 건실한 펀드를 제공하는지 확인하라. 일반적인 기준은 저비용 펀드, 이상적으로는 타깃 데이트 펀드나 '총 주식시장total stock market' 펀드를 제공해야 한다. 이에 대해서는 7장에서 자세히 다룰 것이다.

퇴직계좌를 넘어서

기업 퇴직연금 갹출의 이점을 온전히 챙기고, 카드 빚을 청산하고, 로스 퇴직계좌를 한도액까지 납입하고, 남은 기업 퇴직연금 한도액을 채우고, HSA에 가입하고도 여전히 여윳돈이 있다면 더 많은 투자 선택지가 있다. 근래에 암호화폐 같은 대안 투자 수단에 대한 질문을 많이 받는다. 7장에서 최고의 투자 전략 및 선택지를 살필 것이다. 지금은 돈이 많으니까 당신이 사랑하는 사람에게 좋은 선물을 사주도록 하자.

축하한다! 잠시 자신의 어깨를 두드려줘라. 당신은 재테크의 단계를 밟아나가기 시작했다. 이제 당신의 돈을 불릴 시스템이 마련되었다. 이 일은 대단히 중요하다. 투자계좌를 만들었다는 것은 빠른 성장을 생각하기 시작했고, 단기 예금과 장기 투자를 구분하기 시작했다는 뜻이다. 한 달에 50달러가 적게 느껴질지 모르지만 당신이 투자한 가장 중요한 50달러가 될 것이다.

1. 기업 퇴직연금에 가입하라(3시간)

인사과에서 가입양식을 구하여 작성하라. 회사에서 사업자 기여분을 내주는지 확인하라. 내준다면 한도까지 받을 수 있도록 납입하라. 내주지 않는다면 가입만 하고 납입은 하지 마라.

2. 빚을 청산할 계획을 세워라(3시간)

진지한 자세로 빚을 갚는 일에 나서라. 105쪽과 383쪽을 참고하여 카드 빚과 학자금 대출을 갚는 방법에 대한 아이디어를 얻어라. 매달 100달러 내지 200달러를 더 갚으면 총 얼마를 아낄 수 있는지 확인해보라.

3. 로스 퇴직계좌를 만들고 자동이체를 설정하라(1시간)

최대한 많이 납입하되 한 달에 50달러라도 괜찮다. 자세한 내용은 조금 있다가 살펴보자.

4. HSA 가입 자격이 되는지 확인하고 된다면 가입하라(3시간)

이제 필요한 계좌들을 만들었으니 최대한 많이 채우는 방법을 살펴보자. 다음 장에서 지출을 통제하여 원하는 곳에 돈을 넣는 방법을 보여주겠다.

퇴직연금

저자가 강력히 추천하고 비중 있게 다룬 로스 퇴직연금 이야기를 보면서, 독자들은 우리나라에 로스 퇴직연금(Roth IRA)이나 401K 계좌와 같은 것이 있는지 의문을 가질 것이다. 결론부터 말하면, 우리도 이와 비슷한 기능을 제공하는 상품에 가입할 수 있다. 우리나라도 미국처럼 공적연금, 기업연금, 개인연금이라는 3중 보장 체계로 구성된 연금제도를 구축하고 있다. 이중 기업 퇴직연금(확정급여형, 확정기여형)이 401K 기업연금과 유사한 기능을, 기업연금과 개인연금의 중간 지대에 위치한 개인 퇴직연금(+개인연금저축)이 로스 퇴직연금과 유사한 기능을 수행한다.

3중 보장 체계로 구성된 한국의 연금제도

개인연금(임의제도)

퇴직연금(준법정제도)

국민연금(법정제도)

자료 : 고용노동부

기업 퇴직연금은 근로자의 노후 소득보장과 생활 안정을 위해 재직 기간 중 사용자가 퇴직급여 지급 재원을 금융회사에 적립하고, 이 재원을 기업 또는 근로자가 운용하여 근로자가 퇴직 시 연금 또는 일시금으로 지급하는 제도이다. 크게 세 가지 제도로 구분되는데, 앞서 언급했던 확정급여형(DB), 확정기여형(DC형), 개인형퇴직연금(IRP)이 그것이다.

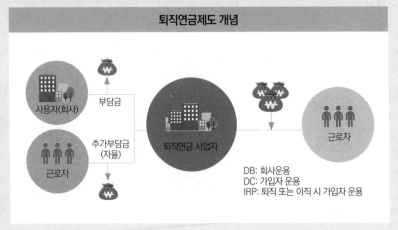

퇴직연금제도 개념

부담금
추가부담금
(자율)

사용자(회사)
근로자
퇴직연금 사업자
근로자

DB: 회사운용
DC: 가입자 운용
IRP: 퇴직 또는 이직 시 가입자 운용

자료 : 고용노동부

확정급여형(DB)은 근로자가 퇴직 시 수령할 퇴직금이 근로 기간, 평균 임금을 기반으로 사전에 확정되는 제도이다. 회사(사용자)가 매년 부담금을 금융회사에 적립한 후 은행 상품, 증권사 상품 등에 투자 및 운용하는 책임이 있으며, 임금인상률·퇴직률·운용수익률 등 연금액 산정의 기초가 되는 가정에 변화가 있는 경우에도 사용자가 그 위험을 부담하는 형태이다. 근로자(가입자)는 퇴직금 운용결과에 상관없이 정해진 수준의 금액을 수령한다.

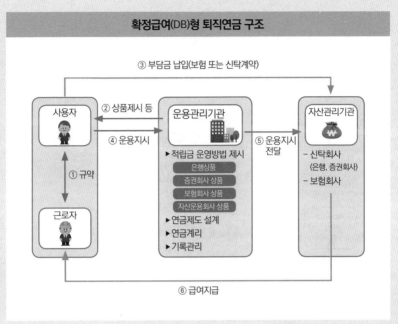

확정급여(DB)형 퇴직연금 구조

③ 부담금 납입(보험 또는 신탁계약)

사용자

② 상품제시 등

운용관리기관

④ 운용지시

⑤ 운용지시 전달

자산관리기관

▶ 적립금 운영방법 제시
- 은행상품
- 증권회사 상품
- 보험회사 상품
- 자산운용회사 상품

▶ 연금제도 설계
▶ 연금계리
▶ 기록관리

① 규약

근로자

- 신탁회사
  (은행, 증권회사)
- 보험회사

⑥ 급여지급

자료 : 고용노동부

    확정기여형(DC)은 회사가 근로자의 매년 연간 임금의 12분의 1 이상을 부담금으로 납입하고, 근로자가 적립금의 운용방법을 결정하는 제도이다. 회사가 운용방법을 결정하는 DB형과 달리, 근로자가 직접 퇴직연금사업자(증권사, 은행, 보험사, 자산운용사)에 운용지시를 내리는 형태이기 때문에, 근로자가 직접 운용 관련 위험을 지게 된다.

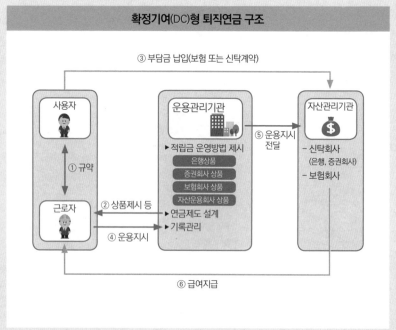

자료 : 고용노동부

　개인형퇴직연금(IRP)은 근로자가 퇴직하거나 직장을 옮길 때 받은 퇴직금을 자기 명의의 퇴직계좌에 적립하여 연금 등 노후자금으로 활용할 수 있게 하는 제도이다. 연간 1,800만 원까지 추가 납입할 수 있으며, 납입 금액의 최대 700만 원(연금저축과 합산 시)까지 세액공제가 가능하다(DC형도 세액공제 대상이 된다). 과거 한국에도 IRA라는 개인퇴직계좌가 있었다. 하지만 한국의 IRA는 미국처럼 개인 누구나 가입할 수 있는 것이 아니라, 기업에 다니는 근로자들만 가입할 수 있는 기업 연금의 성격이 강했다. 이직 혹은 퇴직한 근로자, 자영업자, 개인사업자들은 IRA에 가입할 수 없었기 때문에 2017년에 이를 보완하고자 가입자 베이스를 확대한 IRP(개인퇴직연금)제도를 도입한 것이다.

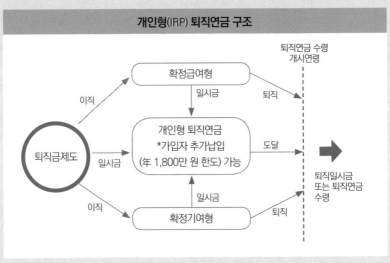

개인형(IRP) 퇴직연금 구조

자료 : 고용노동부

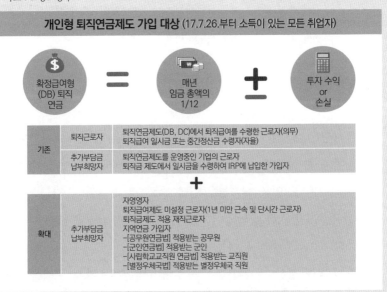

개인형 퇴직연금제도 가입 대상 (17.7.26.부터 소득이 있는 모든 취업자)

기존	퇴직근로자	퇴직연금제도(DB, DC)에서 퇴직급여를 수령한 근로자(의무) 퇴직급여 일시금 또는 중간정산금 수령자(자율)
	추가부담금 납부희망자	퇴직연금제도를 운영중인 기업의 근로자 퇴직금 제도에서 일시금을 수령하여 IRP에 납입한 가입자
확대	추가부담금 납부희망자	자영업자 퇴직급여제도 미설정 근로자(1년 미만 근속 및 단시간 근로자) 퇴직금제도 적용 재직근로자 지역연금 가입자 -[공무원연금법] 적용받는 공무원 -[군인연금법] 적용받는 군인 -[사립학교교직원 연금법] 적용받는 교직원 -[별정우체국법] 적용받는 별정우체국 직원

자료 : 고용노동부

국내 퇴직연금 유형 간 주요 차이점 비교				
구분	확정급여형 (DB)	확정기여형 (DC)	개인퇴직계좌(IRP)	
			기업형 IRP	개인형 IRP
연금 수급 요건	연령 : 55세 이상 가입 기간 : 10년 이상 연금 수급 : 5년 이상			연령 : 55세 이상 연금 수급 : 5년 이상
일시금 수급 요건	연금 수급 요건을 갖추지 못한 경우 일시금 수급을 원하는 경우			55세 이상으로 일시금 수급을 원하는 경우
담보대출, 중도 인출 사유	아래 사유에 대해 DB형은 담보대출(적립금의 50%) 가능 DC형 및 IRP는 담보대출(적립금의 50%) 및 중도 인출 가능 – 무주택자인 가입자가 주택을 구입하는 경우 – 가입자 또는 그 부양가족이 6개월 이상 요양을 하는 경우 – 천재지변 등으로 피해를 입는 등 고용노동부장관이 정하여 고시하는 한도			
적합한 기업, 근로자	도산 위험이 없고, 정년 보장 등 고용이 안정된 기업	연봉제 도입 기업, 체불 위험이 있는 기업, 직장 이동이 빈번한 근로자	10인 미만의 영세 사업장	퇴직일시금 수령자

출처: 금융감독원

연금저축은 개인이 추가적으로 연금을 납입하는 장기 저축상품으로, 납입금에 대해 세제혜택을 제공하고, 소득세법에서 정한 연금 수령 요건에 따라 자금을 인출하는 경우 연금소득으로 과세된다. 연금저축 또한 연간 1,800만 원까지 납입이 가능하며, 개인형 IRP와 합산 시 연간 납입금의 700만 원까지 세액공제가 가능하다.

따라서 '연말정산 세금혜택 + 노후대비'라는 두 가지 목적을 위해 IRP와 연금저축을 동시에 가입하는 직장인이 늘고 있다. 연금저축은 금융권별로 은행의 연금저축신탁, 자산운용사의 연금저축펀드, 보험사의 연금저축보험으로 구분되는데, 납입방식, 적용금리, 수령방식, 원금보장 여부 등에서 차이가 난다. 연금저축과 관련된 세부적인 내용, 유용한 팁들은 금융소비자정보포털 파인(fine.fss.or.kr)에서 얻을 수 있다.

연금저축 중요사항			
구분	연금저축계좌		
납입 한도	연 1,800만 원		
세액공제 혜택	종합소득금액(총 급여액*)	4천만 원 이하 (5천 5백만 원 이하)	4천만 원 초과 1억 원 이하 (5천 5백만 원 초과 1억 2천만 원 이하)	1억 원 초과 (1억 2천만 원 초과)
	세액공제한도	400만원	400만원	300만원
	세액공제비율	16.5%	13.2%	13.2%
	*근로소득만 있는 경우			
중도해지 시 과세	소득 세액공제 받은 부분 및 운용수익에 대해 16.5%		
연금개시기간	적립 후 5년 경과 및 55세 이후		
연금수령한도	연금계좌 평가액÷(11−연금수령연차)×120%		
연금개시 후 과세기준	연금소득세(5.5%~3.3%)		
분리과세한도	1,200만 원(공적연금 제외)		
근거 법률	소득세법 제20조의 3		

자료 : 금융소비자 정보포털 파인

금융권별 연금저축 상품 비교				
	은행	자산운용사	생보사	손보사
상품구분	연금저축신탁	연금저축펀드	연금저축보험	연금저축보험
주요 판매사	은행	증권사, 은행, 보험사	보험사, 은행, 증권사	
납입방식	자유적립식	자유적립식	정기납입	정기납입
적용금리	실적배당	실적배당	공시이율	공시이율
연금수령 방식	확정기간형 (기간제한 없음)	확정기간형 (기간제한 없음)	확정기간형, 종신형	확정기간형 (최대 25년까지)
원금보장	비보장	비보장	보장	보장
예금보호	보호	비보호	보호	보호

자료 : 금융소비자 정보포털 파인

CHAPTER 4

의식적 지출

: 돈을 아껴 좋아하는 것에 쓰는 법

나는 벨트나 구두를 보면 그 사람이 어떤 사람인지 알 수 있다는 말이 이상하다고 생각했다. 농담하는 건가? 당신이 한 귀고리를 보고 당신이 어떤 수프를 좋아하는지 알 수 있다고? 무슨, 말도 안 되는 소리를.

그런데 최근 내가 틀렸다는 사실을 깨달았다. 어떤 사람의 성격을 알 수 있는 보편적인 지름길이란 게 있었다. 치킨 윙을 먹는 모습이 그것이다.

나는 스포츠를 잘 모르고 관심도 없다. 그래서 슈퍼볼이 열린 지난 일요일에 치킨 윙 순례에 나섰다. 술집 순례와 비슷하지만 치킨 윙을 먹는다는 점이 다르다. 친구들과 치킨 윙을 먹을 때 가장 흥미로운 부분은 뼈에 붙은 고기를 얼마나 많이 남기는지 여부다. 어떤 사람은 절반 가까이 남기고 다음 치킨 윙을 집어 든다. 나는 그런 사람하고는 절대 말을 섞지 않는다.

반면 고기와 골수를 남김없이 깔끔하게 먹는 사람이 있다. 그런 사람들에 대해서는 두 가지 결론을 내릴 수 있다. 첫째, 그들은 삶의 모든 측면에서 탁월한 성공을 거둘 것이다. 둘째, 그들은 다른 나라에서 왔을 것이다. (나의 부모 같은) 이민자들은 절대 치킨 윙을 먹을 때 고기를 남기지 않는다. 우리는 그들에게서 배울 점이 있다.

요즘은 그렇게 악착같은 모습을 보기 힘들다. 미국 사람들은 다른 나라 사람들이 주택담보대출에 쓰는 것보다 더 많은 돈을 휴대폰에 쓴다. 우리는 할아버지가 차에 쓴 것보다 더 많은 돈을 구두에 쓴다. 게다가 이런 개별 비용이 전체 얼마인지도 모른다. 청구서를 열어보고 인상을 찡그리며 "이렇게 많이 썼어?"라고 말한 적이 얼마나 되는가? 어떤 물건을 살 때 죄책감을 느끼면서도 그냥 산 적이 얼마나 되는가? 이 장에서는 무분별한 지출을 막기 위해 새롭고 단순한 지출 방식을 정할 것이다. 이제는 매달 돈이 어디로 새어나가는지 의아해하는 일을 멈출 때가 되었다. 앞으로 투자나 저축으로 돈의 흐름을 바꾸고 좋아하는 것에 돈을 더 쓰도록(대신 좋아하지 않는 것에 돈을 덜 쓰도록) 도와주겠다.

잠깐만! 예산을 짜는 머리 아픈 일일까 봐 지레 겁먹고 도망가기 전에 잠시만 기다려라. 이 장의 내용은 평생에 걸쳐 매일 예산을 관리하는 일과 관계가 없다. 나도 예산 짜는 걸 싫어한다. '예산 수립'은 역사상 최악의 단어다.

"예산을 짜고 그 이상 돈을 쓰지 않는 방법을 파악하는 게 힘들었어요. 다른 일들은 꼼꼼하게 챙기지만 지출은 관리하지 못한다는 게 부끄러웠어요."

－사라 로브슨(28세)

"예산을 세워요!"는 재테크 전문가들이 즐겨 말하지만 아무 쓸모없는 조언이다. 대부분 예산을 세우는 방법을 건성으로 읽는다. 누가 지출을 관리하고 싶어 할까? 실제로 이를 시도하는 사람도 이틀 후에는 완전히 포기한다. 쓰는 돈을 일일이 기록하는 일이 엄청나게 어렵기 때문이다. 놀랍게도 bankrate.com이 2015년에 실시한 설문 조사에 따르면 미국인 중 82%는 예산을 짠다고 응답했다. 말도 안 되는 수치다. 지금 주위 사람들을 보라. 10명 중 8명이 예산을 짤 것이라고 생각하는가? 우리가 사는 행성의 이름을 아는 사람도 10명 중 8명이 안 될 것이다.

경제정책연구소Economic Policy Institute 생활수준 프로그램 책임자인 자레드 번스타인Jared Bernstein은 마찬가지로 예산에 대한 착각을 드러낸 2007년 조사 결과에 대해 이렇게 말한다. "아마 희망사항이 포함된 응답일 겁니다. 응답자 중 4분의 3이 매달 예산을 세워야 한다고 '생각한다'는 게 더 정확할 겁니다."

논리적이라는 이유로 일일 관리 시스템을 모두에게 강제하려고 시도한 재테크 부문 저술가들에게 예산 수립은 지난 50여 년 동안 하나의 전쟁터였다. 문제는 누구도 그렇게 하지 않는다는 것이다.

대다수 사람들은 지출을 줄여서 저축하라고 말하면 어디서 시작해야 할지 모른다. 차라리 안킬로사우루스에게 춤을 가르치는 게 나을 것이다.

"제 친구 중 다수는 돈에 대해 멍청한 짓을 했을 때 그냥 손을 들어버리고 아무것도 배우질 않아요. 저는 많은 카드 빚에서 벗어나 잔액이 0달러가 되면 다시 카드를 한도까지 긁어대는 사람들을 봤어요."

– 프랭크 와일스(29세)

나는 예산 수립이 통하지 않는다는 걸 안다. 그보다는 수많은 독자에게 효과가 있었던 더 나은 방법을 알려주겠다.

예산 수립은 잊어라. 대신 의식적 지출 계획Conscious Spending Plan을 세워라. 매달 충분한 돈을 저축하고 투자한 다음, 여윳돈을 당신이 원하는 곳에 쓸 수 있다면 어떨까? 약간만 노력하면 그렇게 할 수 있다. 유일한 조건은 미리 돈을 어디에 쓸지 (냅킨에라도) 계획해야 한다는 것이다. 당신이 좋아하는 일에 돈을 쓸 수 있도록 두어 시간 동안 준비할 가치가 있을까? 물론이다. 그렇게 하면 저축과 투자를 자동화하고 분명한 지출 결정을 내릴 수 있다.

쪼잔한 사람과 의식적 지출을 하는 사람의 차이

얼마 전 나는 친구들과 같이 올해 여행 계획에 대해 이야기를 나눴다. 그때 한 친구가 "너는 아마 나쁘게 보겠지만 나는 카리브해로 가고 싶어"라고 말해 나를 놀라게 했다. 왜 나쁘게 봐야 하지?

나는 가끔 이런 말을 듣는다. 내가 재테크에 대한 글을 쓴다는 사실을 알게 된 사람들은 내가 자신의 지출 방식을 평가할 것이라고 생각한다.

나는 트레이너로 일하는 친구들도 비슷한 말을 듣는지 물었다. "사람들이 자기가 주문한 음식에 대해 너한테 사과한 적 있어?" 그러자 그 친구는 "매번 그래. 나는 그 사람이 뭘 주문하는지 신경 쓰지 않는데 말이야"라고 말했다.

카리브해로 가고 싶다던 친구는 아마 나를 판사라고 생각했던 것 같다. '쓸데없는' 일에 돈을 쓴다고 속으로 비판하는 판사 말이다. 대개 재테크에 대한 글을 쓰는 사람은 자동적으로 "돈이 너무 많이 들어서 안 돼요"라고 말하는 사람으로 취급당한다.

사실 나는 사람들이 자기가 좋아하는 일에 거리낌 없이 돈을 쓰기를 바란다. 패션을 좋아해서 400달러짜리 브루넬로 쿠치넬리Brunello Cucinelli 티셔츠를 사고 싶다고? 사세요!

다만 당신이 실수를 할 때는 가차 없이 지적할 것이다. 400달러를 들여 일주일 만에 해독 주스로 살을 뺄 수 있을 거라 생각한다면 당신은 멍청이다.

나는 라테를 사는 데 돈을 쓰지 말라고 잔소리하는 부모가 아니다. 나는 외식과 여행에 많은 돈을 쓰지만 전혀 죄책감을 느끼지 않는다. "비싼 물건에 돈을 쓰지 마!" 같은 단순한 태도보다 더 세련된 접근법을 취할 수 있기 때문이다.

우선 사소한 지출까지 줄이는 것이 쪼잔하다는 생각부터 버려야 한다. 밥을 먹을 때 2.5달러짜리 콜라를 마시던 것을 아껴서 일주일 동안 15달러를 모아 영화를 보겠다고 마음먹는 것은 쪼잔하지 않다. 이는 당신이 중시하는 가치를 의식적으로 결정하는 것이다. 안타깝게도 대다수 미국인은 의식적 지출을 배운 적이 없다. 의식적 지출이란 좋아하지 않는 일에 쓰는 돈은 가차 없이 줄이고 좋아하는 일에는 아낌없이 돈을 쓰는 것을 말한다.

사람들은 "무조건 아껴야 해!"라는 원칙을 모든 것에 일률적으로 적용하도록 배운다. 그래서 건성으로 절약을 시도하다가 실패하고 자책한다. 그리고 사실은 크게 좋아하지도 않는 일에 과소비를 계속한다.

좋아하지 않는 것을 거부하는 일은 힘을 지닌다. 좋아하는 것을 온전히 즐기는 것은 더 큰 힘을 지닌다.

아이러니하게도 우리가 돈에 대해 배우는 것이라고는 절약뿐이다.

대개 커피를 줄이고 휴지를 아끼라는 조언과 함께. 모두가 돈을 아끼는 방법에 대해 이야기한다. 하지만 돈을 제대로 쓰는 법을 가르치는 사람은 없다.

미국인은 해마다 버는 돈보다 더 많은 돈을 쓴다. 이런 행동을 바꿀 수 있는 방법은 사실상 없는 것처럼 보인다. 쪼들릴 때는 지갑을 닫지만 곧 기존의 지출 습관으로 돌아간다. 솔직히 누구도 이런 상황을 바꾸려 들지 않는다. 소비 지출은 미국 경제의 약 70%를 차지한다.

의식적 지출은 단지 개인적 선택에 대한 것만은 아니다. 지출에 대한 사회적인 영향력도 작용한다. 이를 〈섹스 앤 더 시티Sex and the City〉 효과라 부르자. 이 효과는 친구들의 소비가 당신에게 직접적인 영향을 끼치는 것을 말한다. 나중에 쇼핑을 가면 친구들과 같이 온 사람들을 한번 살펴보라. 아마 그들은 비슷한 옷차림을 하고 있을 것이다. 소득이 크게 다를 가능성이 높은데도 말이다. 대부분 친구들과 수준을 맞추는 일은 한시도 게을리하지 않는다.

대개 친구들은 우리가 의식적 지출을 하지 못하도록 보이지 않는 압력을 넣는다. 한번은 두 명의 친구와 저녁을 먹은 적이 있다. 한 친구가 새 아이폰을 살까 생각 중이라고 말했다. 그녀는 휴대폰을 바꾸려는 이유를 설명하기 위해 오래된 휴대폰을 꺼내 보여주었다. 그러자 다른 친구가 믿을 수 없다는 표정으로 "휴대폰을 4년이나 썼어? 왜 그랬어? 빨리 새 거 사"라고 말했다. 단 세 문장이었지만 메시지는 명확했다. (필요와 무관하게) 새 휴대폰을 사지 않는 것은 문제가 있다는 것이었다.

좋아하는 일에 돈을 써라

의식적 지출은 모든 일에 쓰는 돈을 줄이는 것이 아니다. 이런 방식은 이틀을 넘기지 못한다. 간단하게 말하자면 의식적 지출은 아낌없이 돈을 쓸 만큼 좋아하는 일을 선택하고 좋아하지 않는 일에 쓰는 돈은 줄

쪼잔한 사람 vs. 의식적 지출을 하는 사람	
쪼잔한 사람	의식적 지출을 하는 사람
비용을 중시한다.	가치를 중시한다.
모든 것에서 가장 싼 가격을 원한다.	대부분의 것에서 가장 싼 가격을 원하지만 정말로 좋아하는 것에는 아낌없이 돈을 쓴다.
쪼잔한 태도로 주위 사람들에게 영향을 끼친다.	절약하는 태도는 자신에게만 영향을 끼친다.
배려심이 부족하다. 가령 다른 사람과 같이 밥을 먹을 때 밥값이 7.95달러면 8달러만 낸다. 세금과 팁을 더하면 11달러 가까이 된다는 사실을 알면서도 말이다.	돈을 쓸 곳을 선택해야 한다는 사실을 안다. 점심 값으로 10달러만 써야 한다면 아이스티 대신 물을 주문한다.
다른 사람들에게 불편함을 준다.	돈을 더 현명하게 쓸 수 있다는 깨달음을 준다.
친구, 가족, 동료가 얼마나 빚을 졌는지 세세하게 따진다.	일부는 그렇게 하지만 전부는 아니다.
낭비한다는 이야기를 들을까 봐 어디에 돈을 쓰는지 솔직하게 밝히지 않는다.	이 점은 같다. 모두가 지출에 대해 거짓말을 한다.
대체로 불합리하며, 어떤 것을 공짜로 얻지 못하는 이유를 이해하지 못한다. 때로는 일부러 모르는 척하기도 하지만 그렇지 않을 때도 있다.	가격을 깎으려고 쪼잔한 사람들만큼 애쓰지만 협상의 성격을 이해하며, 자기만 특별대우를 받을 이유가 없다는 사실을 안다.
단기적으로 생각한다.	장기적으로 생각한다.

이는 것이다.

의식적 지출에 대한 마음가짐은 부유한 삶의 열쇠다. 기념비적인 책 《백만장자 불변의 법칙The Millionaire Next Door》의 저자들이 발견한 바에 따르면 조사 대상인 1,000여 명의 백만장자 중 50%는 400달러가 넘는 양복, 140달러가 넘는 구두, 235달러가 넘는 시계를 산 적이 없다. 다시 말하지만 의식적 지출은 단지 다양한 것에 쓰는 돈을 줄이는 것이 아니다. 모든 것에 대한 지출을 맹목적으로 줄이는 것이 아니라 돈을 많이 쓸 만큼 중요한 것과 그렇지 않은 것을 스스로 결정하는 것이다.

문제는 그렇게 하는 사람이 거의 없다는 것이다! 그래서 의식적 지출이라는 개념이 필요하다.

내 친구가 1년에 2만 1,000달러를 파티에 죄책감 없이 쓰는 이유

나는 당신이 어디에 돈을 쓸지 의식적으로 결정하기 바란다. 더 이상 카드대금 청구서를 보고 "이만큼 썼네"라고 생각하는 일은 없어야 한다. 의식적 지출을 하려면 문화생활, 저금, 투자, 월세 등 돈을 쓸 곳을 정확하게 정해야 한다. 그래야 지출에 대한 죄책감에서 벗어날 수 있다. 지출 계획은 마음을 편하게 해줄 뿐 아니라 목표를 향해 나아가도록 해준다.

그런데 대부분 의식적 지출을 하지 않는다. 우리는 되는 대로 돈을 쓴 다음 반사적으로 좋은 기분이나 나쁜 기분을 느낀다. 나는 의식적 지출 계획을 가진 사람을 만날 때마다("투자계좌와 저축예금으로 돈을 넣은 다음 좋아하는 것에 아낌없이 써요.") 뭄타즈 마할Mumtaz Mahal에 대한 샤 자한 Shah Jahan(아내를 위해 아름다운 무덤, 타지마할을 만든 인도 무굴 제국의 황제)의 마음에 필적하는 사랑에 빠지고 만다.

지금부터 세 명의 친구를 소개하려 한다. 이들은 당신이 보기에 쓸데 없을지도 모르는 구두나 파티에 많은 돈을 쓰는데, 충분히 그래도 되는 사람들이다.

구두 애호가

내 친구 리사Lisa는 1년에 약 5,000달러를 구두에 쓴다. 그녀가 좋아 하는 구두는 300달러짜리다. 즉, 1년에 약 15켤레를 사는 셈이다. 당신 은 "말도 안 돼!"라고 생각할지 모른다. 상당히 많은 금액이기는 하다. 그러나 리사는 억대 연봉을 벌고, 룸메이트와 월세를 나누고, 회사에서 공짜로 밥을 먹고, 고급 전자제품이나 헬스장 회원권 혹은 호화로운 식 사에 별로 돈을 쓰지 않는다.

리사는 구두를 좋아한다. 아주 많이. 그녀는 기업 퇴직연금을 붓고 있고, 일반 투자계좌도 운용한다(로스 퇴직계좌에 가입하기에는 소득이 너무 많다). 또한 매달 휴가나 다른 용도로 돈을 모으며, 기부도 한다. 그래도 돈이 남는다. 여기가 흥미로운 대목이다. 당신은 "그건 중요치 않아. 300달러짜리 구두를 사는 건 말도 안 돼. 누구도 구두에 그렇게 많은 돈 을 쓸 필요는 없어!"라고 말할지 모른다.

낭비가 심하다고 그녀를 질책하기 전에 이 질문에 먼저 답해보라. 당 신은 기업 퇴직연금과 로스 퇴직계좌에 가입하고 추가 투자계좌를 만 들었는가? 당신이 쓰는 돈이 어디로 가는지 전부 알고 있는가? 당신은 좋아하는 것에 초점을 맞춰서 돈을 쓰겠다는 전략적인 결정을 내렸는 가? 애초에 돈을 어떻게 쓸지 결정하는 사람이 거의 없다. 그래서 대개 는 여기저기서 내키는 대로 돈을 쓰면서 통장 잔고가 줄어드는 모습을 본다. 좋아하는 것이 무엇인지 파악하는 일만큼 좋아하지 않는 것이 무엇인지 파악하는 일도 중요하다. 가령 리사는 집에 별로 신경 쓰지 않는다. 그래서 작은 아파트를 룸메이트와 같이 쓴다. 덕분에 대다수 동료들보다 매달 400달러 정도를 아낀다.

리사는 단기 목표와 장기 목표에 필요한 돈을 충당하고도 좋아하는 것에 쓸 여윳돈을 남길 수 있었다. 나는 이런 방식이 정답이라고 생각한다.

"제게 가장 큰 변화는 마음가짐의 변화, 구체적으로는 의식적 지출(우선시하는 것에 아낌없이 돈을 쓰고, 나머지 것에는 돈을 아끼는 것)을 하고 재테크를 자동화하는 것이었어요. 저는 모든 돈을 이자가 붙는 계좌에 넣고 자동이체로 모든 비용을 처리해요."

−리사 얀첸(45세)

파티 애호가

내 친구 존John은 1년 동안 파티에 2만 1,000달러를 쓴다. 당신은 "세상에, 그건 너무 많아!"라고 말할 것이다. 그러면 자세히 살펴보자. 존이 일주일에 4번 놀러 나가고 하루에 평균 100달러를 쓴다고 가정하자. 저녁을 먹는 데 60달러, 술을 마시는 데 15달러 정도가 들기 때문에 100달러는 보수적으로 잡은 수치다. 800달러에서 1,000달러 정도 하는 병 단위 주류 비용(그는 대도시에 산다)은 포함하지 않았다.

존도 억대 연봉을 받기 때문에 큰 어려움 없이 의식적 지출 계획을 세울 수 있다. 물론 그래도 어떤 것에는 돈을 쓰지 않을 것인지 결정해야 한다. 가령 동료들이 유럽으로 주말여행을 가자고 제안했을 때(농담이 아니다) 그는 정중하게 거절했다. 사실 그는 대단히 열심히 일하는 편이라서 휴가를 거의 가지 않는다. 또한 대부분의 시간을 회사에서 보내기 때문에 집을 꾸미는 데 관심이 없다. 그래서 사실상 인테리어 비용을 거의 들이지 않았다. 심지어 할인가로 산 정장을 여전히 싸구려 옷걸이에 걸어두고 있으며, 집에 주걱조차 없다.

존에게 부족한 것은 시간이다. 그는 직접 해야 하면 어디에도 꾸준히 돈을 넣기 힘들다는 사실을 알고 있다. 그래서 투자계좌로 돈이 자동으로 빠져나가도록 해두었다. 핵심은 존이 자신의 사정을 알고 약점을 보완할 시스템을 만들었다는 것이다. 그는 열심히 일하고 열심히 논다. 그래서 평일 중 이틀, 주말은 매일 놀러 나간다. 비록 레스토랑과 바에서 돈을 많이 쓰기는 하지만 두어 해 만에 내 친구들 중 누구보다 많은 돈을 모았다. 또한 2만 1,000달러가 과다해 보이긴 하지만 존의 수입과 존이 중시하는 것을 고려해야 한다. 다른 친구들은 아파트를 꾸미거나 휴가를 가는 데 수천 달러를 쓰겠지만, 존은 투자 목표를 달성한 후 놀러 나가는 데 돈을 쓰기로 결정한 것이다.

여기서 요점은 내가 존의 선택에 동의하든 그렇지 않든, 그가 생각을 했다는 것이다. 그는 어디에 돈을 쓸지 고려했고 그 계획을 따르고 있다. 그는 내가 이야기를 나눈 99%의 젊은 사람보다 더 많은 일을 하고 있다. 설령 그가 당나귀 복장과 파베르제Fabergé의 달걀(19세기 러시아 차르 황실의 보물)을 사는 데 1년에 2만 1,000달러를 쓴다고 해도 마찬가지로 나무랄 이유가 없다. 적어도 그는 계획을 갖고 있으니까.

"지난 3년 동안 라테를 사고 일주일에 몇 번 점심을 사먹는 데 대한 죄책감이 줄었어요. 지금 의식적으로 돈을 쓰고 있거든요. 매달 최대 300달러를 외식비와 커피 값으로 책정했어요. 이 돈을 다 쓰면 그때는 인스턴트커피와 도시락으로 대체해요."

– 제임스 카발로(27세)

"제가 생각하는 부유한 삶은 죄책감 없이 돈을 쓰는 겁니다. 저는 더이상 어떤 걸 살 형편이 안 된다고 말하지 않아요. 그냥 그걸 사지 않겠다고 결정해요."

– 도나 이드(36세)

돈은 우리를 행복하게 만드는가?

그렇다! 물론 7만 5,000달러까지는 돈이 행복에 도움이 되지만 그 이후부터는 효과가 커지지 않는다는 연구 결과가 있음을 안다. 2010년에 디턴Deaton과 카너먼Khaneman이 실시한 연구에 따르면 '정서적 행복'은 7만 5,000달러에서 정점에 이르렀다. 그러나 '생활만족도'라는 다른 척도를 보면 한계가 없다. 50만 달러, 아니 100만 달러에 이르러도 효과는 줄어들지 않는다.

딜런 매튜스Dylan Matthews가 〈복스Vox〉에 실은 뛰어난 기사에서 밝혔듯 수입과 생활만족도 사이에는 강력한 상관관계가 존재한다. "개발도상국과 선진국 모두 부의 정도는 삶에 만족하는 정도와 연관되어 있다."

어떻게 돈을 써야 더 행복하게 살 수 있는지 알고 싶은가? 윌런스Willans 등이 〈뉴욕타임스〉에서 밝힌 바에 따르면 "싫어하는 일을 남에게 시키는 식으로 시간을 얻는 데 돈을 쓴 사람들은 전반적인 생활만족도가 더 큰 것으로 드러났다."

요컨대 헤드라인은 믿지 마라. 돈은 풍족한 삶의 작지만 중요한 요소다. 돈을 전략적으로 활용하면 보다 만족스런 삶을 살 수 있다.

비영리단체 직원

억대 연봉을 벌어야 의식적 지출을 할 수 있는 것은 아니다. 샌프란시스코에 있는 비영리단체에서 내 친구 줄리Julie는 연봉이 약 4만 달러에 불과하지만 1년에 대다수 미국인보다 훨씬 많은 6,000달러를 저금한다. 줄리는 철저한 원칙을 따름으로써 이 일을 해낸다. 그녀는 집에서 밥을 해먹고, 작은 아파트를 나눠 쓰며, 직장에서 제공하는 모든 혜택을 활용한다. 식사자리에 초대받으면 봉투 시스템(226쪽에서 자세히 다룰 것이다)을 토대로 갈 형편이 되는지 확인한다. 만약 형편이 안 되면 정중하게 거절한다. 외식을 하는 경우에는 결코 지출에 대한 죄책감을 느끼지 않는다. 외식을 할 형편이 된다는 사실을 알기 때문이다. 그러나 월세와 식비를 아끼는 것만으로는 부족하다. 그녀는 로스 퇴직계좌를 꽉 채우고 여행비를 따로 모으면서 공격적으로 돈을 저축한다. 이 돈은 매달 자동으로 가장 먼저 이체된다.

식사자리에서 만나 그녀와 이야기하는 것으로는 그녀가 대다수 미국인보다 많이 저축한다는 사실을 알 수 없다. 우리는 피상적인 정보를 바탕으로 상대의 지출 수준을 성급하게 판단한다. 직업이나 복장이 재정상태를 파악하는 데 필요한 정보를 제공한다고 생각하는데, 줄리는 그렇지 않다는 것을 증명하는 셈이다. 그녀는 상황이 어떻든 저축과 투자를 우선시하기로 결정했다.

"물질적인 측면에서 저는 죄책감 없이 패션에 대한 욕구를 충족하고 편안한 아파트에서 살 수 있어요. 또한 몸에 좋은 음식을 먹고 꾸준히 운동할 수 있어요. 그리고 직장을 그만두고 사업을 시작할 수 있었어요. 돈에 대한 스트레스에서 벗어난 후 저의 정신건강이 (그리고 부부관계도) 훨씬 좋아졌어요."

– 힐러리 버크(34세)

심리를 활용하여 돈을 아껴라

나의 독자 중 한 명은 연봉이 5만 달러다. 그녀는 세후 소득의 30%가 매달 회원제 서비스 비용으로 나간다는 사실을 알게 되었다. 거기에는 넷플릭스 월 회비, 휴대폰 요금, 케이블 방송 요금 등이 포함되었다. 회원제 서비스는 기업에게는 최고의 친구다. 자동으로 예측 가능한 매출을 올려주기 때문이다. 매달 나가는 회원제 서비스 비용을 확인하고 필요 없는 것을 취소한 적이 있는가? 한 번도 없을지 모른다. 그런 당신에게 개별 구매Á La Carte 방식을 제안한다.

개별 구매 방식은 심리를 활용하여 지출을 줄이는 것이다. 내용은 다음과 같다. 먼저 잡지, 케이블 방송, 헬스장 등 매달 돈이 나가는 모든 서비스를 취소하라. 그다음 필요한 것을 하나씩 취사선택하라. 보지도 않는 수많은 채널까지 한데 묶은 케이블 방송에 돈을 쓰지 말고 아이튠즈에서 2.99달러를 내고 보고 싶은 프로그램만 보라. 헬스장도 가는 날에 일일 이용권을 사라. 개별 구매 방식은 세 가지 이유로 효과를 발휘한다.

1. 이미 과다한 요금을 내고 있을 가능성이 높다

대부분 회원제 서비스에서 얻는 가치를 엄청나게 과대평가한다. 가령 일주일에 몇 번 헬스장에 가느냐는 질문을 받으면 당신은 아마 "두세 번"이라고 대답할 것이다. 거짓말이다. 한 조사결과에 따르면 헬스장 회원들은 헬스장 이용 횟수를 70% 이상 과대평가한다. 매달 약 70달러의 회비를 내는 사람들이 헬스장을 이용하는 횟수는 4.3회에 불과하다. 한 번 이용하는 데 17달러를 내는 셈이다. 이 경우 일일 이용료로 10달러를 내는 편이 더 유리하다.

2. 지출에 신경 쓰게 된다

청구서를 수동적인 시각으로 바라보며 "맞다. 케이블 방송 요금이 있었지"라고 말하는 것과 텔레비전 프로그램을 구매할 때마다 2.99달러를 내는 것은 큰 차이가 있다. 후자의 경우 매번 적극적인 태도로 비용을 고려하게 되므로 소비가 줄게 된다.

3. 구매한 대상의 가치가 올라간다

우리는 회원제 서비스로 얻은 것보다 직접 돈을 지불하고 얻은 것에 더 많은 가치를 부여한다.

개별 구매 방식의 단점

이 방식은 자동화된 생활로부터 벗어나도록 만든다. 이는 돈을 아끼기 위해 치러야 할 대가다. 느낌이 어떤지 두 달 동안 시도해보라. 탐탁지 않다면 회원제 서비스를 다시 사용하면 된다. 일단은 개별 구매 방식으로 '지출 내역을 전부 지운' 다음 창의적인 방식으로 재구성하라.

개별 구매 방식 실행법

1. 지난달 회원제 서비스(가령 음원 사이트, 넷플릭스, 헬스장)에 얼마를 썼는지 계산하라.
2. 회원에서 탈퇴하고 개별 구매 방식으로 전환하라.
3. 한 달 후 개별 구매로 얼마를 썼는지 계산하라. 이는 서술적인 부분이다.
4. 이제 규범적인 부분으로 들어간다. 100달러를 썼다면 90달러로 줄이도록 노력하라. 그 다음 75달러로 줄여라. 그렇다고 너무 낮은 금액을 정하지는 마라. 지출 습관을 오래 유지할 수 있어야 하며, 현실과 너무 괴리되어서는 안 된다. 개별 비용을 직접 지불하면 영화나 잡지를 보는 데 얼마나 쓸지 정확하게 통제할 수 있다.

이런 노력은 절대 각박한 생활을 위한 것이 아님을 명심하라. 이상적인 상황은 필요 없는 회원제 서비스에 매달 50달러를 쓴다는 사실을 깨닫는 것이다. 그러면 그 돈을 당신이 좋아하는 일에 쓸 수 있다.

"이 책을 읽기 전에는 가격 흥정이 제게 가장 큰 난관이었습니다. 가격은 정해져 있는 것이라고 생각했죠. 이 책을 읽고 처음 한 일은 회원제 서비스/공공요금의 목록을 작성하고 각 항목에 대해 흥정을 한 겁니다. 돌이켜보면 그때가 처음으로 돈을 관리하기 시작한 때였습니다."

– 매트 애버트(34세)

내 친구들이 잘한 일

앞서 소개한 친구들은 예외적인 사람들이다. 그들은 계획을 갖고 있다. 새 휴대폰, 새 차, 새 여행지, 새로운 모든 것에 계속 돈을 쓰는 것이 아니라 계획에 따라 자신에게 중요한 것에 돈을 쓰고 다른 것에는 돈을 아낀다. 구두를 사랑하는 친구는 작은 집에서 살며 매달 수백 달러를 아낀다. 파티를 사랑하는 친구는 대중교통을 이용하며, 아파트를 일체 꾸미지 않는다. 비영리단체에서 일하는 친구는 모든 지출을 꼼꼼하게 따진다.

그들은 한 달에 500달러든 2,000달러든 먼저 자신을 위해 쓴다. 그들은 이런 지출을 자동적으로 할 수 있는 인프라를 구축했다. 돈이 입출금

친구의 소비를 비판하고 싶은가?

친구의 소비를 비판할 때 우리는 겉만 보고 성급한 판단을 한다. 그래서 "청바지에 300달러나 썼어?", "왜 비싼 데서 사는 거야?"라고 말한다.

사실 대부분의 판단은 옳다. 젊은 사람들은 장기적인 목표에 맞춰서 금전적인 선택을 신중하게 고려하지 않는다. 또한 먼저 자신을 위해 돈을 쓰지 않고 투자/저축 계획을 세우지 않는다. 그래서 친구가 300달러짜리 청바지를 살 형편이 아니라는 당신의 판단은 아마 옳을 것이다.

하지만 나는 이런 면에서 비판적인 태도를 취하지 않으려고 노력한다. 항상 성공하는 것은 아니지만 지금은 가격이 중요하지 않다는 사실에 초점을 맞춘다. 중요한 것은 그 가격을 지불하는 여건이다. 특별 시식 메뉴나 비싼 와인에 돈을 쓰고 싶은가? 25세에 이미 2만 달러를 모았는가? 그렇다면 괜찮다! 하지만 연봉이 2만 5,000달러인데 일주일에 4번 놀러 나가는 당신의 친구는 의식적 지출을 하는 것이 아니다. 친구를 비판하는 일은 재미있지만 여건이 중요하다는 점을 명심하라.

돈과 관계를 관리하는 전략은 392쪽에서 살필 것이다.

계좌에 들어오면 죄책감 없이 쓸 수 있다. 그들은 대다수 사람보다 돈 걱정을 덜 한다! 그들은 인터넷 저축예금, 신용카드, 기본적인 자산 배분에 대해 이미 잘 안다. 전문가는 아니지만 그래도 남들보다 앞서 있다.

내게 보기에 그들은 부러운 입장에 있다. 그것은 이 책이 추구하는 목표의 큰 부분이다. 즉, 나의 목표는 당신이 저축, 투자, 지출을 자동화하고, 죄책감 없이 즐겁게 새 청바지를 살 수 있도록 해주는 것이다. 당신은 할 수 있다. 계획만 있으면 된다. 정말로 간단하다.

의식적 지출 계획

나와 같이 연습을 해보겠는가? 30초 정도면 된다.

당신이 1년에 버는 돈을 표시하는 원을 상상하라. 그런 다음 돈을 써야 하거나 쓰고 싶은 것으로 원을 나누어보라. 정확한 비율은 신경 쓰지 마라. 그냥 월세, 식비, 교통비, 학자금 대출 등 중요한 범주만 생각하라. 저축과 투자는 어떤가? 언젠가 한 번은 꼭 가고 싶었던 여행은 어떤가? 그것도 포함시켜라.

일부 독자는 이 부분이 가장 어려웠다고 말했다. 그러나 그만큼 보람도 얻을 수 있다. 돈을 어떻게 쓰고 싶은지, 어떻게 살고 싶은지 의식적으로 선택하게 되기 때문이다.

자, 당신이 의식적 지출 계획을 어떻게 세웠는지 자세히 살펴보자. 거창한 예산 수립 시스템을 만들어야 한다는 부담을 가질 필요가 없다. 오늘 만든 간단한 버전을 차츰 개선하면 된다.

핵심은 이것이다. 의식적 지출 계획은 돈이 들어가는 네 가지 주요 범주, 즉 고정비, 투자, 저축, 용돈을 수반한다.

지출 범주	
고정비(월세, 공공요금, 빚 등)	실수령액의 50~60%
장기 투자(기업 퇴직연금, 로스 퇴직연금 등)	10%
저축 목표(휴가, 선물, 주택 구입비, 비상금 등)	5~10%
용돈(외식, 술, 영화, 옷, 신발 등)	20~35%

월 고정비

고정비는 월세/주택담보대출, 공공요금, 휴대폰 요금, 학자금 대출 상환액처럼 매달 지출해야 하는 돈이다. 적절한 비중은 실수령액의 50~60% 정도다. 다른 일을 하기 전에 고정비가 얼마나 되는지 파악해야 한다. 별로 어렵지 않은 일처럼 보인다고? 천만에! 고정비 파악은 재테크에서 가장 어려운 일 중 하나다. 그 답을 찾기 위해 하나씩 단계를 밟아나가자. 211쪽 표에 기재된 일반적인 기본비용(대개 생활하는 데 필요한 최소 비용) 항목을 보라. 중요한 지출 항목이 빠졌다면 추가하라. 보다시피 소비 범주에 들어가는 '외식'이나 '오락'은 포함하지 않았다. 또한 내용을 간단하게 만들기 위해 세금도 포함하지 않았다('원천징수금액 계산기'를 검색하여 회사에서 얼마를 원천징수하는지 확인하라). 여기서는 실수령액만 다룬다.

각 항목에 대해 이미 알고 있는 금액은 바로 기입하라.

이제 모르는 금액을 기입하기 위해 약간 더 깊이 파고들어야 한다. 지난 지출 내역을 참고하여 전체 항목에 대한 금액을 기입하고, 모든 항목을 포함시켰는지 확인하라. 너무 복잡해지지 않도록 과거 지출 내역은 두어 달 전까지만 참고하자. 어디에 얼마나 썼는지 가장 쉽게 파악

항목	금액
월세/주택담보대출	
공공요금	
의료보험 및 의료비	
차 할부금	
대중교통요금	
부채 상환	
식료품	
의류	
통신비	

하는 방법은 카드 사용 내역과 계좌 출금 내역을 확인하는 것이다. 물론 모든 비용을 포착할 수는 없지만 85% 정도는 파악할 수 있으며, 그 정도면 충분하다.

끝으로 모든 금액을 기입하여 집계한 후, 빠진 비용을 고려하여 15%를 더하라. 정말로 그 정도 된다. 가령 한 번에 400달러 정도(한 달에 33달러)가 들어가는 '자동차 수리비'를 빠트렸을 수 있다. 혹은 드라이클리닝 비용이나 응급의료비용, 기부금을 빠트렸을 수 있다. 15%면 미처 넣지 못한 비용이 포괄되었을 것이고, 앞으로 정확성을 높이면 된다.

(사실 나는 '멍청한 실수' 항목을 넣는다. 처음 시작할 때는 갑작스레 발생할 비용으로 매달 20달러를 모았다. 그러나 두 달이 채 지나기 전에 갑자기 병원에 가야 해서 600달러를 썼고, 벌금으로 100달러 이상을 썼다. 그래서 금액을 급히 변경하여 지금은 매달 200달러를 갑작스레 발생할 비용으로 모아둔다. 1년이 지난 후 남은 돈 중

절반은 저축하고 절반은 소비한다.)

비용을 비교적 정확하게 파악했다면 실수령액에서 빼라. 그러면 투자나 저축, 소비 등 다른 범주를 위해 쓸 수 있는 돈이 얼마인지 알 수 있다. 또한 저축과 투자에 더 많이 할애할 수 있도록 금액을 줄여야 할 비용도 파악할 수 있다.

장기 투자

이 범주는 매달 기업 퇴직연금과 로스 퇴직계좌에 납입하는 돈을 포함한다. 적절한 기준은 장기적으로 실수령액(세후 급여 혹은 급여명세서에 나온 금액)의 10%를 투자하는 것이다. 기업 퇴직연금 납입액이 10% 가까이 되므로 이미 기업 퇴직연금을 붓고 있다면 그 금액을 실수령액에 더하여 총 급여를 산정해야 한다.

투자 범주에 어느 정도를 할애해야 할지 모르겠다면 bankrate.com에서 투자 계산기를 찾아서('투자 계산기'를 검색하라) 수치를 기입하라.● 금액을 100달러, 200달러, 500달러, 1,000달러로 바꿔 넣어보라. 수익률은 8%로 잡아라. 그러면 40년 후 얼마나 큰 차이가 나는지 알 수 있다.

당신이 할 대부분의 투자는 세금 혜택을 받는 퇴직계좌로 들어간다. 그러니 세금을 빼고 간단하게 계산하라. 다만 나중에는 기업 퇴직연금 수익에서 세금이 상당히 빠져나갈 것임을 감안해야 한다. 그래도 지금 공격적으로 저축할수록 나중에 더 많이 얻을 수 있다.

● 우리나라의 경우 Bankrate.com처럼 세분화된 금융 및 재테크 투자도구 제공 사이트는 없지만, 단순히 투자 수익을 계산하기 위한 도구들은 많다. 포털 사이트에서 '복리계산기' 혹은 어플리케이션에서 '수익률 계산기'를 검색하면 다양한 수익률 계산 도구를 찾을 수 있다.

60% 해결책

앞서 85% 해결책에 대해 이야기했다. 85% 해결책은 100%를 이루려고 집착하다가 제품에 지쳐서 결국 아무것도 하지 않는 것보다 '충분히 좋은' 수준으로 목표의 상당 부분을 달성하는 데 초점을 맞춘다. 〈MSN 머니〉의 전 편집장인 리처드 젠킨스Richard Jenkins는 '60% 해결책'이라는 기사를 썼다. 그는 이 기사에서 총 소득의 60%를 기본적인 지출 비용(식비, 공공요금, 세금)으로 잡고 범주를 나누라고 한다. 나머지 40%는 아래에 나오는 4개 범주로 나누면 된다.

1. 은퇴자금 저축(10%)

2. 장기 저축(10%)

3. 일시적 비용을 위한 단기 저축(10%)

4. 유흥비(10%)

이 기사는 폭넓게 주목받았다. 이상하게도 내 친구들 중에는 읽은 사람이 아무도 없지만 말이다. 나의 의식적 지출 계획은 젠킨스의 60% 해결책과 비슷하다. 다만 이보다 젊은 사람들에게 초점을 맞춘다. 이들은 외식과 파티에 돈을 많이 쓰는 반면 룸메이트와 월세를 나누기 때문에 가족이 있는 나이 많은 사람보다 주거비를 적게 쓴다.

저축 목표

이 범주는 단기 저축 목표(휴가, 선물), 중기 저축 목표(2~3년 후의 결혼), 장기 저축 목표(주택 구입 시 계약금)를 포함한다.

매달 얼마를 모아야 할지 알고 싶다면 다음 사례를 참고하라. 아마 놀라게 될 것이다.

가족과 친구를 위한 선물

과거에는 문제가 간단했다. 명절에는 부모 형제에게만 선물을 주면 되었다. 그러다 조카들이 생기면서 해마다 점점 더 많은 선물을 사야 한다.

지출에 대한 죄책감 없애는 법

재테크 저자들이 좋아하는 일이 하나 있다면 바로 지출에 대해 죄책감을 갖게 하는 것이다. 그들이 실제로 쓴 글을 읽어본 적이 있는가?

"친구들과 놀 때 술을 사는가? 그냥 물을 마시면 안 될까?"

"휴가를 간다고? 공원을 산책하는 건 어떨까?"

"새 청바지가 왜 필요한가? 얼룩은 개성을 말해준다."

만약 그들의 말을 따른다면 우리는 모두 뒷마당에서 곡물을 길러서 먹고살아야 할 것이다. 잘 들어라. 나는 누구보다 《분노의 포도The Grapes of Wrath》를 좋아한다. 그러나 그것은 내가 원하는 삶이 아니다.

재테크 저자들은 너나할 것 없이 특정 지출을 꼬집고는 대신 40년 동안 투자하면 얼마가 되는지 아느냐며 죄책감을 부추긴다. 가령 당신이 휴가비로 쓰려는 2,000달러를 40년 동안 투자하면 4만 달러 이상이 된다는 식이다.

맞는 말일지도 모른다. 그렇다면 다음번 해변에 갈 때 물통에 바닷물을 담아서 800킬로미터 떨어진 담수화 공장까지 걸어간 후, 안내데스크에 있는 사람에게 정수해 달라고 부탁하는 것도 맞는 일일지 모른다. 그렇게 하지 말란 법이 있는가?

농담처럼 들리는가? 실제로 〈USA 투데이〉에 "얼마짜리 샌드위치를 먹나요? 9만 달러의 저금을 잃을 수 있습니다"라는 기사가 실렸다. 풍족한 삶을 살기 위해서 푼돈을 세거나 샌드위치를 9만 달러짜리로 계산하는 건 방향이 크게 잘못되었다. 오랫동안 이런 기사를 읽으면 분명 영향을 받는다. 정말로 그 내용을 믿게 된다. 유일한 재테크는 무조건 돈을 모으기만 하고 수많은 일을 하지 않는 것이라고 생각하게 된다. 그러면 곧 재테크 전문가와 주위 사람뿐 아니라 당신 자신도 죄책감의 근원이 된다.

가령 나는 연봉이 20만 달러 이상인데도 자신을 위해 돈을 쓰지 못하는 수많은 독자를 안다. 그들은 6개월에 한 번 고급 식당에서 외식을 하는 것도 '낭비'라고 여긴다.

그들은 스스로 만든 절약의 감옥에 갇혀 있다. 당신은 재정적 독립과 관련된 게시판에 이런 글을 올린 사람처럼 되지 말아야 한다. "지난 몇 년 동안 내가 살았던 삶과 모았던 돈을 생각하면 후회가 된다. 세상을 더 경험하고 내가 좋아하는 일을 더 찾을 수 있다면 기꺼이 저금한 돈 중 상당 부분을 내주고 차라리 더 오래 일할 것이다. 나는 돈을 많이 모았지만 제대로 살지 못했다."

수많은 재테크 전문가가 '걱정', '불안', '죄책감' 같은 단어들을 쓴다는 사실을 아는가? 그들이 돈을 갖고 하지 말아야 할 수많은 일을 언급하는 것으로 조언을 시작한다는 사실을 아는가? 그들은 모두 방어적인 자세를 취한다.

나의 접근법은 다르다. 나는 삶에서 빅 윈을 제대로 이루면 점심 값을 걱정할 필요가 없다고 믿는다. 심지어 '걱정'과 '죄책감'을 '돈'과 같은 문장에 넣을 필요도 없다. 당신은 죄책감을 느끼지 않고 무엇이든 원하는 것에 돈을 쓸 수 있다. 샌드위치만이 아니다. 잊을 수 없는 휴가, 가족을 위한 놀라운 선물, 당신 자신과 가족을 위한 안정 등 무엇이든 당신이 선택할 수 있다. 죄책감을 느낄 일은 없다.

선물 같은 것에 놀랄 필요는 없다. 당신은 명절과 생일에 어떤 선물을 사는지 이미 안다. 하지만 기념일은 어떨까? 졸업 같은 특별한 날은?

나의 경우, 놀랄 일이 없도록 예측 가능한 비용을 미리 마련한다. 미리 계획하는 것은 '이상하지' 않으며, 현명하다. 당신은 해마다 12월에 크리스마스 선물을 살 것이라는 사실을 안다! 그러니 1월부터 계획을 세워라. 지금부터 이 원칙을 더 큰 비용에 적용하는 법을 보여주겠다.

결혼식(약혼 여부와 무관함)

평균 결혼 비용은 3만 달러지만 나의 경험에 따르면 모든 비용을 고려할 경우 3만 5,000달러에 육박한다. (더 정확하게는 윌 오레무스Will Oremus가 〈슬레이트Slate〉에 쓴 글에 따르면 "2012년 기준으로 평균 결혼 비용은 2만 7,427달러, 중간 결혼 비용은 1만 8,086달러였다. 맨해튼의 경우 폭넓게 조사된 평균 비용은 7만 6,687달러, 중간 비용은 5만 5,104달러다." 재무적 관점에서 나는 항상 최악의 상황을 가정한다. 그래야 대응할 수 있다. 또한 직접 대규모 결혼식을 계획했기 때문에 보이지 않는 비용이 생각보다 높은 수준으로 금액을 늘린다는 사실을 안다.)

그러면 계산하기 쉽도록 3만 달러를 평균 수치로 삼자. 평균 결혼 연령을 알기 때문에 도움을 받거나 빚을 지지 않고 결혼 비용을 대려면 얼마를 저축해야 할지 알 수 있다. 당신이 25세라면 결혼 비용으로 매달 1,000달러 이상 저축해야 한다. 26세라면 매달 2,500달러 이상 저축해야 한다. (399쪽에서 나의 사례를 포함하여 결혼 비용을 대는 문제를 살필 것이다.)

"제가 가장 잘 활용한 조언은 중요치 않은 일에 쓰는 돈을 가차 없이 줄이고, 이미 예산을 마련했으므로 중요한 일에 돈을 쓰는 것에 죄책감을 갖지 말라는 것이었어요. 저는 케이블 방송이나 멋진 새 차 혹은 유행하는 옷에는 돈을 쓰지 않아요. 대신 여행에 돈을 쓰고, 결혼과 주택 구입을 위해 많은 돈을 저축했어요."

－제시카 피처(28세)

주택 구입

몇 년 안에 집을 살 생각이라면 일단 해당 지역의 집값을 확인하라. 평균 집값이 30만 달러이고 당신이 전통적 기준인 20%의 다운페이먼트 down payment를 낸다고 가정하자.* 그러면 6만 달러이므로 5년 후에 집을 사고 싶다면 매달 1,000달러를 저금해야 한다.

엄청난 금액이지 않은가? 누구도 이런 식으로 생각하는 걸 좋아하지 않는다. 그러나 향후 몇 년 동안 쓸 돈을 미리 따져보면 새로운 시각이 열린다. 분명 버거워 보일 것이다. 그러나 좋은 소식이 있다. 첫째, 기간이 길수록 매달 모아야 하는 금액이 줄어든다. 10년 후에 집을 사는 것으로 계획을 바꾸면 매달 500달러만 저축하면 된다. 그러나 시간은

---

* 미국의 경우 대개 집값의 20%를 계약금(다운페이먼트)으로 내고, 80%를 은행에서 대출받는다.

반대로 부담을 늘릴 수도 있다. 당신이 20세 때부터 평균 결혼 비용을 모은다면 매달 저금해야 하는 금액은 333달러다. 그러나 26세 때부터 모은다면 매달 2,333달러가 필요하다. 둘째, 주위의 도움을 받는 경우가 많다. 대개 배우자나 부모가 돈을 보탤 수 있다. 물론 다른 사람이 항상 자신을 구해줄 것이라고 믿어서는 안 된다. 셋째, 투자 자금의 일부로 저축 목표를 달성하는 데 필요한 비용을 댈 수 있다. 바람직하지는 않아도 가능하다.

어쨌든 저축 목표와 무관하게 실수령액의 5~10%를 저축하는 것이 적절하다.

용돈

용돈은 비용, 투자, 저축을 모두 처리한 후 남는 돈, 즉 무엇이든 원하는 것에 죄책감 없이 쓸 수 있는 돈을 가리킨다. 가령 외식, 택시, 영화, 휴가에 쓰는 돈이 여기에 해당된다. 다른 범주를 어떻게 설정했느냐에 따라 실수령액의 20~35%를 용돈으로 할애하는 것이 적당하다.

의식적 지출 계획 최적화

앞서 의식적 지출 계획의 토대를 마련했으니 지출을 조정하고 원하는 곳에 돈이 흘러가도록 세부적인 개선 작업을 할 수 있다. 이 계획은 "돈을 너무 많이 쓰고 있어"라며 막연하게 걱정하는 일이 없도록 문제가 생겼을 때 알려주는 살아 숨 쉬는 시스템이 되어준다. 경고등이 켜지지 않는 한 걱정하느라 시간을 낭비할 필요가 없다.

빅 원을 추구하라

지출을 최적화하는 일은 버거워 보일 수 있다. 그러나 꼭 그런 것은 아니다. 우선 80/20 분석을 해보라. 대개 지출의 20%가 과다 지출의 80%를 차지할 것이다. 내가 여러 사소한 부문에서 5%를 아끼기보다 잘 못된 한두 가지 큰 부문에 집중하려는 이유가 여기에 있다.

지금부터 내가 지출을 관리하는 방법을 알려주겠다. 나는 시간이 지나면서 대다수 비용을 예측할 수 있다는 사실을 깨달았다. 가령 매달 월 세를 내고, 지하철 패스를 끊고, 선물을 사는 데(연평균을 구하면) 비슷한 금액을 썼다. 연평균을 알기 때문에 12달러짜리 영화표를 살 때 고민하 느라 시간을 낭비할 필요가 없다.

나는 통제하고 싶어도 변동성이 큰 두세 가지 지출 부문에 초점을 맞춘다. 나의 경우 외식, 여행, 의류 구입을 위한 지출이 여기에 해당된다. 시기에 따라 혹은 내가 찾은 캐시미어 스웨터가 얼마나 좋은지에 따라 한 달에 수천 달러씩 수치가 달라진다. 그래서 이 부문에 초점을 맞추는 것이다.

80/20 분석을 하려면 구글에서 '파레토 분석법Pareto analysis'을 검색하라.

사례를 하나 들어보자. 브라이언의 실수령액은 연 4만 8,000달러 혹은 월 4,000달러다. 그의 월 지출 내역은 다음과 같다.

- 고정비(60%): 2,400달러
- 장기 투자(10%): 400달러
- 저축 목표(10%): 400달러
- 소비(20%): 800달러

브라이언의 문제점은 용돈으로 800달러가 부족하다는 것이다. 그는 지난 몇 달 동안의 지출 내역을 살핀 후, 용돈으로 매달 1,050달러가 필요하다는 사실을 깨닫는다. 어떻게 해야 할까?

나쁜 답: 대부분 어깨를 으쓱하며 "모르겠어"라고 말할 것이다. 그리고 머핀을 한입 물고 그저 경기에 대해 불평할 것이다. 그들은 돈을 관리할 생각을 하지 않기 때문에 이런 문제가 완전히 낯설 수밖에 없다.

약간 낫지만 여전히 나쁜 답: 장기 투자와 저축 목표에 넣는 돈을 줄인다. 물론 가능하지만 나중에 대가를 지불하게 된다. 그보다 월 지출 내역에서 가장 문제가 많은 부문인 고정비와 용돈을 공략하는 것이 더 낫다.

좋은 답: 세 가지 가장 큰 비용을 골라서 최적화한다. 브라이언은 먼저 월 고정비를 살펴서 18%의 이자에 카드 리볼빙 서비스를 이용하고 있으며, 남은 빚이 3,000달러라는 사실을 확인한다. 현재 계획대로라면 빚을 갚는 데 약 22년이 걸리고 그동안 이자로 4,115달러를 지불해야 한다. 일단 그는 카드사에 전화해서 이자를 낮춰달라고 요청할 수 있다(자세한 내용은 75쪽 참고). 연이자율을 15%로 낮추면 빚을 청산하는 데 18년이 걸리고 이자로 2,758달러를 내게 된다. 그러면 53개월의 시간과 1,357달러의 돈을 아낄 수 있다. 한 달에 6달러 차이지만 18년 동안 쌓이면 큰돈이 된다.

그다음 브라이언은 회원제 서비스 가입 내역을 살펴서 넷플릭스와 스타워즈 회원 사이트에 유료로 가입했다는 사실을 확인한다. 둘 다 사용하는 일이 드물기 때문에 탈퇴한다. 덕분에 한 달에 60달러를 아끼고 여자 친구를 사귈 가능성을 높일 수 있게 되었다. 끝으로 브라이언은 매달 외식에 350달러, 술값으로 250달러, 총 600달러를 쓴다는 사실을 확인한다. 그는 앞으로 3달 동안 그 금액을 400달러로 줄여서 매달 200달러를 아끼기로 결심한다.

이렇게 해서 브라이언이 아낀 총 금액은 한 달에 260달러다. 그는 지출 내역을 조정함으로써 실질적인 효과를 발휘하는 의식적 지출 계획을 마련했다. 브라이언은 영리하게도 중요한 것들을 바꾸는 데 초점을 맞췄다. 외식할 때 콜라를 마시지 않겠다고 마음먹기보다 전체 지출에 실질적인 영향을 미치는 빅 원을 선택했다. 대개 돈 관리를 하겠다고 나서는 사람들은 외식할 때 애피타이저를 시키지 않거나 저렴한 쿠키를 먹겠다는 식의 결심을 한다. 물론 좋은 일이다. 나도 권하는 바다. 그러나 이런 작은 변화는 전체 지출에 거의 영향을 미치지 못한다. 그저 돈을 아꼈다는 뿌듯한 마음만 들 뿐이다. 여전히 돈이 부족하다는 사실을 알게 되면 두어 주 만에 포기하게 된다.

중대하고 측정 가능한 변화를 일으키는 빅 원에 초점을 맞춰라. 나는 매달 두세 가지 주요한 빅 원에 초점을 맞춘다. 바로 앞서 말한 외식, 여행, 의류 구입이다. 이런 비용은 당신이 당황하여 "맞아, 돈을 너무 많이 쓰는 것 같아"라고 말하게 되는 것들이다.

현실적 목표를 세워라

우리 회사는 주로 재테크, 창업, 심리 같은 영역에 대한 자기계발 동영상 강의를 만든다. 얼마 전에는 피트니스 프로그램을 시험적으로 운

나의 재테크 도구

나는 어떤 재테크 도구를 쓰느냐는 질문을 많이 받는다. 가장 간단하게 시작하는 방법은 민트(mint.com)를 쓰는 것이다. 민트는 신용카드 및 은행계좌와 자동으로 연동되어 범주별 지출 내역과 추세를 보여준다. 그래서 크게 힘들이지 않고 지출에 대한 감을 잡을 수 있도록 해준다. 그러나 조금만 써보면 한계가 있다는 것을 알게 된다.

지출 내역을 보다 자세히 알고 싶다면 예산 앱인 와이냅YNAB(youneedabudget. com)을 권한다(예산budgets 수립을 싫어한다는 이야기를 하는 장에서 언급하기에는 아이러니한 이름이라는 건 나도 안다). 와이냅은 '휴대폰 요금'이나 '마음 편한 소비'처럼 모든 지출 항목을 지정할 수 있다. 2주만 사용해 보면 지출 내역을 훤히 꿰뚫게 될 것이다.

특정 시점이 되면 여러 계좌에 걸쳐 투자 자금을 넣어두게 될 것이다. 가령 이전 직장의 기업 퇴직연금에 수천 달러, 오래된 로스 퇴직계좌에 수천 달러가 들어 있는 식이다. 그래서 모든 투자 내역과 자산 배분 내역을 조망할 필요가 있다. 어떤 사람들은 퍼스널 캐피털(personalcapital.com)을 이용하지만 나는 그냥 뱅가드 계좌를 이용한다. 모든 주요 증권사는 기타 투자 내역을 추가하여 전체적으로 투자 현황을 알 수 있도록 해준다.

나의 시스템은 제1판을 출간한 이후 바뀌었다. 과거에는 민트를 썼지만 인튜이트 Intuit가 인수한 후 기능이 부실해졌다. 그래서 지금은 더 이상 쓰지 않는다(두어 주 동안 써보고 지출 내역에 익숙해진 후에는 당신도 쓸 필요가 없다). 그다음으로 사용한 것은 민트보다 훨씬 나은 와이냅이었다.

또한 과거에는 현금 지출 내역을 직접 기록했다. 그러나 지금은 거의 팁을 줄 때만 현금을 쓰기 때문에 그렇게 하지 않는다. 그 대신 6개월 동안 현금을 얼마나 썼는지 확인한 후 평균을 내서 의식적 지출 계획에 포함시킨다. 그래서 현금 지출 내역을 일일이 기록할 필요가 없다. 어차피 한두 달 정도가 되면 평균 지출 금액과 몇 달러 차이 나지 않는 금액이 되기 때문이다.

또한 경험이 쌓이면서 지금은 지출 내역에서 외식, 여행, 의류 구입처럼 소수의 부문만 변동이 심하다는 사실을 알게 되었다. 이 부문들은 주의 깊게 관리해야 할 '핵심 부문'들이다. 그 방법은 곧 알려주겠다.

투자, 구체적으로는 자산 배분의 경우 뱅가드를 사용한다. 또한 자산이 늘어나면서 한 달에 한 번 주요 수치를 알려주는 '개인 재무상담사'의 도움을 받는다. (나의 홈페이지에 올라와 있는 고급 재테크Advanced Personal Finances 강의에 자세한 내용이 나와 있다.)

나는 해마다 신용점수와 신용보고서를 구해 확인한다(myfico.com). 투자 시나리오를 계산할 때는 bankrate.com의 계산기를 이용한다.

끝으로 당신은 어떤지 모르지만 나는 종이 카탈로그와 청구서를 정말로 싫어한다. 그래서 우편물을 줄이기 위해 신용카드 홍보물 수취 거부를 했고, 카탈로그 서비스도 이용하지 않는다.

우리나라에서는

국내에서는 토스, 뱅크샐러드 어플리케이션 이 두 가지 어플이 민트와 유사한 재테크 도구 기능을 제공한다. 오히려 훨씬 더 기능이 세련됐다. 뱅크샐러드는 개인의 신용카드, 계좌, 대출, 부동산, 연금, 주식투자 계좌, 보험 등을 모두 연동해 한꺼번에 관리할 수 있는 프로그램이다. 예산 및 가계부 기능도 제공하기 때문에 민트와 와이냅을 병행해서 쓰는 미국인들보다 오히려 편리하게 재테크를 관리할 수 있다.

영했다. 우리는 10여 명의 수강생을 모집하여 체중을 줄이도록 도왔다.

일반적인 상황은 이랬다. 존은 표준 체중보다 20킬로그램 더 나갔으며, 식습관이 나빴고, 오랫동안 운동을 하지 않았다. 그는 변화를 일으킬 준비가 되어 있었다. 사실 의욕이 과한 나머지 칼로리 섭취량을 50% 줄이고 일주일에 5일 운동하겠다고 말할 정도였다.

우리는 "천천히 가자"고 했다. 그래도 그는 자신이 이제껏 운동을 전혀 하지 않았다는 사실을 무시하고 주 5일 운동을 고집했다.

예상대로 그는 3주 만에 포기했다.

이처럼 무리하다가 금방 탈진하는 사람이 많다. 나라면 천천히, 오래 이어가는 쪽을 택하겠다.

한번은 어떤 여성으로부터 "일주일에 세 번 조깅을 하고 싶은데 한 번도 성공하지 못했다"는 내용의 이메일을 받은 적이 있다. 나는 이렇게 답장을 보냈다. "우선 일주일에 한 번만 조깅을 해보는 건 어때요?" 그녀의 답장은 "일주일에 한 번요? 그 정도로 무슨 소용이 있어요?" 였다.

그녀는 실제로 일주일에 한 번이라도 조깅을 하기보다 일주일에 세 번씩 조깅을 하는 꿈을 꾸는 쪽을 택했다.

지속 가능한 변화라는 개념은 재테크의 핵심이다. 때로 나는 "돈 관리를 시작했어요! 이전에는 일주일에 500달러씩 썼는데 지금은 5달러만 쓰고 나머지는 저축해요!"라는 내용의 이메일을 많이 받는다. 이런 이메일을 읽으면 그저 한숨만 나온다. 당신은 한 달에 495달러를 저축한다는 말을 내가 흐뭇하게 들을 것이라고 생각할 것이다. 그러나 나는 이렇게 한 극단에서 다른 극단으로 갑작스레 옮겨가는 행동은 오래가지 못한다는 사실을 안다.

그래서 나는 재테크 전문가들이 저축을 아예 하지 않던 사람들에게 소득의 25%를 저축하라고 말하는 것("할 수 있어요!")을 들으면 고개를 가로젓는다. 이런 조언은 별로 도움이 되지 않는다. 습관은 하룻밤 사이에 바뀌지 않으며, 갑자기 바꾸면 오래가지 못한다.

나는 변화를 이룰 때 항상 중요한 영역(218쪽에 나오는 빅 윈 관련 내용 참고)을 조금씩 바꾸며 점진적으로 나아간다. 가령 지출 내역을 살피다가 한 달에 1,000달러가 부족하다는 사실을 발견했을 때(이런 일은 생각보다 자주 일어난다) 두 개의 빅 윈, 즉 많은 돈을 쓰지만 노력하면 줄일 수 있는 두 가지 항목을 골랐다. 거기에 노력을 집중했다. 그중 하나가 한 달에 500달러씩 들어가는 외식비였다. 나는 외식비를 이런 식으로 줄였다.

1개월차:	475달러
2개월차:	450달러
3개월차:	400달러
4개월차:	350달러
5개월차:	300달러
6개월차:	250달러

이처럼 서두르지 않았는데도 6개월 안에 외식비를 절반으로 줄일 수 있었다. 같은 방식을 두 번째 빅 윈에 적용하면 한 달에 수백 달러를 아낄 수 있다. 게다가 이런 방식은 오래 유지할 수 있다.

이렇게 하지 않고 지출 내역을 확인한 후 깜짝 놀라서 절반으로 줄일 수도 있다. 그러면 대응 수단 없이 갑작스럽게 완전히 다른 방식으로 소

빅 윈: 수수료는 이제 그만

어떤 사람과 아침을 먹다가 흥미로운 이야기를 들었다. 2년 동안 사귄 여자 친구와 돈에 대한 이야기를 나눴는데, "여자 친구의 신뢰를 얻는 데 아주 오랜 시간이 걸렸다"는 것이다. 그의 여자 친구는 월급이 많지 않은 교사였다. 그는 여자 친구의 재정 상태를 살피다가 그녀가 초과인출 수수료를 많이 내고 있다는 사실을 발견했다. 그는 그녀에게 초과인출 수수료로 얼마 정도를 냈을 것 같냐고 물었다. 그녀는 "100달러에서 200달러 정도?"라고 짐작했다.

작년에 그녀가 낸 초과인출 수수료는 총 1,300달러였다. 그렇다고 해서 그가 난리를 치며 당장 은행에 전화해서 수수료를 협상하라고 소리쳤을까? 아니었다. 그는 부드러운 태도로 이렇게 조언했다. "초과인출 수수료에 초점을 맞추면 어떨까? 그것만 내지 않아도 상황이 훨씬 나아질 거야." 그저 초과인출 수수료를 피하는 것만으로 그녀는 빅 윈을 실천하는 것이었다.

비를 해야 한다. 이처럼 야심찬 시도가 얼마나 오래갈 것이라고 생각하는가?

친구가 "한 달 동안 술을 끊을 거야"라고 말하는 것을 얼마나 많이 들었는가? 이런 단기적인 노력을 왜 하는지 모르겠다. 좋다. 지금부터 한 달 동안 지출을 50% 줄인다고 치자. 그래서 뭐가 달라지는가? 어차피 계속할 수 없기 때문에 다시 과거의 지출 습관으로 돌아가게 된다. 그렇다면 어떤 성과를 이룬 것인가? 내가 보기에는 단 한 달 동안 지출을 50% 줄이기보다 10%만 줄이고 30년 동안 지속하는 편이 훨씬 낫다.

재테크든, 식습관이든, 운동이든, 변화를 이루려면 지금 바로 작은 변화부터 시도해야 한다. 거의 느낄 수 없을 정도로 작은 변화 말이다. 그다음 계획에 따라 조금씩 정도를 늘리면 된다. 이렇게 하면 시간은 당신의 편이 되어줄 것이다. 매달 이전보다 나은 성과를 얻게 되고 결국에는 커다란 성과를 얻을 수 있다.

봉투 시스템을 활용하라

의식적 지출과 최적화는 이론적으로는 좋아 보인다. 그렇다면 어떻게 실행해야 할까? 나는 봉투 시스템Envelope System을 추천한다. 이 시스템은 외식, 쇼핑, 월세 등 특정 범주에 돈을 배정하는 것이다. 그 달에 할당한 돈을 다 쓰면 그것으로 끝이다. 더 이상 쓸 수 없다. 정말 급한 경우에는 '외식'처럼 다른 봉투에 배정한 돈을 끌어다 쓸 수 있다. 그러나 그 봉투를 다시 채울 때까지 지출을 줄여야 한다. 이 '봉투'는 (와이냅이나 엑셀을 쓸 때처럼) 가상 봉투일 수도 있고, 말 그대로 현금을 넣어두는 실제 봉투일 수도 있다. 이 시스템은 지출을 간단하고 지속적으로 관리할 수 있는 최고의 시스템이다.

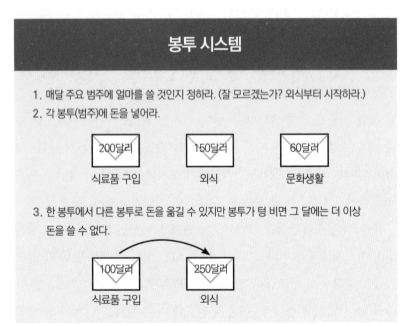

봉투 시스템

1. 매달 주요 범주에 얼마를 쓸 것인지 정하라. (잘 모르겠는가? 외식부터 시작하라.)
2. 각 봉투(범주)에 돈을 넣어라.

200달러
식료품 구입

150달러
외식

60달러
문화생활

3. 한 봉투에서 다른 봉투로 돈을 옮길 수 있지만 봉투가 텅 비면 그 달에는 더 이상 돈을 쓸 수 없다.

100달러
식료품 구입

250달러
외식

가령 내 친구 중 한 명은 지난 몇 달 동안 세심하게 지출 내역을 살폈다. 그녀는 매주 외식비로 엄청나게 많은 돈을 쓴다는 사실을 발견했다. 그래서 외식비를 줄이기 위한 현명한 해결책을 마련했다. 바로 직불카드로 연결된 별도의 계좌를 만든 것이다. 그녀는 매달 초에 200달러를 이 계좌에 넣고 외식비로 쓴다. 잔액이 다 떨어지면 더 이상 외식하지 않는다.

이런 방법은 연습용 보조수단이 되어준다. 먼저 습관을 만들고 나중에 체계화하면 된다. 다만 이런 목적으로 계좌를 만들 때 잔액 이상 출금하지 못하도록 막아달라고 요청해야 한다. 가령 "잔액이 30달러뿐인데 직불카드로 35달러를 쓰려고 하면 결제가 안 되게 막아주세요"라고 말하라. 일부 은행은 이런 요청을 들어준다. 안 그러면 많은 초과인출 수수료를 낼 수 있다.

돈을 분배하는 데 어떤 시스템을 활용하든 관계없다. 다만 매달 주요 범주에 얼마를 쓸지 정하라(출발점으로 삼을 빅 원을 골라라). 각 '봉투'에 배정한 금액을 넣어라. 봉투가 비면 그 달에는 그것으로 끝이다. 한 봉투에서 다른 봉투로 돈을 옮길 수 있지만 돈의 용도만 바꾸는 것이라서 총 지출 금액은 늘어나지 않는다.

꼼꼼한 사람들은 더욱 세부적인 시스템을 만들었다. 아래는 한 독자가 만든 시스템이다.

	외식비	택시비	도서구입비
지출 횟수	12	8	5
1회 지출액	23달러	9달러	17달러

그는 내게 "매달 특정 항목에 쓰는 금액을 줄이려고 해요"라고 말했다. 그는 8개월이 채 지나기 전에 지출을 43%나 줄였다(당연히 그는 정확한 수치를 알고 있었다). 내가 보기에 대부분에게는 이 정도 수준의 분석은 과도하다. 그러나 이 사례는 의식적 지출 계획을 얼마나 자세하게 만들 수 있는지 보여준다.

돈을 충분히 벌지 못하면 어떻게 해야 할까?

재정 상태에 따라 의식적 지출 계획을 마련하기가 불가능하게 보일 수 있다. 어떤 사람은 최대한 지출을 줄여도 여전히 여윳돈을 만들지 못한다. 그런 사람들한테 은퇴자금으로 소득의 10%를 저축하라는 것은 무례한 짓이다. 차에 휘발유를 채울 돈도 부족한데 어떻게 소득의 10%를 장기 저축에 넣으란 말인가?

이런 인식이 현실인 경우도 있고, 착각인 경우도 있다. 내게 매달 빠듯하게 산다고 말한 사람들 중 다수는 자신이 생각하는 것보다 많은 여지를 갖고 있다(가령 외식하지 않고 집에서 밥을 해먹거나 해마다 새 휴대폰을 사지 않을 수 있다). 그들은 단지 지출 습관을 바꾸고 싶지 않을 뿐이다.

물론 정말로 지출을 더 줄일 수 없을 만큼 빠듯하게 사는 사람도 많다. 예산을 더 줄일 수 없다면 의식적 지출 계획은 그냥 유용한 이론적 지침으로 삼아라. 우선 수입을 늘리는 일이 더 중요하다. 아낄 수 있는 금액에는 한계가 있지만 벌 수 있는 금액에는 한계가 없다. 수입을 늘리면 의식적 지출 계획을 실질적인 지침으로 삼을 수 있다. 그때까지 다음 세 가지 전략을 활용하라.

연봉 인상을 요구하라

이미 직장이 있다면 연봉 인상을 요구하는 것은 어렵지 않다. 인사관리협회Society for Human Resource Management에 따르면 평균 채용 비용은 4,425달러다. 회사가 이미 채용하는 데 5,000달러를 쓰고, 교육하는 데 수천 달러를 쓴 상황에서 쉽게 당신을 놓치고 싶어 할까?

연봉 인상을 요구하려면 세심한 계획이 필요하다. 내 친구 제이미처럼 하면 안 된다. 그는 자신이 회사에 기여하는 것보다 훨씬 적은 돈을 받는다는 사실을 안 후, 두 달 동안 아무런 행동을 하지 않고 속으로 분노만 곱씹었다.

그러다가 마침내 용기를 냈지만 상사에게 너무나 소심한 태도로 "연봉을 좀 인상해주시면 안 될까요?"라고 말했다. 당신이 상사라면 아마 가장 먼저 '또 귀찮은 일이 생겼네'라고 생각할 것이다. 그는 제이미의 요구를 묵살했다. 결국 제이미는 연봉 인상에 실패하고 좌절감만 얻었다.

연봉 인상의 핵심은 당신의 사정과 무관하다. 그보다 당신이 회사에서 지니는 가치를 증명해야 한다. 생활비가 많이 들어서 돈이 더 필요하다고 말해서는 안 된다. 누구도 당신의 사정을 신경 쓰지 않는다. 반면 당신의 업무가 회사의 성공에 어떻게 기여하는지 설명하고 공정한 보상을 요구하는 것은 가능하다. 당신이 해야 하는 일은 다음과 같다.

성과 측정 3~6개월 전: 상사와 협의하여 목표를 설정하고 모든 측면에서 목표를 초과하여 최고의 성과를 올려라.

성과 측정 1~2개월 전: 연봉 인상의 근거가 될 '자료'를 준비하라.

성과 측정 1~2주 전: 전술과 대본을 마련하여 연봉 협상 때 할 말을 철저하게 연습하라.

연봉 협상 3~6개월 전에 회사에서 최고 성과자가 되려면 어떻게 해야 하는지 상사와 의논하라. 어떤 성과를 내야 하는지 명확하게 파악하라. 최고 성과자가 되면 보상이 달라지는지 물어라.

상담 요청:

새해 잘 보내셨는지요? 올해는 특히 X, Y프로젝트를 새로 시작하게 되어 대단히 기대가 큽니다. 저는 회사에 정말로 보탬이 되고 싶습니다. 그래서 몇 분 동안 최고의 성과를 올리는 문제에 대해 상의드리고 싶습니다. 제 나름대로 생각이 있지만 조언이 필요합니다. 다음 주에 15분 정도 시간을 내주실 수 있으신지요? 가능하다면 월요일 오전 10시에 사무실에서 뵙겠습니다.

전체 절차가 점진적으로 진행된다는 점에 주목하라. 바로 연봉을 인상해 달라고 요구하면 안 된다. 심지어 최고의 성과를 올리려면 어떻게 해야 하는지도 묻지 않는다. 그냥 의논할 수 있는 기회만 요청하라.

상담 진행:

당신: 시간을 내주셔서 감사합니다. 말씀드린 대로 올해 최고의 성과를 올리기 위해 제가 할 수 있는 일이 무엇인지 많이 생각했습니다. 괜찮다면 그 문제에 대해 자세히 상의드리고 싶습니다.

상사: 좋네.

당신: 제 생각에 저의 역할은 A, B, C 세 가지로 나눌 수 있습니다. A는 잘하고 있고, B는 빠르게 일을 익히고 있습니다. 그러나 이전에 상의드린 대로 C는 약간 도움이 필요합니다. 어떻게 생각하시는지요?

상사: 나도 그렇게 생각하네.

당신: 이 세 부문에서 더 잘할 수 있는 방법을 많이 생각했습니다. 제 나름대로 결론을 얻었고 바로 말씀드리고 싶지만 그 전에 어떤 생각을 갖고 계신지 듣고 싶습니다. 제가 최고의 성과를 올리기 위해 세 부문에서 할 수 있는 의미 있는 일은 무엇인지요?

상사: 내 생각에는 어쩌고저쩌고…….

당신: 저도 같은 생각입니다. 그래서 말씀드리는 건데, 구체적으로 A, B, C 목표를 6개월 안에 달성하고 싶습니다. 조금 버겁긴 하지만 해낼 수 있을 것 같습니다. 이 목표가 중요하고, 이 목표를 달성하면 최고 성과자가 되는 데 도움이 된다고 생각하십니까?

상사: 그럼. 좋은 목표군.

당신: 알겠습니다. 감사합니다. 그러면 앞으로 이 목표를 추진하면서 매주 현황을 보고하겠습니다. 마지막으로 드리고 싶은 말씀은 일을 잘 해내면 6개월 후에 급여 조정 문제를 의논하고 싶다는 겁니다. 그건 나중에 해결하려고 하는데 괜찮을까요?

상사: 알았어. 잘해봐.

당신: 네. 오늘 상의한 내용은 따로 정리해서 보내드리겠습니다. 감사합니다.

당신은 최고 성과자가 되고 싶다는 목표를 분명히 제시했다. 또한 상사의 도움을 구하여 그 의미를 분명하게 밝혔다. 그리고 적극적으로 후속 조치를 취하여 상담 내용을 문서로 남겼다.

이제 실행에 나설 때다. 회사에서 하는 모든 업무와 거기서 얻은 성과를 기록하라. 팀이 2만 5,000개의 제품을 판매했다면 당신이 어떻게 기여했는지 파악하고 최대한 수치화하라. 스스로 정확한 성과를 파악할 수 없다면 업무 성과를 경영 목표와 연계할 줄 아는 경험 많은 동료에게 자문을 구하라.

상사를 그 과정에 동참시켜 진척 현황을 알려라. 관리자들은 예상치 못한 것을 좋아하지 않는다. 그들은 매주 혹은 2주에 한 번 정도 간략하게 현황을 알려주는 것을 좋아한다.

연봉 인상을 요구하기 약 2달 전에 상사와 다시 만나서 저번 달 이후 이룬 진전 내용을 알려줘라. 어떻게 해야 더 잘할 수 있을지 물어라. 일을 제대로 진행하고 있는지 알아야 하며, 꾸준히 진척 현황을 보고하는 게 중요하다.

협상 한 달 전에 일을 잘하고 있으니 다음 달에 만나면 연봉 문제를 협의하고 싶다고 말하라. 내실 있는 논의가 되려면 어떤 자료가 필요할지 물어라. 상사가 하는 말을 주의 깊게 들어라.

이 무렵 상사에게 당신에 대해 좋은 말을 해달라고 동료들에게 부탁하라. 물론 당신이 기대치를 넘어서 확실한 성과를 냈다는 가정하에 하는 말이다. 나는 스탠퍼드 교수에게 이 방법을 배웠다. 그는 대학원 입학위원회에 나에 대해 좋은 말을 해주었다. 다음은 동료가 써줄 수 있는 이메일의 예다.

이번 프로젝트가 잘 진행되고 있음을 보고드립니다. 특히 (당신)이 상당히 많은 기여를 했습니다. 가령 공급업체와 협상하여 수수료를 15% 낮춰 8,000달러를 절감할 수 있었습니다. 또한 2주나 일정을 앞당겼습니다. 체계적으로 일을 진행하고 팀을 올바른 방향으로 이끄는 능력이 돋보였습니다.

이제 무대는 마련되었다. 협상 2주 전에 두어 명의 친구들에게 역할극을 해달라고 부탁하라. 어색하겠지만 협상은 자연스런 행동이 아니다. 그래서 처음에는 아주 이상하고 불편할 수밖에 없다. 어차피 상사와 협상하게 되어 있으니 먼저 친구들과 연습해두는 편이 낫다. 가능하면 협상 경험이 많아서 조언을 해줄 수 있는 친구들을 골라라.

물론 상사가 바로 당신의 성과를 인정하고 연봉을 올려주면 좋을 것이다. 하지만 그런 일이 쉽게 일어나지 않는다. 다음 시나리오에 맞춰서 준비하라.

- **"목표를 달성하지 못했군."** 정말로 목표를 달성하지 못했다면 미리 그 사실을 알리고 어떻게 할지 상사와 결정했어야 했다. 그렇지 않고 상사가 목표를 얼버무리거나 기준을 높여서 핑계를 대려 한다면 이렇게 대응하라. "제가 개선해야 할 부문이 있다면 기꺼이 상의하고 싶습니다. 다만 (날짜)에 사장님과 이 목표에 합의했고, 이후 매주 현황을 보고했습니다. 저는 목표를 뛰어넘기 위해 최선을 다했고 (프로젝트) 결과로 알 수 있듯이 성과를 냈습니다. 그래서 합당한 보상을 받고 싶습니다."

- **"인상에 합의한 적 없어."** 이 경우 다음과 같이 대응하라. "맞습니다. 하지만 (날짜)에 제가 목표를 달성하여 최고 성과자가 되면 나중에 연봉을 조정하기로 합의했습니다." (합의 내용을 정리한 이메일을 보여라.)

- **"나중에 이야기하지."** 이 경우 다음과 같이 대응하라. "지금은 연봉 협상 시기가 아니라는 걸 압니다. 하지만 지금까지 6개월 동안 목표를 달성하기 위해 노력했고, 그동안 진척 현황을 보고했습니다. 앞으로

시급을 연봉으로 빠르게 계산하는 방법

시급을 연봉으로 계산하고 싶다면 시급에 2를 곱한 다음 끝에 0을 3개 붙여라. 가령 시급이 20달러라면 연봉은 약 4만 달러다. 시급이 30달러라면 연봉은 약 6만 달러다.

이 방법은 역으로도 활용할 수 있다. 연봉을 시급으로 계산하려면 연봉을 2로 나누고 0을 세 개 떼라. 즉, 연봉이 5만 달러라면 시급은 약 25달러다.

이는 일반적인 주 40시간 근무를 기준으로 삼으며 세금이나 복리후생을 포함하지 않는다. 그래도 빠르게 계산하는 데 좋으며, 어떤 물건을 살지 말지 결정할 때 많은 도움이 된다. 바지 가격이 8시간 일한 급여와 맞먹는다면 살 가치가 있을까?

도 계속 목표를 달성하겠지만 다음 연봉 협상 때 확실하게 인상이 될 것이라는 사실을 문서로 확인하고 싶습니다."

협상에 임할 때 당신의 연봉, 다른 회사의 연봉 수준, 성과 목록을 준비하고 공정한 보상을 협의할 채비를 갖춰라. 당신은 엄마에게 레모네이드를 달라고 요구하는 것이 아님을 명심하라. 당신은 회사를 위해 일하는 사람으로서 공정한 보상을 요구하는 것이다. 그래야 같이 해결책을 찾는 협력자로서 나아갈 수 있다.

연봉 협상은 당신이 한 모든 준비와 노력의 정점이다. 당신은 할 수 있다!

바라던 연봉 인상을 이뤄냈다면 축하한다! 그것은 소득을 늘리기 위한 중대한 첫걸음이었다. 반대로 실패했다면 상사에게 경력을 진전시키려면 어떻게 해야 하는지 묻거나 더 많은 성장 기회가 있는 회사로 옮기는 것을 고려하라.

급여가 더 많은 일자리로 옮겨라

소득을 늘리는 두 번째 방법이다. 회사가 당신에게 성장할 기회를 제공하지 않아서 새로운 일자리를 찾는 중이라면 연봉 협상은 더없이 쉬울 것이다. 채용 과정에서는 그 어느 때보다 많은 협상력을 얻을 수 있다.

414쪽에서 이 문제를 자세히 다룰 것이다.

부업을 하라

소득을 늘리는 최고의 방법 중 하나는 별개의 일을 시작하는 것이다. 간단한 예로는 우버 기사가 되는 것이 있다. 그러나 그보다 더 깊이 들어가야 한다. 당신이 보유한 기술 중에서 다른 사람들이 활용할 수 있는 것이 있는지 살펴보라. 반드시 어려운 기술일 필요는 없다. 아기 돌보기도 그중 하나다(게다가 수입도 좋다). 집에서 일할 여유 시간이 있다면 upwork.com 같은 사이트에서 온라인 비서가 될 수도 있다.

소득을 늘리겠다고 마음먹었을 때 깨닫게 되는 놀라운 사실 중 하나는 다른 사람들이 돈을 지불할 기술을 당신이 이미 보유하고 있다는 것이다. 단지 이전에는 깨닫지 못했을 뿐이다. 우리 회사는 부업을 중심으로 Earn1K라는 강의를 만들었다. 나는 수강생들이 수지맞는 사업으로 발전시킨 여러 아이디어들을 소개하는 것을 대단히 좋아한다.

가령 나의 수강생 중 한 명은 춤을 좋아한다. 그는 Earn1K 강의를 통해 댄스 교습으로 돈을 벌 수 있다는 사실을 깨달았다. 그는 댄스 교습 사업을 시작한 직후 〈굿모닝 아메리카Good Morning America〉에 소개되었다.

또 다른 수강생은 캐리커처 화가로 과거에는 시간당 8달러를 받았다. 우리는 그녀에게 캐리커처를 그려주는 일을 억대 수입을 올리는 사업으로 발전시키는 방법을 가르쳤다.

교습이나 개 산책시키기처럼 간단한 것을 비롯하여 수많은 가능성이 있다. 바쁜 사람들은 다른 사람들의 도움을 필요로 한다는 사실을 명심하라.

어떤 일에 전문성을 갖고 있다면 당신 같은 사람을 필요로 하는 회사를 찾아라. 가령 나는 고등학교에 다닐 때 흥미로워 보이지만 광고문구가 부실한 50개 사이트에 이메일을 보냈다. 나는 광고문구를 새로 작성해 주겠다고 제안했다. 그중 약 15개 사이트에서 회신이 왔고, 최종적으로는 한 사이트의 광고문구를 수정해주었다. 나중에는 해당 회사의 판매부 책임자로 승진하게 되었다.

이후 대학 시절에는 벤처투자사들에게 이메일과 소셜미디어로 마케팅하는 법을 조언해주었다. 이런 마케팅은 신세대들에게 대단히 익숙하지만 벤처투자사들에게는 낯선 것이었고, 컨설팅 수수료를 넉넉하게 지불할 만큼 가치 있는 것이었다.

지출 계획 준수

당신에게 맞는 의식적 지출 계획을 수립하고 실행한 다음에는 익숙해질 시간을 가져라. 물론 나중에는 "저축 목표에 매달 수입의 10~12%를 할애해야 할까?" 같은 전략적 문제를 따지게 된다. 그러나 초기에는 기본적인 것부터 지켜나가야 한다.

새로운 시스템을 따르는 시간이 늘어나면 예상치 못한 일들을 겪게 된다. 생활하다 보면 택시를 타거나 우산을 사야 하는 것처럼 예상치 못한 비용이 생기기 마련이다. 여기저기서 사소한 몇 푼의 지출을 챙기지 못했다고 해서 자책할 필요는 없다. 시스템을 따르기가 너무 버거우면 결국 멈추게 된다. 나는 자동으로 지출 내역이 (와이냅이나 민트 혹은 다른 수단에) 기록되도록 가능한 한 많은 것을 신용카드로 결제한다. 현금 지출은 최소화하려고 노력한다. 오랫동안 지출 내역을 관리했기 때문에 지금은 매달 평균 현금 지출액이 얼마인지 안다. 그 금액을 의식적 지출 계획에 기입하고 그냥 넘어간다.

다른 모든 일처럼 지출 내역 관리도 처음에는 시간이 걸리지만 차차 쉬워진다. 지출 내역 관리를 중요한 주간 일정으로 만들어라. 가령 매주 일요일 오후에 30분을 할애하라.

예상치 못한 비용 관리

결혼 선물, 자동차 수리, 연체 수수료 등 예상치 못한 비용 때문에 지출 계획이 어그러지는 것은 짜증스럽다. 그래서 예상치 못한 비용을 감안하여 약간의 유연성을 지출 계획에 부여할 필요가 있다.

미리 알 수 있는 부정기 비용(자동차 등록비, 크리스마스 선물, 휴가비): 이런 비용은 쉽게 처리할 수 있다. 사실 이미 지출 계획에 들어가 있다. 저축 목표 항목에서 대강 필요한 금액을 배정하라. 정확할 필요는 없다. 대강의 금액을 정한 다음 매달 돈을 저축하라. 가령 크리스마스 선물을 사는 데 500달러가 필요할 것 같다면 1월부터 매달 42달러를 저축하라(500/12). 그러면 12월이 되어도 대비하지 못한 지출로 타격을 입을 일이 없다.

미리 알 수 없는 부정기 비용(의료비나 벌금): 이런 비용은 아무리 피하려고 노력해도 불가피하게 발생하니 고정비 항목에 넣는다. 이런 비용을 감안하여 고정비에 약 15%를 추가할 것을 권한다. 또한 예상치 못한 비용이 발생할 것에 대비하여 월 50달러를 배정할 것을 권한다. 물론 이렇게 적은 금액으로는 충분치 않다는 사실을 곧 알게 될 것이다. 그러나 시간이 지나면 실제 필요한 금액이 얼마인지 파악하여 적절한 수준으로 조정할 수 있다. 나는 연말에 이 돈이 남으면 절반은 저축하고 절반은 일종의 인센티브처럼 유흥비로 쓴다.

	정기 비용	부정기 비용
미리 알 수 있음	월세 대출 상환금 공공요금	크리스마스 선물 자동차 등록비
미리 알 수 없음	당신이 도박 중독자라면 도박으로 잃을 돈	결혼 선물 의료비 벌금

시간이 지날수록 더 정확한 수치를 얻을 수 있을 것이다. 약 1, 2년이 지나면(장기적으로 생각해야 한다는 사실을 명심하라) 비용을 어떻게 예상해야 할지 정확하게 알 수 있다. 처음이 어려울 뿐 갈수록 쉬워진다.

추가 수입이라는 '문제'
예상치 못한 비용이 있듯 예상치 못한 수입도 있다. 갑작스런 수입을 재미있는 일에 쓰고 싶겠지만 그러지 마라. 의식적 지출 계획 안에서 처리하라.

예상치 못한 일회성 수입: 때로는 생일선물, 세금 환급, 부수입처럼 돈이 하늘에서 떨어지기도 한다. 이 돈을 모두 저축하라고 권하지는 않겠다. 나의 경우 이런 돈이 생기면 50%는 하고 싶은 일, 대개 오랫동안 바라던 물건을 사는 데 쓴다. 언제나 그렇게 한다. 그러면 보상이 생길지도 모르는 특이하고 색다른 아이디어를 추구할 동기가 부여된다. 나머지 절반은 투자계좌에 넣는다. 나의 방식을 아무 계획 없이 갑작스런 수입을 그냥 써버리는 경우와 비교해보라. 이렇게 의식적으로 갑작스런 일회성 수입을 처리하는 것은 장·단기적으로 훨씬 의미 있다.

연봉 인상: 늘어난 연봉은 앞으로도 계속 받을 것이기 때문에 일회성 수입이 아니다. 따라서 제대로 관리하는 게 매우 중요하다. 연봉이 올랐을 때 명심해야 할 것이 있다. 생활수준을 약간 높이는 것은 괜찮지만 나머지는 저축해야 한다. 가령 4,000달러가 올랐다면 1,000달러는 하고 싶은 일에 써라! 그 대신 나머지 3,000달러는 저축하거나 투자해야 한다.

연봉이 오르면 단번에 재정적으로 완전히 다른 수준에 올랐다고 생각하기 쉽다. 연봉 인상을 현실적으로 바라보라. 당신이 노력해서 얻은 것이므로 어느 정도는 즐겨야 한다. 오랫동안 하고 싶던 일을 나중에 기억할 수 있도록 확실하게 즐겨라. 그다음에는 가능한 한 많은 금액을 저축하거나 투자해야 한다. 특정한 생활방식에 익숙해지면 이전으로 돌아갈 수 없다. 벤츠를 몰다가 토요타 코롤라를 다시 몰 수 있을까?

"5년 동안 유통업계에서 일하면서 주식에 투자할 자금으로 1만 달러를 모은다는 목표를 세웠습니다. 28세 때까지 모은 돈은 전부 주식에 투자하기로 결정했죠. 28세 이후에 모은 돈은 안전한 여러 투자 펀드에 넣을 생각이었습니다. 급여가 적었지만 인상분의 절반을 기업 퇴직연금에 부어서 목표를 달성할 수 있었습니다. 급여가 4% 인상될 때마다 2%는 기업 퇴직연금에 넣었죠."

– 제이슨 헨리(33세)

의식적 지출 계획의 장점

의식적 지출 계획이 지니는 최고의 장점은 결정의 지침을 제공한다는 것이다. 그래서 계획에 포함되었는지를 기준으로 간단하게 지출 여부를 결정하고 즐겁게 돈을 쓰도록 해준다. 즉, 최고의 방식으로 죄책감 없이 돈을 쓸 수 있게 해준다. 물론 힘든 결정도 있을 것이다. 지출 방식을 바꾸는 문제는 이 책에서 가장 어려운 부분이다. 선택을 해야 하고, 일부 지출을 포기해야 하기 때문이다. 그래도 이 시스템은 결정의 어려움을 크게 줄여준다. 친구가 저녁을 먹으러 가자고 할 때 외식비가 얼마 남지 않았다면 별로 고민하지 않고 정중하게 거절할 수 있다. 결국 의식적 지출 계획은 감정과 아무 관계없는 하나의 시스템이다. 대다수 사람들은 원래 평범하기 마련이다. 그들은 돈 관리를 '해야 한다'는 초조함을 느끼며 살아간다. 문제는 그 시기가 언제나 내일이라는 것이다. 대부분 40대 중반까지 저축을 생각지 않는다. 당신은 간단한 시스템을 만들면 힘든 결정을 미리 하고 죄책감 없이 돈을 쓸 수 있다는 사실을 알았다는 점에서 특별하다.

1. 수입을 어디에 쓰는지 파악하고 의식적 지출 계획을 어떻게 세워야 할지 생각하라(30분)

지금 바로 너무 고민하지 말고 이 일을 하라. 실수령액을 고정비(50~60%), 장기 투자(10%), 저축 목표(5~10%), 용돈(20~35%)으로 나눠라. 어떻게 나눠지는가?

2. 지출을 최적화하라(2시간)

저축 목표와 고정비를 더 자세히 살펴라. 개별 구매 방식을 시도하라. 보험료가 얼마인가? 줄일 수 있는가? 올해 크리스마스 선물 구입비와 휴가비로 얼마를 쓸 것인가? 이런 비용을 월 단위로 나누고 다시 계산하라.

3. 빅 윈을 골라라(5시간)

와이냅 같은 예산 관리 앱이나 퍼스널 캐피털에 가입하라. 한 달에 200달러를 아끼려 한다고 가정할 때 어떤 빅 윈에 초점을 맞출 것인가? 봉투 시스템을 활용하라.

4. 의식적 지출 계획을 유지하라(주당 1시간)

매주 현금 지출 내역을 기록하라. 지출 계획의 각 부문에 배정한 비율을 조정하라(다음 장에서 이 문제를 자세히 다룰 것이다). 가장 중요한 점은 시스템을 현실적으로 만들어 오랫동안 따를 수 있게 하는 것이다.

좋다. 심호흡을 하라. 당신은 해냈다. 이 책의 가장 어려운 부분을 통과했다! 이제 의식적 지출 계획이 마련되었다. 더 이상 돈을 얼마나 쓰는지 걱정하지 않아도 된다. "이걸 사도 될까?"라거나 "나중에 후회하겠지만 뭐, 일단…" 같은 생각은 당신의 머릿속에서 사라질 것이다. 이제 들어오는 돈은 고정비든, 투자든, 저축이든, 용돈이든 즉시 해당 부문으로 들어가도록 시스템을 자동화할 것이다.

CHAPTER 5

자는 동안에도 저축하라

: 계좌들이 알아서 협력하도록 만들기

아기의 작은 손과 큰 눈을 보면 너무 사랑스럽지 않은가? 귀여운 재채기와 순진하고 순수한 미소는 또 어떤가? 내게는 내가 만든 시스템들이 그렇게 사랑스럽다. 그 시스템들은 아름답기까지 하다. 스탠퍼드에서 학부와 대학원을 다닐 때 65개의 장학금을 신청하고 학비를 대기 위해 만들었던 시스템이 그중 하나다. 매일 2,000통의 이메일을 처리하기 위해 만든 시스템이나 휴가 중 화분에 물을 주기 위해 만든 시스템도 마찬가지다.

당신은 시스템을 사랑스럽게 느끼는 수준까지는 가지 못했을 것이다. 아직은 그렇다. 그러나 이 장을 다 읽으면 그렇게 될 것이다.

재테크를 자동화하는 것이야말로 당신에게 가장 많은 이득을 안길 것이기 때문이다. 나는 15년에 걸쳐 재테크 자동화 시스템을 만들었다.

이후 이 시스템은 관리하지 않아도 알아서 돌아가며 매일 돈을 벌어다 준다.

당신도 그럴 수 있다. 이를 통해 저축, 투자, 지출에 대한 사고방식을 완전히 바꿀 수 있다. 어떤 사람들은 한숨을 쉬며 "허리띠를 졸라매고 돈을 더 아껴야 해"라고 말한다(하지만 정말로 실행하는 경우는 드물다). 이는 수비적인 태도다.

우리는 따분해하고, 한눈을 팔고, 의욕을 잃는 등 정상적인 행동을 감안할 뿐 아니라 그래도 돈이 불어나도록 해주는 기술을 활용하는 시스템을 만들어서 공격적으로 나갈 것이다. 다시 말해서 지금 노력하면 앞으로 평생 혜택을 누릴 수 있다. 그것도 저절로!

결정권은 당신에게 있다. 당신은 "꾸준한 수입이 있다면 좋아 보이네요"라고 말할지 모른다. 수입이 꾸준하지 않은 것이 무슨 상관인가? 내가 아는 한 프리랜서의 경우 한 달에 1만 2,000달러를 벌 때도 있고 3달 동안 일이 전혀 들어오지 않을 때도 있다. 수입이 이렇게 들쑥날쑥하면 어떻게 재테크를 자동화해야 할까? (257쪽에서 이 문제를 다룰 것이다.)

앞서 우리는 각 범주(고정비, 투자, 저축, 용돈)에 얼마를 쓸지 결정하는 의식적 지출 계획을 세웠다. 당신은 아마 매달 일일이 돈을 이체해야 할 것이라고 생각하지 않았을 것이다. 물론이다. 이 장에서는 돈을 관리하기 위한 자동자금흐름Automatic Money Flow을 만들 것이다. 그러기 위해서는 신용카드, 입출금계좌, 저축예금, 투자계좌 등 필요한 곳으로 돈이 가도록 자동이체를 설정해야 한다.

"대부분의 재테크를 자동화해서 매달 예산을 신경 쓸 필요가 없어요. 가장 큰 성과는 매주 재정 상태를 살필 필요가 없다는 겁니다. 1년에 몇 번만 투자 현황과 지출 습관을 확인하면 돼요."

– 제나 크리스텐슨(26세)

덜하기 전에 더하라

당신은 어떤지 모르지만 나는 나이가 들수록 일을 덜할 계획이다. 갈수록 일을 더하는 쪽으로 경력을 쌓는 사람들을 보면 항상 의아하다. 갈수록 더 어려운 레벨을 깨야 하는 슈퍼마리오를 현실에서 보는 것 같다. 정말 그러고 싶을까?

내가 시스템을 사랑하는 이유가 여기에 있다. 지금 미리 일을 해두면 두고두고 혜택을 누린다. 지금 조금 투자하면 나중에 많이 투자할 필요가 없다. 물론 말로는 쉽다. 우리는 꾸준한 재테크에 거의 실패한다. 솔직해지자. 이 점은 결코 변하지 않을 것이다. 사실 돈 관리에 정말로 신경 쓰는 사람이 몇이나 될까? 돈 관리는 차고 청소와 비슷하다. 그래서 해야 할 일을 대부분 알아서 처리해주는 자동화된 시스템을 꿈꾼다. 실제로 효과가 있는 시스템 말이다.

나의 조언을 따르면 이 꿈을 실현할 수 있다. 나의 자동화 시스템은 소위 덜하기 전에 더하기 곡선Curve of Doing More Before Doing Less을 바탕으로 삼는다.

이 시스템은 돈뿐 아니라 시간을 어디에 투자할지도 좌우한다. 물론 자동자금흐름을 준비하는 데는 몇 시간이 걸리지만, 두어 시간을 들이면 장기적으로 많은 시간을 아낄 수 있다. 또한 돈의 흐름이 자동으로

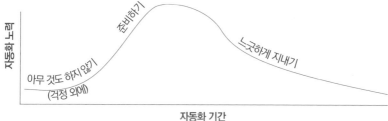

자동화 노력

준비하기

느긋하게 지내기

아무 것도 하지 않기
(걱정 외에)

자동화 기간

관리되며, 당신이 신경 쓰지 않아도 모든 수입은 의식적 지출 계획에 따라 적절한 계좌로 들어갈 것이다.

두 시간 투자에 대한 보상은 대단히 크다. 자동화 시스템 덕분에 당신은 삶의 즐거운 부분에 집중할 수 있게 된다. 대금을 제때 냈는지 혹은 초과인출 수수료가 발생할지 더 이상 걱정할 필요가 없다. 매주 이 계좌에서 저 계좌로 돈을 이체하면서 여러 항목을 살피는 고생에서 벗어나 돈을 도구로 보게 된다.

"저는 모아 놓은 돈이 1만 7,000달러이던 23세 때 이 책을 읽었어요. 책에 나온 대로 장기 목표(은퇴, 비상금)와 단기 및 중기 목표(자동차 수리, 휴가, 크리스마스 선물)를 위해 자동으로 저금하는 시스템을 만들었죠. 10년이 지난 지금 17만 달러를 모았어요. 또한 가장 좋은 조건으로 차를 샀고, 휴대폰 요금을 깎아서 수백 달러를 아꼈어요."

–리사 런스포드(33세)

기본 설정의 힘

사람들은 대개 엄청나게 게으르고, 금전적으로 손해인데도 노력이 필요 없는 쪽을 택한다. 기업 퇴직연금 갹출제도를 이용하지 않아서 해마다 수천 달러를 손해보는 사람이 얼마나 많은지 생각해보라. 우리가 행동에 나서지 않아서 잃는 돈이 얼마나 될까?

행동을 이끌어내는 핵심은 결정이 자동으로 이뤄지도록 만드는 것이다. 당신이 매주 필요한 일을 할 것이라고 생각하는가? 아니다. 당신은 신경 쓰지 않을 것이다. 물론 지금은 신경 쓰겠지만 2주가 지나면 트위터와 넷플릭스로 돌아갈 것이다. 누구도 돈 관리에 신경 쓰지 않는다. 심지어 나도 그렇다. 나는 은행과 증권사에서 보내는 끝없는 우편물로부터 벗어나고 싶다.

그래서 돈 관리는 기본 설정에 따라 이뤄져야 한다. 앞서 기업 퇴직연금에 관해 이야기했는데, 이제는 모든 수입에 같은 원칙을 적용할 것이다. 저축예금과 투자계좌에 돈을 넣어서 가만히 둬도 불어나게 만들 것이다. 사실 자동이체를 설정하면 납입을 멈추기가 더 어렵다! 물론 불가능한 것은 아니다. 언제든 시스템을 조정할 수 있다. 그러나 게으르고 내키지 않아서 그렇게 하지 않을 것이다. 나도 게으르기는 마찬가지다. 단지 그 점을 이용할 방법만 알면 된다. 일단 시스템을 마련하면 전혀 손댈 필요가 없다. 설령 당신이 코모도 도마뱀에게 잡아먹혀도 시스템은 기본 설정에 따라 이 계좌에서 저 계좌로 돈을 이체할 것이다. 마치 재테크에 대한 당신의 혜안이 불러온 유령처럼 말이다. 오싹하지만 멋있지 않은가.

"평생에 걸쳐 부를 쌓는 유일하게 확실한 방법이 있다. 바로 계획이 저절로 실행되도록 설정하여 재정적으로 중요한 모든 것을 자동화하는 것이다. … 재테크와 관련하여 중요한 몇 가지 것을 자동화할 것을 권한다. 한 시간 정도면 모든 설정을 마치고 일상으로 복귀할 수 있다."

– 데이비드 바크DAVID BACH, 《자동 부자 습관THE AUTOMATIC MILLIONAIRE》의 저자

한 달에 90분만 들여서 돈을 관리하는 법

지금쯤이면 자동화의 필요성에 대해 설득이 되었으리라 믿는다. 4장에서 기본적인 시스템으로서 수입을 배정하기 위한 의식적 지출 계획을 만들었다. 복습 삼아 네 가지 범주에 배정한 대략의 비중을 살펴보자.

지출 범주	
다음 비율을 기준으로 삼고, 필요에 따라 조정하라.	
고정비(월세, 공공요금, 대출금 등)	실수령액의 50~60%
투자(기업 퇴직연금, 로스 퇴직계좌 등)	10%
저축 목표(휴가, 선물, 주택 계약금, 예상치 못한 비용 등)	5~10%
용돈(외식, 술, 영화, 옷, 구두 등)	20~35%

이제 의식적 지출 계획을 자동화해야 한다. 이를 위해 '다음 100달러'라는 개념을 활용할 것이다. 당신이 벌어들인 100달러를 어디에 쓸 것

인가? 전부 투자계좌에 넣을 것인가? 10%만 저축예금에 넣을 것인가? 대부분 어깨만 으쓱할 뿐 시간을 들여서 돈을 어떻게 배분할지 고민하지 않는다. 그래서 아무 생각 없이 돈을 쓴다. 너무나 서글픈 일이다.

더 나은 방법이 있다! 의식적 지출 계획으로 마련한 지침을 활용하면 된다. 4장에 나온 내용을 충실하게 따랐다면 고정 지출비가 얼마이고, 투자, 예금, 소비에 쓸 돈이 얼마나 남는지 알 수 있다. 따라서 당신이 100달러를 벌었고, 앞에 나오는 예처럼 배분한다면 고정비로 60달러, 투자에 10달러, 예금에 10달러를 쓰고 남은 20달러로 하고 싶은 일을 할 수 있다. 멋지지 않은가? 이보다 더 좋은 점도 있다. 모든 것을 자동화하면 가만히 놔둬도 입출금계좌에서 적절한 계좌로 알아서 돈이 들어간다.

내 친구 미셸을 예로 들어서 구체적인 방식을 알아보자. 미셸은 월급을 받는다. 회사는 그녀가 신청한 대로 5%를 미리 떼서 그녀의 기업 퇴직연금 계좌에 넣는다. 나머지 금액은 그녀의 입출금계좌로 입금된다.

다음날 자동자금흐름에 따라 입출금계좌에서 자동이체가 이뤄진다. 로스 퇴직계좌에는 급여의 5%가 들어간다. (이 돈과 기업 퇴직연금에 들어가는 돈을 합치면 실수령액의 10%를 투자하는 셈이다.) 또한 결혼을 위한 부계좌로 1%, 주택 계약을 위한 부계좌로 2%, 비상금 부계좌로 2%가 들어간다. (이렇게 실수령액의 총 5%가 월 저축 목표에 배정된다.)

그녀는 고정비도 자동으로 처리하도록 시스템화했다. 그녀는 대부분의 회원제 서비스 요금과 청구서를 신용카드로 결제한다. 다만 공공요금과 대출금 같은 것은 입출금계좌에서 직접 이체한다. 끝으로 그녀는 카드사에서 이메일로 보내는 청구서를 5분 동안 검토한다. 검토가 끝나면 입출금계좌에서 전액 자동 결제된다. 남는 돈은 용돈으로 쓴다. 그녀는 이미 저축 및 투자 목표를 달성했다는 사실을 안다. 그래서 즐거운 마음으로 원하는 물건을 살 수 있다.

그녀는 과소비를 막기 위해 외식과 옷이라는 두 가지 빅 윈에 초점을 맞춘다. 지출 한도를 넘으면 와이냅에서 알림이 오도록 설정해두었으며, 만약을 대비하여 입출금계좌에 500달러를 남겨둔다. (지출 한도를 넘기는 경우에는 '예기치 못한 비용'을 대기 위해 저축예금에 모아둔 돈으로 보충한다.) 그녀는 지출 내역을 보다 쉽게 관리하기 위해 모든 소비성 지출은 최대한 카드로 결제한다. 또한 지출 추세를 보고 한 달에 커피 값과 팁으로 100달러의 현금을 쓴다는 사실을 확인했고, 이 비용도 용돈으로 잡았다. 덕분에 일일이 현금 영수증을 확인하거나 금액을 입력할 필요가 없다.

미셸은 매월 중순에 지출 한도를 지키고 있는지 확인한다. 별다른 문제가 없으면 신경 끈다. 한도를 넘겼다면 월 예산을 넘기지 않도록 어떤 비용을 줄일지 결정한다. 다행히 문제를 바로잡을 날이 15일이나 남았기에, 외식 초대를 정중하게 거절하면 정상 궤도로 돌아갈 수 있다.

그녀는 월말이 되면 두 시간 정도만 재정 상태를 점검한다. 그래도 수입의 10%를 투자했고, 5%를 (결혼 비용, 주택 구입비, 비상금으로) 저축했고, 모든 청구액을 제때 지불했고, 카드 대금을 전액 결제했고, 원하는 일에 돈을 썼다. 초대를 거절한 적은 딱 한 번뿐이었고, 그마저도 중요한 일은 아니었다. 사실 초대를 거절해서 큰일이 생긴 적은 한 번도 없었다.

자동자금흐름을 만들어라

이제 시스템이 어떻게 돌아가는지 알았으니 자동자금흐름을 시행할

"매달 한 시간 정도 대금을 내고, 카드 잔액과 은행 잔고를 확인하고, 포트폴리오에 들어 있는 종목의 주가를 살피면서(적극적인 매매는 하지 않고 현황만 파악합니다) 돈 관리를 합니다. 또 한 달에 한 번 저축 현황을 살펴서 휴가를 가거나 비싼 물건을 살 수 있을지 판단합니다."

-제니퍼 창(32세)

"와이냅 같은 도구를 활용하면 재정 상태를 더 자세히 알 수 있어요. 또한 소비성 지출을 위한 돈과 생활비 지출을 위한 돈을 쉽게 구분할 수 있어서 분석에 큰 도움이 됩니다."

-카일 슬래터리(30세)

때다. 먼저 모든 계좌를 연결해야 한다. 그다음 필요한 날짜에 자동이체가 이뤄지도록 설정하라. 다음에 나오는 내용은 월급을 받는 경우를 가정했다. 수입이 일정치 않은 경우에 이를 조정하는 방법도 다룰 것이다.

시스템을 만들려면 모든 계좌의 목록, 각 URL(웹 문서의 각종 서비스를 제공하는 서버들에 있는 파일의 위치를 표시하는 표준), 아이디 및 비밀번호가 필요하다. 앞서 밝혔듯 나는 라스트패스에 모든 정보를 저장한다. 정보를 어떻게 저장하든 30분 정도 시간을 들여서 모든 계좌번호를 한곳에 정리해두면 좋다. 그러면 두 번 다시 할 필요가 없다.

아직 급여 이체를 신청하지 않았다면 인사과에 가서 신청하라. (입출금 계좌 번호만 알려주면 쉽게 처리된다.) 또한 기업 퇴직연금 납입과 관련하여 모든 것을 제대로 처리해야 한다. 3장에 나온 대로 처리하는 것이 이상적이다. 아직 처리하지 않았다면 지금 하라! 이미 기업 퇴직연금을 납부하고 있어도 의식적 지출 계획에 따라 금액을 조정해야 할지도 모른다.

자동화에 대한 일반적인 보이지 않는 스크립트

자동화는 정말 좋아 '보이지만' 실행에 옮기는 사람이 드물다. 다음과 같은 이유 때문이다.

보이지 않는 스크립트	의미와 조언
"내가 직접 판단해서 주가가 떨어졌을 때 투자하는 편이 더 나아."	재테크를 자동화하려니 불안한 마음이 드는 것은 이해한다. 자동화해도 통제권은 당신에게 있다. 언제든 상황을 점검해서 중단하거나 원하는 대로 조정할 수 있다. 솔직하게 말해보라. 실제로 매달 꾸준하게 투자한 적이 있었는가? 돈을 모두 마땅한 곳에 썼는가? 알아서 필요한 조정을 하는가? 그렇지 않다면 돈을 잃은 것이다. 바로잡도록 하자.
"금액이 너무 적어서 시작할 가치가 없어."	지금 시작하여 습관을 들여라. 나중에 수입이 늘면 이미 습관화되었을 것이고, 시스템 덕분에 자동으로 돈이 불어날 것이다.
"지금까지 수입 변동에 맞춰서 직접 투자했어. 수입이 들쑥날쑥하면 자동화하기가 어려워."	비정기적 수입 문제도 다룬다. 257쪽을 참고하라.
"솔직히 방법을 모르겠어."	마침내 투자를 '통제'하고 싶다는 거짓말이 아니라 진실을 말하는 사람이 나왔다. 우리는 지금 투자 수익률을 이야기하고 있다! 그런 문제를 모른다고 해서 잘못된 것은 없다. 앞으로 나오는 내용을 읽어라.
"직접 하면 수수료가 덜 들어. 돈이 어디로 가는지도 통제할 수 있어(혹은 적어도 그런 느낌이 들어). 또한 목표와 진전 상황을 계속 확인하게 되어서 좋아."	언제나 느낌이 문제다. 가끔은 느낌이 우리가 주의를 기울여야 하는 세밀한 직감을 반영할 때도 있다. 그러나 느낌이 변덕스럽고 어긋나서 길을 잃게 만드는 때도 있다. 항상 증거를 토대로 삼아야 한다. 이 문제가 그런 경우에 해당한다. 결론은 재테크를 자동화하면 더 많은 시간, 더 많은 돈, 더 높은 투자수익률을 얻는다는 것이다.

"저는 재테크를 자동화했어요. 그래서 별로 신경 쓰지 않아도 은퇴자금, 결혼자금, 비상금이 모이고 있어요. 정말 대단한 변화였어요. 덕분에 예산 관리에 연연하지 않고 매달 여러 가지 것에 편하게 돈을 쓸 수 있지요. 이 책을 읽을 때는 결혼자금을 모으는 일이 중요하지 않다고 생각했어요. 하지만 약혼을 앞둔 지금 결혼하는 데 비용이 얼마나 많이 드는지 알고 나니 그 필요성을 알게 되었어요! 남자 친구는 이제야 결혼자금을 모아야 한다는 사실을 깨달았지만 저는 이미 모으고 있었지요. 이 책은 정말 큰 도움이 되었어요."

– 줄리아 와그너(28세)

계좌들을 연결하라

이제 자동이체가 가능하도록 계좌들을 연결해야 한다. 계좌에 로그인하면 대개 '계좌 연결'이나 '이체' 혹은 '지급 설정' 같은 메뉴가 나온다. 다음과 같이 조치하라.

- 아직 하지 않았다면 매달 자동 납입이 되도록, 급여에서 기업 퇴직연금이 바로 빠져나가게 하라.
- 입출금계좌를 저축예금과 연결하라.
- 입출금계좌를 투자계좌/로스 퇴직계좌와 연결하라. (은행이 아닌 증권사 계좌로 하라.)
- 입출금계좌로 청구되던 모든 대금을 신용카드로 돌려라. 가령 케이블 방송 요금이 매달 입출금계좌에서 빠져나갔다면 앞으로는 신용카드로 결제되도록 해라.

- 월세나 대출금 같은 일부 지출은 신용카드로 처리하지 마라. 정기 지출은 입출금계좌로 처리하라. (입출금계좌에서 이체를 시키면 된다.)
- 모든 카드 대금은 입출금계좌에서 빠져나가도록 설정하라. (카드사에 연락하여 자동이체를 신청하라.)

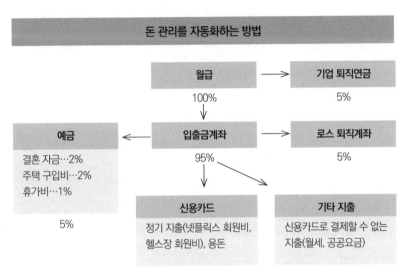

* 참고 사항: 이해하기 쉽도록 세금은 포함하지 않았다.

자동이체 설정

모든 계좌를 연결했다면 이체와 납부를 자동화해야 한다. 아주 간단하다. 개별 계좌의 홈페이지로 가서 당신이 원하는 날짜에 원하는 금액이 들어가도록 납부나 이체를 설정하면 된다.

주의할 점은 이체 날짜를 잘 정해야 한다는 것이다. 이체 날짜는 중요한 사항인데도 간과하는 경우가 많다. 엉뚱한 날짜에 자동이체를 설정하면 어쩔 수 없이 손이 더 간다. 가령 신용카드 결제일이 매달 1일인데 월급날이 15일이면 어떻게 해야 할까? 모든 청구서를 잘 조율하지

계좌들을 연결하는 방법	
항목	연결 대상
급여	▪기업 퇴직연금 ▪입출금계좌(급여 이체)
입출금계좌	▪로스 입출금계좌 ▪저축예금(저축 목표로 나눔) ▪신용카드 ▪신용카드로 결제할 수 없는 고정비(월세 등) ▪비정기 현금 지출
신용카드	▪고정비 ▪용돈

않으면 다른 날짜에 돈을 지출해야 하며, 여러 계좌를 조정해야 한다. 그래서는 안 된다.

이런 문제를 피하는 간단한 방법은 모든 청구서의 날짜를 맞추는 것이다. 그러기 위해서는 청구서를 모두 모으고, 각 회사에 전화를 걸어서 납부일을 바꿔달라고 요청해야 한다. 대개는 한 회사당 5분 정도면 된다. 처음 몇 달은 청구 내역이 조금 이상할 수 있지만 곧 해결될 것이다. 월급날이 매달 1일이라면 1일 전후에 청구서가 오도록 바꿀 것을 권한다. 해당 회사에 전화를 걸어서 이런 식으로 말하라. "현재 매달 17일에 청구서를 받는데 날짜를 매달 1일로 바꾸고 싶어요. 제가 따로 해야할 일이 있나요?"라고 말하라. (물론 상황에 맞춰서 당신에게 편한 날짜를 요구하면 된다.)

모든 청구서가 매달 초에 날아오게 조정했다면 각 사이트로 가서 이체를 설정해야 한다. 다음은 월급날이 매달 1일이라고 가정했을 때 자동자금흐름을 만드는 방법이다.

매달 2일: 급여의 일부는 자동으로 기업 퇴직연금에 들어간다. 남은 금액('실수령액')은 입출금계좌로 이체된다. 월급날이 1일이라도 2일까지 계좌에 들어오지 않을 수 있다. 따라서 이 점을 감안해야 한다. 앞서 말한 대로 입출금계좌는 이메일 수신함처럼 활용해야 한다. 즉, 일단 모든 돈을 모은 다음 적절한 곳으로 분류해서 넣어야 한다. 처음에는 이체가 제대로 되지 않을 경우에 대비하여 500달러 정도의 예비자금을 입출금계좌에 넣어둘 것을 권한다. 이 돈은 두어 달 후에 꺼내면 된다. 그리고 걱정하지 마라. 문제가 생기면 138쪽에 제시한 방법대로 초과인출 수수료를 면제받으면 된다.

매달 5일: 저축예금으로 자동이체하라. 5일까지 기다리면 약간의 여유가 생긴다. 만약 문제가 생겨서 1일에 월급이 들어오지 않아도 4일 동안 문제를 바로잡거나 자동이체를 취소할 수 있다.

이때 금액도 설정해야 한다. 금액을 계산할 때 의식적 지출 계획에서 예금에 배정한 비중을 활용하라(대개 5%에서 10%로 잡는다). 지금은 그럴 형편이 안 돼도 괜찮다. 5달러만 이체하여 잘 되는지 확인하라. 금액은 중요치 않다. 5달러는 작은 금액이지만 이체가 이뤄지는 방식을 확인하면 쉽게 금액을 추가할 수 있다.

그다음 로스 퇴직계좌로 자동이체하라. 의식적 지출 계획을 참고하여 이체 금액을 계산하라. 기업 퇴직연금 납입액을 뺀 실수령액의 10% 정도가 이상적이다.

매달 7일: 매달 지출되는 비용이 자동으로 처리되도록 설정하라. 케이블 방송 요금, 공공요금, 자동차 할부금, 학자금 대출 등 정기적으로 돈이 나가는 곳의 홈페이지로 로그인하여 자동이체를 신청하라. 나는 포인트를 쌓을 수 있고, 소비자 보호 서비스를 받을 수 있고, 와이냅 같은 수단을 통해 지출 내역을 쉽게 확인할 수 있어서 신용카드로 결제하는 편을 선호한다. 신용카드로 결제할 수 없다면 계좌에서 자동이체로 결제되도록 하면 된다.

그다음 카드 대금이 자동이체로 납부되도록 설정하라. 카드사 사이트로 로그인하여 매달 대금 전액이 계좌에서 빠져나가도록 하라. (청구서가 1일에 날아오므로 이렇게 하면 연체 수수료를 낼 일이 없다.) 카드 빚이 있고, 대금 전액을 납부할 수 없다고 해도 걱정하지 마라. 그래도 자동이체를 설정할 수 있다. 최소 결제액 내지 원하는 금액만 신청하라. (73쪽에 이렇게 하는 것이 좋은 이유가 나와 있다.)

또한 입출금계좌에서 돈이 빠져나가기 전에 내역을 확인할 수 있도록 이메일 청구서 발송 서비스(대개 '알림'이나 '청구서' 항목에 있다)도 신청하라. 그러면 카드 대금이 뜻하지 않게 계좌 잔고를 초과했을 때 금액을 조정할 수 있다.

자동이체 설정 내역	
날짜	내역
매달 1일	▪입출금계좌로 급여 이체
매달 2일	▪기업 퇴직연금 납입
매달 5일	▪입출금계좌에서 저축예금으로 자동이체 ▪입출금계좌에서 로스 퇴직계좌로 자동이체
매달 7일	▪입출금계좌 및 신용카드로 각종 요금 자동이체 ▪입출금계좌에서 신용카드 대금 자동이체

"자동 투자 원칙은 재테크를 훨씬 쉽게 만들어주었습니다. 과거에는 어느 종목을 얼마나, 어느 가격에 살지 고민했죠. 이런 일에 엄청나게 많은 정신적 에너지를 소모했지만 계속 나보다 시간이 훨씬 많은 투자자들에게 당했어요. 하지만 자동 투자 시스템을 적용하고 나서는 지난 8년 동안 더 높은 수익을 냈지요."

─ 라이언 레트(38세)

자신에게 맞춰서 시스템을 조정하는 방법

이것이 기본적인 자동자금흐름이다. "정기적인 수입이 있으면 도움이 되겠군. 하지만 나는 수입이 일정하게 들어오지 않아"라고 생각하는 사람이 있을 것이다. 월급을 받지 않아도 상관없다. 돈이 들어오는 일정에 맞춰서 시스템을 조정하면 된다.

2주에 한 번 급여를 받는 경우: 앞서 말한 시스템을 1일과 15일에 두 번 적용하되 금액을 반으로 나누면 된다. 요점은 대금을 제때 납부하는 것이다. 결제일을 매달 1일로 맞추는 것이 중요한 이유가 거기에 있다. 쉽게 설명하자면 1일에 들어오는 급여로 대금을 결제하고, 15일에 들어오는 급여로 예금과 투자를 하면 된다.

두 가지 다른 선택지도 있다.

- 지출 항목을 둘로 나눠서 한 번은 은퇴자금 및 고정비를 처리하고, 다른 한 번은 예금 및 용돈을 처리할 수 있다. 그러나 이 방식은 약간 거추장스럽다.

■ '예비자금'을 확보하여 한 달에 한 번 급여를 받는 경우처럼 시스템을 운영할 수 있다. 즉 모아놓은 예비자금으로 청구서를 결제하고 저축예금과 입출금계좌에 돈을 넣는다. 그다음 매달 급여로 그 돈을 '환급'받는 식이다. 가령 실수령액이 월 4,000달러(혹은 보름에 2,000달러)라면 6,000달러를 입출금계좌에 넣어뒀다가 이 장에서 설명한 자동화 시스템을 따르면 된다. 왜 6,000달러일까? (급여가 늦게 들어오는 것처럼) 문제가 생길 경우에 대비하여 약간의 추가 자금을 확보해야 하기 때문이다. 이렇게 할 수 있다면 시스템을 단순화하고 보름마다 급여를 받아도 월급을 받는 경우처럼 운영할 수 있다.

수입이 불규칙한 경우: 어떤 달에는 1만 2,000달러를 벌다가 다음 달에는 한 푼도 벌지 못하는 프리랜서가 많다. 이렇게 수입이 불규칙하면 어떻게 해야 할까?

그래도 이 시스템을 아무 문제없이 활용할 수 있다. 다만 추가적인 단계만 밟으면 된다. 간단하게 정리하면 이렇다. 돈이 많이 들어온 달에 향후 수입이 줄어들 때를 대비하여 예비자금을 모아둔다. 시간이 지나면 수입이 규칙적인 경우와 동일하게 시스템을 운영할 수 있을 만큼 충분한 금액이 모일 것이다. 수입이 적은 달에는 예비자금을 쓰면 되기 때문이다.

그러면 구체적인 절차를 알아보자.

먼저 의식적 지출 계획과 다르게 매달 생활비가 얼마나 필요한지 파악해야 한다. 여기서 말하는 생활비는 월세, 공공요금, 식비, 대출금 등 기본적인 지출만 포함한 최소 생활비다. 즉, 매달 최소한 반드시 써야 하는 금액이다. 그 금액을 파악하라.

이제 의식적 지출 계획으로 넘어가자. 투자에 돈을 쓰기 전에 3개월 치 최소 생활비를 저축 목표에 추가하라. 가령 매달 생활하는 데 최소 3,500달러가 필요하다면 예비자금으로 그 3배인 1만 500달러를 모아야 한다. 이 돈은 수입이 별로 없는 달에 부족한 금액을 채워줄 것이다. 예비자금은 저축예금의 부계좌에 넣어두면 된다. 예비자금은 두 곳에서 확보한다. 우선 예비자금을 모으는 동안에는 투자를 미루고 그 돈을 저축예금에 넣어라. 그런 다음 수입이 많은 달에 여유 자금을 예비자금으로 모아두는 것이다.

3개월치 생활비를 예비자금으로 모았다면 축하한다! (추가로 6개월치를 모으려고 노력하라.) 이제 안정적인 예비자금을 확보했으니 수입이 정기적인 경우처럼 시스템을 운영할 수 있다.

생각해보라. 예비자금이 있으면 수입이 적은 달, 심지어 한 푼도 벌지 못하는 달에도 쉽게 생활비를 충당할 수 있다. 반면 수입이 아주 좋은 달에는 3개월치 혹은 6개월치 생활비를 다시 모아나가면 된다. 이제 의식적 지출 계획에 따라 투자계좌에 돈을 넣도록 하자. 당신은 개인사업자이기 때문에 기업 퇴직연금에 가입할 수 없을 것이다. 그렇다면 좋은 대안인 개인사업자 퇴직연금이나 개인사업자 퇴직계좌를 고려하라. 수입이 적은 달을 보완할 수 있도록 수입이 많은 달에 약간의 돈을 더 모아놓는 것이 현명한 선택이라는 사실을 명심하라.

"재테크를 자동화한 후 7년 동안 40만 달러를 모았어요. 또한 퇴직계좌를 한도까지 채울 만큼 많은 돈을 벌었습니다."

－댄 슐츠(35세)

카드 대금 청구서 검토

나는 최대한 많은 것을 카드로 결제하려고 애쓴다. 범주별로 지출 내역을 확인할 수 있기 때문이다. 또한 여행 포인트와 더불어 다양한 서비스도 받을 수 있다.

이전의 방식: 이전에는 매주 5분 동안 모든 청구 내역을 확인했다. 별 문제가 없을 경우 한 달에 한 번 전액이 계좌에서 결제되었다. 그래서 연체 수수료 때문에 걱정할 일이 없었다. 오류가 있다면 카드사에 전화를 걸어서 바로잡았다.

이렇게 매주 확인하는 방식에 대해 잠시 이야기해보자. 나는 팁이 들어 있는 경우 청구 내역을 잘 확인하고 싶었다. 그래서 식당에 갈 때마다 영수증을 받아서 폴더에 따로 모아두었다. 매주 일요일 밤, 5분 정도 영수증과 카드사 사이트에 올라온 청구 내역을 대조했다. 가령 'Ctrl+F'로 금액을 찾은 다음(가령 43.35달러) 정확한지 확인했다. 만약 팁을 포함해서 43.35달러를 결제했는데 식당에서 50달러를 청구했다면 바가지를 씌우려 했다는 뜻이다. 이 경우 "인도계라면 어떻게 할까?"라고 자문해야 한다.

답은 즉시 카드사로 전화해서 해결하는 것이다.

현재 방식: 이제는 팁으로 6달러가 더 청구되었는지 매주 확인 작업을 하지 않는다. 경험이 쌓이면 지출 내역의 이상한 점을 쉽게 찾아낼 수 있다. 게다가 설령 6달러를 팁으로 더 낸다고 해도 큰 문제는 아니다.

이 말이 이상하게 들리겠지만 일단 믿어라. 나는 모든 거래내역을 꼼꼼하게 확인하면서 이 시스템을 만들었다. 그러나 궁극적으로 이 시스템은 큰 그림에 초점을 맞추는 데 도움을 주기 위한 것이다. 모든 의미 있는 시스템에는 일정한 낭비 요소가 존재하기 마련이다. 누가 팁으로 5달러를 더 청구했다고 해도(그리고 카드사가 잡아내지 못했다고 해도) 어쩔 수 없다. 나의 시스템은 적절한 안전장치와 검토 수단을 갖췄다. 불가피하게 돈이 새어나가는 허점이 있을 것이다. 그래도 큰 그림에 초점을 맞출 수 있다면 괜찮다.

돈은 언제 쓸 수 있나?

됐다. 이제 자동화 인프라를 갖췄다. 지금부터 매달 돈이 자동으로 투자계좌와 저축예금으로 들어갈 것이다. 또한 지출을 줄여서 빅 윈에 초점을 맞췄다. 그렇다면 돈은 언제 쓸 수 있을까?

참 좋은 질문이다. 내게 이 질문을 한 사람들은 실제로 저축을 너무 많이 하는 건 아닌지 걱정한다. 답은 단순하다. 돈을 관리하고 목표를 달성한 다음에 남는 돈을 쓰면 된다. 저축 목표를 보라. 거기에 '휴가'나 '새 스노보드' 같은 항목이 없다면 넣어라. 안 그러면 돈을 어디에 쓰겠는가?

돈은 하고 싶은 일을 하려고 버는 것이다. 물론 지금 돈을 쓰지 않고 아끼면 나중에 더 불어나는 것은 맞다. 그러나 내일만을 바라보며 사는 것은 바람직하지 않다. 대부분 간과하는 투자는 바로 자신에 대한 투자다. 여행의 추억이 나중에 얼마나 큰 가치를 지닐지 생각해보라. 혹은 자기 분야의 정상급 인사들을 만날 수 있는 컨퍼런스에 참석하는 것은 어떨까? 내 친구 폴은 해마다 흥미로운 사람들을 만나기 위해 '인맥 예산'을 따로 만들었다. 자신에 대한 투자가 안겨주는 잠재적 수익은 무한대다.

저축 목표를 달성하고 있는 경우 취할 수 있는 또 다른 경로는 저축을 줄이고 용돈을 늘리는 것이다.

끝으로 약간 느끼하게 들릴지 모르지만 내가 가장 큰 보상을 얻은 일 중 하나는 기부다. 시간이든 돈이든 지역사회나 국제사회에 기여하는 일의 중요성은 아무리 강조해도 지나치지 않다. 지역 학교나 청소년 단체에서 자원봉사를 하라(나는 뉴욕 케어스New York Cares라는 단체에서 자원봉사를 한다). 혹은 당신이 중요시하는 분야에서 활동하는 단체에 기부금을 내라(나는 펜슬스 오브 프로미스Pencils of Promise라는 단체에 기부한다).

너무 많이 저축하는 것은 행복한 고민이다. 다행히 좋은 해결책이 있다.

끝으로 세금에 대해 할 이야기가 있다. 프리랜서는 회사에서 알아서 처리해주는 직장인과 달리 자영업세*를 내야 한다. 자영업세는 내용이

---

* 국내 세법상 자영업세라는 것은 따로 존재하지 않는다. 우리나라 자영업자(혹은 개인사업자들)는 1) 매년 5월에 직전년도에 발생한 소득에 대해 종합소득세 신고, 2) 매 반기마다 부가가치세 신고를 한다. 이것을 한국의 자영업세로 보면 될 듯하다.

복잡하므로 내가 따르는 기본적인 규칙을 알려주겠다. 다만 그다음에 세무사의 도움을 받을 것을 권한다.

많은 프리랜서가 자영업세와 관련된 규정을 모른다. 그래서 세금고 지서가 날아왔을 때 깜짝 놀랄 수 있다. 내가 아는 많은 프리랜서도 뜻하지 않게 거액의 세금이 나와 충격을 받았다. 기본적으로는 소득의 40%를 세금으로 떼어 둬야 한다. 어떤 사람들은 30%로 잡지만 나는 보수적으로 잡는 것을 좋아한다. 연말에 돈이 부족한 것보다 돈을 너무 많이 모아두는 편이 낫다.

세무사가 정확히 얼마를 세금으로 떼어 둬야 할지, 어떻게 분기별 납부를 자동화할지 알려줄 것이다. 그러니 세무사와 상담하라. 그만한 가치가 있다. 또한 수입이 불규칙하다면 와이냅을 예산 관리 도구로 활용할 것을 권한다.

이제 돈 관리가 자동화되었다

축하한다! 이제 자동으로 돈 관리가 이뤄지게 되었다. 청구서가 자동으로 제때 결제될 뿐 아니라 매달 저축과 투자도 자동으로 이뤄질 것이다. 이 시스템의 장점은 당신이 개입할 필요가 없고, 언제든 유연하게 계좌를 더하거나 뺄 수 있다는 것이다. 지금부터는 기본적으로 돈이 모이게 될 것이다. 나는 세 가지 이유로 이 시스템을 좋아한다.

심리적 약점을 보완한다
지금 돈 관리를 하고 싶은 의욕이 일었다고 가정하자. 하지만 3달 혹은 3년 후에는 어떨까? 아마 바빠 뛰어다니고, 한눈을 팔고, 다른 일에 집중할 것이다. 그게 정상이다. 이 시스템은 당신 대신 돈을 불려준다. 이미 수많은 사람이 덕을 봤으니 당신도 그럴 것이다.

수입에 맞춰서 돌아간다

지금은 한 달에 100달러만으로도 이 시스템을 운영할 수 있다. 연봉이 계속 인상되고, 꾸준히 투자수익을 얻고, 다른 부가수입(세금 환급 등)을 얻는다고 상상해보라. 한 달에 1만 달러 아니 심지어 5만 달러를 굴린다고 상상해보라! 여전히 이 시스템은 멋지게 돌아갈 것이다.

관점이 차분해진다

이 시스템은 매일 감정적으로 '격앙된' 상태에서 결정을 내리는 것이 아니라 '차분한' 장기적 관점을 갖도록 해준다. 가령 대부분이 일상적인 지출을 묘사하는 방식을 생각해보라. 그들은 디저트를 먹고 싶은 마음을 '억누르려 애쓰거나', 커피를 사는 데 '죄책감을 느끼거나', '나쁜 짓'이라는 사실을 인정하면서도 고급 핸드백을 산다.

나는 이런 단어들이 싫다. 돈을 쓰는 것은 좋은 일이어야 한다. 그러니 매달 수백 번 사소한 것에 돈을 쓸 때마다 고민하지 말아야 한다. 큰 그림에 초점을 맞춰야 한다.

이 시스템은 풍족한 삶에 대한 당신의 이상을 실현하기 위한 것이다. 나는 당신이 돈을 어디에 쓰는지가 당신의 가치관에 대해 많은 것을 말해준다고 믿는다. 내가 항상 말하듯 '달력과 지출 내역을 보면 그 사람이 무엇을 중시하는지 알 수 있다.' 이제 당신은 "지출이 당신에 대해 무엇을 말해주는가?"라는 질문에 대한 답을 얻었다.

가령 나는 옷을 사는 데 돈을 많이 쓴다. 물론 죄책감은 느끼지 않는다! 엄청나게 비싼 캐시미어 운동용 바지도 두어 벌 갖고 있다. 이 바지를 입으면 마치 구름을 입은 듯한 느낌이 든다. 내 친구 하나는 바지 가격이 얼마인지 알고 깜짝 놀랐다. 사실 맥락을 떼어 놓고 가격만 보면 비싼 건 맞다. 그것도 '말도 안 되게' 비싸다. 그러나 저축, 투자, 기부를 포괄하는 완전한 자동화 시스템이라는 맥락 안에서 보면 편한 마음으로 지불할 수 있는 가격이다. '정신이 나갔다'거나, '말도 안 된다'는 표현은 더 이상 적용되지 않는다. 단지 내가 원하고 살 형편이 되니까 샀을 뿐이다.

돈으로 비싼 물건만 살 수 있는 것은 아니다. 추억을 만들고 진정한 기쁨도 누릴 수 있다. 나는 결혼할 때 아내와 같이 앉아서 우리에게 중요한 핵심적인 것들이 무엇인지 의논했다. 다행히 우리 두 사람의 부모님은 모두 건강했다. 우리의 꿈 중 하나는 신혼여행(그중 며칠!)에 부모님을 초대해 같이 멋진 추억을 만드는 것이었다. 우리는 부모님을 이탈리아로 초대하여 맛집 투어, 요리 강습, 와인 시음을 시켜드렸으며, 왕족 같은 대접을 받도록 해드렸다.

우리는 추억을 만들고 싶었다. 그러기 위해서 자동화 자금흐름 시스템에 몇 가지 변화를 줬고, 거기에 따라 돈이 재배정되었다. 우리는 부모님이 우리와 함께 시간을 보내고, 평생 처음으로 새로운 치즈를 맛보던 모습을 결코 잊지 못할 것이다. 이것이 돈은 풍족한 삶의 작지만 중요한 요소라는 말이 지닌 뜻이다.

투자 자금은 어떻게 해야 하는지 궁금할 것이다. 현재 당신이 매달 기업 퇴직연금과 로스 퇴직계좌에 납입한 돈은 그냥 거기에 들어 있다. 그 돈을 투자하여 굴려야 한다. 다음 장에서 스스로 투자 전문가가 되는 법과 최고의 투자수익을 올리는 법을 이야기할 것이다.

1. 모든 계좌의 로그인 정보를 한곳에 정리하라(1시간)

계좌들을 서로 연결하려면 일일이 로그인해야 한다. 모든 로그인 정보를 정리하여 집이나 직장에서 쉽게 접속할 수 있도록 하라.

2. 모든 계좌를 연결하라(3~5일)

자동화 자금흐름 시스템을 만들려면 모든 계좌를 연결해야 한다. 계좌 연결은 무료로 빠르게 할 수 있다. 다만 제대로 되었는지 확인할 수 있도록 3~5일 정도 여유를 둬라.

3. 자동화 자금흐름 시스템을 만들어라(5시간)

계좌들을 연결했다면 자동화 자금흐름 시스템의 핵심인 자동이체를 설정하라. 그러면 투자, 예금, 지출이 자동으로 처리되며 편하게 쓸 수 있는 용돈도 생길 것이다. 시기를 잘 맞출 수 있도록 청구 일자를 조정해야 한다는 사실을 잊지 마라.

CHAPTER 6

전문성이라는 허상

: 주식 전문가들을 이기는 방법

당신은 블라인드 테스트로 12달러짜리 와인과 1,200달러짜리 와인을 가려낼 수 있는가? 2001년에 보르도 대학University of Bordeaux 연구자인 프레더릭 브로셰Frederic Brochet는 와인업계에 파장을 일으킨 연구를 실시했다. 와인을 마시는 사람들이 어떻게 좋아하는 와인을 파악하는지 알고 싶었던 그는 57명의 유명 와인 전문가를 초청하여 레드 와인과 화이트 와인을 각각 시음하게 했다. 전문가들은 시음을 마친 후, 레드 와인의 맛이 '강렬하고', '깊고', '자극적'이라고 평가했다. 레드 와인을 평가할 때 흔히 쓰는 표현이었다. 화이트 와인도 '생생하고', '신선하고', '꽃향기가 난다'는 일반적인 표현으로 평가되었다. 이 전문가들이 몰랐던 사실은 두 와인이 같은 와인이라는 것이었다. 더욱 창피한 사실은 두 와인 모두 화이트 와인이었다. '레드 와인'은 화이트 와인에 식용색소를 넣은 것이었다. 57명의 와인 전문가들은 같은 와인을 마시고 있다는 사실을 알아채지 못했다!

소위 전문가들에 대해 알아야 할 것이 있다. 미국인들은 전문가를 좋아한다. 우리는 의사들이 올바른 약을 처방해줄 것이라고 믿고, 변호사들이 법률문제를 제대로 해결해줄 것이라고 믿으며, 미디어에서 전문가들이 하는 말을 그대로 받아들인다. 우리는 전문가들에게 훈련과 경험을 쌓은 대가를 지불해야 한다고 배웠다. 어쨌든 아무나 데려다가 집을 짓게 하거나 사랑니를 뽑게 할 수는 없는 노릇 아닌가?

우리는 지금까지 교사, 의사, 투자 '전문가' 같은 전문가들을 존중하라고 배웠다. 그러나 결국 전문성은 결과로 판가름 나는 것이다. 명문대에서 화려한 학위를 땄다고 해도 일을 제대로 해내지 못하면 전문성은 의미가 없다. 전문가를 숭상하는 우리 사회에서 지금까지 결과가 어땠는가? 금융의 경우 그 결과는 실로 암울했다. 우리는 금융지식 부문에서 낙제점을 받았다. 근래에 치러진 전국금융지식시험National Financial Literacy Test 결과 고등학생들의 평균 점수는 61점, 대학생들의 평균 점수는 69점이었다. 게다가 이 시험은 기본적인 금융지식을 측정하기 위한 것이었다.

우리는 '투자'가 앞으로 상승할 종목을 골라내는 일이라고 생각한다. (그렇지 않다.) 대다수 미국 가구는 저축과 투자로 삶을 풍요롭게 하기보다 빚을 안고 살아간다. 이는 분명 문제가 있다.

투자 문제에 있어서는 소형주, 중형주, 대형주, 리츠REITS, 채권, 성장형 펀드, 가치형 펀드, 혼합형 펀드 등 온갖 선택지에 압도당하기 쉽다. 게다가 보수, 이자율, 자산배분, 분산 투자까지 고려해야 한다. 많은 사람이 "그냥 전문가한테 맡기면 되지 않아?"라고 말하는 이유가 여기에 있다. 이는 대단히 안타까운 일이다. 사실 금융 전문가, 특히 펀드 매니저와 주가를 예측하려 드는 모든 사람이 아마추어보다 나을 게 없는 경우가 많기 때문이다. 심지어 아마추어보다 못한 성과를 내는 경우도 적지 않다. 오히려 직접 투자를 관리하여 소위 '전문가'들보다 더 많은 수익을 올릴 수 있다. 재무상담사는 필요 없다. 펀드 매니저도 필요 없다. 저비용 펀드에 자동 투자만 하면 된다(다음 장에서 자세히 다룰 것이다). 따라서 일반 투자자에게 금융 전문가의 가치는 허상에 불과하다. 거기에는 몇 가지 이유가 있으며, 앞으로 자세히 제시할 것이다. 이제는 전문가에 대한 자신의 인식을 돌아보기 바란다. 그들을 떠받들 이유가 있을까? 그들이 수만 달러의 수수료를 받을 자격이 있을까? 그렇다면 어느 정도의 성과를 요구해야 할까?

사실 부자가 되는 것은 전문가가 아니라 당신의 소관이다. 당신이 얼마나 부유해지는가는 저축할 수 있는 금액과 투자 계획에 달려 있다. 이 사실을 인정하려면 담력이 필요하다. 당신이 부자가 되지 못하는 것은 다른 누구의 탓도 아님을 인정해야 하기 때문이다. 재무상담사 탓도, 복잡한 투자전략 탓도, '시장 여건' 탓도 아니다. 이는 당신이 장기적으로 당신과 당신의 돈에 일어나는 모든 일을 통제할 수 있다는 뜻이기도 하다.

이 책을 쓰고 나서 내게 생긴 가장 재미있는 일이 무엇인지 아는가? 이 장의 내용을 반박하는 글을 읽는 것이다. 수수료가 높은 뮤추얼 펀드에 투자하거나, 시장수익률을 따라잡지 못하는 재무상담사에게 의존하는 것은 돈 낭비라고 지적할 때마다 '헛소리'라거나 "절대 그렇지 않습니다. 나의 투자수익을 봐요"라고 이메일을 보내는 사람들이 있다. 그들은 세금과 수수료를 빼면 수익이 얼마나 줄어드는지 모른다. 그래도 수익이 아주 많은 모양이다. 돈을 벌지 못하면 투자를 계속하지 않을 테니 말이다. 그렇지 않은가?

이 장에서는 '전문적 의견'(그리고 수수료)을 피하고 간단한 투자 접근법을 취해 전문가를 이기는 방법을 알려주겠다. 소위 '전문가'들에게 의존하는 것이 대개 비효율적이라는 사실을 이해하기는 쉽지 않다. 그래도 끝까지 읽어보라. 내 말을 뒷받침할 데이터가 있다. 스스로 투자하는 방법도 알려주겠다.

전문가들은 주가를 예측할 수 없다

전문가들을 이기는 방법을 이야기하기 전에 그들이 어떻게 활동하는지 그리고 그들의 조언이 자주 빗나가는 이유가 무엇인지 살펴보자.

가장 눈에 띄는 금융 '전문가'들은 논평가와 포트폴리오 매니저(공모 펀드에서 본인의 분석 능력, 재량으로 종목과 투자 비중을 직접 선정하고 투자하는 펀드 매니저)다. 그들은 주가가 오를지 내릴지 예측하기를 즐긴다. 또한 이자가 이러하고, 원유 생산량이 저러하며, 중국에 있는 나비의 날갯짓이 주식시장에 미치는 영향이 무엇인지 끝없이 말을 늘어놓는다. 이를 '시장 타이밍 맞추기timing the market'라고 한다. 그러나 사실 그들은 주가가 얼마나 변할지, 오를지 내릴지 예측할 수 없다. 나는 에너지 업종, 외환시장, 구글 주가가 앞으로 어떻게 될지 의견을 묻는 이메일을 매일 받는다. 그런 걸 알 수 있는 사람이 있을까? 분명히 나는 모른다. 특히 단기적 변화는 더욱 그렇다. 안타깝지만 누구도 주가가 어떻게 변할지 예측할 수 없다. 그런데도 텔레비전에 나오는 논평가들은 매일 거창한 예측을 늘어놓으면서, 그에 대한 책임은 지지 않는다.

미디어는 사소한 주가 변동도 크게 떠벌린다. 주가가 수백 포인트 떨어졌다고 큰일이라도 난 것처럼 호들갑을 떨다가 3일 후 주가가 500포인트 올랐다고 희망찬 이미지를 내세우는 식이다. 이런 것들을 보면 흥미롭기는 하다. 하지만 한 걸음 물러서서 "여기서 내가 배우는 게 있나? 그냥 주가가 오르고 내린다는 정보에 압도당하고 있는 것은 아닐까?"라고 자문해야 한다. 많은 정보가 항상 좋은 것은 아니다. 특히 투자에 활용할 수 없고, 투자 실수를 초래할 때는 더욱 그렇다. 요점은 전문가들의 예측을 완전히 무시하라는 것이다. 그들은 미래에 어떤 일이 일어날지 모른다.

펀드 매니저들은 당신보다 잘 안다고 생각할지 모르지만 그들도 분위기에 휩쓸린다. 펀드의 매매 패턴을 보면 이 사실을 알 수 있다. 뮤추얼 펀드는 보유 종목을 빈번하게 교체한다. 즉, 매매를 자주 한다(이 경우 매매 수수료뿐 아니라 비과세 계좌가 아닌 경우 세금까지 발생한다). 펀드 매니저들은 수많은 사람이 놓치는 것을 간파하는 자신의 능력을 믿고 최신 인기 종목을 사들인다. 그들은 엄청난 보상을 요구한다. 그런데도 전체적으로 75%의 경우 시장수익률을 넘기지 못한다.

당신은 "내 펀드는 달라요. 지난 2년 동안 80%의 수익을 냈어요!"라고 말할지 모른다. 잘된 일이다. 하지만 두어 해 동안 시장수익률을 넘어섰다고 해서 내년에도 그러리라는 보장은 없다. S&P 다우존스 인덱스S&P Dow Jones Indices가 2000년부터 16년 동안 조사한 결과, 한 해에 시장수익률을 넘어선 펀드 매니저는 이듬해에 같은 성과를 내는 데 엄청난 어려움을 겪었다. S&P 다우존스 인덱스의 수석 애널리스트인 라이언 푸아리에Ryan Poirier는 "펀드 매니저가 어떤 해에 시장수익률을 넘겼다면 이듬해에도 그럴 확률은 매우 낮다"라고 말했다.

2008년부터 2018년까지 최고의 주식이 무엇이었을지 물으면 아마 당신은 구글이라고 짐작할 것이다. 혹시 도미노피자일 거라는 생각은 안 해봤는가? 2008년 1월에 1,000달러를 구글 주식에 투자했다면 10년 후 400%의 수익률을 얻었을 것이다. 이 정도면 환상적인 성과다. 그러나 같은 1,000달러로 도미노 주식을 샀다면 1,900%의 수익률을 얻었을 것이다.•

문제는 누구도 장기간에 걸쳐 어떤 펀드 혹은 종목이 시장수익률보다 나을지 아니면 적어도 그만큼 될지 꾸준하게 맞출 수 없다는 것이다. 그렇게 할 수 있다는 말은 거짓이다. 그러니 전문가의 예측은 무시하라. 평생에 한 번 얻어걸린 말도 안 되는 수익도 무시하라. 어떤 펀드가 지난 1, 2년 동안 거둔 실적도 무시하라. 펀드 매니저가 단기적으로는 아주 좋은 성과를 낼 수 있다. 그러나 장기적으로는 절대 시장수익률을 넘어설 수 없다. 비용과 수수료가 들고 상승주를 계속 선정하기가 수학적으로 힘들기 때문이다(이 문제는 나중에 자세히 다룰 것이다). 펀드를 제대로 평가하는 유일한 방법은 지난 10여 년의 실적을 살피는 것이다.

금융 전문가들이 나쁜 실적을 숨기는 방법

앞서 밝힌 대로 '전문가'들도 종종 틀린다. 더욱 짜증나는 사실은 사람들이 자신의 지난 실패를 모르도록 숨긴다는 것이다. 사실 뮤추얼 펀드를 운용하는 회사와 소위 전문가들을 포함하는 금융업계는 우리가 생각하는 것보다 더 교묘하다. 그들이 주로 활용하는 수법 중 하나는 자신이 틀렸다는 사실을 절대 인정하지 않는 것이다. 《당신이 읽을 가장 똑똑한 투자서The Smartest Investment Book You'll Ever Read》의 저자인 대니

• 2008년 1월 구글의 주가는 281달러였고, 2018년 1월에는 1,170달러였다. 도미노피자 주가는 2008년 1월 12달러였고, 2018년 1월에는 230달러로 수익률은 1,917%이다.

'전문가'들이 주가를 예측하지 못한다는 사실을 보여주는 놀라운 사례

전 문가와 미디어는 우리의 눈길을 잡아끄는 방법을 안다. 그 방법은 화려한 그래픽, 요란한 논평, 거의 틀리지만 주가에 대한 과감한 예측을 내세우는 것이다. 이런 것들은 흥미를 자아내지만 실제 데이터를 보면 놀라게 된다.

퍼트넘 인베스트먼츠Putnam Investments는 15년에 걸쳐 S&P 500에 대한 투자 성과를 분석했다. 이 기간에 연 투자수익률은 7.7%였다. 분석 결과를 보면 놀라운 점이 하나 있다. 15년 동안에 투자하기 가장 좋은(주가가 가장 많이 오른) 10일을 놓치면 투자수익률이 7.7%에서 2.96%로 떨어진다는 것이다. 심지어 놓친 기간이 30일인 경우에는 투자수익률이 -2.47%로 오히려 마이너스가 된다.

이 기간에 실제 금액으로 1만 달러를 15년 동안 투자했다면 최종 금액은 3만 711달러가 된다. 만약 투자하기 가장 좋은 10일을 놓치면 최종 금액은 1만 5,481달러, 30일을 놓치면 최종 금액은 처음 투자한 돈보다 적은 6,873달러가 된다.

이런 놀라운 사실을 알면 주가가 내려갈 게 '뻔하다'는 친구나 전문가의 장담을 의심하게 된다. 그런 말을 무시하라. 주가를 예측하는 일은 기분을 좋게 해줄지 모른다. 그러나 투자에 있어서 기분은 당신을 잘못된 길로 이끈다.

장기적으로 유일한 해결책은 경기가 나쁠 때도 수수료가 낮고 포트폴리오가 잘 분산된 펀드에 최대한 많은 금액을 꾸준히 투자하는 것이다. 장기 투자자들이 "투자 타이밍이 아니라 투자 기간에 초점을 맞추라"고 말하는 이유가 여기에 있다.

얼 솔린Daniel Solin은 투자자들이 여러 주식의 성과를 신속하게 확인할 수 있도록 평가 서비스를 제공하는 모닝스타Morningstar 같은 평가사들에 대한 연구 결과를 소개한다. 거기에 따르면 평가사들은 투자사가 큰 손실을 내서 주주가치를 수십억 달러나 날려도 계속 좋은 평점을 부여한다. 연구 결과의 주요 내용은 다음과 같다.

■ 50개 투자 자문사 가운데 47개가 어떤 기업이 파산 신청을 하는 날까지도 해당 주식을 매수하거나 보유하라고 자문했다.

■ 19개 종목 가운데 12개가 실제로 회사가 파산을 신청한 날에도 '매수' 내지 '보유' 평가를 받았다.

모닝스타 같은 기업은 펀드의 가치를 단순하게 반영하는 평점을 제공한다. 그러나 모닝스타의 별점 평가는 사실 완전히 허튼 짓이다. 왜 그럴까? 두 가지 이유가 있다.

첫째, 별 5개를 받았다고 해서 성공을 장담할 수 없다. 크리스토퍼 블레이크Christopher Blake와 매튜 모리Matthew Morey가 조사한 바에 따르면 낮은 평점은 실제로 부진한 성과를 잘 예측했지만 높은 평점은 정확하지 않았다. 두 사람은 "대개 모닝스타의 고등급 펀드가 차등급 펀드나 중간 등급 펀드보다 나은 성과를 올린다는 통계적 증거는 거의 없다"고 썼다. 평가사가 어떤 펀드에 별 5개를 부여했다고 해서 향후 높은 실적을 올릴 것이라는 보장은 없다.

둘째, 평가사들은 소위 생존 편향survivorship bias(생존 사례에 집중함으로써 생기는 편향으로 낙관주의 편향과 과신 오류를 일으키는 원인이다)에 빠져서 운용사의 성과를 제대로 드러내지 못한다. 즉, 망한 펀드는 애초에 평가에서 제외하는 것이다. 가령 어떤 운용사가 100개의 펀드로 출발했다가 몇 년 후 50개만 계속 운용한다고 가정하자. 이 운용사는 50개의 펀드가 망해서 사라졌다는 사실을 무시하고 남은 50개의 펀드를 얼마나 효율적으로 운용하는지 떠벌릴 수 있다. 다시 말해서 뮤추얼 펀드의 홈페이지와 잡지에 소개되는 '최상위 10개 펀드!'보다 소개되지 않은 펀드를 생각하는 것도 중요하다. 소개된 펀드들은 망하지 않은 펀드다. 이미 성공한 펀드들이니 당연히 별 5개짜리도 있을 것이다.

"여러 뮤추얼 펀드 운용사는 '인큐베이터' 펀드를 만드는 관행을 갖고 있다. 그들은 10개의 소규모 주식 펀드를 펀드 매니저들에게 맡기고 어느 펀드가 성공하는지 지켜본다. 2~3년 후에 3개 펀드만 시장 평균보다 나은 수익률을 올렸다고 가정하자. 그러면 운용사는 나머지 7개 펀드의 기록은 숨겨버리고 성공한 펀드를 공격적으로 홍보한다."

– 버튼 G. 맬킬BURTON G. MALKIEL, 《시장 변화를 이기는 투자A RANDOM WALK DOWN WALL STREET》

시장수익률을 넘어선 3명의 전설적인 투자자

실제로 오랫동안 시장수익률을 넘어선 투자자들이 있다. 가령 워런 버핏은 53년 동안 20.9%의 연 수익률을 올렸다. 피델리티Fidelity의 피터 린치Peter Lynch는 13년 동안 29%의 연 수익률을 올렸다. 예일 대학의 데이비드 스웬슨David Swensen은 33년 동안 13.5%의 연 수익률을 올렸다. 그들은 탁월한 투자 능력을 지녔으며, 세계 최고의 투자자라는 칭호를 얻었다. 그러나 이런 사람들이 시장수익률을 넘어섰다고 해서 나나 당신도 할 수 있는 것은 아니다.

물론 이론적으로는 꾸준하게 시장수익률(대개 물가상승률을 반영했을 때 8% 수준)을 넘어서는 일이 가능하다. 그렇게 보면 내가 헤비급 권투 챔피언이 되는 일도 가능하다. 전 세계에 걸쳐 수백만 명이 시장수익률을 넘어서려고 노력한다. 그래서 통계적으로 보면 극단에 놓인 소수의 예외적인 존재가 있기 마련이다. 그들의 성공이 통계적 사실 때문인지 능력 때문인지 누가 알겠는가? 전문가들조차 개인투자자가 그들의 수익률을 따라잡을 수 있다고 기대하면 안 된다는 데 동의한다. 가령 스웬슨은 정상급 전문 자원을 활용할 수 있었을 뿐 아니라 더욱 중요하게는 최고의 벤처투자사와 헤지펀드 등 일반인들이 접근할 수 없는 투자 수단으로 자산 배분을 뒷받침할 수 있었기 때문에 탁월한 수익률을 올렸다고 설명했다. 이런 프로들은 깨어 있는 모든 시간에 투자를 연구하며, 독점적인 정보와 거래 기회를 얻을 수 있다. 일반 투자자들은 그들과 절대 경쟁할 수 없다.

금융기업들은 생존 편향을 잘 알지만 진실을 드러내기보다 실적 좋은 펀드들로 홈페이지를 채우는 데 더 신경 쓴다. 그래서 여러 펀드를 빠르게 시험하고 최고의 실적을 올린 펀드만 홍보하여 '최고' 펀드를 운용하는 브랜드라는 명성을 누린다. 이러한 점을 일반인이 알 수 없으니 교활하다고 말할 수 있겠다.

우리는 15%의 수익률을 기록한 펀드들로 가득한 홈페이지를 보면 자

완벽한 종목 선정 기록을 만들어내는 법

우리는 장기간에 걸쳐 시장수익률을 넘어서기가 거의 불가능하다는 사실을 안다. 그렇다면 일부 펀드가 대단히 매력적인 실적을 올리는 이유를 확률과 운에서 찾아보자. 어떤 펀드 매니저가 1년, 2년 심지어 3년 동안 운이 좋을 수는 있다. 그러나 수학적으로 볼 때 오랫동안 시장수익률을 넘어설 가능성은 낮다. 다음으로 확률 이론을 살피기 위해 순진한 투자자들을 꼬드기려는 부도덕한 사기꾼의 사례를 예로 들어보자.

먼저 그는 1만 명의 잠재고객에게 이메일을 보낸다. 이때 절반에게는 A종목이 상승할 것이라고 말하고 나머지 절반에게는 B종목이 상승할 것이라고 말한다. 그리고 "이 정보는 저의 능력을 증명하기 위해 그저 제공하는 것"이라고 덧붙인다. 몇 주 후 순전히 우연으로 A종목이 상승한다. 이 경우 그는 B종목이 오른다는 이메일을 보낸 잠재고객들을 무시하고 A종목이 오른다는 이메일을 보낸 잠재고객들에게 초점을 맞춘다. 그는 "제 말이 맞죠?"라는 내용으로 다시 이메일을 보낸다. 이번에도 이메일의 내용은 절반씩 나누어진다. 2,500명에게는 C종목이, 나머지 2,500명에게는 D종목이 상승할 것이라는 이메일을 보낸다. 이후 C종목이나 D종목이 오르면 적어도 1,250명은 그가 두 종목을 성공적으로 선정했다고 믿게 된다. 이런 일이 반복될수록 일부 잠재고객들은 그의 '능력'에 감탄할 것이다.

우리는 무질서 속에서 질서를 만들고 싶어 한다. 그래서 순전히 운에 불과한데도 사기꾼에게 마술 같은 종목 선정 능력이 있다고 믿고, 그가 판매하는 '성공 투자 상품'을 그냥 산다. '별 5개짜리 펀드'들로 가득한 펀드 운용사의 사이트도 마찬가지다. 이 사례로 얻을 수 있는 교훈은 일부 인상적인 실적을 무조건 신뢰하면 안 된다는 것이다.

연히 앞으로도 계속 그만한 수익률을 올릴 것이라고 기대한다. 모닝스타 같은 믿을 만한 평가사에서 별 5개까지 받으면 금상첨화다. 그러나 이제 우리는 생존 편향 그리고 대다수 평가는 의미가 없다는 사실을 안다. 그래서 금융 '전문가' 및 기업들이 배만 불리려 하는 것일 뿐 당신에게 최고의 수익을 보장하는 것이 아님을 이제는 간파할 수 있다.

재무상담사는 필요 없다

앞서 투자를 둘러싼 미디어의 허풍과 대다수 투자 전문가의 부실한 실적을 비판했다. 내가 경고하고 싶은 또 다른 범주의 금융 전문가가 있다. 바로 재무상담사다.

어떤 사람들은 "직접 투자할 시간이 없어요! 왜 재무상담사를 쓰면 안 되죠?"라고 따질 것이다. 아주 오래된 외주 논리다. 우리는 청소, 세탁, 가사를 다른 사람들에게 맡긴다. 돈 관리는 안 된다는 법이 있을까?

젊은 사람들은 대부분 재무상담사가 필요 없다. 필요한 재테크가 아주 간단해서 조금만 시간을 들이면(가령 6주에 걸쳐 일주일에 두어 시간) 자동으로 돌아가는 재테크 인프라를 만들 수 있다.

게다가 재무상담사들이 항상 당신의 이익을 추구하는 것은 아니다. 그들은 당신이 재테크에 대해 올바른 결정을 내리도록 돕는 일을 한다. 그러나 실제로는 그들이 당신에게 가장 좋은 일을 할 의무는 없다는 사실을 명심해야 한다. 일부는 아주 좋은 조언을 제공할 것이다. 그러나 다수는 거의 쓸모가 없다. 커미션을 받는 경우 대개 비용이 많이 붙는 비대한 펀드를 권할 것이다.

반면 수수료만 받는 재무상담사는 정액 수수료를 받으며, 평판도 훨

"처음 들어간 회사에서 투자 회사에 들어간 전 직원의 세미나를 들었습니다. 그는 아주 일반적인 조언(가령 기업 퇴직연금에 가입하고 로스 퇴직계좌를 활용하라는 등)을 했어요. 저는 그와 상담한 후 로스 퇴직계좌를 만들었습니다. 그의 권유로 투자 측면에서 이득이 많은 종신보험도 가입했죠. 그런데 아내가 약관을 자세히 살피더니 가입하면 안된다고 했습니다. 그녀는 전화를 걸어서 가입을 취소하고 돈을 돌려받았어요. 전액을 돌려받을 수 있었던 건 참 다행이었습니다. 최초 경비가 거의 다섯 자리 숫자였거든요. 그 무렵 이 책을 읽고 로스 퇴직계좌도 뱅가드로 옮겼습니다. 이후로는 눈길을 돌리지 않았어요."

－톰(35세)

재무상담사에게 속은 내 친구

오래전 내 친구 조는 내게 이메일을 보내 투자 현황을 살펴달라고 부탁했다. 그는 재무상담사에게 속고 있는 건 아닌지 의심하고 있었다. 대화를 나눈 지 5분 만에 상황이 좋지 않다는 사실을 알 수 있었다. 조는 소득이 높은 젊은 개인사업자였다. 그래서 재무상담사는 앞으로 40년 동안 우려먹을 호구를 잡았다고 생각했던 것 같다. 나는 다음과 같은 문제점을 지적했다.

- 투자와 관련하여 특별히 주의해야 할 상품들이 있다. '종신보험', '연금보험', '프라이메리카Primerica(다단계 금융회사)' 등이 그것이다. 이런 상품들에 섣불리 가입하면 높은 수수료를 내야 하고 잘못하면 사기까지 당할 수 있다.
- 수수료가 과다하다. 조의 소득을 감안할 때 수수료로 내는 돈만 해도 수십만 달러(혹은 평생에 걸쳐 100만 달러)가 될 것이었다.
- 저비용 운용사로 옮길 필요가 있다. 그러면 수수료를 줄이고 투자 실적을 높일 수 있다. 물론 재무상담사는 깜짝 놀라서 옮기지 못하도록 온갖 감정적 호소를 할 것이다. 따라서 서면으로 통지하는 것이 낫다.

이제 쇼가 시작되려 하고 있었다. 나는 의자에 기대앉아 두 손을 문질렀다. 이런 게 살아가는 재미였다.

그다음 주에 조와 재무상담사는 이메일을 주고받았다. 예상대로 재무상담사는 조가 운용사를 바꾸려 하자 (말 그대로!) 큰 충격을 받았다. 그는 이런 말들을 늘어놓았다.

"정말 놀랐습니다. 지난 몇 달 동안 수차례 대화를 나눴지만 불만이나 걱정을 전혀 말하지 않았잖아요?"

"계획을 세우고 투자하는 번거로운 일을 직접 하는 건 좋은 생각이 아닌 것 같아요."

내가 가장 좋아하는 말은 이것이었다. "그래도 운용사를 옮기겠다면 계좌를 닫기 위해 해야 할 일들을 알려드리죠."

조는 감정적 호소에 낚이지 않았다. 그는 이렇게 답신을 보냈다.

"우리가 같이 내린 결정이 정말 나한테 이익이 되는지 모르겠네요. 이런 의문이 정당하든 아니든 지금 기분으로는 계속 돈을 맡기기 어려울 것 같아요."

나는 조에게 A+를 주었다. 그는 수십만 달러의 수수료를 아꼈을 뿐 아니라 자기 돈을 줏대 있게 관리하는 것이 어떤 것인지 보여주었다.

현재 재무상담사를 쓰고 있다면 수탁자인지(즉, 의무적으로 당신의 금전적 이익을 우선시해야 하는지) 물어라. 조의 재무상담사는 수탁자가 아니라 세일즈맨이었다. 이 점은 그가 (20대 독신남인) 조에게 생명보험에 '투자'하라고 권했다는 데서 바로 드러난다. 조 같은 사람이 생명보험에 들어야 할 유일한 경우는 피부양자가 있을 때다.

재무상담사가 수탁자가 아니라면 바꿔야 한다. 그들이 당신을 붙잡으려고 동원하는 온갖 감정적 호소는 신경 쓰지 마라. 포상에 시선을 고정하고 당신의 금전적 이익을 우선시하라.

씬 더 좋다. (어느 쪽도 좋은 투자수익을 더 잘 제공하는 것은 아니다. 단지 수수료를 부과하는 방식이 달라서 최종 수익에 영향을 미칠 뿐이다.)

요점은 대다수 사람에게는 재무상담사가 필요 없다는 것이다. 당신이 직접 해도 잘할 수 있다. 하지만 재무상담사를 두지 않을 경우 아예 투자를 못하겠다면 물론 두는 편이 낫다. 재정적 상황이 아주 복잡한 사람들, 상당한 거액(가령 200만 달러 이상)을 물려받았거나 축적한 사람들,

정말로 너무 바빠서 직접 투자를 익힐 수 없는 사람들은 재무상담사의 도움을 받아야 한다. 아예 투자를 하지 않는 것보다 약간의 수수료를 내더라도 하는 게 낫다. 전문가의 도움을 받기로 했다면 전국개인재무상담사협회National Association of Personal Financial Advisors 사이트에서 검색하라. 이 협회에 소속된 재무상담사들은 커미션이 아니라 (대개 시간당) 수수료를 받는다. 즉, 제안을 통해 자신의 이익을 챙기기보다 당신에게 도움을 주고 싶어 한다.

명심해야 할 사실은 많은 사람이 재무상담사를 목발처럼 활용한다는 것이다. 그들은 몇 시간 동안 투자법을 익히기 싫다는 이유로 평생 수만 달러의 수수료를 낸다. 20대에 돈을 관리하는 법을 배우지 않으면 투자를 하지 않아서 혹은 돈을 '관리'하기 위해 과도한 수수료를 내서 큰 손해를 보게 될 것이다.

"저는 한 번에 운 좋게 많은 돈을 번 적이 있습니다. 그때는 은행이 추천한 재무상담사의 도움을 받는 게 '현명하다'고 생각했죠. 재무상담사의 말을 듣고 S&P 500의 시장수익률을 따라잡지 못했을 뿐 아니라 수수료가 말도 안 되게 비싼 형편없는 펀드를 두 개나 가입했어요. 결국 원금의 30% 정도를 잃었죠. 결국에는 모든 돈을 (직접 만든 주식계좌를 통해) 뱅가드 인덱스 펀드로 옮겼어요. 이 일은 전혀 후회하지 않아요. '전문가를 믿다가' 잃은 돈과 시간을 후회할 뿐이죠."

– 데이브 넬슨(40세)

나를 꼬드기려 든 두 자산관리사

몇 년 전에 한 친구가 내게 '자산관리사'와 이야기해보라고 권했다. 그는 내가 거절하는데도 끈질기게 "왜 그래?"라고 물었다. 아마도 내가 투자와 재테크에 대한 〈뉴욕타임스〉 베스트셀러를 썼기 때문일 것이다. 그러나 나는 마음을 가다듬고 "겸손하게 행동해"라고 자신을 타일렀다. 그래서 상담을 받아보기로 결정했다.

친구는 내게 그 상담사가 여기서 이름을 밝히지 않을 자산관리회사에서 일한다고 말했다. 하하하, 밝히지 않기는. 그가 일하는 회사는 웰스파고 프라이빗 웰스 매니지먼트Wells Fargo Private Wealth Management였다. 잠시 샛길로 빠져서 내가 웰스파고와 뱅크 오브 아메리카를 싫어하는 이유를 말해주겠다. 이 두 대형 은행은 쓰레기다. 그들은 바가지를 씌우고, 거의 착취 수준의 수수료를 물리고, 기만적인 관행으로 소비자를 속인다. 그런데도 아무도 그들을 비판하지 않는다. 금융업계에 종사하는 사람들은 모두 그들과 일하고 싶어 하기 때문이다. 하지만 나는 그들과 일하는 데 전혀 관심이 없다. 이 두 은행을 이용하고 있다면 다른 은행으로 바꿔라. 부당한 대우를 자초할 필요는 없다. 구글에서 '라밋의 최고 계좌'를 검색하여 최고의 입출금계좌, 저축예금, 신용카드를 찾아라. 바가지를 쓰는 일은 무조건 피해야 한다.

어쨌든 다시 이야기로 돌아가자. 나는 친구가 추천한 사람들이 웰스파고에서 일한다는 말을 듣고 한 번 만나야겠다고 생각했다. 주된 이유는 거의 모든 자산관리사를 싫어해서였다(그리고 역할극을 좋아해서).

'자산관리사'들이 무슨 일을 하는지 간략하게 설명하겠다. 그들은 돈이 있는 사람을 찾아서 수많은 질문을 하고, 재무 계획과 투자 계획을

정말로 재무상담사가 필요한가?

정말로 재무상담사를 쓰고 싶다면 다음 내용을 참고하여 이메일을 보내라.

안녕하세요.

수수료만 받는 재무상담사를 찾다가 napfa.org 사이트에서 당신에 대한 정보를 봤습니다. 제 소개를 조금 하겠습니다. 총 자산은 약 1만 달러이고, 로스 퇴직 계좌에 3,000달러(미투자), 기업 퇴직연금에 3,000달러, 현금으로 4,000달러를 갖고 있습니다. 비용은 최소화하고 장기 수익을 최대화할 수 있는 투자 상품을 원합니다.

가능하다면 30분 정도 만나서 구체적인 문의를 하고 싶습니다. 저와 상황과 목표가 비슷한 사람들을 어떻게 돕고 있는지도 알고 싶습니다. 다음 주 금요일 오후 2시에 상담할 수 있을까요?

감사합니다.

30분 동안 상담할 때(무료여야 함) 할 질문을 미리 준비해야 한다. 인터넷에 수많은 예가 있지만('재무상담 질문' 검색) 최소한 다음 세 가지는 물어라.

■ 수탁자인가요? 어떻게 보수를 받으시나요? 커미션을 받나요, 아니면 수수료만 받나요? 다른 수수료는 없습니까? (당신의 재무적 이익을 우선시하는 수탁자로서 수수료만 받는 상담사를 선택해야 한다. 이 질문에 대한 모든 답이 "예"가 아니라면 계약하지 마라.)

■ 저와 비슷한 상황에 있는 고객들이 있나요? 대체로 어떤 해결책을 제안합니까? (연락처를 얻어서 평판을 확인하라.)

■ 관리 방식은 어떤가요? 저와 정기적으로 대화하나요, 아니면 비서를 통하나요? (계약 후 30일, 60일, 90일 후에 어떤 식으로 관리가 되는지 알아야 한다.)

세우도록 돕는다. 괜찮아 보이지 않는가? 또한 그들은 포트폴리오 분석, 해외 부동산 투자 지원, 세무 서비스 같은 '특별 서비스'도 제공한다. 그 대가로 자산의 일정 비율을 수수료로 받는다. 대개 1%나 2% 정도로 작은 수치다. 세상에, 수수료라. 수수료 문제는 잠시 후에 살펴보자.

나는 두 명의 상담사에게 전화를 걸었다. 그들은 비벌리힐스에서 일했으며, 멋지고 부드러운 영국 억양을 구사했다. 나는 영국 억양이 좋다.

일단 그들은 나에 대해 아무것도 몰랐다. 2초면 될 조사조차 하지 않은 것이다. 나는 "이거 재미있겠는데"라고 생각했다. 그들은 내가 무슨 일을 하는지 물었다. 나는 "인터넷 사업가"라고 대답했다. 그들은 자기 고객 중에도 사업가나 연예인이 많다고 말했다. 연예인들은 자산관리사의 주요 영업 대상이다. 단기간에 많은 돈을 벌고 재테크를 남에게 맡기는 경우가 많기 때문이다. 두 사람은 자신이 어떤 서비스를 제공하는지 설명하기 시작했다. 주로 바쁜 고객을 대신하여 모든 재무 '문제'를 처리해준다는 내용이었다. (전제는 내가 람보르기니를 몰고 다니며 클럽에서 노느라 투자를 신경 쓸 겨를이 없다는 것이었다. 그들은 내가 자산 배분을 좋아하고 재미로 공부한다는 사실을 몰랐다.) 그들은 자기가 내 돈을 안전하게 지켜줄 것이라고 장담했다. 마치 내가 내일이라도 돈이 필요할 것처럼 말이다 (손실에 대한 두려움을 이용하려는 것이다).

나는 아무것도 모르는 척 "어떻게 하는 건가요? 제 돈을 어떻게 관리해주시나요?" 같은 기본적인 질문을 했다. '절세용 손절', '적립식 투자', '복리' 같은 말은 쓰지 않으려 조심했다. 대신 "세금도 줄일 수 있도록 도와주나요?" 같은 식으로 질문했다. 비록 전화로 대화를 나눴지만 그들이 두 눈을 반짝이며 복잡하기는 해도 세금을 줄이는 방법이 있다고 설명하는 모습이 머릿속에 그려졌다(사실 부자들이 절세 목적으로 이용할 수 있는 허점은 별로 없다).

뒤이어 그들은 멋진 억양으로 언뜻 평범하게 들리지만 사실은 대단

다음은 내가 좋아하는 세 명의 재테크 칼럼니스트와 인터넷 게시판이다.

모건 하우젤 Morgan Housel은 블로그에 심리와 돈에 대해 대단히 흥미로운 글을 쓴다. 그의 글을 읽으면 당신이(그리고 군중들이) 돈과 관련하여 특정 행동을 하는 이유를 알 수 있다. 블로그 주소는 collaborativefund.com/blog다.

댄 솔린 Dan Solin은 훌륭한 투자서를 다수 저술했으며, 탁월한 뉴스레터를 통해 문제 있는 사람들을 비판하고 투자업계의 속임수를 까발린다. 그가 쓴 글로는 '인공지능 투자상담서비스의 이면', '액티브Active 펀드 매니저는 루저Loser들이다', '남들과 다르게 할 수 있는 용기를 가져라' 등이 있다. 홈페이지 주소는 danielsolin.com이다.

론 리버 Ron Lieber는 〈뉴욕타임스〉에 '유어 머니Your Money' 칼럼을 쓴다. 나는 다양한 주제를 다루는 그의 글을 좋아한다. 그는 언제나 소비자 편이다. 홈페이지 주소는 ronlieber.com이다.

끝으로 내가 좋아하는 인터넷 게시판은 좋은 투자 조언을 찾을 수 있는 보글헤즈 포럼Bogleheads Forum이다. 이 게시판은 사기와 유행에서 벗어나 저비용, 장기 투자에 초점을 맞추도록 해준다. 주소는 bogleheads.org/forum이다.

히 많은 것을 드러내는 말을 했다. 바로 "저희는 시장수익률에 맞추기보다 자산 보존에 초점을 맞춥니다"라는 말이었다.

간파했는가? 이 말의 뜻은 "우리의 투자수익률은 저렴한 뱅가드 펀드의 투자수익률보다 낮을 것입니다"라는 것이다. 쉽게 말하자면 "당신은 다른 데서 1달러에 소금을 살 수 있습니다. 우리는 질 나쁜 소금을 2달러에 팝니다. 대신 6개월마다 멋진 가죽 상자에 넣어서 줍니다"라는 뜻이다. 정말 웃기는 말이었다.

그들은 나의 목표가 무엇인지 한 번도 묻지 않았다. 아니, 경력을 쌓기 시작한 30대 초반의 남성이 자산 증식이 아니라 보존에 신경 쓸 이유가 어디 있는가? 무엇보다 그들의 서비스에 들어가는 비용은 얼마인가? 나는 순진한 척 수수료에 대해 물었다. 이 시점에서 나는 웃음을 멈출 수 없었다. 어떤 일이 일어날지 알았기 때문이다. 너무나 기대가 되었다. 가장 재미있는 지점이었다. 세상에, 수수료라. 내가 수수료가 얼마나 드는지 묻자 그들의 말투가 별것 아니라는 투로 바뀌었다. 부자들이 어떤 물건의 가격에 대해 이야기하는 것을 들어본 적이 있다면 내 말이 무슨 뜻인지 알 것이다. 그들은 "투자 수수료는 겨우 1%밖에 되지 않습니다. 저희는 장기적인 관계를 통해 고객의 자산을 관리하는 데 집중합니다"라고 말했다.

간파했는가? 첫째, 그들은 수수료를 얼버무렸다. "겨우 1%밖에 되지 않습니다"라고? 1%? 누가 그 정도 수수료에 신경 쓸까? 둘째, 그들은 고객이 듣고 싶어 하는 '장기적인 관계'라는 편안한 말로 재빨리 대화의 방향을 돌렸다. 왜 그럴까? 그 이유는 다음과 같다. (그건 그렇고, 돌이켜 보니 실제 수수료는 1%에서 2% 사이였다. 편의상 여기서는 1%라고 하자.) 이 모든 서비스를 해주고 1%밖에 받지 않는다고? 괜찮지 않은가?

1% 수수료가 장기적으로는 수익을 약 30% 줄일 수 있다는 사실을 아는가? 아마 몰랐을 것이다. 거의 대부분이 그렇다. 즉, 10만 달러를 맡기면 수수료 때문에 210만 달러가 150만 달러로 줄어든다. 그 차액은 그들의 호주머니로 들어간다. 1% 수수료는 엄청난 것이다!

일반인들은 수수료가 얼마나 치명적인지 잘 모른다. 실제 수치가 언뜻 생각하는 것과 크게 다르기 때문이다. 월가는 일부러 수치를 모호하게 만들었다. 1%는 많지 않아 보이지만 엄청난 것이다. 내가 직접 투자를 관리하면 더 나은 수익을 올릴 수 있을 뿐 아니라 비용도 덜 든다.

재미있는 게임을 하나 해볼까? 부모님에게 투자 수수료로 얼마를 내는지 물어보라. 아마 모를 것이다. 그리고 실제 비용이 얼마인지 알면 우울해할 것이다. 다시 생각해보니까 하지 않는 게 낫겠다.

1%는 투자수익의 28%를 갉아먹는다. 2%는 투자수익의 63%를 갉아먹는다. 비현실적인 수치다. 월가에 돈이 넘치는 이유가 여기에 있다. 내가 스스로 투자법을 익혀야 한다고 주장하는 이유, 월가가 개인 투자자들에게 바가지를 씌운다고 분노하는 이유가 여기에 있다. 만약 당신이 이 글을 읽고도 1% 이상의 수수료를 낸다면 가만두지 않겠다. 똑똑해져라. 수수료는 0.1%에서 0.3% 정도가 적당하다. 생각해보라. 자산관리사에게 주지 않고 당신이 가져갈 수십만 달러, 혹은 수백만 달러를 생각해보라. 다른 사람이 잔디를 깎아주거나 아파트를 청소해주는 대가는 지불할 수 있다. 그러나 재테크는 다르다. 수수료는 계속 불어난다. 다행인 점은 지금 당신이 이 책을 읽고 있다는 것이다. 당신에게 독서 능력이 있다면 이 책은 많은 돈을 안겨줄 것이다. 당신이 상상하는 것보다 훨씬 많고, 그냥 저축예금에 넣어두는 것보다 훨씬 많은 돈을.

그러면 다시 상담사들을 상대한 이야기로 돌아가자. 돌이켜보니 대단히 전문적인 내용을 물었다면 더 좋았을 것 같다. 블랙 숄즈Black-Scholes 모형(변동성, 권리행사 가격 등을 토대로 옵션의 가치를 산정하는 모형)이나 환투자 같은 것에 대해 질문하고 "그럼, 다음에 봐요!"라고 말했다면 재미있었을 것이다. 하지만 안타깝게도 그때는 즉석에서 반전을 꾸며내는 능력이 부족했다.

다음은 이 이야기가 말해주는 것들이다.

1. 나는 소위 전문 상담사들을 상대로 돈에 대해 아무것도 모르는 척 꾸미는 것을 좋아한다. 이 일은 내 평생에 가장 재미있는 일 중 하나였다.

2. 대다수 사람들은 자산관리사나 재무상담사가 필요 없다. 당신은 이미 이 책을 가졌다. 읽고 활용하라. 모두에게 통하는 조언을 따르면 부유한 삶을 사는 것은 그리 어렵지 않다.

3. 자산관리사는 시장수익률을 넘을 수 없다는 사실을 안다. 그래서 '가치를 더할' 수 있는 다른 서비스에 초점을 맞춘다. 가령 "강세장에서는 누구나 돈을 법니다. 저희는 시장이 돌아설 때 도움을 드립니다"나 "재무, 유언, 신탁, 보험에 대해 조언해 드립니다"라고 말한다. 이 모든 것은 필요하다. 다만 커미션을 받는 상담사에게 굳이 도움을 받지 않아도 된다. 주가가 하락할 때 조급해진다면 끈기와 집중력을 유지하는 법을 스스로 익히는 것이 더 낫다. 공포에 짓눌려서 결정하지 마라. 당신 자신과 시스템을 믿어라.

4. 자산이 백만 달러 단위에 이르고, 상속이나 은퇴 혹은 세무와 관련된 복잡한 문제가 생기면 조언을 구할 필요가 있다. 그때는 시간당 수수료를 받는 재무상담사를 찾아가거나 나의 홈페이지에 있는 재테크 고급 과정 강의를 참고하라.

적극적 관리 VS. 수동적 관리

지금까지 전문 투자자의 성과에 대해 온갖 부정적인 언급을 했지만 절대 투자가 돈 낭비라고 말하는 것은 아니다. 다만 어디에 투자할지 제대로 알아야 한다.

주식, 채권 같은 투자 상품을 묶어놓은 뮤추얼 펀드는 일반인이 투자하기에 가장 간단하고 좋은 수단으로 여겨진다. 그러나 앞서 살핀 대로 펀드 매니저들은 75%의 경우에 시장수익률을 넘어서지 못한다. 또한 어느 펀드가 장기간에 걸쳐 좋은 실적을 낼지 알기 어렵다. 게다가 뮤추얼 펀드가 아무리 좋아도 많은 수수료 때문에 수익이 줄어든다. (물론 저비용 뮤추얼 펀드도 있다. 그러나 포트폴리오 매니저와 다른 직원들에게 많은 급여를 주기 때문에 수동적으로 관리되는 인덱스 펀드와 경쟁하기가 사실상 불가능하다. 인덱스 펀드는 잠시 후에 자세히 다룰 것이다.)

앞서 말한 대로 투자에 있어서 수수료는 수익률을 크게 저해한다. 이 점은 통념과 어긋나는 측면이 있다. 우리는 헬스장 회원비나 디즈니랜드 입장료처럼 서비스에 대한 대가를 지불하는 데 익숙해져 있기 때문이다. 서비스를 받는다면 당연히 공정한 대가를 지불해야 하는 것 아닐까? 여기서 핵심은 '공정한' 대가여야 한다는 것이다. 우리가 조언을 구하는 많은 금융 '전문가'들은 최대한 많은 돈을 우리에게서 뜯어내려고 애쓴다.

"운용 수수료를 많이 청구하는 은퇴 준비 펀드에 가입하는 바람에 5년 후 만기가 될 때까지 매달 돈을 내야 합니다. 당시에는 재무상담사의 태도와 화려한 말에 설득되었어요. 지금 1,000달러를 해지 수수료로 내더라도 해지할까 고민 중입니다. 수수료가 터무니없이 비싼 펀드에 가입한 게 정말 바보짓 같아요."

– 김성우(28세)

알다시피 뮤추얼 펀드는 '액티브 운용' 같은 말을 쓴다. 이 말은 포트

폴리오 매니저가 적극적으로 좋은 종목을 선정하여 최고의 수익을 안긴다는 뜻이다. 그럴듯하지 않은가? 그러나 아무리 화려한 분석과 기술을 동원해도 포트폴리오 매니저는 여전히 너무 빨리 매도한다거나 너무 많이 매매한다거나, 성급한 추측을 하는 인간적인 실수를 저지르기 마련이다. 그들은 가입자들에게 단기적인 결과를 내보여서 자신이 돈을 벌어주려고 일(어떤 일이든!)을 하고 있다는 사실을 증명하기 위해 빈번한 매매를 한다. 그들은 대부분 시장수익률을 넘어서지 못할 뿐 아니라 수수료까지 청구한다. 뮤추얼 펀드는 대개 운용 자산의 1%에서 2%를 수수료로 챙겨간다. (이 비율을 보수라 부른다.) 다시 말해서 1만 달러 규모의 포트폴리오를 2% 보수로 운용하면 해마다 200달러를 수수료로 낸다. 심지어 일부 펀드는 매입가의 일부(선취 수수료) 혹은 매도가의 일부(환매 수수료)를 추가로 받는다. 이런 수수료는 펀드 매니저가 어떤 실적을 올리든 돈을 벌기 위해 만든 교묘한 장치다.

2%는 많아 보이지 않는다. '패시브 펀드'라는 다른 대안과 비교해보기 전까지는 말이다. 인덱스 펀드(뮤추얼 펀드의 사촌)가 그렇게 운용된다. 이 펀드들은 포트폴리오 매니저를 컴퓨터로 대체한다. 컴퓨터는 인기 종목을 찾으려 들지 않는다. 그냥 지수 구성종목, 가령 S&P 500지수를 구성하는 500개 종목을 기계적으로 담아 시장수익률을 맞춘다. (지수는 특정 종목군의 주가를 측정하는 척도다. 가령 나스닥 지수는 기술주, S&P 500은 500개 구성종목의 주가를 반영한다. 그밖에 국제지수, 유통지수도 있다.)

대다수 인덱스 펀드는 시장수익률(혹은 해당 종목군 수익률)과 비슷한 수준의 수익률을 낸다. 즉, 주가가 어떤 해에는 10% 하락하고, 이듬해에 18% 상승하면 그에 따라 수익률이 변동한다. 큰 차이는 수수료에 있다. 인덱스 펀드는 뮤추얼 펀드보다 수수료가 싸다. 높은 연봉을 줘야 하는 펀드 매니저를 쓰지 않기 때문이다. 가령 뱅가드 S&P 500 인덱스 펀드의 보수는 0.14%다.

인덱스 펀드에도 국제 펀드, 의료 펀드, 소형주 펀드 등 종류가 많다. 전체 미국 주식시장을 추종하는 펀드도 있다. 즉, 주가가 내려가면 이 펀드의 수익률도 그만큼 낮아진다. 그러나 장기적으로 보면 주식시장은 물가상승률을 반영했을 때 약 8%의 꾸준한 상승률을 보였다.

그러면 부정적 측면(수수료)과 긍정적 측면(수익률) 모두에서 우위를 따져보자. 먼저 패시브 펀드와 액티브 펀드의 수수료를 비교해보자.

무엇이 더 좋은 조건인가?			
전제조건: 월 100달러 투자, 연 8% 수익	패시브 인덱스 펀드 (보수 0.14%)	액티브 뮤추얼 펀드 (보수 1%)	패시브 뮤추얼 펀드의 추가 수수료
5년 후	7,320.93달러	7,159.29달러	161.64달러
10년 후	1만 8,152.41달러	1만 7,308.48달러	843.93달러
25년 후	9만 2,967.06달러	8만 1,007.17달러	1만 1,959.89달러

이제 규모를 키우면 이 수치들이 어떻게 변하는지 보자. 적어 보이는 수수료라도 수익률을 크게 저해한다는 사실을 명심하라. 이번에는 5,000달러로 가입한 후 매달 1,000달러를 납입하고 8%의 수익률을 올린다고 가정하자.

5년 후	8만 0,606.95달러	7만 8,681.03달러	1,925.92달러
10년 후	19만 2,469.03달러	18만 3,133.11달러	9,335.92달러
25년 후	96만 5,117.31달러	83만 8,698.78달러	12만 6,418.53달러

뱅가드의 설립자인 존 보글John Bogle은 PBS 다큐멘터리 〈프론트라인Frontline〉에 출연하여 충격적인 사례를 들려주었다. 당신과 친구 미셸이 50년 동안 같은 수익률을 올린 두 펀드에 투자했다고 가정하자. 유일한 차이는 당신이 미셸보다 2% 적은 수수료를 냈다는 것이다. 즉, 당신의 연 수익률은 7%, 미셸의 연 수익률은 5%다. 최종 금액은 얼마나 차이가 날까?

겉으로 보면 2% 차이는 크지 않아 보인다. 그래서 당신의 수익률이 2% 혹은 5% 정도 차이가 날 것이라고 추정하게 된다. 그러나 복리의 수학은 당신을 놀라게 할 것이다.

보글은 "기간을 50년으로 설정할 경우 두 번째 포트폴리오는 잠재 수익의 63%를 수수료로 잃게 됩니다"라고 말했다. 생각해보라. 단순한 2%의 수수료가 투자 수익의 절반 이상을 앗아간다.

1% 수수료는 어떤가? 1%는 많은 것이 아니다. 그렇지 않은가? 그러나 50년 동안 쌓이면 투자 수익의 39%나 앗아간다. 나도 안다. 50년은 지금 따지기에 너무 긴 시간이다. 그러면 기간을 35년으로 줄여보자. 1% 수수료가 최종적으로 차지하는 비율은 어느 정도일까? 노동부 자료에 따르면 투자 수익의 28%가 줄어든다.

내가 수수료를 줄이는 데 혈안이 된 이유가 여기에 있다. 투자에서 수수료는 당신의 적이다. 수수료만 고려하여 결정한다면 인덱스 펀드가 명백한 선택지다. 그러나 다른 주요 요소인 수익률도 따져야 한다.

뮤추얼 펀드 75%가 시장수익률을 넘어서지 못한다는 사실을 강조했지만 때로 뛰어난 투자 수익을 올리기도 한다. 어떤 해에는 일부 뮤추얼 펀드들이 탁월한 실적을 기록하여 인덱스 펀드의 수익률을 훌쩍 뛰어넘는다. 가령 실적이 좋은 해에 인도 주식에 집중한 펀드가 70%의 수익률을 올릴 수도 있다. 그러나 한두 해의 좋은 실적으로는 부족하다. 정말로 필요한 것은 장기적으로 안정된 수익률이다. 액티브 펀드에 가입하고 싶다면 전화를 걸어서 "지난 10년, 15년, 20년 동안 수수료와 세금을 제한 수익률이 얼마였는지" 단도직입으로 물어라. 당연히, 수수료와 세금이 모두 얼마나 되는지 확인해야 한다. 또한 기간은 최소한 10년이어야 한다. 시기를 막론하고 5년은 변동성이 너무 심하다. 장담하건대 당신은 분명한 대답을 듣지 못할 것이다. 지속적으로 시장수익률을 넘어서지 못한다는 사실을 인정하는 꼴이기 때문이다. 지속적으로 시장수익률을 넘어서는 것은 그만큼 어렵다.

"저는 결혼을 앞두고 재무상담사에게 상담을 받아보기로 했어요. 남편과 공동으로 돈을 관리하기 전에 제 상황이 어떤지 확인하고 싶었거든요. 그가 제시한 펀드의 수수료는 상위 펀드에 비해 말도 안 되는 수준은 아니었어요. 하지만 그의 조언은 말도 안 되는 것이었어요. 저는 그가 불안을 자극하는 바람에 필요하지도 않은데 펀드 매니저가 운용하며, 계속 수수료가 나가는 펀드에 가입하고 말았습니다. 그 결과 저의 재정 상황이 실제보다 더 복잡하게 보였고, 저는 어떻게 해야 할지를 몰랐어요. 그러다가 신혼여행지에서 이 책을 읽었습니다. 신혼여행에서 돌아왔을 때 투자상담사가 내린 결정을 대부분 되돌렸지요."

– 루신다(33세)

따라서 액티브 펀드는 시장수익률을 따라잡거나 넘어서지 못하는 경우가 너무 많다고 가정하는 것이 안전하다. 다시 말해서 시장수익률이 8%라면, 액티브 펀드는 3/4의 경우에 8% 이상의 수익률을 내지 못할 것이다. 게다가 높은 보수를 감안하면 액티브 펀드는 수수료가 저렴한

패시브 펀드보다 최소한 1~2% 높은 수익을 올려야 비슷한 수준이 된다. 하지만 그런 일은 일어나지 않는다.

대니얼 솔린은 《당신이 읽을 가장 똑똑한 투자서》에서 밥콕 경영대학원Babcock Graduate School of Management(현재 웨이크 포레스트 경영대학원)의 에드워드 오닐Edward S. O'Neal 교수가 실시한 조사 결과를 인용했다. 오닐은 시장수익률을 넘어서는 것이 유일한 목표인 펀드들을 조사했다. 그가 발견한 내용에 따르면 1993년부터 1998년 사이에 시장수익률을 넘어선 액티브 펀드의 비율은 절반도 채 되지 않는다. 또한 1998년부터 2003년까지는 그 비율이 8%에 불과하다. 이뿐만이 아니다. 오닐은 두 시기 모두 시장수익률을 넘어선 펀드의 수를 확인한 후 이렇게 말했다. "실로 서글픈 일이다. 두 시기 모두 시장수익률을 넘어선 펀드는 겨우 10개, 비율로는 전체 대형주 펀드의 2%밖에 되지 않는다. … 개인투자자와 기관투자자 특히 기업 퇴직연금 투자자는 시장수익률을 넘어설 수 있다며 비싼 수수료를 받는 액티브 펀드를 고르기보다 패시브 펀드에 투자하는 편이 훨씬 낫다."

결론은 당신이 스스로 더 저렴하게, 더 나은 투자수익을 올릴 수 있는데 굳이 엄청난 수수료를 내고 액티브 펀드에 가입할 이유가 없다는 것이다. 그러나 우리는 돈에 대한 결정이 순전히 합리적으로만 이뤄지지 않는다는 사실을 안다. 분명한 수학적 근거를 확인한다고 해도 말이다. 돈에 대한 결정에는 감정이 개입한다. 그러니 다음에 나오는 대로 액티브 펀드에 투자할 가치가 있다고 믿게 만드는 보이지 않는 스크립트를 극복하도록 하자. 그래야 제대로 된 투자를 시작할 수 있다.

이제 전문성이 허상이라는 사실을 확인했으니 더 낮은 비용으로 더 나은 수익을 올리는 방법을 살펴보자. 다음 장에서는 투자에 대해 당신

상담사와 관련한 보이지 않는 스크립트	
내용	의미와 조언
"돈을 주더라도 재테크를 다른 사람에게 맡기고 싶어요."	온갖 전문용어와 혼란스런 조언에 부담을 갖는 것은 자연스런 일이다. 그러나 당신의 돈이 걸린 문제다. 재테크의 기본적인 내용을 익히는 것은 당신에게 가장 큰 이익이 될 것이다. 자기계발 분야의 전설적인 인물 짐 론Jim Rohn은 "더 쉬워지기를 바라지 말고 더 나아지기를 바라야 한다. 문제가 적어지기를 바라지 말고 능력이 늘어나기를 바라야 한다"라는 유명한 말을 남겼다. 네 살짜리 아이처럼 다른 사람이 손을 잡아주기를 바라지 마라. 어른답게 장기 투자에 필요한 규율을 익혀라. 다른 사람들은 그렇게 했다. 당신도 할 수 있다.
"저를 도와주는 상담사를 좋아해요. 믿을 만한 사람이에요. 아버지도 그 사람을 썼어요."	나는 우리 동네에서 베이글을 파는 사람을 좋아한다. 그렇다고 해서 그 사람에게 투자를 맡겨도 될까? 우리는 '호감'과 '신뢰성'을 혼동하는 경향이 있다. 시카고 대학의 연구진이 발표한 훌륭한 논문에서 이 점이 드러났다. 이 논문의 제목은 '치료 능력보다 환자를 대하는 태도에 좌우되는 미국 의사들에 대한 평가'였다. 상담사가 좋은 사람일 수 있다. 웃기고 사려 깊은 사람일 수 있다. 그러나 당신 돈이 걸린 문제에서는 결과에 초점을 맞춰야 한다.
"돈을 잃을까 봐 겁나요."	좋다. 그렇다면 당신이 수수료로 상담사에게 지불하는 돈을 투자에 쓸 수도 있었다는 사실을 알 것이다. 1%의 수수료는 수익을 30%나 줄일 수 있다.
"저의 상담사는 4년 동안 시장수익률을 넘어섰어요."	그럴지도 모른다. 그러나 그가 당연히 숨겼을 수수료와 세금을 모두 제하면 그렇지 않을 수도 있다. 연구 결과가 말해주듯 지금 실적이 좋다고 해서 앞으로도 좋으리라는 보장은 없다.

이 알아야 할 모든 것을 가르쳐주겠다. 또한 투자 상품을 선택하고 투자를 자동화하는 기술적 측면을 두루 살필 것이다. 그러면 시작해보자.

(추신: 이 장은 정보를 제공하는 것이 주목적이어서 실천사항이 없다. 중요한 결정은 다음 장에서 내리게 될 것이다.)

CHAPTER 7

투자는 부자만 하는 게 아니다

: 당신을 부자로 만들 간단한 포트폴리오

앞서 투자 '전문가'들이 정말로 쓸모없고, 우리가 스스로 투자하는 편이 더 낫다는 사실을 확인했다. 이제 스스로 투자 상품을 고르고, 수수료를 덜 내고, 뛰어난 수익을 올리는 방법을 알려줄 약속의 땅에 이르렀다. 당신은 다음 몇 가지 핵심 질문을 통해 자신에게 맞는 투자 스타일을 파악해야 한다. '내년에 당장 돈이 필요한가, 아니면 오랫동안 굴릴 수 있는가?', '집을 사기 위해 저축하는가?', '매일 큰 폭으로 오르내리는 주가를 견딜 수 있는가, 아니면 머리가 어지러운가?' 적절한 투자 스타일을 파악한 다음, 펀드를 조사하고 목표에 맞는 투자 상품을 골라야 한다. 여기에는 기업 퇴직연금과 로스 퇴직계좌 같은 모든 투자계좌가 포함된다. (대체로 '투자 포트폴리오'라고 하면 기업 퇴직연금과 로스 퇴직계좌, 심지어 다른 투자계좌까지 모두 아울러 말한다.) 이 장을 다 읽으면 어디에, 왜 투자해야 하는지 알게 될 것이다. 또한 투자에 필요한 비용과 노력을 최소화할 수 있을 것이다.

나의 목표는 당신이 처음 시작하기에 좋은 단순한 투자 상품을 고르고, 관리하기 쉬운 포트폴리오를 꾸리도록 돕는 것이다. 이 두 가지 일만 해도 부자가 되는 길에 오를 수 있다. 당신은 고액 연봉을 받는 사람들 가운데 다수가 예금이나 투자를 전혀 하지 않는다는 사실을 알게 될 것이다. 또한 "시간이 없다"거나 "주가가 내려갈 수 있어서 돈을 잃기 싫다"는 등 사람들이 투자를 하지 않는 것을 정당화하려고 대는 핑계들도 알게 될 것이다.

대부분 투자 상품을 고르기 위해 가장 먼저 해야 하는 일이 무언지 모른다. 하지만 당신은 곧 알게 된다! 약속의 땅은 실로 달콤하다.

"이 책에 나온 조언대로 24세 때 첫 직장을 얻기 전부터 슈왑에 퇴직계좌, 투자계좌, 입출금계좌를 만들었어요. 30세가 된 지금 투자계좌, 기업 퇴직연금, 퇴직계좌에 30만 달러를 모았어요."

－스미트 샤(30세)

더 나은 투자법: 자동화 투자

솔직해지자. 누구도 재테크를 정말로 좋아하지는 않는다. 나도 도쿄로 미식 여행을 가거나 친구들과 주말 스키 여행을 가는 것처럼 돈을 쓰는 편이 더 좋다. 기본적으로 나는 항상 시간을 덜 쓰고 더 나은 결과를 얻는 방법을 찾는다. 가령 대학에 지원할 때 하루에 장학금 신청서를 3개 작성하는 시스템을 만들었고, 6개월 만에 20만 달러가 넘는 학비를 확보했다. 요즘은 사람들이 블로그 및 이 책과 관련하여 매일 보내는 1,500통의 이메일을 처리한다. 내가 얼마나 바쁜지 자랑하려고 하는 말이 아니다. 그저 돈 문제에 있어서 신경을 덜 쓰고 더 높은 수익을 얻는 데 대단히 관심이 많다는 것을 말하고 싶을 뿐이다. 나는 관리하는 데 오랜 시간이 필요치 않으면서도 수익이 좋은 투자 상품을 힘들게 조사했다. 그래서 전형적인 저비용 투자전략을 자동화하고 통합하라고 촉구하는 것이다.

자동화 투자는 내가 고안한 혁신적인 기법이 아니다. 노벨상 수상자, 워런 버핏 같은 억만장자 투자자, 대다수 학자가 추천하는 저비용 펀드에 투자하는 간단한 방법일 뿐이다. 이 방법은 포트폴리오에 돈을 어떻게 배분할지 정하고, 투자 상품을 고르고(사실 이 일에 가장 적은 시간이 든다), 끝으로 투자를 자동화하여 텔레비전을 보는 동안에도 돈이 불어나도록 만드는 것이다. 솔직히 우리는 게으르다. 차라리 그 사실을 인정하고 우리에게 맞는 방법을 이용하는 게 낫다. 자동화 투자는 두 가지 이유로 효과가 있다.

더 낮은 비용: 6장에서 언급한 대로 보이지 않게 수익을 갉아먹는 비싼 수수료만큼 투자 성과를 해치는 것은 없다. 수수료를 덜 내고 더 나은 수익을 올릴 수 있는데도 수수료가 많은 펀드에 투자하는 것은 정신 나간 짓이다. 왜 돈을 더 들여서 손해 보는 짓을 하는가? 자동화 투자를 하면 가치 없고 비싼 수수료를 받는 포트폴리오 매니저를 저비용 펀드로 대체하여, 매매 수수료, 잦은 매매에 따른 세금, 전반적인 투자비용으로 수십만 달러를 아낄 수 있다. 그래서 대다수 투자자보다 나은 수익을 올릴 수 있다.

자동 운용: 자동화 투자를 하면 최신 '인기주'나 시장의 미세 변동에 신경 쓰지 않아도 된다. 섹시한 주식을 찾거나 주가 변동을 예측할 필요 없이 단순한 투자 계획을 세우고 투자계좌로 자동이체만 설정하면 된다. 그래서 전혀 손을 쓸 일이 없으므로 사실상 자신도 모르게 투자를 하게 된다. 즉, 당신은 재테크에 신경 쓸 필요 없이 일에 충실하고, 친구들과 시간을 보내고, 해외여행을 하고, 좋은 식당을 찾아가면서 좋은 삶을 사는 데 집중할 수 있다. 나는 이를 진정한 삶을 사는 사람들을 위한 선禪 투자법Zen Investing for People Who Have Real Lives이라 부른다. (내가 네이밍naming 컨설턴트가 될 수 없는 이유가 바로 이것이다.)

너무 좋아 보여서 믿기 어렵다고?

내가 언급한 자동화 투자의 장점은 기본적으로 "강아지는 귀엽다"라고 말하는 것과 같다. 누구도 반박할 수 없다. 자동화 투자는 완벽해 보이지만 주가가 하락하면 어떻게 될까? 하락장에서는 그냥 흘러가는 대로 내버려두기가 어렵지 않을까? 자동화 투자를 하다가 2008년 하락장에서 큰 손실이 발생하자 바로 돈을 빼버린 사람이 많다. 이는 엄청난 실수다. 자동화 투자에 대한 진정한 시험은 상승장이 아니라 하락장에서 이뤄진다. 2018년 10월에 주가가 하락하여 나의 투자계좌 중 하나가 10만 달러 이상의 손실을 입었다. 그래도 나는 늘 하던 대로 자동화 투자를 계속했다.

이런 상황에서 싼값에 주식을 사면서, 장기 투자에서 돈을 버는 최선의 시기는 다른 사람들이 발을 뺄 때라고 생각하려면 담력이 필요하다.

친구가 하는 말을 다 믿는가?

Q. 친구들이 투자는 너무 위험해서 돈을 전부 잃을 수 있다고 해요. 사실인가요?

A. 이는 적절한 추론을 거친 논리적 반응이 아니라 본능적이고 감정적인 반응이다. 특히 '증시 조정'이나 '하루 사이에 주가 10% 하락' 같은 제목을 단 기사를 읽으면 불안해질 만하다. 이런 제목을 보면 '본능적' 대응, 즉 아무것도 하지 않는 대응을 하기 쉽다. 안타까운 사실은 불안해서 투자하지 않는 사람들이 대개 주가가 급등할 때 뒤늦게 뛰어든다는 것이다. 워런 버핏이 말한 대로 투자자는 "다른 사람들이 탐욕을 부릴 때 두려워해야 하고, 다른 사람들이 두려워할 때 탐욕스러워져야" 한다.

이 책을 읽은 당신의 경우는 이야기가 다르다. 이제 당신은 제대로 투자하는 방법을 알았기 때문에 장기적인 관점을 취할 수 있다. 물론 이론적으로는 돈을 다 잃을 수 있다. 그러나 다양한 투자 상품으로 균형 잡힌('분산된') 포트폴리오를 꾸린다면 그럴 일은 없을 것이다.

친구들은 돈을 잃을까 걱정하며 이렇게 말한다. "모든 걸 날릴 수 있어! 투자를 배울 시간은 있어? 세상에는 네 돈을 노리는 상어들이 아주 많아."

그렇다면 투자를 하지 않아서 매일 입는 손해는 어떻게 해야 할까? 친구들에게 지난 70년 동안 S&P 500의 평균 수익률이 얼마였는지 물어보라. 오늘 1만 달러를 투자해서 10년 혹은 50년 동안 놔두면 얼마가 될까? 아마 그들은 모를 것이다. 기본적인 수익률이 얼마인지도 모르니까 말이다(8%로 계산해보라). 투자가 너무 위험하다고 말하는 사람은 자기가 뭘 모르는지도 모른다.

"3년 전에 이 책을 비롯한 여러 재테크 서적을 읽고 투자를 시작했어요. 거의 31세가 다 되어서 시작했죠. 하지만 지금까지 이룬 진전에 대단히 만족해요. 로스 계좌를 한도액까지 부어서 공격적으로 투자하고 있고, 기업 퇴직연금의 15%를 뱅가드의 모든 인덱스 펀드에 넣고 있어요. 우리 가족 중에서 제대로 투자를 시작한 건 제가 처음이라 배우는 데 시간이 좀 걸렸어요. 하지만 이제는 알아서 굴러가기 때문에 기분이 좋아요."

– 조 프루(34세)

결론: 자동화 투자는 헤지펀드나 바이오주 투자만큼 섹시하게 보이지 않아도 훨씬 좋은 성과를 낸다. 섹시해질 것인가, 부자가 될 것인가?

재정적 독립의 마법

이 책을 소개하려고 방송에 출연했던 때가 기억난다. 카메라가 돌아가기 전에 진행자가 내 쪽으로 몸을 기울이며 축하의 말을 건넸다. 그는 "잘하셨어요. 이제는 일을 안 해도 되는 거예요?"라고 물었다. 나는 뒤로 물러나 앉으며 한 번도 그런 생각을 해본 적이 없다는 사실을 깨달았다. 나는 그에게 "네, 맞아요"라고 대답했다. 강렬한 깨달음의 순간이었다. 나는 자동으로 이뤄지는 투자를 통해 모든 생활비를 충당할 수 있는 교차점을 지나 있었다.

훗날 당신이 아침에 일어났을 때 계좌에 돈이 충분해서 일을 안 해도 된다고 상상해보라. 다시 말해 투자 수익이 충분해서 당신의 돈이 월급보다 더 많은 돈을 벌어주는 것이다. 이것이 비키 로빈Vicki Robin과 조 도밍후에즈Joe Domingeuz가 《돈 사용 설명서Your Money or Your Life》에서 처음 언급한 '교차점Crossover Point'이다.

교차점은 재테크 분야에 엄청난 영향을 끼친 개념이다. 돈이 계속 돈을 벌다 보면 특정 시점에 투자 수익으로 모든 생활비를 충당할 수 있다. 이는 '재정적 독립'으로 불리기도 한다.

당신은 교차점에 이른 후 무엇을 할 것인가? 최소한 아무것도 하지 않을 수 있다. 아침에 일어나 3시간 동안 브런치를 먹고, 운동을 하고, 친구를 만나고, 취미활동을 할 수 있다. 일을 해도 되고 안 해도 된다. 어차피 투자 수익으로 평생을 보낼 수 있으니까.

많은 사람은 이를 '조기 은퇴'라 부른다. 재정적 독립Financial Independence과 조기 은퇴Retiring Early를 합치면 파이어FIRE가 된다. '간소한lean' 금액, 대개 1년에 3만 달러에서 5만 달러만 쓰고 사는 '린파이어LeanFire'도 있다. 린파이어를 선택한 사람들은 물질주의를 거부하고 종종 극단적인 방식으로 단순한 삶을 추구한다.

'팻파이어FatFire'는 최대한 소비를 즐기면서 화려하게 살고 싶은 사람들에게 해당된다. 연예인들이 어떻게 파티에 25만 달러를 쓸 수 있는지 궁금했던 적이 있는가? 그 이유는 투자 수익이 넘쳐나서 사실 돈을 쓰는 게 일이기 때문이다. 가령 2018년에 오프라 윈프리Oprah Winfrey는 800만 달러짜리 집을 샀다. 엄청난 금액인 것 같지 않은가? 반전이 있다. 당시 그녀의 자산은 40억 달러였다. 그 돈을 보수적으로 투자해서 4%의 수익을 올리면 연봉을 제외하고 투자만으로 1년에 1억 6,000만 달러를 벌 수 있다. 사실상 800만 달러짜리 집은 그녀에게 '공짜'나 마찬가지였다.

이제 이 계산법을 당신의 삶에 적용해보자. 대다수 사람들은 1억 2,500만 달러의 재산을 모으지 못할 것이다. 하지만 당신의 재산이 100만 달러라면 어떨까? 혹은 200만 달러나 500만 달러라면 어떨까? (수익률 8%로) 얼마를 벌지 계산해보라. 아마 눈이 번쩍 뜨일 것이다.

재정적 독립에 이르면 오래전에 내린 결정 덕분에 즐기며 살 수 있다. 이는 인도계 아이가 하루 10시간씩 공부해서 높은 수능 점수를 받고, 수십 년 후 멋진 직장과 기회를 얻는 것과 같다. 이 아이는 자신이 공부에 매달렸던 시간을 기억하지 못할 것이다. 그저 25년 후라도 열심히 노력해서 얻은 결과를 즐길 뿐이다.

다시 주요 개념을 정리해보자.

- 재정적 독립FI: 투자 수익으로 생활비를 충당할 수 있는 상태.
- 조기 은퇴RE: 30대나 40대에 은퇴하는 것.
- 파이어FIRE: 재정적 독립+조기 은퇴. 가령 투자 수익만으로 평생 필요한 생활비를 충당할 수 있기 때문에 30대에 은퇴해서 일을 할 필요가 없는 경우.
- 린파이어LeanFire: 일찍 은퇴하는 대신 1년에 3만 달러 정도로 '간소하게' 사는 것. 이런 삶을 택하는 사람들은 공원을 산책하거나 새를 관찰하는 등 재미있는 일을 추구하는 경향이 있다.
- 팻파이어: 재정적 독립과 조기 은퇴를 이루되 화려하게 사는 것. 퍼스트 클래스를 타고 해외로 가서 포시즌스Four Seasons 호텔에 머물거나 자녀 3명을 사립학교에 보내는 것이 그런 예다.

파이어를 이루는 일은 쉽지 않다. 대부분 불가능하다고 치부한다. 그들은 "나는 그런 생각을 하기에는 너무 젊어"라고 말한다. 그러다가 몇 년이 지나면 "이제 시작하기에는 너무 늦었어"라고 말한다. (평계가 이렇게 빨리 바뀌는 게 웃기다.) 혹은 "30년 동안 푼돈을 아끼면서 사느니 지금 쓰고 싶은 만큼 쓸 거야"라고 그럴듯한 합리화를 시도한다.

물론 당신은 교차점을 풍족한 삶의 일부로 삼을지 선택할 수 있다. 또한 교차점에 이르고 싶다면 그 방법도 선택할 수 있다.

재정적 독립 커뮤니티에 속한 많은 사람은 급여의 상당 부분을 저축하는 데 집중한다. 10%나 20%는 잊어라. 그들은 "70%는 어떨까?"라고 말한다. 가령 가구 소득이 8만 달러이고 월 생활비가 6,000달러라면 10%를 저축과 투자에 할애하는 일반적인 조언을 따를 경우 38세에 교차점에 이를 수 있다. 혹은 훨씬 빨리 이르는 방법도 있다. 어떻게? 지금부터 실제 수치를 들어 설명하겠다.

선택지 1: 월 생활비를 3,000달러로 줄일 수 있다. 많은 사람은 3만 6,000달러로 1년을 살 수 있다고(혹은 달리 표현하자면 생활비를 절반으로 줄일 수 있다고) 생각지 않는다. 그러나 린파이어를 추구하는 사람들이 실제로 그렇게 산 사례는 많다. 이 전략을 따르면 12년 만에 교차점에 이를 수 있다. (다만 상쇄관계를 고려해야 한다. 12년은 교차점에 이르기에 대단히 짧은 기간이다. 대신 그 기간 내내 3만 6,000달러로 1년을 버텨야 한다.)

선택지 2: 수입을 늘릴 수 있다. 당신이 앞서 한 조언대로 연봉 협상을 해서 연봉이 30% 올랐다고 가정하자. 추가 수입을 모두 투자하면 22년 후 교차점에 이를 수 있다. 선택지 1보다 훨씬 오래 걸리지만 1년에 7만 2,000달러를 쓸 수 있다.

선택지 3: 앞의 두 선택지를 결합할 수 있다. 수입을 30% 늘리고 지출을 30% 줄이면 9년 만에 교차점에 이를 수 있다. 이 경우 비교적 넉넉한 생활비를 쓰면서 아주 빠르게 교차점에 이르게 된다. 이는 수입과 지출을 모두 노리는 전략의 힘을 보여준다.

대부분 이런 방식으로 수입과 지출을 생각지 않는다. 그 결과 다른 사람이 하는 대로 해마다 미미한 돈을 저금하고, 수십 년 동안 일하고, 자신이 무슨 말을 하는지도 모른 채 트위터에서 세금에 대한 불평을 늘어놓는다. 이 장만 읽어도 당신이 원하기만 하면 일해야 하는 기간에 대한 생각을 크게 바꿀 수 있음을 알게 된다. 더 벌어라. 덜 써라. 혹은 더 벌고 더 써라! 당신의 삶을 결정하는 것은 당신이다.

그건 그렇고 나는 파이어에 대해 상반된 감정을 갖고 있다. 한편으로 나는 지출과 저축에 대한 인식을 제고하는 모든 전략을 좋아한다. 파이어는 미국인들의 부진한 저축률을 높이는 처방이 될 수 있다. 무엇보다 목표가 분명하면 수입의 25%, 40%, 심지어 70%도 저축할 수 있다고 말함으로써 일반적인 10% 기준을 폐기한다.

다른 한편으로는 파이어를 추구하는 많은 사람이 스트레스, 불안, 우울증의 전형적인 증상들을 드러내며, 도표에 나온 신비의 수치를 달성하면 불행이 사라질 것이라고 생각한다. 그렇지 않다. '재정적 독립' 게시판에 가보면 이 사실을 알 수 있다. 거기에는 최대한 빨리 일을 그만두는 데 집착하는 수많은 사람의 글이 올라와 있다. 한 예를 살펴보자.

"저금을 하느라 힘들게 산 지난 몇 년을 돌아보면 차라리 저금을 덜하고 일을 더 오래하더라도 세상을 더 경험하고 평생 열정적으로 할 수 있는 일들을 더 찾고 싶어요. 특히 사랑하는 사람과 함께 할 수 있는 일이요. 저금은 많이 했지만 인생을 제대로 산 것 같지는 않아요."

재테크와 관련하여 공격적인 목표를 세우는 것은 문제가 없다(사실 그렇게 하는 것을 좋아한다). 내가 세운 것과 다른 목표도 문제가 없다. 그러나 '비참하다'거나 '쫓기듯 산다'거나 '불안하다'는 생각이 드는 것은 위험하다.

삶은 도표 밖에서 살아가는 것임을 명심하라. 목표는 마음껏 공격적으로 정하라. 그 어느 때보다 큰 꿈을 품어라! 그러나 돈은 부유한 삶의 작은 부분일 뿐임을 명심하라.

"이 책을 읽기 전에는 투자를 시작하기가 두려웠어요. 기업 퇴직연금에 가입했지만 한도액까지 붓지 않았고, 퇴직계좌를 만들지 않았으며, 다른 투자도 하지 않았어요. 부모님은 제게 빈곤한 마음가짐을 심어주었고, 극도로 위험을 회피했어요. 다행히 이 책을 읽은 후 로스 퇴직계좌에 가입했고 해마다 한도액까지 붓고 있어요. 작년에는 처음으로 기업 퇴직연금을 한도액까지 부었고, 올해도 그럴 계획입니다. 또한 투자계좌를 만들어서 매달 자동이체로 돈을 넣고 있어요. 이 모든 일을 생활방식에 아무 영향을 주지 않고 해냈으며, 이 덕분에 약간 더 넉넉하게 생활하고 있습니다. 투자계좌를 통해 은퇴자금으로 10만 달러를, 다른 용도로 8,000달러를 굴리고 있어요."

– 데이비드 챔버스(35세)

편의성 vs. 통제성: 선택의 문제

나는 당신이 최대한 편하게 투자하기를 원한다. 그래서 이렇게 하려고 한다. 지금부터 쉬운 버전과 고급 버전을 제시하겠다. 노력을 최소화하면서 돈을 굴리고 싶고, 이론적인 면은 신경 쓰고 싶지 않다면 334쪽으로 건너뛰어라. 거기에 단일 투자 상품, 즉 타깃 데이트 펀드를 고르는 단계별 지침이 나와 있다. 그대로 하면 두어 시간 만에 투자를 시작할 수 있다.

반면 구체적인 운용 방식을 알고 싶고, 나아가 주도적으로 자신만의 포트폴리오를 꾸리고 싶다면 뒤에 나오는 내용을 읽어라. 포트폴리오의 구성요소를 제시하고 공격적이면서 균형 잡힌 포트폴리오를 꾸리는 방법을 알려주겠다.

투자는 종목 선정이 아니다

정말로 그렇다. 친구들에게 투자가 무엇인지 물어보라. 아마 대개는 "종목을 선정하는 것"이라 말할 것이다. 시장수익률을 넘어서는 종목을 오랜 기간에 걸쳐 안정적으로 선정하는 일은 불가능하다. 자신의 선택을 과신하거나 주가가 하락하면 패닉에 빠지는 등 실수를 저지르기가 쉽다. 6장에서 살핀 대로 전문가들도 증시가 어떻게 변할지 알지 못한다. 그런데도 사람들은 여러 투자 블로그와 유튜브 동영상에서 접한 내용대로 투자는 상승주를 잘 고르는 것이며, 누구나 성공할 수 있다고 생각한다. 그렇지 않다. 말하기는 쉽지만 모두가 승자가 될 수는 없다. 소위 재테크 '전문가'들도 대부분 실패한다.

잘 알려지지 않은 사실은 포트폴리오의 변동성을 말해주는 핵심 지표는 대다수 사람들이 생각하는 개별 종목이 아니라 주식과 채권의 비중이라는 것이다. 1986년에 게리 브린슨Gary Brinson, 랜돌프 후드Randolph Hood, 길버트 비바우어Gilbert Beebower는 〈금융 애널리스트 저널 Financial Analysts Journal〉에 금융업계를 뒤흔든 연구 결과를 발표했다. 그들은 포트폴리오의 변동성 중 90%는 자산 배분의 결과라는 사실을 증명했다. 아마 '자산 배분'이라는 말은 '사명 선언'이나 '전략적 연합' 같이 의미 없는 표현처럼 들릴 것이다. 그렇지 않다. 자산 배분은 포트폴리오에서 주식, 채권, 현금의 비중을 결정하는 투자 계획이다. 다시 말해서 여러 자산군(주식 및 채권 혹은 더 낫게는 주식 펀드 및 채권 펀드)에 투자를 분산함으로써 위험을 통제할 수 있다. 즉, 변동성에 따라 평균적으로 어느 정도를 손해 볼지 통제할 수 있다. 사실 포트폴리오를 구성하는 방식(주식 100% 혹은 주식 90%에 채권 10%)이 수익에 상당한 차이를 만든다. (이후 다른 연구자들이 변동성과 수익이 얼마나 긴밀하게 연관되어 있는지 측정하려 애썼지만 상당히 복잡한 결과가 나왔다.) 자산 배분이 포트폴리오와 관련하여 당신이 통제할 수 있는 가장 중요한 요소라고 말해도 무방하다.

투자 계획이 실제 투자보다 더 중요하다. 돈을 적절하게 분배하면, 가령 한 종목에 전부 넣는 것이 아니라 여러 펀드에 분산하면 단일 종목의 주가가 급락하여 포트폴리오의 가치가 절반으로 줄어들까 봐 걱정하지 않아도 된다. 실제로 투자를 분산하면 더 많은 돈을 벌 수 있다. 자산을 배분하는 방법을 알려면 당신에게 주어진 기본 선택지들을 파악해야 한다. 지금부터 그 선택지들을 살펴보자.

"증시 등락을 예측하거나 개별 종목을 제대로 선정할 수 없기 때문에 자산 배분을 투자 전략의 주된 초점으로 삼아야 한다. 자산 배분이 통제 가능한 투자 위험 및 수익에 영향을 미치는 유일한 요소이기 때문이다."

—월리엄 번스타인William Bernstein, 《투자의 네 기둥The Four Pillars Of Investing》에서

투자의 구성요소

투자의 역학에는 관심이 없고 가장 간단한 투자 선택지가 무엇인지만 알고 싶다면 324쪽으로 건너뛰어라. 그렇지 않고 이면에서 어떤 일이 일어나는지 알고 싶다면 계속 읽어라.

다음에 나오는 투자 선택지 피라미드는 당신이 선택할 수 있는 투자 상품들을 보여준다. 하단은 가장 기본적인 수준의 선택지로서 주식이나 채권에 투자하거나 그냥 현금을 보유하는 것이다. 물론 주식이나 채

투자 선택지 피라미드

타깃 데이트
펀드

• 더 큰 편의성
• 더 낮은 통제성
• 장기적으로 더 예측성
높은 수익

인덱스 펀드 / 뮤추얼 펀드

• 어느 정도의 편의성
• 낮은 수수료(인덱스 펀드)
혹은 높은 수수료(뮤추얼 펀드)
• 타깃 데이트 펀드보다 높은 통제성
주식 및 채권보다 낮은 통제성
• 장기적으로 어느 정도 예측 가능한 수익

주식 / 채권 / 현금

• 선택 및 관리의 편의성이 떨어짐
• 높은 통제성
• 개별 종목은 수익을 예측하기가 대단히 어려우며 시장수익률을
넘지 못하는 경우가 많음(크게 넘는 경우도 있음)
• 채권은 수익을 예측하기 쉬우나 평균적으로 주식보다 수익률이 낮음

권에는 수많은 종류가 있기 때문에 과도하게 단순화한 측면이 있기는
하지만 그래도 기본적인 개념을 잡을 수 있다. 그 위에는 인덱스 펀드
와 뮤추얼 펀드가 있다. 상단에는 타깃 데이트 펀드가 있다.

그러면 각 투자 범주(혹은 '자산군')를 살펴보자.

주식

주식을 산다는 것은 해당 기업의 지분을 사는 것이다. 해당 기업이

좋은 실적을 올리면 주가도 오를 것이라고 기대할 수 있다. 사람들이 말하는 '주식시장'은 대개 다우존스(30개 대형주)나 S&P 500(시가총액 상위 500개 종목)을 뜻한다. 주식에 관심 있는 사람들은 여러 지수의 차이점이 무엇인지 궁금할 것이다. 여러 차이가 있지만 대체로 개인의 재테크에는 별로 중요치 않다. 각 지수는 대학과 비슷하다. 즉, 위원회에서 지수 편입 요건을 결정하는데, 이 요건은 시간이 지나면 바뀔 수 있다.

전반적으로 주식은 하나의 투자 범주로서 뛰어난 수익을 제공한다. 알다시피 평균적으로 주식시장의 연 수익률은 약 8%다. 사실 급등주를 고르면 시장수익률을 크게 뛰어넘을 수 있다. 반대로 급락주를 고르면 시장수익률에 크게 뒤지게 된다. 주식은 장기적으로 뛰어난 수익을 제공하지만 개별 종목의 수익성은 그만큼 확실하지 않다. 가령 모든 돈을 한 종목에 투자하면 큰 수익을 올릴 수 있지만 회사가 망해서 돈을 다 잃을 수도 있다.

주식은 장기적으로 상당한 수익을 올리는 좋은 투자 수단이다. 그러나 개별 종목을 고르는 방식은 권하지 않는다. 직접 좋은 주식을 고르기가 아주 어렵기 때문이다. 게다가 앞으로 무슨 일이 일어날지 알 수 없다. 가령 2018년에 스냅챗Snapchat은 인터페이스를 재설계한다고 발표했다. 그러자 하루 만에 주가가 9.5%나 떨어졌다. 물론 호재를 발표하면 반대의 경우가 일어나기도 한다.

6장에서 주식으로 먹고사는 전문가들도 수익을 예측하지 못한다는 사실을 밝혔다. 그들은 내가 인도 식당 메뉴를 읽듯 투자설명서를 확실하게 읽을 수 있으며, 고도의 훈련을 받은 애널리스트들임을 명심하라. 연례 보고서를 꼼꼼하게 읽고 복잡한 대차대조표를 이해할 수 있는 전문가들도 시장수익률을 넘어서지 못하는데, 당신이 상승주를 골라낼 가능성이 얼마나 될까?

그 가능성은 아주 낮다. 당신과 나 같은 개인투자자들이 개별 종목에 투자하지 말아야 하는 이유가 여기에 있다. 대신 우리는 여러 주식을(그리고 때로 분산 투자를 위해 여러 채권을) 묶어놓은 펀드에 가입할 것이다. 펀드는 위험을 낮춰주고 당신이 밤에 편하게 잘 수 있도록 해주는 균형 잡힌 포트폴리오를 만들어준다. 자세한 내용은 뒤에서 다룰 것이다.

채권

채권은 근본적으로 기업이나 정부가 발행한 차용증서다. (엄밀히 말해서 채권은 10년 이상의 장기 투자 상품이다. 다른 한편, 양도성예금증서 혹은 CD는 은행에 돈을 빌려주고 받는 것이다. 둘은 비슷한 점이 많기 때문에 단순화를 위해 둘 다 채권으로 부르도록 하자.) 가령 1년짜리 채권을 발행하는 것은 "지금 100달러를 빌려주면 1년 후에 103달러를 주겠다"고 약속하는 것과 같다.

채권의 이점은 돈을 빌려주는 기간(2년, 5년, 10년 등)을 선택할 수 있고, '만기'에 받을 수 있는 금액을 정확하게 알 수 있다는 것이다. 또한 특히 국채의 경우 대체로 안정적이어서 위험도를 낮춰준다. 국채 투자로 손해를 보는 유일한 경우는 정부가 채무 불이행을 선언하는 것인데, 그런 일은 거의 일어나지 않는다. 정부는 자금이 부족하면 그냥 돈을 더 찍어낸다. 깡패 같은 짓이기는 하지만 말이다.

채권은 대단히 안전하고 위험이 낮은 투자 상품이기 때문에 수익이 (설령 고위험채권이라고 해도) 좋은 주식보다 훨씬 적다. 또 채권에 투자하면 돈이 묶이게 된다. 즉, 만기가 될 때까지 돈을 찾을 수 없다. 엄밀하게는 중도에 환매할 수 있지만 해지 수수료를 많이 물어야 하므로 좋은 생각이 아니다.

그렇다면 어떤 사람들이 이런 성격을 지닌 채권에 투자할까? 어디 보자. 극도로 안정적이고, 근본적으로 수익을 보장하지만 비교적 낮은 수익률이라……. 누구일까? 대체로 부자와 노인들이 채권을 선호한다. 노인들은 다음 달에 의료비나 다른 용도로 쓸 돈을 정확히 얼마나 받을 수 있는지 알고 싶어 한다. 또한 그들은 생활비를 댈 다른 소득이 없고 손실을 만회할 시간이 없기 때문에 증시의 변동성을 견딜 수 없다.

다른 한편 부자들은 가진 게 너무 많아서 보수적으로 바뀌는 경향이 있다. 이렇게 보면 된다. 1만 달러가 있으면 돈을 더 벌고 싶어서 공격적으로 투자하게 된다. 반면 1,000만 달러가 있으면 공격적으로 돈을 불리는 데서 재산을 보전하는 쪽으로 목표가 바뀐다. 척 재프Chuck Jaffe 는 〈CBS 마켓와치Marketwatch〉에 쓴 칼럼에서 유명 코미디언이자 열혈 투자자인 그루초 막스Groucho Marx의 오랜 일화를 소개했다.

한 트레이더가 그루초에게 이렇게 물었다. "돈을 어디에 투자하세요?" 그는 "국채에 넣어둬요"라고 대답했다. 트레이더가 "국채로는 돈을 많이 못 벌어요"라고 말하자, 그루초는 익살맞게 대꾸했다. "많이 벌어요. 충분히 투자하기만 하면."

돈이 많으면 안정성과 안전성을 위해 낮은 투자수익률을 감수할 수 있다. 부자들에게는 3%나 4%의 수익률을 보장하는 채권도 매력적이다. 1,000만 달러의 3%는 여전히 큰돈이기 때문이다.

현금

투자 용어로 현금은 투자하지 않고 기본적으로 고금리 저축예금인 MMF에 넣어서 약간의 이자만 받는 돈을 말한다. 전통적으로 현금은 주식, 채권과 함께 포트폴리오의 세 번째 요소였다. 비상상황에 대비하고 주가가 부진할 때 위험회피용으로 완전히 유동화된 현금을 보유할 필요가 있다. 물론 안정성에 대한 대가를 치러야 한다. 현금은 포트폴리오에서 가장 안전한 요소이지만 수익은 가장 적다. 사실 현금을 보유하고 있으면 물가상승률 때문에 손해를 보게 된다.

현금이 포트폴리오의 전통적인 요소였다고 말하는 이유가 여기에 있다. 그러니 5장에서 말한 저축 목표에 계속 돈을 넣고, 비상상황에 대비할 정도 혹은 이상적으로는 약간 더 많은 정도의 현금만 있으면 충분하다.

자산 배분: 대다수 투자자들이 간과하는 요소

다양한 종류의 주식이나 주식 펀드에 투자했다면 분산투자가 된 것이다. 그러나 주식 범주 안에서만 그렇다는 얘기다. 이는 위스콘신주 프렌드십Friendship에서 가장 인기 있는 사람이 되는 것과 같다. 그것으로도 좋지만 어차피 경쟁이 치열하지 않다. (실제로 프렌드십이라는 곳이 있다. 내 친구가 거기서 자랐다. 그의 말에 따르면 거기서는 친구들끼리 손을 맞잡는 것이 우정을 표현하는 일종의 암호였다.)

주식 범주 안에서 분산투자를 하는 것이 중요하지만 주식, 채권 등 여러 자산군에 자금을 배분하는 것이 더 중요하다. 오랫동안 한 범주에만 투자하는 것은 위험하다. 이 대목에서 대단히 중요한 자산 배분이라는 개념이 등장한다. 이렇게 기억하면 된다. 분산투자diversification는 한 범주를 깊이 파고드는 것이니(가령 대형주, 소형주, 해외주 등 여러 종류의 주식을 매입하는 것) D학점, 자산 배분asset allocation은 여러 범주에 걸쳐 투자 범위를 넓히는 것(가령 주식 및 채권)이니 A학점이다.

주식과 채권의 90년간 평균 연 수익률		
뉴욕대 기업금융학 어스워스 다모다란Aswath Damodaran 교수는 90년에 걸친 각 자산군의 투자수익을 분석했다. 이 수치는 아주 오랜 기간에 걸쳐 S&P 500 지수의 수익률을 보여준다.		
주식	**채권**	**현금**
위험도 높음	위험도 낮음	위험도 아주 낮음. 매트리스 밑이 아니라 이자가 붙는 MMF에 넣어두는 경우
11.5%	5.2%	3.4%
과거는 미래를 예측하는 지표가 될 수 없다는 사실을 명심해야 한다. 또한 보다 엄밀하게 따지면 이 수익률은 산술평균(복리수익률은 9.5%)이며, 물가상승률은 포함하지 않았다.		

자산을 어디에 배분할지 판단할 때 가장 중요한 고려사항 중 하나는 각 범주가 제공하는 수익률이다. 물론 투자 유형에 따라 다른 수익률을 기대할 수 있다. 대개 위험이 높으면 잠재적 수익도 높다. 위에 나오는 표를 보라. 언뜻 봐도 주식이 가장 높은 수익을 안긴다는 사실을 알 수 있다. 그러면 주식에 전부 투자해야 할까?

서두르지 마라. 높은 수익은 높은 위험을 수반한다는 사실을 명심하라. 주식으로만 포트폴리오를 구성했다가 내년에 35%의 손실을 입으면 어떻게 될까? 갑자기 쪼들리는 신세가 되어 과자로 끼니를 때우며 죽기 전에 손실을 회복할 수 있을지 고민해야 한다.

자산 배분은 살면서 내리는 가장 중요한 결정 중 하나다. 수십만 달러, 심지어 수백만 달러가 걸린 문제다. 그런데도 우리는 자산 배분보다 새로 생긴 식당이나 텔레비전 프로그램에 더 관심이 많다.

사실 지금까지 '자산 배분'이라는 말을 한 번도 들어본 적이 없는 사람도 많을 것이다. 언론은 자산 배분이 너무 복잡해서 사람들이 이해하지 못할 것이라고 생각한다. 그래서 '안전'과 '성장' 같은 표현에 의존했다. 자산 배분은 재테크에서 유일하게 중요한 문제이며, 나는 당신이 그 개념을 익힐 수 있을 만큼 똑똑하다고 생각한다.

자산 배분은 현실적인 영향을 미친다. 가령 50대나 60대 중에서 지난 불경기 때 포트폴리오의 가치가 거의 재난 수준으로 줄어든 사람이 많다. 그들의 자산은 적절하게 배분되지 않았다. 주식에 모든 돈을 투자해서는 안 되는 것이었다. (또한 급락장에서 주식을 매도하지 말아야 했다. 주식을 계속 보유하고 있었다면 장기적으로 상당한 수익을 얻었을 것이다.)

연령과 위험감수도risk tolerance는 중요하다. 당신이 25세고 앞으로 돈을 불릴 시간이 많다면 포트폴리오를 주식 펀드 위주로 구성해도 타당하다. 그러나 나이가 많고 10년, 20년 후에 은퇴해야 한다면 위험을 줄여야 한다. 그래야 증시가 부진해도 자산 배분을 통제할 수 있다. 나이가 60대 이상이라면 포트폴리오의 상당 부분은 안정적인 채권으로 구성해야 한다.

채권은 주식과 반대로 움직이는 균형추 역할을 한다. 즉, 주가가 떨어질 때 대체로 가격이 오르기 때문에 포트폴리오의 전반적인 위험을 줄여준다. 자금의 일부를 채권에 투자하면 전반적인 위험이 줄어든다. 물론 바이오주가 200%씩 상승하면 채권에 투자한 돈을 모두 주식에 넣었어야 했다고 후회할 수도 있다. 그러나 주가가 급락하면 채권 투자가 큰 손실을 막아주는 완충작용을 한다는 것이 기쁠 것이다. 통념과 달리 포트폴리오에 채권을 추가하면 전반적인 수익률이 높아진다.

당신은 이렇게 말할지도 모른다. "하지만 저는 아직 젊기 때문에 공격적으로 투자하고 싶어요. 채권은 필요 없어요." 동의한다. 채권은 20대에게는 적합하지 않다. 나이가 20대나 30대 초반이고 굳이 위험을 줄일 필요가 없다면 모두 주식 펀드에 투자하고 시간이 위험을 완화하도록 하면 된다.

하지만 당신이 30대 이상이라면 채권으로 포트폴리오의 균형을 맞춰서 위험을 줄여야 한다. 증시가 장기적으로 부진하면 어떻게 할 것인가? 채권을 보유해서 손실을 상쇄해야 한다.

주식과 채권의 종류	
주식	채권
대형주 시가총액('시가총액'은 유통 주식 수에 주가를 곱한 것이다)이 100억 달러 이상인 대기업의 주식	**정부채** 정부가 보증하는 대단히 안전한 투자 상품. 위험이 낮은 대신 주식보다 수익률이 낮다.
중형주 시가총액이 10억 달러에서 50억 달러 사이인 중기업의 주식	**회사채** 기업이 발행하는 채권. 정부채보다 위험하지만 주식보다는 안전하다.
소형주 시가총액이 10억 달러 이하인 소기업의 주식	**단기채** 만기가 3년 이하인 채권
해외주 신흥국(중국, 인도 등)과 선진국(영국, 독일 등)을 비롯한 외국 기업들이 발행한 주식. 직접 매수할 수도 있고 펀드를 통해 간접적으로 매수할 수도 있다.	**장기채** 만기가 10년 이상이며, 그에 따라 단기채보다 수익률이 높은 채권
성장주 다른 주식 혹은 전체 증시보다 높은 성장률을 보일 수 있는 주식	**지방채** 지자체가 발행하는 채권으로서 '시채muni'라고도 불린다.
가치주 할인가(실제 가치보다 낮은 가격)에 팔리는 주식	**물가연동국채** 물가상승률을 반영한 대단히 안전한 채권

* 주식처럼 종목 코드를 가지고 있으며, 부동산에 투자하도록 해주는 리츠 혹은 '부동산투자신탁은 복잡한 구조 때문에 위의 범주에 들어맞지 않는다.

채권을 통해 위험을 낮춰야 하는 또 다른 흥미로운 상황이 있다. 포트폴리오의 규모가 거대해지면 위험 성격이 달라진다. 유명한 사례로 재테크 전문가인 수지 오먼Suze Orman은 한 인터뷰에서 재산이 얼마냐는 질문을 받았다. 그녀는 "어떤 기사에 저의 유동성 자산이 2,500만 달러라고 나와 있더군요. 아주 근접한 수치예요. 거기에 제 집이 700만 달러짜리예요"라고 대답했다.

기자는 돈을 어디에 넣어두는지 물었다. 그녀는 주식에 투자한 100만 달러를 제외하면 전부 채권에 넣어둔다고 말했다. 재테크 업계는 깜짝 놀랐다. 거의 모든 돈을 채권에 넣어둔다고? 하지만 그녀는 대다수 사람들과는 다른 2,500만 가지 이유를 갖고 있다. 한 재무상담사가 내게 말한 대로 "일단 승자가 되면 불필요한 위험을 감수할 이유가 없다."

분산투자의 중요성

이제 피라미드에 있는 자산군(주식, 채권, 현금)에 대해 기본적인 내용을 알았으니 각 자산군에 속한 여러 선택지를 살펴보자. 기본적으로 주식에는 많은 종류가 있으며, 그 모두를 조금씩 보유할 필요가 있다. 채권의 경우도 마찬가지다. 이것이 소위 '분산투자'다. 분산투자는 근본적으로 각 자산군(주식, 채권)에 속한 하위 범주에 모두 투자하는 것이다.

앞의 표에 나오듯이 '주식'이라는 폭넓은 범주에는 대기업 주식('대형주'), 중형주, 소형주, 해외주 등 다양한 종류가 있다. 그런데 이중에 꾸준히 수익률을 올리기만 하는 주식은 없다. 같은 해에 소형주가 크게 상승한 반면 해외주는 부진할 수 있다. 또한 해마다 실적이 달라진다. 마찬가지로 채권도 종류에 따라 수익률과 세금 혜택이 다르다. 윌리엄 번스타인은 2012년에 펴낸 책《돈이 고인 곳으로 가라Skating Where the Puck Was》에서 "위험한 자산들로 투자를 분산하는 건 단기적인 위험으로부터 자신을 보호하는 데 별로 도움이 되지 않는다. 반면 훨씬 더 파괴적인 영향을 미치는 수십 년 혹은 수 세대에 걸친 장기적인 수익률 부진으로부터는 자신을 보호할 수 있다"라고 밝혔다.

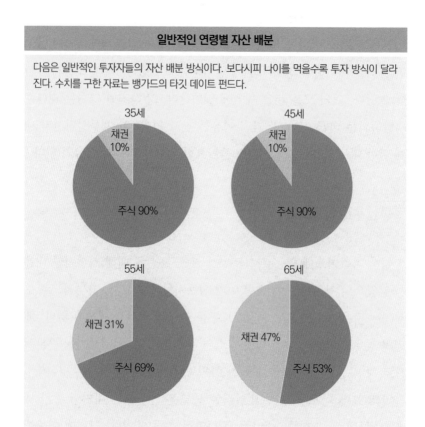

일반적인 연령별 자산 배분

다음은 일반적인 투자자들의 자산 배분 방식이다. 보다시피 나이를 먹을수록 투자 방식이 달라진다. 수치를 구한 자료는 뱅가드의 타깃 데이트 펀드다.

35세
채권 10%
주식 90%

45세
채권 10%
주식 90%

55세
채권 31%
주식 69%

65세
채권 47%
주식 53%

각 자산군의 수익률이 크게 바뀐다는 건 다음 두 가지 사실을 뜻한다. 첫째, 투자로 빨리 돈을 벌려고 하다가는 대개 손해를 본다. 가까운 미래에 어떤 일이 생길지 모르기 때문이다. 자기는 알고 있다고 말하는 사람은 바보 아니면 커미션을 받는 영업직원이다. 둘째, 다양한 종류의 주식(그리고 아마도 채권)을 보유하여 포트폴리오의 균형을 잡아야 한다. 가령 소형주 혹은 소형주 펀드만 보유해서는 안 된다. 10년 동안 소형주가 부진하면 정말로 곤란해진다. 반면 소형주에 대형주, 해외주 등을 추가하면 한 부문에 발목이 잡히지 않도록 보험을 드는 셈이다. 그러니 주식에 투자한다면 다양한 주식 혹은 주식 펀드로 포트폴리오의 균형을 맞춰서 분산투자를 해야 한다.

이런 배분 방식이 일반적인 규칙이다. 어떤 사람들은 30대나 40대가 될 때까지 100% 주식에 투자하고 싶어 한다. 다른 사람들은 보수적으로 채권에 일부 비중을 두고 싶어 한다. 핵심은 20대나 30대라면 일시적으로 하락하더라도 주식과 주식 펀드에 공격적으로 투자할 형편이 된다는 것이다. 시간이 내 편이기 때문이다.

솔직히 지금 막 불안한 마음으로 투자를 시작했다면 가장 큰 위험은 너무 위험한 포트폴리오를 꾸리는 것이 아니라, 게으르고 부담스러워서 아예 투자를 하지 않는 것이다. 그래서 기본적인 내용을 이해하되 온갖 변수와 선택지에 매몰되지 않는 것이 중요하다.

시간이 지나면 자산 배분 방식을 관리하여 위험을 줄이고 어느 정도 예측 가능한 투자수익률을 올릴 수 있다. 30년 후 당신은 지금과 아주 다른 방식으로 투자해야 할 것이다. 그것은 자연스런 일이다. 30대 때는 매일 아침 5킬로미터의 눈길을 걸어서 학교로 가던 시절의 이야기를 길게 늘어놓는 60대 때보다 훨씬 공격적으로 투자하기 마련이다. 나이와 위험감수도에 맞는 투자계획을 세우는 게 중요하다.

"젊을 때는 공격적으로 투자하고, 나이가 들면 보수적으로 투자한다"는 말은 전적으로 타당하다. 다만 한 가지 문제가 있다. 실제 투자는 어떻게 해야 할까? 구체적으로 어떤 투자 상품을 골라야 할까? 개별 주식에 투자해야 할까? (아니다.) 대부분 투자라고 하면 주식 투자가 전부라는 생각을 갖고 있어 이 지점에서 멈춘다. 그들은 더 깊이 생각하려고 애쓰다가 혼란스러워하고, 나중으로 결정을 미룬다.

이런 일이 당신에게 생기도록 하지 마라! 또 다른 주요 투자 상품인 펀드를 살펴보자.

뮤추얼 펀드: 나쁘지 않고, 대단히 편리하지만 종종 비용이 많이 들고 믿을 만하지 않음

금융업계는 멍청하지 않다. 금융업계 사람들은 투자자들에게 필요한 (혹은 필요하다고 생각하게 만들고 싶은) 상품을 만드는 능력이 뛰어나다. 1924년에 다양한 종류의 투자 상품(주로 주식)을 한데 묶은 뮤추얼 펀드가 만들어졌다. 뮤추얼 펀드는 투자자들이 개별 종목을 직접 고르는 어려운 일을 할 필요 없이 자신에게 맞는 펀드만 선택하면 되도록 해준다. 예를 들어 대형주, 중형주, 소형주 뮤추얼 펀드뿐 아니라 바이오기술, 통신, 심지어 유럽 주식이나 아시아 주식에 초점을 맞춘 펀드도 있다. 뮤추얼 펀드는 다양한 주식으로 구성되어 (개인이 개별 종목을 살 때처럼) 한 바구니에 달걀을 너무 많이 담는 문제를 걱정하거나, 투자설명서를 확인하거나, 업계 소식을 따라잡을 필요가 없기 때문에 인기가 아주 많다. 또한 수많은 종목을 보유하므로 자동으로 분산투자가 이뤄진다.

대부분 기업 퇴직연금을 통해 처음 뮤추얼 펀드를 접한다. 가입자는 놀라울 만큼 많은 선택지로부터 원하는 것을 고르게 된다. 뮤추얼 펀드 투자는 곧 해당 펀드의 지분을 사는 것이다. 펀드 매니저는 가입자들에게 최고의 수익률을 안겨줄 종목을 고른다.

뮤추얼 펀드는 대단히 유용한 투자 수단으로서 지난 85년 동안 큰 인기를 누렸으며, 높은 수익률을 기록했다. 덕분에 다른 투자 상품보다 월등한 월가의 수익원이 되었다. '액티브 운용'(전문가가 펀드 종목을 고르는 것)의 대가로 높은 수수료(운용보수라고도 함)를 받기 때문이다. 이런 수수료는 당신의 수익을 가로챈다. 무슨 근거로? 아무 근거 없이! 수수료를 낼 필요가 없다! 물론 수수료가 싼 펀드도 있다. 그러나 대다수 뮤추얼 펀드는 운용보수가 비싸다.

금융기업이 뮤추얼 펀드를 판매하는 것이 잘못이라는 말은 아니다. 뮤추얼 펀드는 일반인이 쉽게 투자하도록 해준다. 그러니 수수료를 떼어 간다고 해도 투자를 전혀 하지 않는 것보다는 나은 선택지다. 그러나 이제는 상황이 바뀌었다. 6장에서 살핀 대로 수수료가 싸고 수익률도 높은 인덱스 펀드라는 더 나은 선택지가 있다.

장점: 전문 펀드 매니저가 투자 결정을 대신해주므로 투자자는 신경 쓸 필요가 없다. 또한 다양한 주식을 보유하기 때문에 한 종목이 부진하다고 해서 전체 펀드가 흔들리지는 않는다.

단점: 운용보수, 선취 수수료, 환매 수수료(수익에 아무 도움이 안 되는 매도 수수료) 등으로 만기 때까지 수만 달러의 수수료가 나갈 수 있다. 이런 수수료는 모두 운용사가 돈을 더 벌기 위한 교묘한 수단이다. 또

한 두 개의 뮤추얼 펀드에 가입하면 투자 종목이 겹칠 수 있다. 즉, 생각보다 분산투자가 덜 될 수 있다. 최악은 75%의 경우에 시장수익률을 넘어서지 못하는 '전문가'에게 보수를 지불해야 한다는 것이다.

한마디로 뮤추얼 펀드는 편의성 때문에 보편화되었다. 그러나 적극적으로 운용되는 뮤추얼 펀드는 비용이 많이 들 수밖에 없어서 더 이상 최선의 투자 상품이 아니다. 액티브 운용은 패시브 운용의 상대가 될 수 없다. 이 사실은 뮤추얼 펀드의 매력적인 사촌인 인덱스 펀드에게로 우리를 안내한다.

"이 책을 읽고 뮤추얼 펀드를 제대로 이해하기 약 1년 전에 갖고 있던 돈 중 상당 부분을 액티브 펀드에 넣었어요. 장기 투자라서 돈을 벌기는 했지만 인덱스 펀드와 비교하면 손해를 봤죠. 이제는 자본소득세를 내는 게 나은 시점이 되어서 돈을 저비용 투자 상품으로 이월할 수 있어요. 올바른 길로 이끌어줘서 고마워요."

– 아난드 트리베디(35세)

인덱스 펀드: 매력 없는 가문의 매력적인 사촌

1975년에 뱅가드의 설립자인 존 보글은 세계 최초로 인덱스 펀드를 선보였다. 이 단순한 펀드는 주식을 사서 시장(더 정확하게는 S&P 500 같은 '지수')을 따라간다. 반면 전통적인 뮤추얼 펀드는 고액 연봉을 받는 '전문가'들을 고용한다. 그들은 어느 주식이 상승할지 예측하고, 잦은 매매로 세금이 붙게 만들고, 수수료를 청구한다. 요컨대 그들은 당신에게 손해 보는 대가를 요구한다.

인덱스 펀드는 기준을 낮춰서 전문가를 고용하지 않고, 시장수익률을 넘어서려 시도하지 않는다. 그저 컴퓨터를 이용하여 자동으로 지수를 따라가며, 비용을 낮추려 시도한다. 말하자면 '이기지 못하겠다면 같은 편이 된다'는 생각을 금융시장에서 구현한 것이다. 이를 통해 인덱스 펀드는 비용을 낮추고, 세금을 줄이며, 거의 신경 쓸 필요가 없도록 해 준다. 인덱스 펀드는 컴퓨터가 지수를 따라가기 위해 운용하는 주식의 모음이다. 현재 시장에는 S&P 500 펀드, 아시아 태평양 펀드, 부동산 펀드 외에 상상할 수 있는 온갖 종류가 있다. 또한 뮤추얼 펀드처럼 종목 코드도 갖고 있다(예: VFINX).

보글은 인덱스 펀드가 개인투자자에게 더 나은 수익을 안길 것이라고 주장했다. 펀드 매니저들은 대개 시장수익률을 넘어서지 못하면서도 투자자들에게 불필요한 수수료를 물렸다.

기만적 우월감illusory superiority이라는 재미있는 효과가 있다. 이 효과는 우리 모두(특히 미국인들)가 자신이 다른 사람들보다 낫다고 생각하게 만든다. 가령 한 연구에서 응답자의 93%는 자신의 운전 실력이 상위 50%에 속한다고 평가했다. 당연히 이는 불가능한 수치다. 우리는 다른 사람들보다 자신의 기억력이 더 뛰어나고, 더 친절하고, 더 인기 많고, 편견이 적다고 믿는다. 그렇게 믿으면 기분이 좋다! 그러나 심리학자들은 우리에게 결함이 있음을 보여주었다.

이 사실을 이해하면 월가의 행동이 훨씬 타당해진다. 모든 펀드 매니저는 자신이 시장수익률을 넘어설 수 있다고 믿는다. 그들은 이 목표를 위해 화려한 분석기법과 데이터를 활용하며 자주 매매한다. 아이러니하게도 이런 방식은 많은 세금과 매매 수수료를 초래한다. 여기에 운용

전문가들도 인덱스 펀드가
좋은 투자 수단이라는 데 동의한다

내 말만 믿을 필요는 없다. 다음은 전문가들이 말하는 인덱스 펀드의 장점이다.

"98% 혹은 99%(어쩌면 99% 이상)의 투자자들은 폭넓게 분산하고 매매를 하지 말아야 한다. 그렇다면 결론은 비용이 적게 드는 인덱스 펀드다."

– 워런 버핏, 미국의 최고 투자자 중 한 명

"지난 70년 동안 시장수익률을 넘어선 펀드 매니저가 얼마나 적은지 알면, 인덱스 펀드에 장기 투자한다는 훨씬 나은 원칙을 갖게 된다."

– 마크 헐버트Mark Hulbert, 〈헐버트 파이낸셜 다이제스트Hulbert Financial Digest〉 전 편집장

"언론은 해마다 점수를 내고 덜 화려하지만 궁극적으로 승점을 안기는 인덱스 펀드보다 일시적으로 놀라운 적중률을 보인 적극적 펀드에 초점을 맞춘다."

– 스코트 사이먼W. Scott Simon, 《지수 뮤추얼 펀드: 투자 혁명을 통한 이득Index Mutual Funds: Profiting from an Investment Revolution》의 저자

보수까지 더하면 일반적인 펀드 투자자가 장기적으로 시장수이률을 넘어서기는(심지어 따라가기도) 사실상 불가능하다. 그래서 보글은 뮤추얼 펀드라는 구식 모델을 버리고 인덱스 펀드를 선보였다.

인덱스 펀드는 상당한 돈을 벌 수 있는 쉽고 효율적인 수단이다. 단, 단순하게 시장수익률을 따라갈 뿐이라는 사실을 알아야 한다. 가령 모든 돈을 주식에 넣었는데 (가끔 그러듯이) 증시가 하락하면 손실이 날 수밖에 없다. 그럴 수 있다고 생각하라! 수익이 오르내리는 것은 자연스

런 일이다.

장기적으로 주가는 항상 올랐다. 인덱스 펀드가 안기는 보너스는 금융업계를 엿 먹이고 거기서 일하는 친구들을 화나게 만드는 동시에 수수료를 아낄 수 있다는 것이다. 월가는 인덱스 펀드의 등장에 겁을 먹었다. 그들은 뮤추얼 펀드에 대한 홍보비를 늘리고, '별 5개짜리 펀드' 같은 허튼 수작, 결과가 아니라 행동만 부각하는 블로그를 내세워 인덱스 펀드를 저지하려고 애썼다.

생각보다 많은 수수료		
투자금액	저비용 인덱스 펀드의 연 수수료(0.14%)	액티브 펀드의 연 수수료(1%)
5,000달러	7달러	50달러
2만 5,000달러	35달러	250달러
10만 달러	140달러	1,000 달러
50만 달러	700 달러	5,000 달러
100만 달러	1,400달러	1만 달러

장점: 대단히 비용이 적고, 관리하기 쉬우며, 세금 측면에서 효율적이다.

단점: 대개 여러 펀드에 투자하여 포괄적으로 자산을 배분해야 한다 (하나만 가입하는 것이 아예 하지 않는 것보다는 낫지만). 복수의 펀드에 가입할 경우 대개 12개월에서 18개월에 한 번씩 정기적으로 균형을 맞춰야 한다(목표로 정한 자산 배분이 이뤄지도록 투자금액을 조정해야 한다). 또한 인덱스 펀드는 월 자동 납입을 하면 종종 면제해주기는 하지만 최소 투자금액이 있는 경우가 많다.

이처럼 인덱스 펀드는 개별 주식 및 채권 혹은 뮤추얼 펀드보다 명백히 낫다. 수수료가 적기 때문에 정확하게 원하는 포트폴리오를 구성 및 통제하고 싶다면 아주 좋은 선택지다.

하지만 당신이 적절한 자산 배분 방식과 인덱스 펀드를 파악하기 위해 시간을 들여 조사할 사람이 아니라면 어떻게 해야 할까? 솔직해지자. 대부분 분산투자된 포트폴리오를 구성하고 싶어 하지 않으며, 1년에 한 번이라도 여러 펀드를 살펴서 균형을 맞추고 싶어 하지 않는다.

당신이 그런 경우라면 한 가지 선택지가 있다. 너무나 쉽게 투자할 수 있는 이 선택지는 바로 타깃 데이트 펀드다.

타깃 데이트 펀드: 간편한 투자 수단

306쪽에서 여기로 바로 건너뛰었든, 투자에 대한 기본적인 내용을 다 읽고 간편한 수단을 선택하기로 결정했든 관계없다. 타깃 데이트 펀드는 당신이 선택할 수 있는 가장 간편한 수단이다. 내가 가장 좋아하는 투자 상품이기도 한다. 85% 해결책을 구현했기 때문이다. 즉, 완벽하지는 않지만 누구나 투자를 시작할 수 있을 만큼 간편하고 충분히 좋다.

> "제게 이 책에서 가장 도움이 된 부분은 퇴직계좌에서 정말로 필요한 것이 무엇인지 설명하는 단락이었습니다. 또한 펀드 선택을 놓고 스트레스를 받지 않아도 되도록 '충분히 좋은' 투자를 하는 데 도움을 주는 85% 해결책을 제안하는 것도 좋았습니다. 분석만 하다가 아무 투자도 하지 않는 것보다 실행에 나서서 기본적인 라이프스타일(타깃 데이트) 펀드를 고른다는 생각이 좋았습니다."
>
> ─ 카렌 듀덱 브래넌(37세)

타깃 데이트 펀드는 당신의 은퇴 계획에 맞춰서 자동으로 투자를 분산하는 단순한 펀드다. (지금부터 당신이 65세에 은퇴한다고 가정하자.) 타깃 데이트 펀드는 주식과 채권의 비중을 계속 조정한다. 가령 지난 불경기 때 많은 사람이 타깃 데이트 펀드를 보유했다면 큰 손실을 보는 경우는 적었을 것이다. 가입자의 은퇴 연령이 가까워지는 만큼 보수적인 자산 배분이 이뤄지도록 자동으로 조정되기 때문이다. 타깃 데이트 펀드는 사실 '펀드의 펀드'다. 즉, 여러 펀드로 구성되어 분산투자가 저절로 이뤄진다. 예를 들어 대형주 펀드, 중형주 펀드, 소형주 펀드, 해외주 펀드로 구성될 수 있다. (각각의 펀드는 다시 해당 부문의 주식들로 구성된다.) 다시 말해 타깃 데이트 펀드는 많은 펀드를 보유하며, 각각의 펀드는 주식이나 채권을 보유한다. 복잡하게 들리지만 사실 이런 구성 덕분에 일이 더 단순해진다. 하나의 펀드만 보유하면 나머지는 다 알아서 처리되니까 말이다.

타깃 데이트 펀드는 인덱스 펀드와 다르다. 인덱스 펀드도 수수료가 싸지만 포괄적인 자산 배분을 원하는 경우 복수의 펀드를 보유해야 한다. 그래서 대개 1년에 한 번씩 정기적으로 펀드들 사이의 균형을 다시 맞춰야 하기 때문에, 원하는 자산 배분(주식, 채권, 현금의 비중)이 이뤄지도록 여러 투자 상품으로 자금을 재분배하는 힘든 과정을 거쳐야 한다. 정말 귀찮은 일이다.

타깃 데이트 펀드는 당신의 연령에 맞춰 자동으로 자산이 배분된다. 가령 20대 때는 공격적인 투자로 출발하지만 나이가 들어감에 따라 보수적인 구성으로 바뀐다. 당신은 돈을 계속 넣는 것 외에는 할 일이 없다.

타깃 데이트 펀드가 모두에게 완벽한 것은 아니다. 당신의 은퇴 계획이라는 하나의 변수만 기준으로 삼기 때문이다. 당신에게 무한한 자원,

즉 더 많은 시간, 더 많은 돈, 더 많은 자제력이 있다면 자신의 정확한 필요에 따른 맞춤식 포트폴리오로 약간 더 나은 수익을 올릴 수 있다.

우리는 누구나 부모님에게 특별하고 다르다는 말을 듣고 자라지만 사실 대부분 거의 같다. 또한 포트폴리오를 계속 관리할 자원이나 의욕을 가진 사람은 드물다. 이것이 타깃 데이트 펀드가 대단히 좋은 이유다. 타깃 데이트 펀드는 게으른 사람들에게 어필하도록 설계되었다. 즉, 많은 사람에게 타깃 데이트 펀드의 편의성은 만능 접근법을 취하는 데서 생기는 약간의 손해를 압도한다. 당신이 투자하게끔 할 수 있다면 모든 투자를 아우르는 하나의 펀드가 지닌 장점은 다른 단점들을 충분히 만회한다.

타깃 데이트 펀드가 모두 똑같은 것은 아니다. 일부는 다른 펀드보다 수수료가 비싸다. 그러나 전반적으로는 수수료가 저렴하고 세금 측면에서 효율적이다. 무엇보다 매달, 매분기 혹은 매년 돈을 자동으로 이체하는 것 외에는 전혀 수고가 들지 않는다. 당신이 직접 투자하고, 관리하고, 재조정할 필요가 없다. 멋지지 않은가?

참고로 타깃 데이트 펀드에 가입하려면 한 달에 100달러에서 1,000달러를 최소 납입액으로 넣어야 한다.* 그럴 돈이 없으면 이를 저축 목표로 삼아라. 최소 납입액이 마련되면 펀드에 가입하고 매달 자동이체가 되도록 설정하라. 타깃 데이트 펀드를 강력 추천한다. 쉽고, 싸고, 좋다.

---

* 우리나라의 경우 최소 가입금액(최소 납입액)이 없는 펀드도 있고, 있다고 하더라도 5,000원~10,000원으로 미국보다 적은 편이다.

타깃 데이트 펀드

우리나라에서도 은퇴 이후의 삶에 대한 중요성이 갈수록 높아지는 가운데, 근로 소득만으로는 노후를 대비할 수 없다는 인식이 확산되고 있다. 적절한 재테크 수단, 즉 투자 소득을 통해 부를 증식하지 않으면, 미래에 현재와 같은 경제생활을 누릴 수 없다는 것이 우리가 직면한 현실이다.

하지만 주식 투자를 통해 재테크 수익을 극대화하자니, 주가 하락에 따른 투자 손실 위험이 걱정되고, 원금을 보장해주는 예/적금에 돈을 묶어 놓자니 수익률이 너무 적어 문제다. 또 우리나라 경제는 수출 중심의 소규모 개방경제모델이므로 미국 경제, 글로벌 교역량, 선진국 증시 등 다양한 대외 변수에 영향을 받아 원화로 표시된 자산(한국 주식, 한국 채권, 한국 예금 등)에만 투자하는 것도 위험이 따른다.

이와 같은 이유들로 인해 다양한 자산에 골고루 분산해서 투자하는 자산 배분이 선택이 아닌 필수가 된 시대다. 문제는 자산 배분이 쉽지 않다는 것이다. 어떤 자산에 대한 투자를 결정하기 위해서는 미국, 유럽, 중국 등 주요 해외 금융시장에서 일어나는 일들을 다 모니터링해야 한다. 또 주기적으로 포트폴리오 리밸런싱(상황에 따라 자산 간 편입 비중을 조절하는 행위)을 해야 하는데, 전문가들이 아니고서야 이를 꾸준히 실행하는 것이 현실적으로 힘들다.

이런 고민을 해결할 수 있는 상품이 바로 저자가 추천하는 타깃 데이트 펀드다. 타깃 데이트 펀드는 투자자의 은퇴 시점을 목표 시점(Target

Date)로 설정하여, 각 가입자들의 생애주기에 따라 자동적으로 포트폴리오를 조정해주는 자산 배분 펀드를 뜻한다. 목표 시점을 설정하는 방식은 다음 〈그림〉과 같다. 만약 목표 연도가 2045년이면, 타깃 데이트 펀드 중에 TDF 2045 또는 2045 TDF로 표기되어 있는 펀드에 투자하면 된다(2050년이 나왔다면, TDF 2050 또는 2050 TDF 펀드에 투자하면 된다).

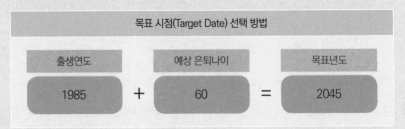

목표 시점(Target Date) 선택 방법

출생연도		예상 은퇴나이		목표년도
1985	+	60	=	2045

자료 : KB자산운용

목표 시점별 TDF 펀드 유형 및 기간별 주식 비중 예시

펀드명	은퇴 잔여 기간 (2016년 기준)	대상 고객 (55~60세 은퇴 기준)	기간별 주식 비중(%)						
			-30년 80%	-25년 79%	-20년 76%	-15년 66%	-10년 55%	-5년 42%	은퇴+30년 33% → 22%
삼성 한국형 TDF 2050	30년	20~30대							→
삼성 한국형 TDF 2045	25년	30대							→
삼성 한국형 TDF 2040	20년	30~40대							→
삼성 한국형 TDF 2035	15년	40대							→
삼성 한국형 TDF 2030	10년	40~50대							→
삼성 한국형 TDF 2025	5년	50대 이상							→
삼성 한국형 TDF 2020	–	은퇴 이후							→
삼성 한국형 TDF 2015	–	은퇴 이후							→

자료 : 삼성자산운용

타깃 데이트 펀드의 핵심은 나이에 따라 위험자산과 안전자산의 비중을 조절한다는 것이다. 예를 들어, 20~30대 청년기에는 안정적 수익보다는 기대 수익을 극대화하는 것이 중요하므로 주식과 같은 위험자산의 투자 비중을 높인다. 그 후 가입자가 중년, 노년에 접어들면 그에 맞춰 주식 비중을 줄이고, 채권과 같은 안전자산 비중을 높여 안정적인 인컴을 창출하는 데 주력한다.

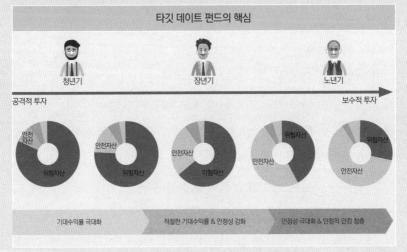

자료 : KB자산운용

　이렇게 생애주기에 맞춰 자동적으로 자산배분을 해준다는 특성 때문에 타깃 데이트 펀드는 은퇴 이후 경제적으로 안정된 삶에 대한 고민을 하면서도 직접 포트폴리오를 운영할 여유가 없거나 전문 지식이 부족한 사람들 사이에서 매력적인 투자 대상으로 떠올랐다.

　현재 우리나라에서도 타깃 데이트 펀드 시장은 빠른 속도로 성장하고 있다. 2016년 삼성자산운용, 미래에셋자산운용, KB자산운용 등 대형 7개 자산운용사에서 타깃 데이트 펀드를 출시한 이후 빠른 성장세를 기록하고 있다. 2019년 4월 22일자 매일경제 "TDF 2년 사이 8배 '쑥'… 노후 안전판 각광"이라는 제목의 기사에 따르면, 2017년 4월 국내 타깃 데이트 펀드 설정액은 1,635억 원에 불과했으나, 2019년 4월 1조 4,777억 원으로 약 8배 성장했다. 특히 확정기여형 퇴직연금(DC형)이나 개인 퇴직연금(IRP)를 통해 타깃 데이트 펀드 투자 시 납입 금액의 400만 원까지 소득공제를 받는다는 세제 혜택이 있어 퇴직연금 가입자들 사이에서도 인기를 끌고 있다.

국내 자산운용사들의 타깃 데이트 펀드 간에는 편입 자산군, 생애주기별 편입자산 간 비중 등 전략적인 측면에서 차이가 난다. 보수, 최저가 입금액도 저마다 다르므로 어떤 운용사의 타깃 데이트 펀드가 절대적으로 좋다고 이야기하기는 어렵다. '가입자의 생애주기에 맞춘 자동적인 자산배분'이라는 측면에서 궤를 같이 하고 있다는 점에 주목하자. 이것이 타깃 데이트 펀드의 핵심이자 장점이다.

금융투자 업계에서 일하는 사람들이 아니라면, 저마다 생업에 충실하느라 일일이 자산배분을 할 시간도, 투자 지식도 부족하니 전문가들에게 맡기는 편이 낫다. 물론 투자전문가들이라고 해서 항상 수익을 내는 것은 아니다. 그러나 타깃 데이트 펀드는 1~3년 단기적인 관점에서 투자하는 것이 아니라 20~30년 이상 장기적인 관점에서 투자하는 것이 목적이다. 장기투자를 할수록 손실보다는 수익을 낼 확률이 높아진다는 것이 금융시장 역사가 남긴 교훈임을 잊지 말자. 독자들 중 은퇴 이후의 안정적인 삶에 대해 고민하고 있다면, 타깃 데이트 펀드를 노후를 위한 장기투자 대상으로 고려해볼 필요가 있다.

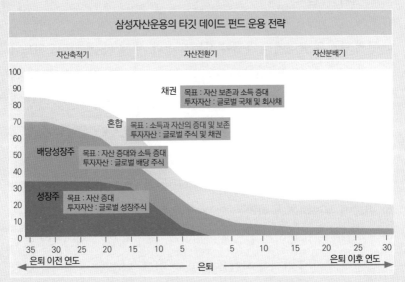

삼성자산운용의 타깃 데이드 펀드 운용 전략

| 자산축적기 | 자산전환기 | 자산분배기 |

채권 목표 : 자산 보존과 소득 증대
투자자산 : 글로벌 국채 및 회사채

혼합 목표 : 소득과 자산의 증대 및 보존
투자자산 : 글로벌 주식 및 채권

배당성장주 목표 : 자산 증대와 소득 증대
투자자산 : 글로벌 배당 주식

성장주 목표 : 자산 증대
투자자산 : 글로벌 성장주식

은퇴 이전 연도 ← | → 은퇴 | 은퇴 이후 연도

자료 : 삼성자산운용

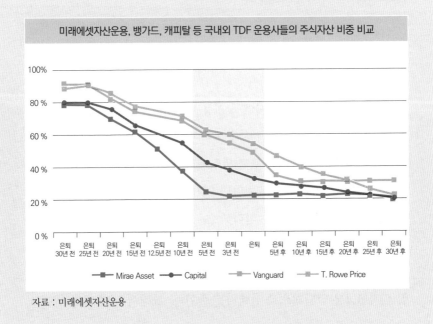

미래에셋자산운용, 뱅가드, 캐피탈 등 국내외 TDF 운용사들의 주식자산 비중 비교

■ Mirae Asset ● Capital ■ Vanguard ■ T. Rowe Price

자료 : 미래에셋자산운용

선택과 가입

이제 당신은 어디에 투자해야 하는지 안다. 바로 타깃 데이트 펀드나 인덱스 펀드다. 시장수익률을 넘어설 수 있다고 생각하거나 섹시하다는 이유로 개별 주식을 사는 것을 고려하고 있다면 차라리 돈을 전부 큰 지퍼백에 넣어 태워버리는 게 낫다. 적어도 중개인들은 건너뛸 수 있으니까.

돈을 관리하는 데 많은 시간을 들이고 싶지 않고, 충분히 좋은 편리한 펀드에 투자하고 좋아하는 일을 하며 자유롭게 사는 85% 해결책에 만족한다면 타깃 데이트 펀드에 가입하라. 그렇지 않고 재테크에 관심이 많아서 투자에 기꺼이 시간을 들일 수 있고, 더 많은 통제력을 원한다면 인덱스 펀드를 골라라. 어느 범주든 어디에 투자할지 정확하게 알아야 한다. 그러면 시작해보자.

일반적인 투자 선택지: 기업 퇴직연금

3장에서 논의한 대로 회사에서 사용자 기여분을 내준다면 다른 투자를 하기 전에 기업 퇴직연금부터 부어야 한다. 그렇지 않다면 뒤에 나오는 로스 퇴직계좌 부분으로 건너뛰어라. 아마 당신은 이미 기업 퇴직연금에 가입했을 것이다. 그렇다면 이제는 당신이 투자하는 돈을 배분하는 방법에 초점을 맞춰야 한다. (가입할 때 펀드를 선택했어도 배분 방식을 바꿀 수 있다. 인사과에 양식을 요청하거나 해당 홈페이지에서 직접 바꾸면 된다.)

나는 사람들이 실행하기 쉽도록 선택지를 줄이는 것을 좋아한다. 기업 퇴직연금은 극단적으로 선택지를 줄인다. 그래서 두어 개의 투자 편드 중에서 고르면 된다. 대개 공격적 투자(주로 주식으로 구성)와 절충적 투자(주식 및 채권으로 구성) 그리고 보수적 투자(채권 중심으로 구성)가 선택지로 주어진다.

각 선택지의 의미를 모르겠다면 차이를 설명하는 표를 인사과에 요청하라. 다만 돈을 투자하지 않고 묵혀두는 'MMF'는 피하라. 돈은 굴려야 한다.

나는 아직 젊은 사람으로서 부담스럽지 않은 수준에서 가장 공격적인 선택지를 권한다. 알다시피 젊을 때 공격적으로 투자할수록 나중에 더 많은 돈을 손에 쥘 가능성이 높다. 초장기 투자 상품인 기업 퇴직연금의 경우는 더욱 그렇다.

회사와 계약한 운용사가 어디인지에 따라 펀드 운용보수가 약간 비쌀 수 있다(0.75% 이상은 비싼 것이다). 그러나 전체적으로 보면 기업 퇴직연금을 통해 상당한 비과세 혜택과 사용자 기여분 혜택을 누릴 수 있다. 그래서 완벽하지 않더라도 투자할 가치가 있다.

로스 퇴직계좌

기업 퇴직연금 다음으로 최고의 투자 수단은 로스 퇴직계좌다. (로스 퇴직계좌의 주된 혜택은 수익에 비과세 혜택이 제공될 뿐 아니라 어떤 펀드든 선택할 수 있다는 것이다.)

로스 퇴직계좌에 돈을 넣으면 돈은 그냥 거기 있을 뿐이다. 좋은 수익을 올리려면 투자를 해야 한다. 가장 쉬운 투자 상품은 타깃 데이트 펀드다. 그냥 타깃 데이트 펀드를 선택하고, 자동이체를 설정한 다음, 신경 쓰지 마라.

타깃 데이트 펀드 선택

당신이 내가 추천하는 뱅가드를 통해 타깃 데이트 펀드에 가입하려 한다고 가정하자(뱅가드 외에도 타깃 데이트 펀드를 제공하는 건실한 회사는 많다). 뱅가드는 '목표 은퇴시기 2040', '목표 은퇴시기 2045', '목표 은퇴시기 2050' 같은 이름으로 타깃 데이트 펀드를 판매한다. 각 펀드의 주된 차이는 자산을 배분하는 방식이다. 숫자가 클수록(은퇴시기가 늦을수록) 주식 비중이 높아진다.

적합한 펀드를 찾기 위해 당신이 은퇴하고 싶은 연도부터 정하라. 65세에 은퇴하고 싶다면 해당 연도에 가장 가까운 펀드(가령 '2050')를 찾아라. 혹은 '뱅가드 타깃 데이트 펀드 선택'을 검색해도 된다.

대다수 타깃 데이트 펀드처럼 뱅가드의 펀드들도 수수료가 아주 싸다. 무엇보다 시간이 지남에 따라 자동으로 자산을 재분배하기 때문에 (즉, 매매를 통해 목표 자산 배분을 유지하기 때문에) 가입자는 신경 쓸 필요가 없다. 요컨대 운용사에서 모든 일을 대신해준다. 당신은 자금을 최대한 많이 납입하기만 하면 된다.

타깃 데이트 펀드를 고를 때 참고해야 할 몇 가지 사항이 있다. 회사에 따라 타깃 데이트 펀드를 '목표 은퇴시기' 펀드나 '라이프사이클life-cycle' 펀드로 부르기도 한다. 명칭만 다를 뿐 모두 같은 펀드다. 어떤 회사는 대개 1,000달러에서 3,000달러 사이의 최소 투자액을 요구한다. 그러나 자동이체를 하면 요건을 면제해주는 경우가 많다.

연령과 상관없이 위험감수도에 따라 타깃 데이트 펀드를 선택해도 된다. 나이는 25세지만 위험을 기피한다면 나이가 많은 사람들을 위해 보수적으로 자산 배분을 하는 펀드를 골라라.

타깃 데이트 펀드 가입

펀드를 골랐다면 실제로 가입하는 방법은 쉽다. (3장에서 개설한) 로스 퇴직계좌로 로그인하라. 최소 투자액이 대개 1,000달러에서 3,000달러이니 충분한 돈이 계좌에 들어 있어야 한다.

매달 50달러에서 100달러를 자동이체하면(그렇게 해야 한다) 최소 투자액 요건을 면제해주는 회사도 있다. 뱅가드는 어떤 경우에도 면제해주지 않는다. 최소 투자액 요건이 있는 펀드에 가입하고 싶지만 돈이 부족하다면 먼저 저축부터 해야 한다. 계좌에 충분한 돈이 모이면 타깃 데이트 펀드의 종목 코드를 입력하라(가령 VFINX). 종목 코드를 모르면 계좌에서 검색하면 된다. 그 다음 '매수'를 클릭하라. 그걸로 끝이다!

각 펀드에 대해 매달 일일이 송금할 필요가 없도록 자동이체를 설정하라.

"이 책을 읽은 후 4년 동안 최소한 7만 달러를 모았습니다. 기업 퇴직연금과 로스 퇴직계좌(뱅가드)에 대한 내용을 읽고 타깃 데이트 펀드에 투자한 덕분입니다."

– 제나 크리스텐슨(26세)

---

72 법칙

72 법칙은 돈을 두 배로 불리는 데 걸리는 기간을 쉽게 파악하도록 해준다. 그 방식은 다음과 같다. 72를 현재 투자수익률로 나누면 돈을 두 배로 불리기 위해 투자해야 하는 기간이 나온다. (수학을 좋아하는 사람들을 위해 공식을 제시한다. 72÷수익률 =기간). 가령 인덱스 펀드에 투자하여 10%의 수익률을 올리고 있다면 돈을 두 배로 불리는 데 7년 정도(72 나누기 10)가 걸린다. 다시 말해서 지금 5,000달러를 투자하여 10%의 수익률로 불리면 약 7년 후에 1만 달러가 된다. 그 후에도 돈은 계속 불어난다. 물론 매달 자금을 납입하면 복리의 힘으로 더 많이 불어난다.

9,000달러를 잃게 만든 작은 투자 실수

한 독자가 친구와 나눈 대화 내용을 담은 이메일을 보내왔다. 그 친구는 거의 10년 동안 로스 퇴직계좌에 돈을 넣고 있었다. 이메일의 내용은 다음과 같다.

> 독자: "10년이라고! 대단하네!"
> 친구: "하지만 거의 금액이 늘질 않았어."
>   (독자는 친구의 말에 안타까운 마음이 들었다.)
> 독자: "펀드에 가입해야 한다는 거 알지? 돈만 넣어두면 안 돼. 펀드를 선택해야지."
> 친구: "뭐?"

제 친구는 10년 동안 로스 퇴직계좌에 돈을 넣으면서 펀드에 가입하지 않았어요. 화려한 저축예금으로 썼던 것이죠. 그 결과 10년 동안 복리로 얻을 수익을 놓쳤어요. 화를 내야 하는지 슬퍼해야 하는지 모르겠어요.

무슨 일이 일어났는지 알겠는가? 독자의 친구는 (3장에서 당신이 한 대로) 로스 퇴직계좌를 만들고 돈까지 넣었다. 그러나 투자라는 마지막 단계를 밟지 않았다.

로스 퇴직계좌에 넣은 돈을 투자해야 한다고 분명하게 말하는 전문가들이 거의 없다. 최악인 것은 독자의 친구가 '투자'한 3,000달러가 1만 2,000달러로 불어날 수도 있었다는 사실이다. 9,000달러의 공돈이 생길 수도 있었다. 게다가 로스 퇴직계좌이기 때문에 비과세 혜택까지 누릴 수 있었다.

나는 그 친구가 사실을 알고 어떤 기분을 느꼈는지 물었다. 친구는 "사기당한 기분이야. 그동안 돈을 더 벌 수 있었는데도 중요한 단계가 있다고 말해준 사람이 한 명도 없었어"라고 말했다고 한다.

내가 재테크에 대한 책을 쓰기 시작한 이유가 여기에 있다. 독자의 친구는 재테크 방법을 배우려고 노력했다. 그래서 로스 퇴직계좌를 만들고 수천 달러를 넣었다. 그러나 로스 퇴직계좌의 운용 방식과 관련하여 사소한 부분을 놓치는 바람에 비과세 혜택이 주어지는 9,000달러를 잃었다. 독자의 친구에게 로스 퇴직계좌가 어떻게 운용되는지 모른 데 대한 책임이 있을까? 물론이다.

이런 대가를 치를 필요가 없다. 재무 전문가가 아니라도 돈을 제대로 굴릴 수 있다.

카뷰레이터가 어떻게 작동하는지 몰라도 차를 운전할 수 있는 것처럼 말이다.

로스 퇴직계좌는 그냥 하나의 계좌다. 돈을 넣은 다음 여러 펀드에 투자해야 비로소 돈을 불릴 수 있다. 부탁한다. 이 정보를 막 투자를 시작한 사람들에게 알려줘라. 이는 말 그대로 수천 달러를 벌 수 있게 도와주는 것이다.

직접 선택

당신은 타깃 데이트 펀드에 만족하지 않으며 직접 인덱스 펀드를 선택해서 로스 퇴직계좌의 포트폴리오를 구성하고 싶은가? 확실한가?

계속 관리하고, 조정하고, 신경 쓸 필요 없이 85%의 해결책을 제공하는 하나의 투자 수단을 찾는다면 그냥 앞에서 소개한 타깃 데이트 펀드에 가입하라. (내가 타깃 데이트 펀드를 얼마나 좋아하는지 알겠는가?)

포트폴리오를 직접 관리하려 든 사람들 중 대다수는 시장수익률을 따라잡지 못했다는 사실을 명심하라. 그들이 실패하는 이유는 하락 징조가 보이면 매도해버리거나 너무 자주 매매하여 세금과 매매 수수료로 수익을 날리기 때문이다. 그 결과 평생에 걸쳐 수만 달러를 잃는다. 또한 개별 인덱스 펀드에 가입하면 원하는 자산 배분이 이뤄지도록 해마다 재조정을 해야 한다(이 문제는 잠시 후에 다룰 것이다). 타깃 데이트 펀드는 그럴 필요가 없다. 그러니 쉬운 투자를 원한다면 타깃 데이트 펀드를 이용하라.

투자를 자신이 직접 관리하고 싶고, 주가 하락을 견딜 만큼 자제력이 있으며, 적어도 1년에 한 번 자산 배분을 다시 할 시간이 있다면 인덱스 펀드를 직접 골라서 포트폴리오를 꾸리는 것이 적절하다. 그러면 한 번

해보자. 앞선 내용을 읽었다면 직접 포트폴리오를 꾸리지 말라는 나의 설득이 당신에게는 통하지 않은 셈이다. 내 말에 겁먹지 않는다면 차라리 당신을 돕는 게 나을 것 같다.

앞서 언급한 대로 포트폴리오 구성 핵심은 급등주를 골라내는 것이 아니다! 그보다 하락장을 버텨내고 천천히 그러나 장기적으로 금액을 크게 불릴 수 있는 균형 잡힌 자산 배분을 하는 것이다. 자산을 배분하고 포트폴리오를 분산하는 방법을 설명하기 위해 데이비드 스웬슨의 조언을 모범으로 삼을 것이다. 스웬슨은 재테크 부문의 비욘세 같은 인물로 예일 대학의 유명한 신탁기금을 운영한다. 대다수 펀드 매니저들은 8%의 수익률도 올리지 못하는 데 반해 그는 30년 넘는 기간에 걸쳐 무려 13.5%라는 놀라운 연 수익률을 기록했다. 1985년부터 지금까지 예일 대학의 신탁기금을 5년마다 거의 두 배로 불린 것이다! 게다가 그는 정말 좋은 사람이다. 그는 월가에서 자신의 이름으로 펀드를 운영하면 해마다 수억 달러를 벌 수 있음에도 학문을 사랑해 예일 대학에 남았다. 그는 "사실상 같은 일을 하면서 더 많은 돈을 벌려고 대학을 떠나는 동료들을 보면 실망스럽습니다. 제게는 사명감이 있으니까요"라고 말했다. 나는 이런 사람을 좋아한다. 어쨌든 스웬슨은 다음과 같이 자산을 배분할 것을 권한다.

30% – 국내 주식: 소형주, 중형주, 대형주를 포함한 미국 주식 펀드

15% – 선진국 주식: 영국, 독일, 프랑스를 포함한 선진국 주식 펀드

5% – 신흥국 주식: 중국, 인도, 브라질 같은 신흥국 주식 펀드. 이 펀드들은 선진국 주식 펀드보다 위험하므로 포트폴리오의 95%를 채우기 전에는 매수하지 마라.

20% - 리츠: 부동산투자신탁을 뜻하는 리츠는 주택담보대출이나 국내외 주거용 및 상업용 부동산에 투자한다.

15% - 정부채: 예측 가능한 수입을 제공하고 포트폴리오의 위험을 낮춰주는 고정금리 국채. 자산군으로서 채권은 대개 주식보다 수익이 낮다.

15% - 물가연동국채: 물가연동국채는 물가상승에 따른 손실을 막아준다. 최종적으로는 보유해야 하지만 수익률이 더 높은 다른 선택지에 먼저 투자한 다음에 하는 것이 좋다.

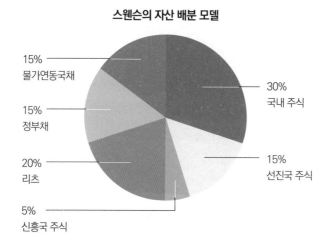

스웬슨의 자산 배분 모델

이 모델에는 상당한 수학적 계산이 들어가 있다. 가장 중요한 점은 어떤 선택지도 압도적인 비중을 차지하지 않는다는 것이다. 알다시피 위험이 낮으면 대개 수익률도 낮다. 자산 배분의 멋진 점은 동일한 수익률을 유지하면서 위험을 줄일 수 있다는 데 있다.

스웬슨의 이론은 훌륭하다. 그렇다면 그의 조언을 따르기 위해서는 현실적으로 어떻게 펀드를 골라야 할까? 저비용 펀드들로 포트폴리오

관리 가능한 수준을 유지하라

Q. 얼마나 많은 펀드에 투자해야 하나요?

A. 간소한 수준을 유지할 것을 권한다. 이상적으로는 하나(타깃 데이트 펀드)만 가입하는 것이 좋다. 그러나 인덱스 펀드를 직접 고른다면 일반적으로는 3개에서 7개 사이의 펀드를 이용하여 좋은 자산 배분을 이룰 수 있다. 이 경우 국내 주식, 해외 주식, 리츠를 아우를 수 있으며, 국채에 작은 비중을 할애할 수도 있다. 포괄적으로 모든 투자 상품을 보유하는 것이 목표가 아니라는 사실을 명심하라. 효율적으로 자산을 배분한 다음에는, 투자에 신경 쓰지 않고 생활할 수 있어야 한다.

를 구성하면 된다. 인덱스 펀드를 직접 고르려면 조사를 통해 자신에게 맞는 최선의 펀드가 무엇인지 파악하자. 나는 언제나 뱅가드, 슈왑, 티 로우 프라이스T. Rowe Price처럼 인기 있는 회사부터 조사한다. 각 회사의 홈페이지를 확인하라. 각 회사의 홈페이지에 들어가면 실제로 수수료가 저렴한지, 당신의 자산 배분 목표와 맞는지 확인할 수 있다(대개 '상품 및 서비스' 메뉴에 관련 정보가 있다).

인덱스 펀드를 고를 때 가장 주안점을 둬야 할 일은 첫째, 수수료를 최소화하는 것이다. 운용보수가 0.2% 정도면 괜찮다. 뱅가드, 티 로우 프라이스, 피델리티에서 운용하는 대다수 인덱스 펀드는 뛰어난 가치를 제공한다. 운용보수는 당신이 통제할 수 있는 몇 안 되는 요소 중 하나이며, 높은 수수료는 결국 수익에서 큰 몫을 떼어간다는 사실을 명심하라. 323쪽에 수수료의 영향을 비교한 표가 있으니 참고하라.

둘째, 당신의 자산 배분 목표와 맞는지 확인하는 것이다. 결국 당신이 인덱스 펀드를 고르는 이유는 투자에 대한 통제력을 원하기 때문이다. 데이비드 스웬슨의 모델을 기본 틀로 삼아 특정 펀드를 배제하거나 중요한 펀드를 우선시하고 싶다면 필요에 따라 조정하라. 가령 당신이 20대이고 돈이 많지 않다면 복리의 힘을 누릴 수 있도록 주식 펀드를 보유하는 것이 좋다. 채권 펀드로 위험을 줄이는 것은 나이가 더 들고 돈이 더 많아진 다음에 하면 된다. 다양한 펀드를 찾을 때는 국내 주식, 해외 주식, 채권 그리고 나머지 투자 부문을 전략적으로 배분해야 한다. 아무 펀드나 고른 다음에 균형 잡힌 자산 배분이 이뤄지기를 기대하면 안 된다. 현재 포트폴리오를 분석하기 위해서는 투자계좌에 로그인하여 각 회사에서 제공하는 도구를 활용하라. 가령 뱅가드 홈페이지에 들어가면 주식 대 채권 혹은 해외주 대 국내주의 비율을 확인할 수 있다. 당신이 고려하는 모든 펀드를 이런 식으로 관리할 수 있다. (모든 주요 투자회사는 분석 기능을 제공한다. 만약 당신이 거래하는 투자회사에서 이를 제공하지 않는다면 '퍼스털 캐피털Personal Capital' 사이트를 활용하라.) 이는 자산 배분 현황을 살펴서 분산투자가 잘 되도록 하는 좋은 방법이다.

셋째, 지난 10년 혹은 15년 동안 수익률이 얼마나 되는지 당연히 확인해야 한다. 다만 흔히 말하는 대로 과거 실적이 미래의 결과를 보장하지는 않는다는 사실을 명심하라.

이 일을 약간 더 쉽게 하려면 대부분의 사이트에서 '제품 및 서비스' 메뉴로 들어가면 된다. 거기에 당신의 요건에 맞는 펀드를 찾을 수 있도록 '운용보수가 0.75% 이하인 해외 인덱스 펀드' 같은 검색 필터를 추가할 수 있는 검색창이 있을 것이다. 앞서 말한 대로 이는 간단한 일이 아니다. 스스로 포트폴리오를 만들려면 상당한 조사가 필요하다.

다음은 당신이 구성하게 될 포트폴리오의 예로서, 모두 뱅가드 펀드로 구성된 샘플 포트폴리오다.

주식

30% - 전체 시장지수/주식(VTSMX)

20% - 전체 해외지수/주식(VGTSX)

20% - 리츠 지수/주식(VGSIX)

채권

5% - 단기 국채지수펀드(VSBSX)

5% - 중기 국채지수펀드(VSIGX)

5% - 뱅가드 단기 국채지수펀드(VSBSX)

15% - 단기 물가연동채권지수펀드(VTAPX)

이 펀드들은 말 그대로 현재 존재하는 수천 개의 인덱스 펀드 중 일부일 뿐이다. 펀드는 유연하게 고를 수 있다. 다소 공격적으로 투자하고 싶다면 그에 맞춰서 배분을 바꾸면 된다. 가령 이 펀드들을 보고 "7개나 관리할 형편이 안 돼"라는 생각이 든다면 현실적으로 접근하라. 당신은 일단 주식 펀드를 하나만 보유하고 싶을 수 있다. 아직은 물가연동국채를 생각할 필요가 없을지도 모른다. 먼저 시작할 수 있는 펀드의 수를 정하라. 균형 잡힌 자산 배분을 위한 조정은 나중에 하면 된다.

장기적으로 충실하고 균형 잡힌 자산 배분을 하는 데 도움이 되는 펀드들을 파악하라. 앞서 언급한 7개의 펀드를 다 보유할 필요는 없다. 하나만 보유해도 아예 보유하지 않는 것보다 낫다. 다만 나중에 자산 배분을 위해 보유하게 될 펀드들의 목록을 만들어야 한다.

적립식 투자: 장기간에 걸친 느긋한 투자

나는 똑똑해 보이거나 사람들을 겁주고 싶을 때 조용히 그들을 바라보며 몇 초 동안 머핀을 씹는다. 그러다가 갑자기 머핀을 벽에 던지며 "혹시 적립식 투자를 해요?" 라고 소리친다. 그러면 사람들은 종종 강렬한 인상을 받고 천천히 뒷걸음질 친 다음, 주위 사람들에게 귓속말을 한다. 아마 내가 온화하고 지적인 사람이라는 이야기를 했을 것이다.

어쨌든 '적립식 투자'는 한 번에 모든 돈을 펀드에 넣고 장기간에 걸쳐 일정한 금액을 투자하는 것이다. 왜 그렇게 할까? 당신이 내일 1만 달러를 투자하는데 주가가 20% 하락한다고 상상해보라. 8,000달러로 원금을 회복하려면 주가가 25%(20%가 아니라) 올라야 한다. 장기간에 걸쳐 일정한 간격으로 투자하면 주가 하락에 따른 손실을 피할 수 있다. 또한 주가가 하락해도 저렴하게 살 수 있다. 다시 말해서 장기간에 걸쳐 투자한다는 것은 시장 타이밍을 맞추려 하지 않는다는 뜻이다. 적립식 투자는 시간을 유리하게 활용한다. 이는 자동화 투자의 핵심으로 주가 등락을 예측할 필요 없이 꾸준하게 투자하도록 해준다. 5장에서 자동화 인프라에 대해 다뤘다. 투자를 자동화하려면 매달 정해진 금액이 계좌에서 빠져나가도록 설정하면 된다. 자동이체를 하면 대다수 펀드가 거래 수수료를 면제한다는 사실을 명심하라.

다만 한 가지 의문이 있다. 투자할 돈이 많다면 적립식 투자와 전액 투자 중에서 어느 쪽이 더 나을까? 그 답은 당신을 놀라게 할 것이다. 뱅가드가 조사한 바에 따르면 3분의 2의 경우, 전액 투자가 적립식 투자보다 나은 성과를 낸다. 증시는 우상향하고 주식과 채권은 현금보다 나은 수익을 올린다. 그래서 대다수 상황에서 전액 투자가 더 높은 수익률을 기록한다. 다만(전제조건이 많다) 주가가 하락할 때는 그렇지 않다. (물론 특히 단기적으로 주가가 어떻게 변할지 누구도 예측할 수 없다.) 투자는 단순한 수학이 아니며, 투자 행동이 감정에 미치는 실질적인 영향을 고려해야 한다.

사실 대다수 사람들은 적립식 투자를 하고 있다. 매달 월급의 일부를 투자하기 때문이다. 그러나 보유하고 있는 현금이 많다면 일시에 투자하는 편이 대개 더 나은 수익률을 얻을 것이다.

개별 인덱스 펀드 투자

포트폴리오에 보유할 인덱스 펀드의 목록(대개 3개에서 7개)을 만들었다면 하나씩 사들여라. 한 번에 다 살 수 있다면 그렇게 하라. 대부분은 그렇게 하지 못한다. 각 펀드의 최소 투자액이 1,000달러에서 3,000달러 사이이기 때문이다.

타깃 데이트 펀드의 경우처럼 가장 먼저 살 펀드의 최소 투자액을 모으기 위한 저축 목표를 세워라. 해당 펀드를 산 다음에는 계속 소액을 투자하면서 다음 펀드를 사기 위한 저축 목표를 세워라. 투자는 경주가 아니다. 내일 당장 완벽한 자산 배분을 이루지 않아도 된다. 다음은 장기간에 걸쳐 복수의 인덱스 펀드에 투자하는 방법이다.

당신이 4장에서 만든 의식적 지출 계획을 확인한 결과, 기업 퇴직연금을 납입하고 나서 매달 500달러를 투자할 수 있다고 가정하자. 모든 펀드의 최소 투자액이 1,000달러라면 인덱스 펀드 1을 사기 위해 1,000달러를 모은다는 저축 목표를 세우고 두 달 동안 돈을 모아라. 최소 투자액이 모이면 1,000달러를 투자계좌로 이체하여 펀드를 사라. 이제 매달 100달러를 펀드에 납입하라. 그다음 나머지 400달러(총 500달러에서 인덱스 펀드 1에 납입하는 100달러를 뺌)를 투자 자금으로 삼아 인덱스 펀드 2를 사기 위한 저축을 시작하라. 돈이 충분히 모이면 인덱스 펀드 2를 사라. 이 과정을 필요한 만큼 반복하라. 물론 전체 인덱스 펀드를 보유하는 데 몇 년이 걸릴 수 있다. 그러나 투자는 40년 내지 50년을 보고 해야 한다는 사실을 명심하라. 결코 단기적인 문제가 아니다. 몇 년이라는 시간은 완벽한 포트폴리오를 직접 구성하기 위해 치러야 하는 대가다.

참고로 필요한 모든 펀드를 보유한 다음에는 자산 배분에 따라 돈을 나누면 된다. 다만 균등하게 나누지 마라. 자산 배분은 부문에 따라 투자할 금액을 정하는 것이다. 매달 250달러를 투자할 수 있고 7개의 인덱스 펀드를 사는 경우를 가정해보자. 아무것도 모르는 사람(즉, 대다수)들은 돈을 7등분하여 35달러씩 각 펀드에 넣을 것이다. 이는 잘못된 것이다. 자산 배분에 따라 여러 펀드에 넣는 금액을 달리해야 한다. 금액은 이렇게 계산하면 된다.

월 투자액 × 특정 투자종목의 비중 = 해당 투자종목에 대한 투자액

가령 매달 1,000달러를 투자하고 스웬슨식 배분에 따라 30%를 국내 주식 펀드에 넣는다면 1,000달러×0.3 = 300달러가 된다. 즉, 300달러를 국내 주식 펀드에 넣으면 된다. 포트폴리오에 포함된 다른 모든 펀드에 대해 같은 과정을 반복하라.

끝으로 인덱스 펀드를 직접 골라서 투자할 생각이라면 해마다 재조정을 해야 한다. 그래야 목표 자산 배분에 맞출 수 있다. 이 문제는 다음 장에서 다룰 것이다.

다른 투자 수단의 경우

주식, 채권, 인덱스 펀드, 타깃 데이트 펀드 외에도 투자 수단은 많다. 가령 귀금속, 부동산, 스타트업, 암호화폐, 심지어 미술품에도 투자할 수 있다. 다만 좋은 수익을 기대해서는 안 된다. 또한 나의 온갖 경고에도 불구하고 좋아하는 기업의 주식을 따로 살 수도 있다.

부동산

대다수 미국인에게 집을 사는 것은 최대 '투자'다. 하지만 투자 측면에서 집은 개인투자자에게 그다지 좋은 투자 수단이 아니다. 왜 그럴까? 수익이 대체로 저조하기 때문이다. 특히 관리비와 부동산세 같은 비용을 감안하면 더욱 그렇다. 9장에서 부동산을 자세히 다루겠지만 대체로 집을 이익을 보려고 사고파는 투자 수단과 혼동한다. 생각해보라. 누가 이익을 보려고 집을 팔고 그 돈을 전부 가지겠는가? 당신의 부모님은 집을 판 후 더 작은 집으로 옮기고 차액을 썼는가? 아니다! 이익은 더 비싼 집을 사기 위한 계약금으로 썼을 것이다.

포트폴리오를 구성할 때는 각 요소에 균형을 맞춰서 한 부문이 나머지를 압도하지 않도록 해야 한다. 주택담보대출을 상환하기 위해 월 2,000달러를 내느라 다른 부문에 투자할 돈이 없다면 균형 잡힌 포트폴리오가 아니다. 거주용이나 투자용으로 집을 산다고 해도 타깃 데이트 펀드 혹은 직접 구성한 인덱스 펀드 포트폴리오 같은 다른 투자 부문에도 계속 돈을 넣어야 한다.

미술품

미술품 전문가가 밝힌 미술품 거래의 연 수익률은 10% 정도다. 그러나 스탠퍼드 대학의 연구자들이 2013년에 조사한 바에 따르면 "미술품 거래 수익률은 다소 과대평가되고, 위험은 과소평가되었을 수 있다." 그들은 지난 40년에 걸쳐 미술품 거래의 연 수익률이 앞서 제시된 10%가 아니라 6.5%에 가깝다는 사실을 확인했다. 과대평가의 주된 원인은 인기 작품이 반복적으로 거래되는 것을 고려치 않은 선택 편향이다. 또한 미술품에 투자하는 것은 근본적으로 주가가 오를 주식을 고르려는 것과 같다. 6장을 읽었다면 그 일이 얼마나 어려운지 알 것이다.

전체적으로 미술품 투자로 상당한 수익을 얻을 수 있다. 다만 가치가 오를 만한 작품을 골라낼 줄 알아야 한다. 알다시피 그러기는 쉽지 않다. 미술품 투자가 얼마나 어려운지 말해주는 사례가 있다. 〈월스트리트저널〉은 영국의 경제학자 존 메이너드 케인스John Maynard Keynes가 소장한 미술품들에 대한 기사를 실었다. 그는 2018년 화폐 가치로 84만 달러를 써서 미술품들을 사들였다. 이 미술품들의 총 가치는 9,900만 달러다. 수익률을 계산해보면 연 10.9%로 상당히 높은 수준이다. 다만 두 작품이 전체 가치의 절반을 차지한다. 생각해보라. 세계 최고의 미술품 수집가 중 한 사람이 135개의 작품을 신중하게 사들였지만 겨우 두 작품이 전체 가치의 절반을 차지한다. 당신은 이 두 작품이 그만한 가치를 지닐 것이라고 예측할 수 있겠는가? 그 답은 "아니오"다.

위험도가 높고 수익 잠재력도 높은 투자

타깃 데이트 펀드와 인덱스 펀드가 투자의 전부는 아니다. 많은 사람이 논리적으로 볼 때 저비용 펀드로 잘 분산투자된 포트폴리오를 구성해야 한다는 사실을 이해한다. 그러나 그들은 동시에 투자하는 재미를 느끼고 싶어 한다. 당신이 그렇다면 포트폴리오의 작은 부분을 '고위험' 투자에 활용하라. 다만 필요한 돈이 아니라 잃어도 되는 돈으로 투자해야 한다. 나는 포트폴리오의 약 10%를 일종의 유흥비로 할애한다. 이 돈으로 내가 좋아하고, 잘 알고, 직접 이용하는 기업(내가 생각하기에 고객 서비스에 집중하여 주주가치를 높이는 아마존 같은 기업)의 주식을 사거나, 특정 산업에 초점을 맞추도록 해주는 섹터 펀드sector fund(나는 의료 산업에 초점을 맞춘 인덱스 펀드를 보유하고 있다)에 가입하거나, 막 창업한 회사에

통념과 다른 29만 7,754달러짜리 교훈

아들이 열다섯 살이 되면 많은 아버지는 운전하는 법을 가르치거나, 면도기 쓰는 법을 보여주거나, 성년식을 열어준다. 반면 나의 아버지는 내게 로스 퇴직계좌를 만들라고 말했다.

15세는 로스 퇴직계좌를 만들기에 너무 어리다. 그래서 아버지와 나는 이트레이드 E- Trade에서 같이 '자녀용' 계좌를 만들었다. 당시 고등학생이던 나는 피자를 만들거나, 축구 경기에서 심판을 보거나, 인터넷 회사에서 판촉 아르바이트를 하면서 몇 천 달러를 모아둔 상태였다. 그래서 어디에 투자할지 살피기 시작했다.

작은 갱스터 같았던 나로서는 정말 흥분되는 일이었다! 나는 열심히 다음과 같은 조사를 했다.

- 어떤 주식이 아주 큰 폭으로 오르내렸는지 살폈다('고위험=고수익'이며, 아직 어리기 때문에 고위험을 감수할 수 있으므로 고수익을 누릴 수 있다고 생각했기 때문이다).
- 기술주로 범위를 한정했다("기술을 잘 아니까!")
- 닷컴 붐이 일어나던 시기에 수백 페이지에 걸쳐 광고를 실으며 수많은 기업을 띄우기 바빴던 〈인더스트리 스탠더드Industry Standard〉 같은 잡지를 읽었다.
- 당시 나는 주식을 고르는 것이 투자라고 생각했기 때문에 3종목을 샀다.

내가 산 종목 중 하나는 광학통신장비 회사인 JDA 유니페이즈Uniphase(JDSU)였다. 이 회사의 주가는 사실상 0으로 떨어졌다. 다른 종목은 초기 검색 엔진인 익사이트Excite였다. 이 회사는 다른 회사에 인수된 후 익사이트@홈으로 이름을 바꿨다가 파산했다.

마지막으로 1만 1,000달러 정도를 들여서 산 종목은 아마존닷컴이라는 작은 회사였다. 내가 투자한 몇 천 달러는 29만 7,754달러로 불어났다. 이 사실을 자랑스러워해야 마땅하다. 그렇지 않은가?

아니다. 나의 투자가 성공한 것처럼 보이지만 이 사례에서 통념과 다른 여러 교훈을 얻을 수 있다. 그 교훈은 무엇일까?

피상적 교훈: 아마존을 고르다니 정말 똑똑해!

진정한 교훈: 이는 잘못된 교훈이다. 위와 같이 생각했다면 잘 들어라. 투자에 성공하

거나 실패한 이유를 아는 것이 매우 중요하다. 나는 아마존 투자로 성공했지만 내가 좋은 투자자라서 그런 것이 아니었다. 단지 수십 년에 한 번 찾아오는 운 덕분이었다.

피상적 교훈: 다음 아마존을 고르면 부자가 될 거야.
진정한 교훈: 투자는 개별 주식을 고르는 것이 아니다. 조사 결과에 따르면 베테랑 포트폴리오 매니저도 평균적으로 시장수익률을 넘어서지 못한다. 나도 다른 여러 주식을 고를 수 있었고, 통계적으로 시장수익률을 넘어서지 못했을 것이다. 나는 그저 운이 좋았을 뿐이다. 사실 장기적으로 저비용 투자를 했다면 훨씬 많은 돈을 벌었을 것이다.

피상적 교훈: 올바른 주식을 고르는 일은 정말 중요해.
진정한 교훈: 일찍 시작하는 일이 정말 중요하다. 일찍 투자를 시작하게 한 아버지를 둔 나는 운이 좋았다. 당신도 그런 아버지가 있다면 잘된 일이다. 그렇지 않고 돈을 잘 모르는 부모 밑에서 자랐거나, 지금까지 '종목 선정'이 유일한 투자 방식이라고 생각했을 수 있다. 나도 안다. 우리는 모두 다른 지점에서 출발한다. 나의 아버지는 데드리프트dead lift를 할 때 코어 근육을 쓰는 것이 중요하다는 사실을 가르쳐주지 않았다. 우리는 모두 주어진 카드를 갖고 시작한다. 그러나 이 책을 읽었으니 지금부터 공격적인 투자를 시작할 수 있다.

개인적으로 투자하는 창업투자를 한다(실리콘 밸리에서 일하고, 사업을 시작하여 주위 사람들에게 자금을 구하는 친구들 덕분에 가끔 투자 기회가 생긴다). 이 모든 투자는 위험도가 매우 높기 때문에 잃어도 되는 유흥비로 하는 것이다. 그러나 높은 수익을 올릴 잠재력도 있다. 포트폴리오를 구성하고도 돈이 남는다면 현명하게 활용하되 약간은 무엇이든 하고 싶은 데 써라.

암호화폐는 어떨까?

나는 아무 생각 없이 떼 지어 몰려다니는 무리가 좀비 영화에나 나오는 줄 알았다. 암호화폐 '투자자'들을 만나기 전까지는 말이다. 나는 여기서 투자자라는 표현을 느슨하게 썼다. 대다수 암호화폐 애호가들은 다른 데 투자하지 않기 때문이다. 그들을 '투자자'라고 부르는 것은 내가 수영을 할 수 있기 때문에 인어라고 말하는 것과 같다.

다음에 어떤 사람이 암호화폐가 미래라고 떠들어대면 간단하게 입을 다물게 만들 질문을 해라. "암호화폐 말고 나머지 포트폴리오는 어떤 걸로 구성했어요?"라고. 이 질문에 대한 대답은 그들이 투자자가 아니라 투기꾼임을 바로 드러낼 것이다. 그들이 분산투자된 포트폴리오를 구성한 경우는 거의 없다. 다음은 흔히 들을 수 있는 세 가지 대답이다.

- "일반 화폐에는 투자하지 않아요."
- "전통적인 투자는 너무 따분해요."
- "블록체인이 뭔지 모르는군요."

이런 대답은 분명히 전통에 반한다. 다만 진정한 반골이 되려면 그 주장이 옳아야 한다.

반골이 한 명이면 그냥 생각이 이상한 사람처럼 보일 뿐이다. 그러나 반골 두 명을 같이 두면 갑자기 무뇌 투기꾼의 온갖 특징을 지닌 사람들의 모임이 열린다. 그들은 대부분 젊고, 자유주의자이고, 불만이 많다. 성공적인 경력을 가진 사람들이 하루에 4시간씩 소셜 미디어에 'HODL('매수 후 보유buy and hold'의 '보유hold'를 암호화폐 투자자들이 비틀어서 사용하는 단어로, 속어로 '존버'와 비슷한 의미이다)'이라고 올리지는 않는다. bitcoin.reddit.com에 가서 직접 확인해보라. 그러나 암호화폐의 가격이 80%씩 폭락하면 그들의 호들갑은 약간 조용해진다.

나는 대안 투자 상품을 전체 포트폴리오의 일부로 삼는 데 반대하지 않는다. 문제는 쉽게 돈을 벌려는 군중심리를 화폐에 대한 가혹한(그리고 근시안적인) 비판과 엮어서 '투자'로 합리화하는 것이다. 나는 이 점을 쉽게 설명하기 위해 '투자 수단으로서 암호화폐를 이해하기 위한 라밋의 지침서'를 만들었다.

그들의 주장: 암호화폐는 다양한 상품을 사는 데 쓸 수 있는 일종의 화폐다.

현실: 암호화폐를 받는 업체는 대단히 적다. 또한 사람들은 화폐가 안정적이기를 바란다. 즉, 1달러는 1달러의 가치를 지녀야 한다. 암호화폐의 가치가 일주일 만에 25%씩 바뀌면 어떻게 될까? 그렇다. 사람들은 지출을 꺼릴 것이다. 다음 주에 텔레비전을 25% 싸게 살 수 있을지도 모르니까.

그들의 주장: 암호화폐는 암호화 기술과 탈중심화를 통해 익명성을 유지하도록 해준다.

현실: 이 주장은 맞다. 사람들이 익명으로 어떤 물건을 사려는 합당한 이유도 있다. 그러나 현재 암호화폐는 주로 마약 구매에 이용된다.

그들의 주장: 기존 화폐보다 낫다.

현실: 암호화폐 광신도(미안하다, 팬)와 3분만 이야기해보면 예외 없이 기존 화폐의 문제점이 제기된다. 대개 그들의 말은 닉슨이 1971년에 금본위제를 폐기한 사실에 이어 "화폐는 실재가 아니다"라는 주장으로 이어진다. 나는 그저 눈을 깜박이며 그들을 바라볼 뿐이다.

그들의 주장: 핵심은 비트코인이 아니라 블록체인이다.

현실: 비트코인은 '블록체인'을 활용하는 암호화폐의 한 종류다. 블록체인은 암호화 기술과 탈중심화된 구조를 토대로 삼는다. 이 기술은 사실 인상적이기는 하다. 또한 비트코인을 비롯한 수천 가지 용도에 실제로 활용하는 데 계속 실패하는 현실을 가리기 위해 팬들이 내세우는 수단이기도 하다. 한 연구에 따르면 ICO(암호화폐 상장Initial Coin Offerings)의 80%는 '사기로 판명'되었다. 팬들은 이런 사실을 무시하고 블록체인을 온갖 사회문제를 해결할 만병통치약으로 내세운다. 가령 이런 식이다. 배가 고프다고? 블록체인이 해결해줄 것이다. 개를 산책시켜야 한다고? 블록체인을 활용하면 어떨까? 속옷을 갈아입어야 한다고? 블록체인을 쓰고 있어요?

그들의 주장: 암호화폐는 놀라운 투자 수단이다.

현실: 비트코인 투자수익률은 2017년에 크게 높아졌다. 1월부터 6월까지 S&P 500의 상승률은 9%인데 반해 비트코인의 상승률은 240%였다. 이 점을 반박하기는 어렵다. 그러나 들쭉날쭉한 수익률은 흔히 생각하는 것보다 큰 문제다. 실제로 비트코인의 가치는 3개월 만에 340% 치솟았다가 급락했다. 다른 위험한 도박의 경우처럼 사람들은 급등하는 가치에 도취된다. 그러나 급락이 시작되면 손실을 숨기고 아예 말을 꺼내지 않는다. 예상대로 그런 일이 벌어지고 있다. 비트코인의 가치가 급등하던 시기에 비트코인을 검색하는 사람의 수도 급증했다. 물론 가치가 급락하자 투자 수단으로서 비트코인을 언급하는 말도 쑥 들어갔다.

암호화폐는 다음과 같이 도박이나 사이비 종교와 유사한 측면을 지닌다.

- 의문 제기는 일체 금지되며, 엄하게 처벌된다.
- 갈수록 위험한 행동을 한다(가령 암호화폐에 '투자'하기 위해 돈을 빌리는 것).
- 가치가 오르든 내리든 결국에는 암호화폐가 기존 화폐를 대체할 것이라는 논리로 설명한다.
- "기존 화폐를 폐기한다" 같은 비합리적 주장을 한다.
- 골대를 옮긴다("암호화폐는 새로운 화폐…가 아니라 투자 수단…이 아니라 세상을 바꾸는 수단이야.")

암호화폐에 투자하고 싶다면 해라. 앞서 말한 대로 탄탄한 포트폴리오를 꾸린 다음 5%에서 10%는 재미로 투자하는 데 써도 된다. 다만 제대로 돌아가는 포트폴리오부터 만들어야 한다. 즉, 투자의 사다리를 완성하고, 6개월치 비상금을 확보하고, 지속적 재조정을 통해 위험을 낮춰야 한다. 물론 애초에 암호화폐에 궁금증을 갖고 있었다면 이 내용을 더 이상 읽지 않을 것이다. 당신은 이미 비트코인 게시판에서 'HODL'이나 'FIAT(법정화폐)'를 외치고 있을 것이다. 그런데 왜 나는 이런 내용을 쓰고 있지?

1. 당신의 투자 스타일을 파악하라(30분)

타깃 데이트 펀드라는 간단한 투자 선택지를 고를 것인지 아니면 인덱스 펀드를 통해 통제성(및 복잡성)을 높일 것인지 결정하라. 나는 85% 해결책으로서 타깃 데이트 펀드를 추천한다.

2. 투자 상품들을 조사하라(3시간에서 일주일)

타깃 데이트 펀드로 결정했다면 뱅가드, 티 로우 프라이스, 슈왑(관련 정보는 170쪽 참고)에서 제공하는 펀드들을 조사하라. 이 일은 몇 시간이 걸린다. 스스로 포트폴리오를 꾸릴 경우 시간이 더 걸릴 수 있다(또한 각 펀드의 최소 투자액을 충족하려면 돈도 더 들 수 있다). 스웬슨 모델을 기본 틀로 삼아 지금 가입할 펀드와 나중에 가입할 펀드를 나눠라. 자산 배분을 결정한 다음에는 펀드를 찾아라.

3. 펀드에 가입하라(1시간에서 일주일)

타깃 데이트 펀드에 가입하는 일은 쉽다. 먼저 투자계좌로 돈을 보내라. (기업 퇴직연금을 붓고 있다면 이미 급여에서 해당 계좌로 돈이 들어가고 있을 것이다. 로스 퇴직계좌의 경우 5장에서 말한 대로 투자할 돈이 저축예금에 대기하고 있어야 한다. 투자할 돈이 없다면 저축 목표로 정하고 첫 펀드에 가입할 금액이 모일 때까지 기다려라.) 돈이 준비되고 투자계좌로 이체되었다면 해당 계좌로 로그인하여 종목 코드를 입력하기만 하면 된다. 개별 인덱스 펀드를 매수하는 경우 대개 한 번에 하나씩 사야 하며, 추가로 매수하기 위해 자금을 마련해야 한다.

그렇다! 당신은 이제 투자자다! 그뿐만 아니라 6주 프로그램을 모두 마쳤다. 당신은 신용카드와 은행 계좌를 최적화했고 투자를 시작했다. 심지어 시스템을 한데 묶어서 당신이 거의 손을 대지 않아도 자동으로 굴러가게 만들었다. 그래도 아직 해야 할 일이 조금 남았다. 다음 장에서는 투자를 관리하고 돈을 불리는 방법에 초점을 맞출 것이다. 그다음 마지막 장에서는 재테크 및 인생에 대한 다양한 질문을 다룰 것이다. 사실 여기까지 왔으면 힘든 일은 이미 다 마친 것이다.

CHAPTER 8

시스템 관리 및 확장
: 풍족한 삶을 위해 재테크 인프라를 관리하는 방법

이 장은 이 책에서 가장 분량이 적다. 당신이 이미 85% 해결책을 수립하여 신용카드, 은행 계좌, 지출, 투자 등 재테크에서 가장 중요한 부분에 대응했기 때문이다.

또한 당신은 풍족한 삶이 무엇인지 정의했고, 자동으로 돌아가는 재테크 시스템을 구축하여 좋아하는 일에 시간을 들일 수 있게 되었다. 아주 잘하고 있다. 많은 사람이 매달 청구서를 해결하는 데도 여전히 애를 먹는다는 사실을 감안하면 더욱 그렇다. 그러니 축하한다. 다만(당연히 '다만'이 붙는다) 당신이 재테크에 정말 관심이 많아서 개선 방법을 더 알고 싶다면 이 장은 당신을 위한 것이다. 지금부터 시스템을 관리하는데 도움이 되는 몇 가지 주제를 살필 것이다. 또한 투자를 더욱 최적화할 것이다. 이 내용은 추가로 덧붙이는 것이니 원하지 않는다면 굳이 조언을 따르지 않아도 된다.

이유에 대한 성찰

나는 최선을 다해서 더 열심히 공부하고, 더 오래 일하고, 다른 모든 사람보다 잘하라는 말을 들으며 자랐다. 이 가르침은 여러 측면에서 보상을 안겨주었다. 그러나 열심히 노력하는 이유를 성찰하지 않고 맹목적으로 매달리는 데는 어두운 면도 있다. 지금부터 나오는 내용을 읽기 전에 이 모든 노력의 이유가 무엇인지 자문하라. 1만 달러를 더 벌기 위한 것인가? 아니면 부유한 삶을 제대로 살기 위한 것인가?

때로 재무상담사들은 "이걸로 충분한가?"를 따지지 않고 무조건 "더, 더, 더" 많은 것을 맹목적으로 추구하도록 부추긴다. 그러면 애초에 경기를 뛴 이유도 잊은 채 이기는 것이 목표가 된다. 도대체 언제 멈춰서 노력의 결실을 즐길 것인가?

재테크를 열심히 하기로 결정하고(좋은 일이다) 돈을 아끼기 시작하다가(좋은 일이다) 갈수록 극단적으로 변해(그다지 좋은 일이 아니다) 급기야 '도표 안의 삶'을 사는 사람들이 아주 많다. 그들은 매일 돈이 얼마나 불었는지 일일이 계산한다(아주 나쁜 일이다). 뛰는 이유도 모른 채 경기에 집착하게 된 것이다.

도표 안의 삶을 살아서는 안 된다. 삶은 자산 배분을 조정하고 투자에 몬테카를로 시뮬레이션Monte Carlo simulations(확률론적 예측 모형)을 적용하는 것 이상의 의미를 지닌다.

이미 당신은 입문용 경기에서 승리했다. 이제는 계속 뛰어야 하는 이유를 살필 때다. 그 답이 "해마다 퍼스트 클래스를 타고 화려한 휴가를 즐기고 싶다"라면 좋다! 혹은 "3년 동안 열심히 저축해서 살고 싶은 동네로 이사 가고 싶다"라면 아주 좋다! 내가 두 목표를 더 빨리 달성하는 방법을 알려주겠다. 그러기 위해서 내가 '뜬구름에서 현실로'라고 부르는 훈련을 해보자.

내가 "왜 더 많은 돈을 원하십니까?"라고 물으면 흔한 답은 "자유" 혹은 "안정성"이다. 괜찮은 답이지만 더 깊이 파고들 필요가 있다. 문제는 고차원적인 모호한 이상은 절대 우리가 바라는 만큼 의욕을 북돋아주지 못한다는 것이다. 진정한 동기 부여는 대개 실질적이고 분명한 거리에서 이뤄진다. 그래야 우리의 일상에 영향을 미칠 수 있다.

1만 달러를 더 벌고 싶은 이유를 뜬구름이 아니라 현실에서 찾아내어 아주 구체적으로 제시해야 한다면 뭐라고 말하겠는가?

당신의 현실적 동기는 무엇인가? 당신은 고상한 삶의 목적을 떠올릴 수도 있고, 10분 동안 산책하면서 지금 당신을 설레게 만드는 것이 무엇인지 파악할 수도 있다. 답은 종종 생각보다 훨씬 단순하다. 지하철에서 땀 흘릴 일 없이 오후 5시에 택시를 타고 식당에 가거나 비용을 대주고 글램핑glamping 여행에 친구를 데려가는 것이 동기가 될 수 있다. 나의 경우 초기에 가졌던 동기 중 하나는 외식할 때 애피타이저를 주문할 수 있는 것이었다! 이 책의 경우, 나의 현실적 동기는 매일 받는 재테크에 대한 질문에 답하고, 약간의 농담을 곁들이는 것이었다. 정말로 단순하지 않은가?

그러면 대답해보라. 당신은 왜 1,000달러 혹은 1만 달러, 2만 5,000달러를 더 벌려고 하는가? 뜬구름 잡는 대답은 필요 없다. 솔직하고 현실적인 대답을 찾아라.

"제가 가장 좋아하는 두 가지 일은 콘서트에 가는 것과 고등학교에서 라크로스lacrosse(농구, 축구, 하키가 복합된 스포츠)를 가르치는 겁니다. 저는 연봉을 많이 받는 좋은 직장에서 일하는 덕분에 콘서트 VIP 티켓을 살 수 있고, 고등학교에서 코치로 활동할 수 있게 일정을 조정할 수 있습니다."

– 대니얼 스노우(38세)

"저는 식료품을 살 때 가격을 보지 않습니다. 무엇이든 필요하거나 원하는 것을 삽니다. 이전에는 50달러로 일주일을 버틸 방법을 고민해야 했지만, 지금은 요리에 그뤼예르Gruyère(금갈색 스위스 치즈)가 필요하면 그냥 삽니다. 계산할 때 놀랄 수도 있지만 괜찮습니다. 비싸서 도로 갖다 놓을 필요는 없습니다."

– 엘즈 존스(44세)

왜 더 많은 돈을 원하는지 확실한 이유를 찾았다면 그 목표를 달성하는 몇 가지 방법을 알려주겠다.

더 많이 모으고 더 빨리 불리는 법: 시스템을 키워라

이전 장에서 당신은 투자 상품을 선택하고 자동으로 굴러가는 시스템을 만들었다. 자동화 시스템은 아주 좋지만 딱 한 가지 연료로만 돌아간다. 바로 당신이 투입하는 돈이다. 즉, 당신이 투입하는 금액만큼 시스템이 강해진다.

지금까지 다룬 내용은 85% 해결책을 적용하는 방법이었다. 투자를 시작하는 것은 가장 어렵고 중요한 단계다. 매달 100달러만 납입해도 괜찮다. 그러나 이제는 시스템에 투입하는 금액을 살펴야 한다. 더 많이 넣을수록 더 많이 나온다.

이 대목에서 목적이 유용한 역할을 한다. 가령 15년 후에 파이어FIRE(재정적 독립과 조기 은퇴)를 하고 싶다면 규모를 키워 공격적인 저축 및 투자에 나설 수 있다. 혹은 맨해튼에서 화려하게 살고 싶다면(내게 친숙한 결정) 칵테일 바와 심리스Seamless(지역 간 경계가 없는) 배달 서비스를 즐길 넉넉한 지출 계획을 세워야 한다. 물론 최선은 두 목표를 모두 달성하는 것이다. 즉, 공격적으로 저축하는 동시에 매우 풍족한 삶을 즐기는 것이다. 계획을 잘 세우면(그리고 목표에 따라 충분한 수입을 올리면) 둘 다 이룰 수 있는 경우가 많다.

최대한 일찍 투자하는 데 따른 보상은 엄청나다. 최대한 많이 시스템에 돈을 투입하는 것이 핵심 동력원 중 하나임을 명심하라.

다시 말해 1달러를 넣으면 5달러가 나오는 마술 같은 기계를 찾았다면 어떻게 할 것인가? 최대한 많은 돈을 집어넣을 것이다! 유일한 조건은 시간이 걸린다는 것이다. 지금 당신이 투자하는 모든 돈은 나중에 훨씬 많은 가치를 지닐 것이다.

"카드 빚을 갚는 동시에 저축을 많이 하기 위해 자동화를 했어요. 덕분에 결혼식 비용을 대고 집값이 바닥을 쳤을 때 샌디에이고에 집을 살 수 있었어요. 25만 달러에 샀는데 지금은 집값이 70만 달러가 되었어요. 게다가 주택담보대출 상환액도 엄청나게 적어 인기 많고 아름다운 지역에서 비교적 스트레스 없이 살고 있어요."

– 알리사 맥퀘스천(34세)

얼마나 부유해질까?

수익률을 8%로 가정할 때 매달 돈을 투자하면 나중에 얼마로 불어 날까?

투자 기간	매달 100달러 투자	매달 500달러 투자	매달 1,000달러 투자
5년 후	7,347달러	3만 6,738달러	7만 3,476달러
10년 후	1만 8,294달러	9만 1,473달러	18만 2,946달러
25년 후	9만 5,102달러	47만 5,513달러	95만 1,026달러

참고사항: 단순화를 위해 세금은 계산에 포함하지 않았다.

내가 제시하는 자료만 참고하지 말고, 직접 bankrate.com에 가서 계산기를 연 다음 월 납입액을 입력해보라. 수익률을 8%로 설정해라. 아마 현재 납입액으로는 생각보다 돈이 불어나는 속도가 느릴 것이다. 그러나 매달 소액, 그러니까 100달러나 200달러라도 추가하면 수치가 크게 변할 것이다.

4장에서 수입 중 일정한 비중을 저축과 투자에 배분하는 의식적 지출 계획을 설명했다. 첫 번째 목표는 이 비중을 맞추는 것이었다. 이제 해당 수치를 넘어서 최대한 많이 저축하고 투자해야 할 때다. 나도 안다. 아마 당신은 "투자를 더 하라고? 더 이상은 한 푼도 쥐어짜낼 수 없어!" 라고 생각할 것이다.

내가 당신을 궁핍하게 만들려는 게 아니다. 오히려 그 반대다. 복리는 대단히 효율적으로 작동한다. 그래서 지금 더 저축할수록 나중에 (훨씬) 더 많이 가질 수 있다. 이는 계산해보면 확인할 수 있다. 의식적 지출 계획을 조정하여 매달 투자하는 금액을 조금이라도 늘릴 방법을 찾아보라. 가령 차나 집을 살 때 치열한 흥정을 벌이거나(9장), 가차 없이 지출을 줄일 수 있다. 지출을 줄이는 방법은 나의 홈페이지에서 찾을 수 있다('라밋 저축법'을 검색하라). 혹은 연봉 인상을 요구하거나 연봉이 높은 일자리로 옮길 수 있다. 어떤 방법을 쓰든 매달 최대한 많은 금액을 넣어라. 이 일은 지금 하는 것이 그 어느 때보다 쉽다는 사실을 명심하라. 지금 더 많은 돈을 넣을수록 더 빨리 목표를 이룰 수 있다.

"매달 일일이 대금을 납부하다가 대금 납부와 저축을 자동화하고 1년 전체의 지출 계획을 수립하게 되었습니다. 이제는 매달 하는 기부도 자동으로 처리합니다. 덕분에 돈 문제는 거의 신경 쓰지 않아도 됩니다. 어릴 때 항상 쪼들리며 산 터라 지금은 정말로 기분이 좋습니다."

– 마이클 스틸(40세)

투자 재조정

자산 배분을 직접 하기로 선택했다면 가끔 재조정을 해줘야 한다. 내가 타깃 데이트 펀드를 강력 추천하는 한 가지 이유가 여기에 있다 (324쪽). 타깃 데이트 펀드는 재조정 작업을 대신해준다. 타깃 데이트 펀드를 선택했다면(좋은 소식이다) 이 단락을 건너뛰어도 된다. 아니라면 재조정에 대해 알아야 할 것들이 있다. 분산투자된 포트폴리오를 꾸리면 해외 주식 같은 일부 투자 부문이 다른 부문보다 높은 수익률을 올릴 것이다. 자산 배분을 일관되게 유지하려면 1년에 한 번 재조정을 해야 한다. 즉, 해외 주식 비중이 의도했던 것보다 커지지 않도록 해야 한다. 투자 포트폴리오를 텃밭이라고 생각하라. 만약 전체 면적의 15%만 배정한 서양호박이 미친 듯이 자라서 30%의 면적을 차지하면 어떻게 해야 할까? 서양호박이 차지한 면적을 줄이거나 텃밭을 넓혀 해당 면적이 15%가 되도록 만들어야 한다. 나도 안다. 재테크에다가 유기농 재배까지 다루다니, 나는 실로 르네상스형 인간이다.

당신이 스웬슨 모델에 따라 다음과 같이 자산 배분을 했다고 가정하자.

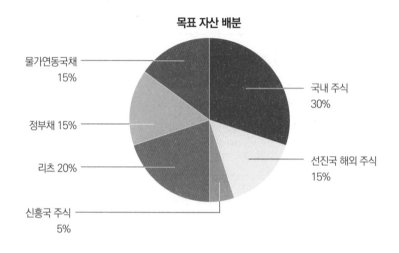

목표 자산 배분

- 물가연동국채 15%
- 정부채 15%
- 리츠 20%
- 신흥국 주식 5%
- 국내 주식 30%
- 선진국 해외 주식 15%

여기서 국내 주식이 1년 만에 50%의 수익률을 기록했다고 가정하자. (계산하기 쉽도록 다른 투자 상품의 수익률은 바뀌지 않았다고 가정하자.) 그러면 갑자기 국내 주식이 포트폴리오에서 더 큰 비중을 차지하게 되어 다른 투자 상품의 비중이 바뀐다.

한 투자 부문이 높은 수익률을 기록하는 것은 좋은 일이다. 그러나 한 부문의 비중이 지나치게 커지거나 작아지지 않도록 배분 상황을 관리할 필요가 있다. 포트폴리오를 재조정하면 계속 자산을 적절하게 배분할 수 있고 특정 부문의 등락에 따른 취약성을 방어할 수 있다.

국내 주식 50% 수익률 이후 재조정

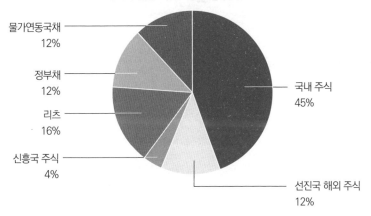

물가연동국채
12%

정부채
12%

리츠
16%

신흥국 주식
4%

국내 주식
45%

선진국 해외 주식
12%

포트폴리오를 재조정하는 최선의 방법은 원래 비중을 회복할 때까지 다른 부문에 돈을 더 넣는 것이다. 그러면 구체적으로 살펴보자. 현재 국내 주식의 비중이 45%가 되었는데 30%로 줄여야 한다면, 일시적으로 국내 주식에 납입을 중단하고 그 돈을 나머지 투자 범주에 균등하게 나눠서 넣는다. 투자계좌에서 특정 펀드에 대한 자동이체를 '일시 중단' 하면 된다. 계좌에 로그인하여 초기 자산 배분에서 어긋난 펀드에 대한 자동이체를 중단하라. (자동이체는 언제든 재개할 수 있으므로 걱정하지 않아도 된다.) 즉 높은 수익률을 낸 부문에 대한 투자를 멈추고 다른 부문을 키워서 목표한 자산 배분에 맞추는 것이다.

다음에 나오는 표를 보면 구체적인 수치를 확인할 수 있다. 이 사례의 경우, 8개월 후에 대략 목표치를 맞춰서 원래 배분 상태로 돌아갈 수 있다.

포트폴리오 재조정

국내 주식이 50%
상승한 후 1만 달러짜리
포트폴리오의 현황

가치		1만 2,727
	배분	금액
국내 주식	45%	5,727달러
해외 주식	12%	1,500달러
신흥국 주식	4%	500달러
리츠	16%	2,000달러
채권	12%	1,500달러
물가연동국채	12%	1,500달러

늘어난
포트폴리오의
금액

	2개월		3개월		4개월	
금액	1만 3,727달러		1만 4,727달러		1만 5,727달러	
	배분	금액	배분	금액	배분	금액
국내 주식	42%	5,727달러	39%	5,727달러	36%	5,727달러
해외 주식	12%	1,710달러	13%	1,920달러	14%	2,130달러
신흥국 주식	4%	610달러	5%	720달러	5%	830달러
리츠	16%	2,260달러	17%	2,520달러	18%	2,780달러
채권	12%	1,710달러	13%	1,920달러	14%	2,130달러
물가연동국채	12%	1,710달러	13%	1,920달러	14%	2,130달러

* 참고사항: 일부 경우 반올림 때문에 총합이 100%가 아닐 수 있음.

국내 주식이 포트폴리오에서 차지하는 비중이 원래 목표인 30%가 아니라 45%이므로 조치를 취해야 한다. 국내 주식 펀드에 대한 자동이체를 중단하고 30%에 해당하는 돈을 다른 5개의 자산군에 균등하게 배분하라(각 자산군으로 6%가 더 들어가게 된다). 매달 1,000달러를 투자할 경우 다음과 같이 배분된다.

0%: 자동이체를 중단하고 30%에 해당하는 돈을 다른 자산군에 (각 6%씩) 분배하라.

21%: 목표 비중이 15%이므로 6%를 더하면 21%가 된다. 월 불입액은 210달러다.

11%: 목표 비중이 5%이므로 6%를 더하면 11%가 된다. 월 불입액은 110달러다.

26%: 목표 비중이 20%이다. 월 불입액은 260달러다.

21%: 목표 비중이 15%이다. 월 불입액은 210달러다.

21%: 목표 비중이 15%이다. 월 불입액은 210달러다.

5개월		6개월		7개월		8개월	
1만 6,727달러		1만 7,727달러		1만 8,727달러		1만 9,727달러	
배분	금액	배분	금액	배분	금액	배분	금액
34%	5,727달러	32%	5,727달러	31%	5,727달러	29%	5,727달러
14%	2,340달러	14%	2,550달러	15%	2,760달러	15%	2,970달러
6%	940달러	6%	1,050달러	6%	1,160달러	6%	1,270달러
18%	3,040달러	19%	3,300달러	19%	3,560달러	19%	3,820달러
14%	2,340달러	14%	2,550달러	15%	2,760달러	15%	2,970달러
14%	2,340달러	14%	2,550달러	15%	2,760달러	15%	2,970달러

참고로 포트폴리오를 재조정하는 다른 방법도 있지만 나는 별로 선호하지 않는다. 가령 높은 수익률을 올린 주식을 팔고 그 돈을 다른 부문에 넣어서 배분 상태를 되돌릴 수 있다. 나는 거래 수수료, 서류 작업, '생각'이 필요하기 때문에 매도를 싫어한다. 그래서 이 방법은 추천하지 않는다. 재조정 작업이 끝나면 자동이체를 재개할 수 있도록 달력에 표시해둬라.

반대로 펀드 중 하나가 손실을 내도 자산 배분이 어그러진다. 이 경우 다른 펀드에 대한 자동이체를 중단하고 그 돈을 손실이 난 펀드로 돌려서 원래 배분 상태를 복원할 수 있다. 계산하기 쉽도록 personalcapital.com에서 무료로 제공하는 재테크 현황판 기능을 활용할 것을 권한다.

앞서 말했지만 타깃 데이트 펀드에 투자하면 재조정 작업이 자동으로 이뤄진다. 내가 타깃 데이트 펀드를 좋아하는 또 다른 이유가 그것이다.

세금은 신경 쓰지 마라

세금 문제는 정파에 따라 의견이 크게 갈린다. 그래서 정치적으로 가장 뜨거운 주제 중 하나다. 내가 알게 된 바에 따르면 사람들은 세금과 관련하여 25년 넘게 품었던 믿음이 틀렸다는 말을 정말로 듣고 싶어 하지 않는다.

지금부터 내가 제시하는 세금에 대한 여섯 가지 생각을 읽고 화를 내는 사람들이 있을 것이다. 그래도 상관없다. 그저 나는 당신에게 세금에 대한 정보를 전해주고 싶다. 또한 세금에 대해 판에 박힌 말을 아무 생각 없이 반복하는 사람들이 얼마나 많은지 알려주고 싶다.

진실 1: 사람들은 세금 환급이 나쁘다고 생각하지만 실제로는 아주 좋다

속설: 세금 환급은 나라에 무이자로 돈을 빌려준 것과 같아서 나쁘다.

현실: 그 돈을 그냥 써버리기 쉽다. 데이터에 따르면 급여에 점차 추가되는 소액의 환급금은 소비된다. 반면 거액의 환급금은 저축이나 부채 청산에 쓰인다.

놀라운 사실: 정치인들이 감세와 관련하여 어려운 선택에 직면하는 이유가 여기에 있다. 1년에 걸쳐 조금씩 소액을 돌려주면 사람들은 그 돈을 지출하여 경기를 진작한다. 그러나 그들은 자신이 돈을 더 받는다는 사실을 모르기 때문에 정치인들을 칭찬하지 않는다. 반면 거액을 돌려주면 정부가 칭찬을 받는다. 대신 사람들이 그 돈을 저축하거나 빚을 갚는 데 쓰기 때문에 경기가 진작되지 않는다.

진실 2: 미국은 '세율이 높은 나라가 아니다'

속설: 미국은 세계에서 가장 세율이 높은 나라다.

현실: 그 근처에도 못 미친다.

놀라운 사실: 이런 기본적인 사실조차 얼마나 허위로 알려졌는지 보라. 기본적인 사실조차 모르는데 어떻게 세금 정책에 합의할 수 있겠는가? 혹시 당신이 세금 문제에 광적으로 집착하는 사람이라서 나한테 30페이지에 걸쳐 정신 나간 이론과 유튜브 동영상을 보낼 생각이라면 그럴 필요 없다. 내 말이 맞다.

진실 3: 사람들은 세금 문제 때문에 실제로 돈을 더 벌지 않는 것이 낫다고 생각하는데, 틀린 생각이다

속설: 돈을 더 벌면 과세 구간이 높아져서 세금을 더 내야 하기 때문

에 사실상 돈을 덜 버는 꼴이 된다.

현실: 제발 3분만 시간을 들여서 '한계 세율'이라는 개념이 무엇인지 배워라. 당신이 돈을 더 벌어서 과세 구간이 높아지면 소득 총액이 아니라 '초과'분에 대해서만 더 높은 세율이 적용된다.

나의 홈페이지에 한 회원이 이런 글을 남겼다.

> 과세구간이 높아지면 오히려 수입이 줄어들까 봐 오랫동안 연봉 인상을 거부한 사람들을 알아요. 그들에게 사실을 설명하면 오히려 화를 냅니다. 자기가 옳다고 확신하기 때문에 사실을 배울 생각은 하지 않고 불평만 하죠. 이제는 지금까지 자기가 틀렸다는 걸 알아도 바보가 되기 싫어서 차라리 틀린 사실을 계속 믿을 겁니다. 제가 아는 한 사람은 병원에 갈 때마다 3,000달러의 본인분담금을 내야 한다고 생각했어요. 그게 아니라고 설명해도 짜증을 내며 아예 들으려 하지 않았어요. 병원에 갈 때마다 3,000달러를 낼 형편이 안 되니 차라리 병원에 가지 않고 몸이 아프다고 불평만 하는 거죠. 실제로 만나는 사람마다 오바마케어Obamacare 때문에 인생을 망쳤다고 말해요. 제 생각에는 불평을 즐기는 것 같아요.

놀라운 사실: 이런 믿음을 가진 사람은 5분만 시간을 들여 세율이 실제로 어떻게 적용되는지 알아보지도 않고 평생을 산다. 이제는 잘못된 생각이 너무나 깊게 뿌리 박혀서 자신이 틀렸음을 인정하고 사실을 받아들일 수 없게 되었다. 그렇게 살면 속은 편할 것 같다.

진실 4: 사람들은 세금이 낭비된다고 화를 내지만 실제로 어디에 쓰이는지 모른다

속설: 우리나라는 해외 원조에 엄청난 돈을 쓴다.

현실: 우리가 내는 연방세 100달러 가운데 해외 원조에 들어가는 돈은 약 1%로 대다수 사람들이 생각하는 비중보다 훨씬 낮다.

놀라운 사실: 사람들은 세금이 어떻게 쓰이는지 모른다. 그리고 "XYZ에 쓰지만 않으면 세금을 내는 건 괜찮아"라고 즐겨 말한다. 고맙긴 하지만 민주주의 국가에서 세금은 그런 식으로 쓰이지 않는다.

진실 5: 사람들은 부자들이 허점을 이용하여 세금을 제대로 내지 않는다고 생각한다

속설: 부자들이 이용할 수 있는 허점이 아주 많다.

현실: 나는 그런 허점을 잘 안다. 그중에는 투자계좌를 통해 세금 측면에서 효율성을 얻거나, 비과세계좌를 한도액까지 채우는 것처럼 소수의 합법적인 허점도 있다. 그러나 사람들이 생각하는 것만큼 많지는 않다. 대체로 그런 허점은 대단히 드물며 주로 (일반적인 급여 혹은 변호사와 은행가들이 받는 고액 급여가 아닌) 자본 이득으로 수백만 달러를 버는 부호들이나 이용할 수 있다.

놀라운 사실: 당신은 모르지만 부호들이 이용할 수 있는 허점들이 있다. 소득이 억 단위라면 나의 홈페이지에 있는 고급 재테크 강의를 참고하라.

진실 6: 정치적 입장이 세금에 대한 합리적 판단을 흐린다

속설: 사람들은 세금에 대한 자신의 생각이 합리적이고 공정하다고 믿는다. 심지어 당신도 그렇다!

현실: 정보의 원천과 더불어 개인적 심리가 세금에 대한 생각을 크게

좌우한다. 〈사이칼러지 투데이Psychology Today〉가 밝힌 대로 "사람들은 어떤 거래에 과세해야 하는지에 대해 일반적인 믿음을 갖고 있으며 세법이 그런 믿음에 맞춰지기를 바란다. 세법이 그런 믿음에 어긋날 경우 사람들은 세금이 불공정하다고 생각한다." 한 가지 제안을 하겠다. 앞으로 어떤 사람이 세금에 대한 불평을 늘어놓으면 이렇게 물어보라. "세금을 싫어하는 것 같네요. 세금이 당신을 위해 쓰이는 건 어떻게 생각해요?" 이 질문은 두 가지 작용을 한다. 첫째, 세금을 뜯긴다고 생각하는 태도에서 벗어나 세금을 민주주의 사회에서 살기 위해 지불하는 대가로 생각하게 한다. 둘째, 합리적인 대화를 나눌 만한 사람인지 신속하게 판단할 수 있도록 해준다(가량 "도로를 민영화해야 한다"거나 "세금은 전부 도둑질"이라고 말하면 조용히 자리를 떠라).

세금 문제가 거론될 때마다 수많은 헛소리를 듣게 될 것이다. 그런 말들을 잘 듣고 비판적으로 분석한 다음 스스로 판단하라.

나의 입장은 이렇다. 나는 기꺼이 세금을 낸다. 또한 비과세 계좌를 비롯한 모든 비과세 혜택을 이용한다. 나는 내가 내는 세금이 체제의 전반적인 안정에 기여한다는 사실을 안다. 또한 언제나 돈을 더 벌 수 있다는 사실을 알기에 세금을 결정의 주요 요소로 삼지 않는다. 끝으로 세금에 대해 불평하고 싶은 마음이 들면 다른 나라를 여행해보라. 인프라의 차이가 느껴지는가? 그러니 불평은 그만하고 세금을 내서 사회에 기여하라.

세금은 85% 해결책이 적용되는 좋은 사례다. (85% 해결책이 무엇인지 잠시 상기하자면 소수의 주요 결정을 내린 다음 '어느 정도 좋은 수준에서' 만족하고 인생을 계속 살아가는 것이다.) 세금 문제와 관련한 해결책은 비과세 계좌를 잘 활용하는 것이다(잠시 후 자세히 다룰 것이다). 그러면 해마다 수천 달러를 아낄 수 있다.

재테크 정보를 깊이 파다 보면 세금을 피할 수 있다는 허황된 주장을 많이 접하게 된다. 나는 비싼 상담료를 받은 전문가들과 상의했고, 모든 선택지를 자세히 살폈다. 하지만 거의 모두가 헛소리였다.

물론 1년에 수십만 달러를 벌면 몇 가지 선택지가 추가될 수 있다. 그러나 진정한 '부자'의 세금 혜택은 투자로 수백만 달러를 벌 때 주어진다. 그러니 돈을 불리고 세금에 대해 85% 해결책을 취하는 데 집중하라.

세금과 투자에 대해 당신이 알아야 할 한 가지

기업 퇴직연금이나 퇴직계좌처럼 세금이 유예되는 계좌에 최대한 많이 투자하라. 퇴직계좌는 세금 혜택이 주어지므로 상당한 이득을 누릴 수 있다. 기업 퇴직연금은 나중에 인출하기 전까지 세금이 유예되며, 로스 퇴직계좌로 얻은 수익은 아예 세금이 면제된다. 무엇보다 세금 측면에서 효율적인 펀드를 고르거나 연말 성과배분에 따른 과세를 피할 수 있는 매도 시기를 파악하는 것 같은 자잘한 문제를 신경 쓰지 않아도 된다. 비과세 혜택이 주어지는 퇴직계좌로 투자 자금을 옮기면 대부분의 세금 문제에서 벗어날 수 있다.

퇴직계좌는 세금 문제에 대한 85% 해결책이다. 그냥 거기에 투자하고 더 이상 신경 쓰지 마라.

연례 재테크 점검사항

자동화된 재테크 시스템을 관리하는 일은 아주 중요하다. 나는 해마다 두어 시간을 들여서 시스템을 재점검하고 필요한 조치를 취한다. 가령 더 이상 필요 없는 회원제 서비스는 없는지, 새로운 단기 목표를 위해 의식적 지출 계획을 조정해야 하는지 살핀다. 해마다 약간의 시간을 내서(새해에 새롭게 출발할 수 있도록 12월에 할 것을 권한다) 다음 단계를 밟아라.

의식적 지출 계획을 평가하라(3시간)

아래 내용을 일반적인 지침으로 삼되 진지하게 받아들여라. 지출이 아래에 나온 비중대로 이뤄진다면 부유한 삶을 위한 빅 윈을 얻은 것이다.

- □ 고정비(50~60%)
- □ 투자(10%)
- □ 저축(5~10%)
- □ 용돈(20~35%)
- □ 회원제 서비스 확인(필요한 경우 취소)
- □ 케이블 및 인터넷 요금 재협상
- □ 지출 목표 재확인: 정확한가? 목표를 위해 적극적으로 저축하고 있는가?
- □ 고정비가 너무 높다면 주거비를 낮출 방법을 찾아야 한다(방 하나를 에어비앤비로 임대하거나 소득을 늘림).
- □ 최소 소득의 10%를 투자하지 않는다면 다른 항목(대개 용돈)에서 끌어와 투자에 할애해야 한다.

모든 수수료를 협상하라(2시간)

많은 기업은 가입 특전을 제공하거나 당신이 요구할 경우 월 수수료를 낮춰준다.

- □ 휴대폰 요금
- □ 자동차 보험료
- □ 케이블 및 인터넷 요금
- □ 은행 수수료

투자(2시간)

- □ 기업 퇴직연금에 최대한 많이 납입해야 하고, 그 돈을 그냥 묵혀두지 말고(336쪽 참고) 적절한 펀드에 투자해야 한다.
- □ 로스 퇴직계좌에 최대한 많이 납입해야 하고, 그 돈을 그냥 묵혀두지 말고 적절한 펀드에 투자해야 한다.
- □ 가입할 수 있는 모든 비과세 계좌를 활용해야 한다(4장 참고).

빚(2시간)

- □ 부채 상환 계획을 재확인하라. 계획대로 가고 있는가? 더 빨리 갚을 수 있는 빚이 있는가?
- □ 신용보고서와 신용점수를 확인하라.
- □ 신용카드 연이자율을 재협상하라.

신용카드(1시간)

- □ 신용카드 포인트를 활용할 계획을 세워라(시간이 지나면 소멸하는 포인트도 있다. 획득한 포인트를 좋아하는 일에 써라)!
- □ 카드사에 전화하여 당신이 활용하지 않은 다른 혜택이 있는지 확인하라.
- □ 불필요한 수수료를 내고 있지 않은지 확인하라. 만약 내고 있다면 깎아달라고 협상하라.

소득 늘리기(상시)

- □ 연봉을 협상하라.
- □ 부업을 하라.

(이 내용들은 iwillteachyoutoberich.com에서 자세히 다룬다.)

기타

- □ 세입자보험과 생명보험을 비롯하여 보험에 가입할 필요가 있는지 검토하라.
- □ 부양가족이 있다면 유언장을 만들어라.

매도에 신중해야 하는 이유

나는 투자 상품을 매도한 적이 한 번도 없다. 왜 그래야 하는가? 나는 길게 보고 투자한다. 내게 투자 상품을 매도하는 문제에 대해 질문하는 사람이 많다. 대개 투자 상품을 매도하면 세금을 납부해야 한다. 정부는 장기 투자에 인센티브를 부여한다. 투자 상품을 1년 안에 매도하면 대개 25%에서 35% 수준인 일반 소득세를 내야 한다. 주식을 샀다가 9개월 동안 1만 달러를 번 후 멍청하게 매도하는 사람들은 대부분 7,500달러밖에 손에 쥐지 못한다.

반면 1년 넘게 보유하면 일반 세금보다 세율이 훨씬 낮은 자본 이득세만 내면 된다. 9개월 만에 주식을 매도하여 25%의 일반 소득세를 낸 경우를 예로 들어보자. 만약 주식을 1년 넘게 보유한 후 매도하면 15%의 자본 이득세만 내면 된다.* 그래서 7,500달러가 아니라 8,500달러를 손에 쥘 수 있다. (금액이 10만 달러나 50만 달러 혹은 수백만 달러라고 생각해 보라. 이 책에 나온 시스템에 따라 저축하고 투자하면 그 정도 금액이 될 가능성이 아주 높다.) 이는 투자 상품을 오래 보유하여 세금을 많이 아끼는 일부 사례다.

세금을 아끼는 요령은 이렇다. 비과세 혜택이 있는 퇴직계좌를 통해 투자하면 매도한 해에 세금을 낼 필요가 없다. 세금이 유예되는 기업 퇴직연금의 경우 훨씬 나중에 돈을 인출할 때 세금을 낸다. 반면 로스 퇴직계좌의 경우 이미 세금을 낸 돈으로 납입하므로 인출할 때 전혀 세금을 내지 않는다.

좋은 투자를 했다면 장기적으로 보유하는 게 낫지 않을까? 6장에서 주가의 등락을 예측할 수 없다는 사실을 확인했다. 3장에서는 잦은 매

---

* 주식 투자 시 매매 차익에 대해 일정 세율을 과세하는 것을 말하는데, 국내에서는 자본이득세가 부과되지 않는다. 다만, 주식을 매수 혹은 매도, 즉 매매 행위를 할 때마다 부과되는 증권거래세(0.25%)가 있다. 반면 미국은 증권거래세를 부과하지 않는다.

매보다 장기 보유가 월등하게 높은 수익률을 얻을 수 있다는 사실을 확인했다. 세금을 감안하면 매도할 때 상황이 훨씬 불리해진다. 이는 개별 종목을 사지 말고 타깃 데이트 펀드나 인덱스 펀드에 가입하여 비과세 효과를 누리는 단순한 포트폴리오를 꾸려야 할 또 다른 이유가 된다. 물론 이 모든 이야기는 좋은 투자를 했다는 것을 전제한다.

결론은 퇴직계좌를 통해 투자하고 오래 보유하라는 것이다.

매도해야 할 때

당신이 젊다면 투자 상품을 매도할 이유는 세 가지뿐이다. 바로 급하게 돈이 필요할 때, 형편없는 투자를 해서 계속 시장수익률을 밑돌 때, 구체적인 투자 목표를 달성했을 때다.

급하게 돈이 필요할 때

급전이 필요한 경우 다음 순서대로 돈을 구하라.

1. 2장에서 만든 저축예금을 이용하라.
2. 추가 수입을 만들어라. 우버 기사를 하거나, 오래된 옷을 팔거나, 과외를 하라. 단기적으로 큰돈을 벌지 못해도 갖고 있는 물건을 파는 것은 심리적으로 중요한 의미를 지닌다. 즉, 자신과 가족에게 당신이 진지하다는 사실을 증명할 수 있다(그러면 가족에게 도움을 요청할 때 유용하다).
3. 가족에게 돈을 빌려라. 참고로 집안에 문제가 많으면 이 방법은 통하지 않는다.

4. 퇴직계좌에 있는 돈을 이용하라. 로스 퇴직계좌에 납입한 원금은 언제든 벌금 없이 인출할 수 있다. 다만 원금이 장기적으로 불어날 잠재력은 크게 훼손될 것이다. 기업 퇴직연금의 경우 대개 의료비, 주택 구입, 학자금, 압류 해지, 장례비 등을 위한 '비상인출'을 허용한다. 다만 조기 인출 수수료를 지불해야 할 수도 있다. 이 경우 인사과와 상의하라. 벌금과 세금을 수반하기 때문에 퇴직계좌에서 돈을 빼는 것은 피하는 것이 좋다.

5. 신용카드 대출은 최후의 수단으로 삼아야 한다. 이 점은 아무리 강조해도 지나치지 않다. 돈을 상환할 때 카드사가 엄청난 이자를 뜯어갈 것이 거의 확실하므로 정말로 절박한 상황이 아니라면 신용카드 대출은 이용하지 마라.

잘나가는 사람들을 위한 재테크 선택지: 다른 사람들에게는 불가능한 10년 계획을 세워라

나는 재테크 시스템을 최적화한 다음 "이제 뭘 해야 하나요?"라고 묻는 이메일을 좋아한다. 나의 대답은 나이가 다섯 살에서 열 살 더 많은 사람에게 일찍 재테크를 시작했다면 무엇을 하고 싶은지 물어서 그대로 하라는 것이다. 아마 다음 세 가지 대답이 바로 나올 것이다.

1. 비상금

비상금은 실직, 장애, 불운 같은 위기로부터 자신을 보호하기 위한 또 다른 저축 목표다. 특히 주택담보대출을 받았거나 부양해야 할 가족이 있다면 비상금은 재정적 안정을 기하는 데 중요한 요소다. 비상금을 만들려면 추가로 저축 목표를 세우고 다른 목표와 마찬가지로 돈을 넣어야 한다. 최종적으로 비상금은 6개월에서 12개월의 생활비 (주택담보대출 상환금, 다른 대출 상환금, 식비, 교통비, 세금, 선물, 기타 지출을 모두 포함해야 한다)를 충당할 수 있어야 한다.

2. 보험

나이가 들고 까탈스러워질수록 손실로부터 자신을 보호하기 위한 보험을 더 많이 원하게 될 것이다. 여기에는 주택보험(화재, 홍수, 지진)과 생명보험이 포함된다. 집이 있다면 보험이 필요하다. 젊은 독신이라면 생명보험은 필요 없다. 무엇보다 통계적으로 볼 때 죽는 경우가 드물고 보험금은 대개 배우자나 자녀처럼 당신에게 생계를 의존하는 사람들에게 유용하기 때문이다. 그밖에 다른 보험은 이 책에서 다루는 범위를 벗어난다. 그래도 관심이 있다면 부모나 친구와 상의하고, 인터넷에서 '생명보험'을 검색하여 다양한 선택지를 조사하라. 지금 당장 여러 보험에 가입할 필요는 없을 것이다. 그러나 필요할 때 가입할 돈을 확보하기 위해 저축 목표를 세우는 것은 나쁘지 않다. 끝으로 보험은 설계사(혹은 아무것도 모르는 부모)가 무슨 말을 하든 거의 절대로 좋은 투자가 아니다. 그러니 가족이 있는 경우 화재나 사고사 같은 위험에 대비하는 용도로만 활용해야 하며, 돈을 불릴 수단으로 삼으면 안 된다.

3. 자녀 교육비

자녀가 있든 없든 첫 번째 목표는 자신을 위해 충분한 돈을 모으는 것이다. 나는 빚이 있으면서도 자녀 교육을 위해 돈을 모으려는 사람들을 이해할 수 없다. 왜 그러는 걸까? 일단 빚을 갚고 은퇴 자금부터 모아야 한다. 자녀 교육 문제는 그다음에 걱정해도 된다. 참고로 로스 퇴직계좌가 은퇴 자금을 모으기에 아주 좋듯이 큰 비과세 혜택이 주어지는 교육비 예금 상품인 529*는 자녀의 교육 자금을 모으기에 아주 좋다. 자녀가 있고(혹은 자녀 계획이 있고) 여유자금이 있다면 529에 넣어라.

나이가 젊다면 향후 10년 동안 생각해야 할 문제가 별로 많지 않다. 미래를 준비하는 최선의 방법은 재테크에 성공한 연장자에게 조언을 구하는 것이다. 그들의 조언은 향후 10년을 준비하는 데 큰 도움이 될 수 있다.

---

* 529는 IRA, 401K와 유사한 것으로, 학자금 마련을 목적으로 만들어진 미국의 예금 상품이다. 인출 시까지 원금과 이자에 대해 세금이 유예되는 효과가 있으며, 이 돈을 학자금으로 실제 이용할 경우 연방세가 면제되는 등 여러 장점이 있다. 우리나라에도 이와 유사한 교육비 예적금 상품들이 있다. 보험사에서 취급하는 교육보험 상품, 또는 시중 은행에서 취급하는 어린이 적금 같은 것은 비과세 혜택 등을 제공한다.

계속 시장수익률을 밑도는 잘못된 투자를 했을 때

인덱스 펀드에 투자했다면 어차피 전체 지수의 상승률을 반영하므로 이 경우에 해당되지 않는다. 단순하게 말해서 '전체 시장 인덱스 펀드'의 수익률이 나쁘다는 것은 증시 전체가 하락했다는 뜻이다. 이 경우 주가가 회복될 것이라고 믿는다면 이전보다 저렴하게 매수할 수 있는 기회가 된다. 따라서 매도를 해서는 안 되며, 계속 투자하여 싼값에 주식을 담아야 한다.

그래도 수익률이 저조한 투자 상품을 팔아야 할 때가 언제인지 이해하기 위해 가정을 해보자. 당신이 보유한 주식의 주가가 35%나 하락했다면 어떻게 할 것인가? 당신은 당황하여 "이 주식은 엿 같아! 돈을 다 잃기 전에 팔아야 해!"라고 생각할지 모른다.

서두르지 마라. 결정하기 전에 전체적인 상황을 살펴야 한다. 가령 당신이 보유한 주식이 소비주라면 다른 소비주의 주가는 어떤가? 살펴보니 해당 주식뿐 아니라 전체 업종이 부진하다. 당신이 보유한 종목만 부진한 것이 아니다. 전체 소비주가 하락하고 있다. 이 경우 업종에 대한 문제가 제기될 뿐 아니라 해당 주식이 하락하는 이유를 가늠할 수 있다. 그렇다고 해서 바로 팔아야 하는 것은 아니다. 모든 산업은 때로 부진에 시달린다. 해당 업계에서 어떤 일이 일어나고 있는지 확인하라. 여전히 타당성이 있는가? 경쟁자가 나타났는가? (가령 CD 플레이어 생산업체의 주식을 보유하고 있다면 실적이 회복될 가능성이 낮다.) 해당 종목 혹은 업종이 단지 주기적 하락을 겪고 있다고 생각된다면 계속 보유하고 오히려 더 사들여라. 그러나 업황이 회복될 기미가 보이지 않는다면 매도하는 편이 낫다.

또한 당신이 보유한 종목의 주가는 급락했는데 같은 업종에 속한 다른 종목의 주가는 높다면 매도를 고려해야 한다.

매도하기로 결정했다면 방법은 쉽다. 투자계좌에 로그인하여 해당 종목을 찾은 다음 '매도'를 누르면 된다. 퇴직계좌를 통하지 않는다면 절세용 매도(매도 손실로 과세 대상인 자본이득을 줄이는 것)를 비롯하여 세금 측면에서 고려할 사항이 많다. 그러나 우리는 비과세 혜택이 있는 퇴직 계좌를 통해 투자를 시작했으므로 이 문제를 다루지 않겠다. 나는 특정 종목에 투자하는 경우가 드물기 때문에 매도할 일이 거의 없다. 타깃 데이트 펀드를 고르거나 인덱스 펀드로 포트폴리오를 구성하면 매도를 고민하지 않아도 된다. 나의 조언은 쓸데없이 고민하지 말고 중요한 일에 집중하라는 것이다.

구체적인 목표를 달성했을 때

초장기 투자에는 매수 후 계속 보유하는 것이 좋은 전략이다. 그러나 구체적인 목표를 위해 단기 혹은 중기로 투자하는 사람들도 많다. 가령 "태국으로 꿈에 그리던 휴가를 가기 위해 돈을 벌고 싶어. … 곧 갈 것은 아니니까 한 달에 100달러씩 투자계좌에 넣어야지"라고 생각할 수 있다. 5년 이하의 목표라면 예금 계좌에 저축 목표를 세워야 한다. 그렇지 않고 더 오래 투자하여 목표를 이뤘다면 매도하고 두 번 다시 생각하지 마라. 이미 크게 성공한 투자이며, 애초의 목적을 위해 그 돈을 써야 한다.

이제 거의 다 왔다

이제 마지막 장만 남았다. 지금까지 수많은 이메일과 블로그 댓글을 통해 나는 사람들이 흔히 궁금해하는 몇 가지 사항들이 있다는 사실을 알게 되었다. 다음 장에서는 돈과 관계에 대한 구체적인 사례, 차와 첫 집을 장만하는 문제, 재테크와 관련된 일상적인 의문들을 다룰 것이다.

마지막 장이다! 가보자.

CHAPTER 9

풍족한 삶

: 인간관계, 결혼, 차와 집 구입 등에 대한 이야기

나는 오래전 여자 친구(지금은 아내)인 카스와 나눈 대화를 결코 잊지 못한다. 우리는 추수감사절을 앞두고 자녀, 결혼, 돈 등 중대한 문제에 대한 이야기를 나누기로 했다. 알다시피 나는 시스템을 좋아한다. 그래서 나답게 다음과 같이 주제별로 사안을 정리했다.

	자녀 수		결혼 일정
	출산 시기		살 곳
	아이 이름		생활방식-누가 일할 것인가?

첫 번째 주제는 약혼이었다. 우리는 오랫동안 사귄 사이였고, 카스는 결혼할 준비가 되어 있었다. 사실 그녀는 "내년 1분기 안에 약혼하고 싶

어"라고 말했다. 분기를 기준으로 관계의 진전을 따지는 말을 들었을 때 나는 인생의 동반자를 만났다는 것을 깨달았다.

우리는 아이를 몇 명이나 낳을 것인지, 누가 일할 것인지, 어디서 살 것인지, 어떤 스타일로 살 것인지 등에 대해 대화를 나눴다.

대화가 끝날 무렵, 나는 심호흡을 한 후 오랫동안 머릿속에 담아둔 생각을 말했다. "이야기하고 싶은 게 하나 더 있어. 혼인계약서를 작성했으면 좋겠어." (이 내용은 잠시 후에 자세히 하도록 하겠다.)

지금까지 나는 풍족한 삶의 작지만 중요한 요소인 돈에 대해 이야기했다. 그러면 나머지 요소는 어떻게 해야 할까?

내가 카스와 나눈 대화처럼 사랑과 돈에 대한 어려운 대화는 어떻게 해야 할까? 집을 사는 결정에 대해서는? 연봉 협상에 대해서는? 재테크를 자동화한 다음에는 무엇을 해야 할까?

풍족한 삶은 도표 밖에서 이뤄진다. 언제까지나 온라인 계산기에 수치를 넣어보고 자산 배분을 이리저리 바꿔보고 싶은 마음이 들 것이다. 지금까지 알려준 내용대로 재테크를 자동화한 사람들의 경우 특정한 시점이 되면 모든 것이 제대로 갖춰지게 된다. 당신은 게임에서 이겼다. 이제 필요한 것은 시간과 인내심 그리고 시스템 유지뿐이다.

풍족한 삶의 다음 단계는 복리로 수익률을 재계산하는 것이 아니라 당신이 원하는 생활방식을 설계하는 것이다. 아이를 낳을 것인가? 해마다 두 달씩 여행을 갈 것인가? 부모님이 당신을 방문할 수 있도록 비행기표를 끊어줄 것인가? 저축을 늘려서 40대에 은퇴할 것인가?

나는 케냐에 있는 사파리용 숙소에서 이 글을 쓰고 있다. 사파리는 6주에 걸친 신혼여행의 일부다. 우리의 꿈 중 하나는 첫 여행지인 이탈리아로 부모님을 초대하여 같이 새로운 추억을 만드는 것이었다. 실로

잊을 수 없는 멋진 삶의 경험이었다.

내게 풍족한 삶은 자유를 뜻한다. 항상 돈을 신경 쓸 필요가 없고, 여행을 떠날 수 있으며, 흥미로운 일을 할 수 있는 자유 말이다. 또한 무엇이든 원하는 것에 돈을 쓸 수 있는 여유를 뜻하기도 한다. 그래서 택시를 탈지, 식당에서 먹고 싶은 음식을 주문할지, 집을 살 형편이 될지 고민할 필요가 없다. 나의 경우는 그렇다.

부자가 된다는 것은 당신에게 다른 의미를 지닐 수 있다. 이제 당신의 풍족한 삶을 설계하는 데 초점을 맞출 때다.

학자금 대출: 상환해야 할까 아니면 그 돈을 투자해야 할까?

연준의 발표에 따르면 대졸자의 평균 학자금 대출액은 3만 5,000달러다. 학자금 대출은 풍족한 삶을 달성하는 데 지장을 초래할 수 있다. 그러나 놀랄 만큼 좋은 소식은 학자금 대출을 받는 것이 재테크 측면에서 탁월한 결정일 수 있다는 것이다.

통계를 보면 대졸자가 고졸자보다 훨씬 많은 소득을 올린다는 사실이 명확하게 드러난다. (전공과 평균 급여는 직접 조사해보라.) 학자금 대출이 "사악"하며, 차라리 대학을 가지 않는 게 낫다는 논평가의 말은 듣지 마라. 이따위 헛소리를 하는 사람을 만나면 달려가서 양파로 머리를 후려칠 것이다. (그래야 우는 이유가 불분명해지니까.)

1장에서 학자금 대출을 상환하는 문제를 이미 다뤘다. 그런데 내가 자주 받는 또 다른 질문이 있다. 바로 "학자금 대출을 상환해야 하는지 아니면 그 돈을 투자해야 하는지"에 대한 질문이다.

"이전에는 어떻게 학자금 대출을 갚으면서 저축을 하고 은퇴 계획을 마련할 수 있을지 불안했어요. 이제는 학자금 대출을 거의 갚았고, (여러) 저축예금과 두 개의 퇴직계좌를 갖고 있으며, 아무 스트레스 없이 재테크를 하고 있어요. 모든 것이 자동화되어 있고, 돈이 얼마나 들어와 어디로 얼마나 가는지 잘 알고 있어요."

— 디에나 비튼(30세)

투자 vs. 학자금 대출 상환

매달 500달러나 1,000달러씩 학자금 대출을 갚아나가면서 "일찍 투자하라!"는 말을 따르기는 어려울 수 있다. 대출을 상환할지 아니면 투자를 할지 결정할 때 세 가지 선택지가 있다.

- 학자금 대출은 최소액만 상환하고 나머지를 투자한다.
- 학자금 대출을 전부 갚은 다음 투자를 시작한다.
- 50대 50 접근법을 취하여 대출 상환(적어도 최소액 상환)과 투자에 돈을 반반씩 쓴다.

엄밀히 따지자면 결정은 이자에 좌우된다. 학자금 대출 이자가 2% 정도로 아주 낮다면 첫 번째 선택지가 적절하다. 즉, 학자금 대출은 최대한 천천히 갚아라. 저비용 펀드에 투자하면 평균 8%의 수익을 올릴 수 있다. 다만 '엄밀히 따지자면' 그렇다는 말이다. 재테크가 항상 합리적으로만 이뤄지는 것은 아니다. 빚이 있으면 마음이 불편해 최대한 빨리 청산하고 싶어 하는 사람들이 있다. 빚 때문에 잠을 설친다면 두 번째 선택지대로 최대한 빨리 갚아라. 다만 마음이 편하자고 돈을 불릴 잠재력을 놓쳐 손해를 본다는 사실은 알아야 한다.

나는 세 번째 선택지를 세심하게 고려할 것을 권한다. 요즘 대다수 학자금 대출 금리는 주식시장에서 얻는 수익률과 비슷하다. 그래서 솔직히 어떤 결정을 내리든 큰 차이가 없다. 모든 조건이 동일한 경우 투자로 벌 수 있는 돈과 학자금 대출 이자로 낼 돈이 거의 같다. 어느 쪽도 딱히 이득이 아니다. 결과가 비슷하므로 학자금 대출을 상환하든 투자를 하든 관계없다. 다만 두 가지 변수가 있다. 바로 복리와 비과세 퇴직계좌다. 20대와 30대 초에 투자하면 복리로 큰 이득을 볼 수 있다. 나이가 들어서 투자하면 그만한 수익을 절대 따라잡을 수 없다. 게다가 기업 퇴직연금이나 로스 퇴직계좌(3장 참고) 같은 비과세 계좌로 투자하면 비과세 혜택까지 얻을 수 있다. 내가 돈을 나눠서 부채 상환과 투자에 골고루 쓰는 것이 좋다고 생각하는 이유가 거기에 있다. 구체적인 비중은 위험감수도에 따라 달라진다. 간단하게 50대 50으로 나눠도 되지만 보다 공격적인 성향이라면 투자 비중을 늘릴 수도 있다.

사랑과 돈

재테크의 기본을 알고 나면 도표 안에서 살기는 쉽다. 어려운 부분은 친구, 부모, 배우자 등 주위 사람들과 관계된 돈 문제를 처리하는 것이다.

사랑과 돈이 연출하는 무수한 상황이 있다. 부모가 빚을 지고 있다거나, 결혼을 앞두고 살림을 합치는 것이 그런 경우다. 나는 이 문제가 풍족한 삶에서 가장 복잡하면서도 보람 있는 요소라고 생각한다. 그래서 이 문제를 해결하는 방법을 따로 설명하는 것이다.

물론 동거인 중 한 명이 돈을 더 벌 때 월세를 나누는 문제를 비롯하여 쉽게 적용할 수 있는 공식도 있다. 그러나 이는 단순한 지출 문제일 뿐이다. 내 생각에 진정한 문제 및 기회는 보다 내밀한 부분에 있다고 생각한다. 가령 친구들에게 얼마를 버는지 이야기할 것인가? 동거인은 어떤가? 결혼에서 돈은 어떤 역할을 할까? 혼인계약서를 작성해야 할까?

이 모든 문제에 대해 답을 다 갖고 있는 것은 아니다. 다만 지금부터 내가 한 선택과 그 이유를 말해주겠다.

잡다한 조언은 무시하라

재테크의 기본을 터득하고 나면 그 세계가 얼마나 '소란스러운지' 인식하게 될 것이다. 삼촌은 '급등주 정보'를 안다고 말하고, 재테크 앱은 마구잡이로 생기며, 친구는 당신이 모호한 절세법을 활용하지 않는다고 핀잔한다(빵 한 봉지 살 돈도 저축하지 않은 사람에게 재테크에 대한 핀잔을 듣는다니 정말로 웃긴 일이다).

모두가 나름대로 조언할 거리를 갖고 있다. 모두가 돈을 다른 방식으로 다룬다. 남들보다 많이 아는 사람도 있지만, 모두가 당신이 해야 할 일에 대한 의견을 갖고 있다. 문득 당신은 다른 사람들이 돈을 다루는 방식을 민감하게 의식하게 된다.

또한 당신이 재테크를 한다는 말을 듣자마자 그들은 이상하게 행동하기 시작할 것이다. 가령 당신의 노력을 깎아내리면서 자기는 왜 할 수 없는지 이렇게 핑계를 댈 것이다.

- "돈 모으기가 불가능해."
- "은퇴라고? 아마 죽을 때까지 일해야 할 거야."
- "너처럼 모아놓은 돈이 있으면 좋겠다."

나는 15년 동안 반박할 말을 생각했다. 지금부터 가상의 상황에서 반박을 해보자.

가상의 상황: 재테크를 못해서 빚을 많이 진 사람이 내게 모든 걸 중단하고 부동산이나 비트코인 혹은 다른 온갖 부적절한 것에 투자해야 한다고 말한다.

반박: 나는 태국 파파야 샐러드를 먹다가 고개를 들고 포크를 내려놓는다. 그리고 냅킨으로 입술을 닦고 상대를 머리부터 발끝까지 훑어본 후 이렇게 말한다. "왜 내가 당신의 조언을 들어야 하죠?" 음악이 멈추고 식당에 있는 모든 사람이 박수를 친다. 셰프가 나와서 악수를 하고는 디저트를 무료로 내준다.

사람들은 왜 이런 조언들을 하는 걸까? 아마 사람들은 당신이 돈을 관리하기 시작했다는 것을 인식했을 것이다. (아마 당신이 이전보다 재테크에 대한 이야기를 많이 했을 것이다. "어떤 사람이 채식주의자인 줄 어떻게 아냐고? 걱정 마. 자기 입으로 말할 거니까"라는 말을 들어봤는가? 재테크의 경우도 마찬가지다. 나의 조언은 돈 문제를 어떻게, 누구와 이야기할지 신중하게 판단하라는 것이다.) 당신이 재테크를 시작하면 주위 사람들과 관계를 맺는 통상적인 패턴이 단절된다. 그래서 그들이 불편함을 느끼고 이상한 반응을 보이는 것이다. 그래도 감정적으로 받아들이지 마라. 그냥 웃으며 고맙다고 말하라. 주위 사람들이 새로워진 당신에게 익숙해지면 그런 말들도 점차 사라질 것이다.

주위 사람들의 조언 외에도 잡음은 많다. 바로 인터넷에 있는 혼란스런 조언들이다. 나의 독자들은 이 책에 나오는 재테크 시스템을 운용하는 데 익숙해지면 투자와 재테크에 대한 추가 정보를 찾기 시작한다. 가령 레딧 투자 게시판 같은 곳을 들여다본다. 이런 곳에는 수많은 사람이 당장 시도해보라며 익명으로 올린 '고급' 전술이 가득하다.

- "절세용 손절은 세상에서 가장 중요한 일 중 하나예요!"
- "캡티브 보험captive insurance(피보험자들이 보유하고 운용하는 보험)에 가입하지 않았다고요?"
- "아직도 인덱스 펀드에 투자할 가치가 있다고 믿는 게 너무 웃기네요. 귀여워요. 애플 주가는 하늘 끝까지 올라갈 겁니다." (테슬라였던가? 아니면 비트코인 혹은 다른 가상화폐?)

무엇보다 나는 연민을 갖는 법을 배웠다. 불과 몇 주 전만 해도 당신은 재테크에 대해 별로 아는 것이 없었다. 당신이 재테크 서적을 사서 읽어볼 마음의 준비를 갖추기까지 오랜 시간이 걸렸을 수도 있다. 이제 당신은 몇 주 전에는 낯설었을 자동화와 퇴직계좌 같은 개념을 이해한다. 당신이 할 수 있는 최선은 다른 사람들에게 모범을 보이는 것이다. 그들이 조언을 구한다면 이 책을 소개하라.

잡음은 무시하라. 투자는 극적이지도 재미있지도 않다. 투자는 정연하고 차분하게 해야 하며, 풀이 자라는 모습을 지켜보는 정도의 재미만 있을 뿐이다. (투자를 통해 풍족한 삶을 이뤄 하게 되는 일, 그게 재미있다!)

한 달에 두 번 이상 투자계좌에 로그인하지 마라. 자산 배분을 마친 후 꾸준하게 돈을 넣고 있다면 계속 나아가라. 당신은 장기 투자를 하고 있다. 길게 보면 일시적 변동은 사소하게 보이며 실제로도 그렇다.

당신이 정보를 더 찾고 싶어 하는 것은 이해한다. 찾아보라. 다만 넓은 시각으로 바라보고 모두가 나름의 관점을 가졌다는 사실을 깨달아야 한다. 장기적인 재테크에는 꼼수나 비법이 통하지 않는다. 인덱스 펀드가 오직 초보자들을 위한 것이라는(그렇지 않다) 수많은 글을 읽고 나면 당신이 어지간한 사람들보다 많이 안다는 사실을 깨닫게 될 것이다. 이는 마법의 순간이다. 당신은 '도표 안에 살면서' 이리저리 숫자를 바꿔보고, 레딧 재테크 게시판에 올라온 글들을 끝없이 검색하는 대신 한 달에 90분 미만으로 모든 재테크를 끝낼 수 있다. 그리고 도표 밖에서 풍족한 삶을 살며 중요한 일을 할 수 있다.

빚을 진 부모를 돕는 방법

나이 많은 부모가 돈이 없다는 사실을 아는 것은 재테크와 관련하여 당신이 직면할 수 있는 가장 어려운 상황 중 하나다. 아마 그들은 그 사실을 당신에게 털어놓지 않을 것이다(수많은 독자가 들려준 바에 따르면 아마 창피하다고 도움을 요청하지도 않을 것이다). 대신 "지금은 조금 쪼들려"라는 식으로 이런저런 단서를 흘릴 것이다.

부모와 돈 문제를 논의하는 것은 가장 힘들면서도 꼭 필요한 일이다. 당신의 부모는 수십 년 동안 당신을 키웠다. 또한 그들은 바꾸기 아주 힘든 패턴을 지녔다. 그래서 당신이 먼저 돈 문제를 거론하게 될 가능성이 높다. 게다가 당신은 아주 완벽한 화제도 갖고 있다. 바로 이 책이다. 가령 "엄마, 지금 재테크에 대한 책을 읽고 있는데 많은 것을 배웠어요. 엄마는 재테크를 어떻게 배웠어요?"라고 물어보라. 아마 대화의 물꼬가 트일 것이다.

부모가 빚을 지고 있다면 문제를 해결하기가 아주 까다로울 수 있다. 가장 큰 난관은 기술적인 해결책을 마련하는 것이 아니다. 바로 많은 질문을 하고, 세심하게 듣고, 실제로 도움이 필요한지 그리고 부모가 도움을 받을 준비가 되었는지 판단하는 것이다.

부모가 그럴 준비가 되었다면 다행이다! 기꺼이 도와주면 된다. 그러나 그렇지 않다면 아무리 힘들어도 그들의 결정을 존중해야 한다. 상황이 갈수록 어려워진다고 해도 말이다.

나의 경험에 따르면 돈 문제와 관련하여 공감하는 태도로 세심하게 접근하면 대개 마음을 연다. 모든 상황이 어렵지만 아래에 당신이 할 수 있는 몇 가지 질문을 제시한다. (신중해야 한다는 사실을 명심하라. 누구도 돈 문제를 이야기하고 싶어 하지 않는다. 특히 도움이 필요하다는 사실을 자녀에게 털어놓아야 하는 경우는 더욱 그렇다.)

- 그들은 재테크를 어디서 배웠는가? 조부모가 그들에게 무엇을 가르쳤나?
- 행운이 따른다면 금전적으로 어떤 상황이 되기를 바라는가? (마음대로 상상하게 하라. "복권에 당첨되고 싶어"라고 하면 계속 상상하도록 부추겨라. "그게 어떤 의미예요?", "당첨금으로 뭘 할 건데요?"라고 물어라. 그다음 보다 현실적인 상황으로 들어가라. "복권에 당첨되지 않는다고 하면 앞으로 5년 후에 금전적으로 어떤 상황이 되기를 바라나요?"라고 물어라. 대다수 부모는 실용적인 꿈을 갖고 있다.)

- 한 달 수입이 얼마인가? 얼마를 쓰는가?
- 수입 중에서 저축 비중은 얼마인가? (이 비중을 정확히 아는 사람은 드물다. 재단하지 말고 안심시켜라.)
- 은행과 카드사에 수수료를 내는가?
- 매달 평균 카드대금 잔액이 얼마인가? 그냥 호기심으로 (이렇게 표현하라) 왜 0이 아닌지 물어라. 0으로 만들 방법은 무엇인가?
- 투자를 하는가? 그렇다면 투자 상품을 어떻게 골랐는가?
- 뮤추얼 펀드나 다른 펀드를 보유하고 있는가? 수수료로 얼마를 내는가?
- 기업 퇴직연금을 한도액까지 납입하고 있는가? 아니면 최소한 사용자 기여분만큼 납입하고 있는가?
- 로스 퇴직계좌 등 다른 수단으로 은퇴자금을 마련하고 있는가? 로스 퇴직계좌를 갖고 있는가?
- iwillteachyoutoberich.com에 올라온 내용을 읽었는가? 아니라고? 도대체 왜? (참고로 이 말을 아주 크게 외칠 것을 권한다.)

당신의 부모는 이 모든 질문에 대한 답을 갖고 있지 않을 수 있다. 그래도 그들이 하는 말을 세심하게 들어라. 85% 접근법을 취하여 재정 상태를 개선하기 위해 실행할 수 있는 한두 가지 중요한 행동을 파악하라. 가령 자동화 저축예금을 만들거나 약간의 성취감을 얻을 수 있도록 카드 빚부터 갚는 것 등이 있다. 당신이 재테크에 대해 아무것도 모르고 버거워하던 때를 돌이켜보라. 이제 당신은 지금까지 배운 내용을 활용하여 부모를 도울 수 있다.

부모와 친구에게 당신의 재산을 밝혀야 할까?

오래전 나는 부모님에게 돈에 대한 이야기를 해야겠다고 느꼈다. 당시 사업이 순조롭게 커지고 있었다. 덕분에 그 어느 때보다 경제 사정이 안정되어 있었다. 그래도 부모님이 사업에 대해 물으며 "잘돼요!"라는 식으로 뭉뚱그렸다. 사실 매출이 얼마인지만 알려줘도 충분히 구체적인 대답이 될 것이었다.

나는 친구인 크리스에게 조언을 구했다.

"부모님한테 말해야 할까?"

크리스는 나와 성장 배경이 비슷하기 때문에 즉시 나의 질문을 이해했다.

그는 "왜 말하려고 해?"라고 되물었다. 나는 그들의 많은 궁금증에 대한 답이 될 것이기 때문이라고 답했다. 가령 "내가 사업을 잘하고 있는지", "이 나라로 이민 온 게 잘한 일인지" 같은 궁금증 말이다. 하지만 나는 구체적인 매출을 알려주면 부모님과의 관계가 바뀔까 봐 불안했다. 그래서 "어색해질까 봐"라고 내가 주저하는 이유도 털어놓았다. 외국계 부모를 둔 사람들은 이 말에 담긴 의미를 이해할 것이다.

그러자 크리스는 내가 매출이 유일한 답이라는 생각을 품고 있다고 지적했다. 사실 다른 많은 방법으로도 부모님을 안심시킬 수 있었다. 그냥 사업이 잘된다고 말하거나, 사업을 하는 데 필요한 규율을 가르쳐준 것에 감사할 수 있었다. 혹은 부모에게 가장 의미 있는 일, 바로 같이 시간을 보낼 수도 있었다.

크리스의 말이 옳았다. 나의 의도는 좋았지만 굳이 매출이 얼마인지 말해야만 내가 잘하고 있다는 사실을 알릴 수 있는 것은 아니었다. 사실 부모님은 나의 은행계좌에 든 금액에는 관심이 없었다. 단지 내가 행복하다는 사실 그리고 결혼을 해서 아이를 낳을 것이라는 사실을 알고 싶어 했다(알다시피 두 분은 인도 출신이다).

이후 부모님에게 어떻게 지내느냐는 질문을 받았을 때 나는 두 분이 가르쳐준 모든 것에 감사드렸다. 그리고 두 분 덕분에 운 좋게도 꿈꾸던 사업을 하면서 행복한 삶을 살고 있다고 말했다. 내가 얻은 교훈은 다음과 같다.

- 금전적 성공을 거두면 주위 사람과의 관계가 변할 수 있다. 조심해야 한다. (나는 식사나 휴가를 정할 때 주위 사람들의 형편을 대단히 민감하게 의식한다. 가령 친구들과 밥을 먹을 때 항상 모두에게 부담이 가지 않는 식당을 고른다. 친구들에게 부담을 주는 것은 절대 피하고 싶다.)
- 구체적인 수치를 알려주고 싶을 수 있다. 상대가 배우자나 아주 가까운 친구 혹은 가족이라면 괜찮다. 그러나 그 외에는 왜 그래야 하는지 자문하라. 당신이 잘하고 있음을 알리기 위한 것인가? 은근하게 자랑하기 위한 것인가? 다른 방식으로 알릴 수는 없는가? 명심하라. 아무 맥락 없이 수치를 밝히는 것은 좋지 않다. 의도는 좋을지라도 1년에 6만 달러를 버는 사람에게 포트폴리오의 가치가 곧 100만 달러(혹은 훨씬 더)가 될 것이라고 말하는 것은 적절치 않다. 당신의 오만함을 드러낼 뿐이다.

연인과의 돈 이야기

나의 바람 중 하나는 커플이 처음 돈에 대한 이야기를 나누는 프로그램을 진행하는 것이다. 중재 역할은 하지 않을 것이다. 그냥 뒤에 물러나 앉아 말도 안 되는 질문("서로에게 털어놓지 않은 돈에 대한 비밀이 있나요?)으로 싸움을 붙일 것이다. 그리고 살사 소스에 감자 칩을 찍어 먹으며 출연자들이 안절부절못하고, 진땀을 흘리고, 말을 더듬는 모습을 흐뭇하게 바라볼 것이다. 제발, 평생의 소원이니 방송사는 내게 연락주시길.

물론 남자 친구나 여자 친구와 가끔 대수롭지 않게 돈에 대한 이야기를 나눌 수는 있다. 그러나 막 동거를 시작했거나, 결혼해서 살림을 합치는 등 관계가 진지한 단계로 접어들면 돈과 재정적 목표에 대한 대화를 나누는 것이 중요하다. 파트너와 돈 이야기를 하는 것이 어색할 수 있다. 약속하건대 그렇게 힘든 일은 아니다. 진부하게 들리겠지만 오히려 관계가 더 가까워질 수도 있다. 적절한 질문을 하고 평정심을 유지할 수만 있다면 말이다.

구체적인 방법보다는 대화에 임하는 태도가 더 중요하다. 요점은 상대를 재단하려 하지 말고 많은 질문을 던지는 것이다. 다음은 질문의 몇 가지 예다.

- "요즘 재테크에 대해 많이 생각하고 있는데 서로의 입장을 맞추고 싶어. 잠깐 이야기할 수 있을까?"
- "돈에 대해 어떻게 생각해? 월세를 더 내더라도 좋은 집에 살고 싶은 사람도 있고, 월급의 일부를 저금하려는 사람도 있잖아. 나는 외식에 돈을 좀 많이 쓰는 것 같아. 너는 대체로 돈에 대해 어떤 생각을 갖고 있어?" (폭넓게 접근한 다음 사례를 제시하고 먼저 자신의 문제부터 고백했다는 점에 주목하라. 먼저 자기가 어떤 부분에서 잘못하고 있는지 털어놓아라.)

- "갑자기 목돈이 생기면 뭘 하고 싶어? 나는 기업 퇴직연금에 투자해야 한다는 걸 알지만 솔직히 아직 가입양식도 작성하지 않았어." (이번에도 자기 잘못부터 인정한다. 물론 사실이어야 한다.)
- "우리 돈을 어디에 쓸까? 뭐 바꾸고 싶은 거 있어?" (공동 계좌에 저금을 하는 경우 이런 질문을 통해 비용을 어떻게 나눌지 혹은 그 돈으로 어떤 재미있는 일을 할지 의논할 수 있다.)

다양한 투자 선택지에 따른 전술을 살피거나 '해야 하는' 일에 대해 서로의 기분을 상하게 하지 않는다는 점에 주목하라. 이 대화의 목표는 돈이 두 사람에게 중요하며, 서로의 재테크를 돕기 위해 같이 노력해야 한다는 점에 동의하는 것이다. 그것이 전부다. 기분 좋게 끝내라!

중요한 대화

오늘은 두 사람이 모든 재정 상태를 드러내놓고 같이 문제를 해결할 중요한 날이다. 사실 그렇게 극적인 단계는 아니다. 지금까지 몇 주 동안 서서히 오늘을 준비해왔으니 말이다. 네다섯 시간을 들여서 대화를 준비해야 한다. 각자 준비할 것은 다음과 같다.

- 계좌 목록과 각 계좌 잔고
- 부채 내역과 각 부채의 이자율
- 월 비용 (자세한 내용은 210쪽 참고)
- 돈을 빌려준 내역
- 단기 및 장기 재정 목표

나는 아내와 함께 재테크를 위한 대화를 나눴다. 우리는 두 사람의 수입과 저축 같은 큰 그림에서 출발했다. 또한 몇 달에 걸쳐 우리가 보유한 계좌와 돈에 대한 태도를 더 깊이 파고들었다. (당신의 경우는 그렇게 오래 걸리지 않을 것이다. 반면 돈에 대한 서로의 태도를 파악하는 데는 몇 년이 걸릴 수 있다.)

우리는 대화를 나눌 때 종이를 준비하고 목표에 대한 이야기부터 시작한다. 재정적 관점에서 무엇을 원하는가? 어떤 생활방식을 기대하는가? 내년에 휴가를 가는 건 어떤가? 둘 중 한 사람이라도 부모를 부양해야 하는가?

그다음 월 지출 내역을 살펴라. 그 과정에서 민감해질 수 있다. 누구도 재단당하고 싶어 하지 않기 때문이다. 열린 마음을 유지하라. 먼저 당신의 내역부터 보여주어라. "어떤 점을 고쳐야 한다고 생각해?"라고 물어라. 그다음은 파트너 차례다.

돈에 대한 태도를 중심으로 이야기를 나눠라. 돈을 어떻게 대하는가? 버는 액수보다 많이 쓰는가? 이유가 무엇인가? 당신 부모는 돈에 대해 어떻게 이야기했는가? 돈을 어떻게 관리했는가? (내 친구 하나는 재테크를 엄청나게 못했다. 자제력 있고 똑똑한 사람이라서 이해하기 어려운 일이었다. 몇 년 동안 알고 지낸 후 어느 날 그녀는 아버지가 파산을 두 번이나 선언했다는 사실을 털어놓았다. 그제야 그녀가 재테크를 못하는 이유를 이해할 수 있었다.)

가장 중요한 목표는 돈에 대해 이야기하는 것을 자연스럽게 만드는 것이다. 따라서 최대한 가볍게 대화해야 한다. 두 번째 목표는 두 사람이 재테크의 '기준'을 정하고 거기에 따라 각자 저축과 투자를 하고 빚을 갚는 것이다(빚이 있는 경우). 파트너와 같이 이 책에 제시된 내용을 따르는 것이 좋다. 계좌를 합치는 것 같은 복잡한 문제는 모두 나중에 처리할 수 있다!

이제 긍정적인 분위기를 유지하기 위해 연말 여행 같은 단기 및 장기 저축 목표를 정하라. 단, 목돈이 들어가는 일과 관련된 수치를 일일이 따지지 않는 편이 좋다. 그냥 한두 개의 저축 목표를 세우고 각자 자동이체를 설정하라. 보다 장기적으로는 당신과 파트너가 돈에 대해 같은 태도를 갖도록 노력해야 한다. 공동의 목표를 정하면("아파트 계약금으로 3만 달러를 저축한다") 두 사람이 같이 노력할 수 있다.

수입이 많이 차이 나는 경우

당신과 파트너가 비용을 같이 부담하게 되면 불가피하게 애매하고 민감한 몇몇 문제가 생긴다. 한 명의 수입이 훨씬 많을 때 그렇다. 비용을 나누는 방법에 대해서는 몇 가지 선택지가 있다.

가장 직관적인 첫 번째 선택지는 모든 비용을 50대 50으로 나누는 것이다. 그러나 이 방법이 돈을 적게 버는 사람에게 공정하지 않을 수 있다. 그들은 수입에서 훨씬 많은 비중을 써야 하므로 화가 날 수 있다. 이 때문에 나쁜 상황으로 이어지는 경우도 많다.

그래서 이에 대한 대안으로 재테크 전문가 수지 오먼은 수입에 따라 비용을 나눌 것을 권한다. 가령 월세가 3,000달러이고 당신이 파트너보다 많이 번다면 다음과 같이 나눌 수 있다.

수입에 따른 비용 분담		
	당신	파트너
월수입	5,000달러	4,000달러
월세 분담액	1,680달러	1,320달러
	(5,000/9,000=56%)	(4,000/9,000=44%)

다른 선택지도 많다. 각자 공동 생활비 계좌에 수입에 따라 돈을 넣고 그 계좌에서 생활비를 처리하는 방식이다. 혹은 한 명이 식료품 구입비를 대고, 다른 한 명은 월세를 낼 수도 있다. 요점은 함께 의논해서 공정하다고 느껴지는 합의안을 내라는 것이다(50대 50으로 나눠야만 반드시 '공정'한 것은 아니다). 그다음 6개월에서 12개월에 한 번씩 합의안이 여전히 유효한지 점검하라.

배우자가 무책임하게 돈을 쓰는 경우

결혼한 독자들로부터 가장 많이 듣는 불평은 배우자가 돈을 무책임하게 쓴다는 것이다. 가령 "남편이 게임에 돈을 너무 많이 써요. 저축을 할 수가 없어요. 이 사실을 지적하면 귀를 닫아버리고 다음날에 또 게임 아이템을 사요" 같은 내용이다.

해결책은 두 사람의 관계를 넘어선 차원으로 대화를 끌어올리는 것이다. 계속 돈을 쓰지 말라고만 하면 파트너는 화를 내며 무시할 것이다. 사람들은 자신이 돈을 쓰는 것에 비판받는 것을 싫어한다. 그러니 감정적인 태도로 일관하면("매달 구두를 사는 데 그렇게 돈을 많이 쓰면 안 돼!")

진전을 이룰 수 없다.

문제를 단순하게 만들어라. 음식에 비유하자면 디저트를 너무 많이 먹는다는 지적은 그만두고 채소와 단백질 위주로 식단을 꾸미자는 데 먼저 합의하라. 213쪽을 보면 휴가, 크리스마스 선물, 새 차 같은 일반적인 지출을 위해 얼마나 많은 돈을 저축해야 하는지 나온다. 그 내용을 확인한 다음 어떤 저축 목표를 정할지, 그 목표를 달성하기 위해 얼마를 저축할지 이야기를 나눠라. 두 사람이 모두 동의하는 저축 계획을 세워라.

이렇게 하면 다음에 지출 문제로 말다툼이 벌어져도 대화의 방향을 저축 계획으로 돌릴 수 있다. (상대의 행동이 아니라) 같이 세운 계획을 지적하는데 방어적인 태도를 취하는 사람은 없다. 초점은 당신이 비싼 밥을 먹거나 파트너가 비싼 직항편을 타는 것이 아니라 저축 계획이다. 다만 당신과 파트너는 분명 저축 및 투자 목표를 달성하는 데 다른 접근법을 취할 것이다. 가령 당신은 유기농 식품을 우선시하는 반면, 파트너는 여행을 우선시할 수 있다. 그래도 목표에 도달하기만 한다면 서로 다른 방식쯤은 유연하게 대하라. 계획에 초점을 맞추면 상대를 비판한다는 인식을 피하고 목표에 맞게 지출하는 일에 집중할 수 있다. 부부 사이의 돈 문제는 이렇게 다뤄야 한다.

왜 우리는 결혼식에 위선적인 태도를 취할까

이 책의 제1판이 나온 후, 나는 전국을 돌며 홍보 행사를 했다. 뉴욕, 샌프란시스코, 솔트레이크 시티 같은 대도시에서 많은 독자를 만났는데, 그중 포틀랜드에서 만난 젊은 여성을 결코 잊지 못한다.

그녀는 강연이 끝난 후 나를 찾아와 "결혼에 대한 조언에 감사드리고 싶어요"라고 말했다. 기분 좋은 말이었다. 그녀는 결혼 자금을 마련하기 위해 부계좌를 만들고 매달 자동이체로 돈을 모으고 있다고 했다. 짜릿했다. 나의 조언을 실제로 따른 사람들을 만나는 일은 언제나 즐겁다. 나는 그녀가 말한 내용을 영상으로 만들어도 되는지 물었다.

그러자 그녀는 갑자기 불편한 기색을 드러냈다. 전혀 내키지 않는 표정이었다. 이유를 알 수 없었다. 그래서 이유를 물으니 그녀는 시선을 내리깔며 "아직 약혼도 안 했거든요"라고 말했다. 그녀는 아직 약혼도 안 했는데 결혼 자금을 모으는 게 '이상하다'고 생각했던 것이다. 그래서 사람들이 비웃을 거라 여겼다.

하지만 내가 보기에는 대단히 잘한 일이었다! 내게 이상한 것이 무엇인지 아는가? 앞으로 당연히 일어날 일에 대비하여 돈을 모으지 않는 것이다. 우리는 너무 먼 훗날의 일이거나, 너무 거대한 일이라는 이유로 재테크에 엄청난 영향을 미칠 일에 대비하지 않는다. 그런 일들이 바로 빅 윈이다.

지금부터 결혼에 대한 나의 관점을 제시할 테니 마음의 준비를 하라. 마음의 준비가 필요한 이유는 많은 사람이 나의 관점을 '이상하다'고 생각하기 때문이다. 그래도 나는 개의치 않는다. 나는 풍족한 삶을 같이 설계하는 데 관심이 있을 뿐이다.

당신은 결혼식을 간단하게 치를 거라 생각할지 모른다

나는 친구들과 같이 있다가 여동생으로부터 약혼한다는 전화를 받았다. 그 자리에서 샴페인을 주문했다. 다른 여동생이 몇 달 후 결혼한다고 알려왔을 때도 샴페인을 주문했다. 알고 보니 두 여동생은 각각 동해안과 서해안에서 두 번 결혼식을 올릴 예정이었다. 몇 달 사이에 4번이나 인도식 결혼이 열리는 것이었다! 엄청난 일이었다.

　이 일을 계기로 나는 결혼에 대해 생각하기 시작했다. 미국인의 평균 결혼 비용은 3만 5,000달러다. 〈월스트리트 저널〉이 지적한 바에 따르면 이 금액은 "미국 가구의 연 수입 중간값을 훌쩍 뛰어넘는다." 아니, 눈을 굴리기 전에 잠깐만 기다려라. 아마 당신은 "결혼은 엄청난 빚을 지는 날이 아니고 그저 특별한 날이야"라고 말하고 싶을 것이다. 하지만 막상 당신도 결혼하게 되면 완벽한 결혼식을 바라게 된다. 그렇다. 당신도 예외는 아니다. 나도 그랬다. 특별한 날인데 비싼 장미나 필레미뇽filet mignon에 돈을 쓰지 못할 이유가 있겠는가?

　결혼식 비용을 많이 쓰는 사람들을 비판하려는 게 아니다. 오히려 그 반대다. 결혼식에 3만 5,000달러를 쓰는 사람들도 이전에는 지금 당신처럼 "결혼식은 간단하게 치를 거야. 겨우 하루 때문에 빚을 지는 건 말도 안 돼"라고 말했다. 그러나 그들은 특별한 날을 위해 형편이 안 되는데도 계획보다 많은 돈을 쓴다. 완벽한 결혼식을 바라는 게 잘못은 아니다. 그러니 사실을 인정하고 목표를 달성하는 방법을 찾아보자.

그러면 어떻게 해야 할까?

　이처럼 결혼식에 엄청난 비용이 들어가는데 어떻게 해야 할까? 세 가지 선택지가 있다.

비용을 줄여서 간소하게 치른다　좋은 생각이다. 하지만 솔직히 대부분 이렇게 할 만큼 자제력이 없다. 비꼬는 것이 아니라 실제 통계가 그렇다. 많은 사람이 수만 달러가 드는 결혼식을 치른다.

일단 치르고 나중에 해결책을 찾는다 이것이 가장 흔한 대응이다. 근래에 내가 만난 부부는 8개월 전부터 준비하여 아주 값비싼 결혼식을 치렀다. 그리고 결혼식 때문에 진 빚을 어떻게 갚아야 할지 방법을 찾지 못하고 있다. 이는 엄청난 실수다. 당신만 그런 것이 아니다. 거의 모두가 이런 실수를 저지른다.

현실을 인정하고 계획을 세운다 10명에게 이중에서 어떤 선택지를 고를 것인지 물으면 모두가 이 선택지를 고를 것이다. 다시 그들에게 (약혼을 했든 안 했든) 매달 결혼 자금으로 얼마를 모으는지 물어보면 볼만한 반응이 나온다. 그들은 화를 내거나 침묵한다. 그래도 나는 이런 불편한 대화가 좋다.

생각해보면 우리는 사실 필요한 모든 정보를 갖고 있다. 평균 결혼 연령은 남성의 경우 29세 여성의 경우 27세다(보다 장기적인 데이터가 있는 이성 간 결혼을 가정한 것이다). 또한 평균 결혼 비용은 약 3만 5,000달러다. 그러니 정말로 결혼식 때문에 빚을 지고 싶지 않다면 약혼을 했든 안 했든 당신이 저축해야 하는 엄청난 금액은 다음과 같다.

대부분 결혼 비용을 마련하기 위해 이만큼 저축할 생각을 하지 않는다. 그들은 이렇게 말한다.

- "와, 엄청나다. 저만큼 저축할 방법은 없어. 아마 부모님이 도와주실 거야."
- "나는 결혼식에 그렇게 돈을 들이지 않을 거야. 소박하고 간단하게 치를 거야."

결혼을 위해 필요한 저축액

여성 평균 기준

연령	결혼까지 남은 기간(개월)	월 저축액(달러)
22	60	583.33
23	48	729.17
24	36	972.22
25	24	1,458.33
26	12	2,916.67
27	1	3만 5,000

남성 평균 기준

연령	결혼까지 남은 기간(개월)	월 저축액(달러)
22	84	416.67
23	72	486.11
24	60	583.33
25	48	729.17
26	36	972.22
27	24	1,458.33
28	12	2,916.67
29	1	3만 5,000

부담스런 금액처럼 보이겠지만 나는 다르게 생각한다. 이 수치가 당신의 눈을 뜨게 해줄 것이다. 또한 이 수치는 평균임을 명심하라. 당신은 더 일찍 혹은 더 늦게 결혼할 수도 있고, 아예 결혼하지 않을 수도 있다. 나는 36세에 결혼했다! 요점은 미리 계획하면 시간은 당신의 편이라는 것이다.

- "약혼하면 그때 생각해봐야지."
- "결혼 자금을 저축한다는 게 이상해. 아직 약혼도 안 했는데."
- "돈 많은 사람하고 결혼하지 뭐." (이런 말을 많이 들었는데 반은 진담이었다.)

보다 흔한 경우는 아예 결혼 자금 문제를 생각하지 않는 것이다. 살면서 가장 많은 비용이 들어가는 일 중 하나이고, 분명 몇 년 후에 닥칠 일인데도 사람들은 10분도 생각하려 들지 않는다. 이런 현실은 어딘가 잘못되었다.

놀라운 결혼식 비용 계산

나는 결혼 비용을 줄이는 데 가장 효과가 큰 변수가 무엇인지 계산해 본 적이 있다. 솔직히 하객 수를 줄이는 것이 가장 큰 변화를 일으킬 것이라고 생각했다.

아니었다. 흥미롭게도 하객 수는 비용에 별 영향을 미치지 않았다. 다음에 나오는 예를 보면 하객 수를 50%나 줄여도 비용은 25%밖에 줄지 않는다. •

내가 들은 최고의 조언은 (결혼식장 비용이나 식사 비용을 줄이는 것 같은 뻔한 방법 말고) 고정비를 줄이라는 것이었다. 가령 내 친구는 실제로 사진사를 필리핀에서 데려왔다. 과하게 들리지만 덕분에 항공요금을 포함하고도 4,000달러나 줄일 수 있었다. 또 다른 사례로 내 여동생은 청첩장을 미국에서 할 때보다 훨씬 저렴하게 인도에서 만들었다.

• 미국도 우리처럼 축의금 문화가 있지만 대개 돈보다는 선물을 주로 한다. 또한 파티 형식으로 이뤄져 본식 전에 와인, 핑거푸드 같은 것들이 차려진 바 테이블이 있어야 하고, 식사는 물론 화려한 리셉션 파티가 이어지기 때문에 하객 수가 많을수록 부담이 되는 편이다.

결혼 비용 샘플		
가변 비용	하객 150명일 경우	하객 75명일 경우
바/1인당	20달러	20달러
점심/1인당	30달러	30달러
리셉션/1인당	120달러	120달러
합계	2만 5,500달러	1만 2,750달러
고정 비용		
DJ	1,000달러	1,000달러
사진사	4,000달러	4,000달러
대여비/테이블, 의자, 테이블보	1,500달러	1,250달러
꽃	750달러	750달러
하객 숙박비	750달러	750달러
청첩장	1,000달러	750달러
리허설 만찬	1,500달러	1,500달러
신혼여행	5,000달러	5,000달러
드레스	800달러	800달러
리무진	750달러	750달러
반지	5,000달러	5,000달러
들러리 선물	4,000달러	4,000달러
기타	2,000달러	2,000달러
합계	2만 8,050달러	2만 7,400달러
총합	5만 3,550달러	4만 150달러

혼인계약서가 필요할까?

내 친구 중 한 명은 얼마 전에 '혼인계약 회의'를 열고, 재산이 많은 사람들을 초대하여 혼인계약서에 대한 의견을 들었다. 그런데 친구가 초대한 여러 남성, 여성, 독신, 기혼자 그리고 일반적인 질문에 답변할 변호사 중 참석을 거부한 사람이 있었다. 그는 "그런 회의에는 전혀 가고 싶지 않아"라고 말했다. 그는 기혼자로 오래전 혼인계약서를 작성한 사람이었다. 내 친구가 이유를 묻자 그는 이렇게 대답했다. "사랑하는 사람들이 서로 변호사를 내세워서 몇 달 동안 이혼 시 어떻게 할지 정하는 계약서를 만든다고 생각해 봐. 인생 최악의 시기였어."

나의 경우는 그렇게 나쁜 경험은 아니었다. 하지만 혼인계약서의 내용을 마련하면서 아내와 돈에 대한 대화를 나누는 것은 대단히 힘들었다. 사실 나는 진지한 관계를 맺기 전에는 혼인계약서를 작성할 것이라고 한 번도 생각한 적이 없었다. 혼인계약서를 작성했다는 사람도 몰랐고, 나한테 해당될 것이라고 생각지 않았으며, '실패에 대비한다'는 개념이 마음에 들지 않았다.

그러나 나는 생각을 바꾸었다. 그래서 아내와 혼인계약서를 작성했다. 몇 달 동안 조사하고, 몇 시간 동안 의논하고, 수만 달러의 비용을 들인 후 내가 배운 교훈은 다음과 같다.

처음 내가 궁금했던 것은 "누가 혼인계약서를 필요로 할까?"였다. 대개는 연예인이나 재벌 혹은 재벌 상속자들이 그 대상이었다. 나는 그 어디에도 속하지 않았다.

나는 조금 더 조사한 후 많은 사람의 경우 한쪽의 재산이나 부채가 현격하게 많거나, 사업체를 보유하고 있거나 상속을 받지 않는 이상 혼인계약서가 필요 없다는 사실을 알게 되었다. 즉, 99%의 사람들은 혼인계약서가 필요 없다. 영화나 드라마에서는 혼인계약서가 한쪽(돈이 많은 쪽)이 다른 쪽을 엿 먹이기 위해 사용하는 수단으로 그려진다. 그러나 현실적으로 혼인계약서는 결혼 이후가 아니라 결혼 이전에 축적한 자산에 대한 합의서다. 또한 이혼 시 취할 조치에 대한 합의서이기도 하다.

나는 사업체를 갖고 있어서 혼인계약서가 필요했다. 그러나 결정의 근거는 금전적 차원보다 깊은 곳에 있었다. 그것은 '나는 혼인계약서가 필요한 사람인가?'라는 정체성에 대한 문제였다. 나는 아버지에게 전화해서 인도 사람들이 혼인계약서를 작성하는지 물었다. 아버지가 반대할 게 100% 확실했다. 혼인계약서에 대해 이야기한 적이 한 번도 없었고, 아버지는 돈에 대해 느긋한 태도를 갖고 있었기 때문이다. 그러니 아버지가 "아니, 안 해. 하지만 사람들이 왜 하는지는 알아"라고 말했을 때 내가 얼마나 놀랐을지 상상해보라. 돌이켜보면 나는 아버지가 "그런 건 절대 안 해!"라는 말로 나의 의구심을 뒷받침해주기를 바랐던 것 같다. 그런데 다른 말을 하니 얼떨떨했다.

게다가 카스와 진지한 관계를 맺고 있다고 말하자 놀라울 만큼 많은 친구(특히 사업가들)가 "혼인계약서 쓸 거지?"라고 물었다. 그제야 나는 주의를 기울이기 시작했다.

그다음으로 내가 깨달은 것은 혼인계약서에 대한 최고의 정보는 공개되어 있지 않다는 것이었다. 계약서 샘플을 검색했지만 아무것도 찾을 수 없었다. 인터넷에 있는 대다수 정보는 익명으로 올라온 것이었고, 사실관계가 틀린 게 많았다. 나중에 나는 혼인계약서가 본질적으로 부자들이 각자의 상황에 맞춰 작성하는 거액이 걸린 법적 합의서라는 사실을 깨달았다. 따라서 실제로 어떤 내용이 담기는지 공개할 이유가 없었다. 인터넷에 있는 내용은 이런 점을 감안해서 읽어야 한다.

우리는 투자, 집, 살 곳, 급여 인상 등 대다수 다른 삶의 요소를 미리 계획한다. 그러나 놀랍게도 관계에 대해 미리 계획하는 것은 '낭만적이지 않다'고 여긴다. 이혼한 나의 친구는 "혼인계약서가 필요하게 될 줄은 생각도 못 했어. 하지만 작성해둬서 정말 다행이야"라고 말했다.

마침내 몇 달에 걸친 조사 후, 나는 사업체를 갖고 있고, 아내보다 훨씬 재산이 많기 때문에 혼인계약서를 작성하기로 결정했다. 결혼은 당신이 사랑하고 평생을 함께 보내고 싶은 동반자를 찾는 것이다. 또한 금전적으로 상당한 영향을 미치는 법적 계약이기도 하다. 나는 금전적 측면에서 여러 비상사태에 대비한다. 그러니 금전적 측면에서 가장 중요한 결정에 대한 계획을 세우는 게 마땅하다. 한 친구가 말한 대로 "혼인계약서는 최악의 사태에 대비하기 위해 최선의 상황에서 작성하는 것"이다.

당신은 혼인계약서 이야기를 어떻게 꺼낼 것인가? 인터넷에 있는 대다수 정보는 이 이야기를 꺼내는 방법에 대한 것이다(그리고 대개는 "어떻게 해야 여자를 화나게 하지 않고 이야기를 꺼낼 수 있는가?"라는 관점을 취한다). 일반적인 조언은 변호사를 탓하라는 것이다("변호사가 해야 된대!"). 나는 이 방법이 싫었다. 그래서 이렇게 했다.

나와 카스는 자녀, 결혼, 돈, 일 등 미래에 대해 이야기하기로 했다. 나는 대화 도중 이렇게 말했다. "의논하고 싶은 게 있어. 나한테는 중요한 문제야. 결혼하기 전에 혼인계약서를 작성했으면 좋겠어." 카스는 예상하지 못했다는 표정으로 뒤로 물러나 앉았다. 그녀는 "당황스럽네"라고 말했다. 우리는 더 이야기를 나눴다. 나는 혼인계약서를 원하는 이유를 설명했다.

- 우리의 결혼이 영원히 유지될 것임을 확인시켰다 "널 사랑해. 너와 결혼해서 평생을 같이 보내게 돼서 너무 좋아."
- 혼인계약서 이야기를 꺼내는 이유를 말했다 "다행히 사업이 잘 풀려서 남들보다 돈을 많이 벌었어. 혼인계약서가 필요할 거라고는 생각 안 해. 하지만 내게는 결혼하기 전에 모은 재산을 보호하는 일이 중요해."
- 결혼이 한 팀을 이루는 것임을 강조했다 "결혼하면 우리는 한 팀이야. 내가 널 돌볼 거고 너도 날 돌봐줄 거라는 걸 알아."
- 우리의 생활방식을 강조했다 "우리는 거의 비슷하게 자랐어. 둘 다 엄마가 선생님이잖아. 너는 내가 어디에 돈을 쓰는지 알아. 나는 스포츠카나 비싼 술에 돈을 쓰지 않아. 기본적으로 (몇 가지 좋은 것들과 함께) 편하게 사는 데 돈을 쓰지. 너 그리고 우리 가족과 이런 삶을 나누고 싶어."
- 그러나 혼인계약서에 대해서는 확고하게 말했다 "나는 사업과 재테크로 많은 돈을 번 것을 자랑스럽게 생각해. 그래서 우리가 헤어지는 최악의 경우에 재산을 보호하는 게 중요해."

다음과 같은 점에 주목하라.
- 아내를 사랑하고 평생을 같이 보내고 싶다는 점을 강조하면서 이야기를 시작했다.
- 혼인계약서 문제를 제기한 데 대한 책임을 졌다. 변호사나 회계사 혹은 다른 누가 강요해서 한 게 아니었다. 내가 원했고, 내게 중요하기에 한 일이었다.
- 대다수 시간을 (혼인계약서의 내용이나 수치가 아니라) 혼인계약서를 원하는 이유를 설명하는 데 할애했다.

카스는 열린 마음으로 혼인계약서에 대해 더 알아보겠다고 말했다. 그렇게 몇 달에 걸친 대화가 시작되었다. 우리는 돈이 서로에게 가지는 의미에 대해 이야기했고, 다시 내가 혼인계약서를 원하는 이유로 돌아갔다. 그리고 구체적인 수치로 들어가 각자의 생각을 이야기했다.

한번은 카스가 "나는 금전적 상황이 어떤지 다 말해줬잖아. 그런데 너의 금전적 상황은 잘 몰라서 불편해"라고 말했다. 나는 한 번도 나의 재산 현황을 말한 적이 없었다. 사실 회사의 경리와 회계사만 그 내용을 알고 있었다. 큰 실수였다. 나는 그날 바로 재산 현황을 알려주었다.

우리는 앞으로 어떻게 여행할지에 대한 이야기도 나눴다. 나는 좋은 호텔에 묵고 싶은데 그녀가 돈을 아끼고 싶어 하면 어떻게 할 것인가? 사업에 대한 이야기도 나눴다. 나의 회사는 오래되었지만 그녀는 막 사업을 시작한 참이었다. 그녀의 회사가 어느 달에 혹은 3달 연속 매출 목표를 달성하지 못하면 어떻게 할 것인가? 나의 수입이 줄어들면 어떻게 할 것인가?

우리는 위험과 안정에 대한 이야기도 나눴다. 돈은 어떤 느낌을 주는가? 계좌에 특정한 금액이 들어 있어야 안심하는가? 위험을 기피하는가? 아마 당신의 배우자는 위험과 안정에 대해 당신과 다른 생각을 갖고 있을 것이다. 그러니 어떻게 다른지 파악해야 한다.

돌이켜보면 청혼하기 6개월 전에 이런 대화를 시작했어야 했다. 나는 진작 카스에게 재산 현황을 알려주고 서로에게 돈이 어떤 의미를 지니는지 오래 이야기했을 것이다. 내게 돈은 노력과 운의 결실이었다. 또한 풍족한 삶을 함께 설계할 기회이기도 했다.

나는 재산이 불어나기 시작하면서 15년 동안 돈에 대해 생각했다. 카스는 그렇지 않았다. 나는 재무팀이 항목별로 분류해서 처리할 것임을 알기에 특정 비용은 크게 개의치 않았다. 카스는 그렇지 않았다.

우리는 정기적으로 돈과 관련된 다른 문제를 논의하는 시간을 가졌어야 했다. 그래서 내가 내린 금전적 결정을 설명할 뿐 아니라 그녀가 어떤 결정을 내렸는지 물었어야 했다. 가령 "우리 회사 경리에게 세금 신고를 시킬 거야. 그렇게 하려는 이유는 이래"라거나 "어디에 돈을 쓸지 안 쓸지 어떻게 판단해? 나는 이렇게 판단해"라고 말했어야 했다. 그랬다면 돈 이야기가 그녀에게 '갑작스럽게' 느껴지지 않았을 것이다. 정기적으로 돈 문제를 이야기하는 것이 자연스러웠을 것이다.

시간이 지나면서 상황이 아주 힘들어졌다. 나는 화가 났고, 그녀는 오해받고 있다고 생각했다. 우리는 둘 다 진전을 이루지 못했다. 그때 카스가 도움을 받아보는 게 어떠냐고 제안했다. 나는 바로 동의했다. 우리는 상담사를 찾아가 돈과 관련된 까다로운 감정적 문제를 해결하는 데 도움을 받았다. 돈에 대한 바람, 두려움, 자긍심 그리고 궁극적으로 결혼의 의미에 대해 대화를 나눌 새로운 수단이 생겼다고 상상해보라. 정말 큰 도움이 되었다. 진작 그렇게 했어야 했다. 재무 상담을 전문으로 하는 상담사들이 있다는 걸 알았지만 우리는 너무나 급한 나머지 옐프Yelp에서 상담사를 찾았다.

돌이켜보면 서로의 변호사를 관리하는 방법을 이야기했어야 했다. 당신의 변호사는 당연히 비상사태로부터 당신을 보호하려 할 것이고, 배우자의 변호사는 당연히 배우자를 보호하려 할 것이다. 그러나 궁극적으로는 변호사가 과정을 주도하게 놔두지 말고 관리해야 한다.

혼인계약서는 이혼 시 일어날 일에 대한 조건을 정한다. 결혼 전에 모은 재산은 어떻게 될 것인가? 집을 샀다면 어떻게 할 것인가? 누가 나갈 것인가? 언제까지? 1년 후에 이혼한다면 어떻게 할 것인가? 20년 후에? 아이가 있다면 어떻게 할 것인가? 이는 복잡한 문제다. 혼인계약 서뿐 아니라 이혼계약서, 수정안도 있다. 쉬운 공식은 없다. 그래서 변호사의 도움을 받아야 한다.

결국 우리는 서로가 만족하는 합의안에 서명했다. 이 과정을 거치면서 나는 누구도 혼인계약서 문제를 공개적으로 말하지 않는다는 사실에 충격 받았다. 그것은 완전히 금기사항이었다. 정작 친구나 조언을 구할 사람과 사적으로 이야기를 해보면 놀라울 만큼 많은 사람이 혼인계약을 한 상태였다! 나는 이 문제를 조명하고 당신이 파트너와 공개적으로 의논할 것을 권하고 싶다.

혼인계약서를 작성하는 과정은 다른 어떤 일보다 우리가 돈을 생각하는 방식에 대해 많은 것을 가르쳐준다. 물론 결코 혼인계약서를 꺼낼 일이 없기를 바란다.

일과 돈

근본적으로 돈을 더 모으는 두 가지 방법이 있다. 수입을 늘리는 것과 지출을 줄이는 것이다. 지출을 줄이는 것도 좋지만 개인적으로는 수입을 늘리는 것이 훨씬 재미있다. 대다수 사람들은 직장에서 돈을 번다. 직장은 수입을 최적화하고 늘리기에 탁월한 곳이다. 사실 새로운 직장에서 연봉을 협상하는 것이 합법적으로 돈을 더 버는 가장 빠른 방법이다. 초봉은 당신이 생각하는 것보다 훨씬 중요하다. 미래에 이뤄질 인상뿐 아니라 미래의 직장에서 받을 초봉의 기준이 되기 때문이다. 다시 말해 연봉을 1,000달러나 2,000달러 올리면 경력 내내 몇 배의 인상을 이루는 것과 같다. 그러면 지금부터 협상을 통해 수천 달러를 버는 방법을 알려주겠다.

연봉 협상법

4장에서 현재 직장에서 연봉을 올리는 방법을 다뤘다. 그러나 연봉 협상을 하기에 가장 좋은 시기는 새로운 직장을 얻을 때다. 이 경우 당신이 가장 큰 지렛대를 가지게 되며, 약간의 기본적인 준비만 하면 10분의 대화로 5,000달러나 1만 달러를 더 벌 수 있다. 수많은 사람이 내가 유튜브에 올린 강의 동영상과 다음에 나오는 대본을 활용하여 연봉을 올리는 데 성공했다.

나는 사람들에게 협상법을 가르칠 때 인사과장 역할을 맡아서 대단히 까다로운 질문들을 던진다. 그래서 그들은 네다섯 시간이 지나면 지쳐서 짜증을 낸다. 그러나 내가 가르친 사람들은 평균적으로 연봉을 6,000달러 정도 올렸다. 나의 홈페이지에는 실제 협상을 담은 영상과 구체적인 대본이 포함된 강의가 있다. 여기에 최고의 교재 중 일부를 제시하겠다.

협상은 90%가 마음가짐이고 10%가 전술이다. 대부분 협상을 해야 한다고 생각지 않는다. 그들은 '무례하게' 보일까 봐 혹은 회사가 채용을 취소할까 봐 두려워한다. 그런 일은 거의 일어나지 않는다. 이미 당신을 채용하기 위해 최대 5,000달러를 썼기 때문이다. 당신은 그저 평균적인 직원들보다 자신의 가치를 높게 평가한다는 사실을 알릴 뿐이다. 당신은 평균 수준인가? 그렇지 않은데 왜 평균적인 연봉에 만족하는가?

"이 책과 뒤이은 가르침 덕분에 연봉이 1년 만에 2만 5,000달러에서 8만 달러까지 올랐어요. 이제는 중고장터에서 물건을 사는 것이든, 차를 사는 것이든, 연봉을 올리는 것이든 준비된 상태로 모든 협상에 열심히 임합니다. 그러면 협상할 때마다 시간이나 돈 같은 것을 추가로 얻을 수 있지요. 이 책이 그렇게 만들어주었어요."

– 제이슨 플램(35세)

협상의 기본은 아주 단순하다

1. 누구도 당신이 원하는 것에는 관심이 없다

대부분 협상 자리에서 자기가 얼마를 받고 싶은지 이야기한다. 솔직히 나는 채용하는 입장에서 당신이 얼마를 받고 싶어 하는지 관심이 없다. 개인적으로 나는 언제든 문어 세비체ceviche를 먹을 수 있으면 좋겠다. 그래서 어쩌란 말인가? 협상에 임할 때는 이 점을 명심하라. 상사는 당신에 대해 두 가지만 신경 쓴다. 당신이 자신을 돋보이게 해줄 것인지 그리고 회사에 도움이 될 것인지 여부다.

협상 전술: 당신이 회사에 어떻게 도움이 되는지를 보여주는 방식으로 요구를 제시하라. 당신을 채용했을 때 회사가 비용으로 치러야 할 금액에 초점을 맞추지 말고, 당신이 회사에 얼마나 많은 가치를 제공할 수 있는지 설명하라. 당신의 일이 100만 달러를 벌어줄 사업을 추진하는 데 도움이 된다면 그 점을 강조하라. 당신의 일을 회사의 전략적 목표와 연계하라. 당신이 어떻게 상사를 돋보이게 해줄 것인지 보

여주어라. 당신이 무슨 일이든 맡길 수 있는 해결사가 되어 경영을 쉽게 해줄 것이라는 사실을 부각하라. 회사는 당신에게 지불하는 급여보다 훨씬 많은 돈을 당신을 통해 벌 것이라는 사실을 강조하라. 회사가 목표를 이루는 데 어떻게 도움이 될 것인지 밝혀라. 핵심은 '서로가 수긍할 수 있는 적절한 금액을 찾는 것'이다.

2. 다른 회사의 채용 제안을 받아두고 활용하라

이는 연봉을 올리기 위해 할 수 있는 가장 효과적인 일이다. 다른 회사에서 채용 제안을 받으면 지금의 회사도 당신의 능력을 새롭게 인정하게 된다. 누구나 인기 있는 사람을 좋아하는 법이다.

협상 전술: 동시에 여러 회사에 면접을 보라. 당신이 다른 회사로부터 채용 제안을 받았다는 사실을 각 회사가 알게 하라. 다만 정확한 금액은 밝힐 필요 없다. 굳이 그래야 할 의무는 없다. 최선의 경우 여러 회사가 입찰 전쟁을 벌일 것이고 당신은 대기업들이 당신을 놓고 다투는 모습을 지켜보며 이득을 누릴 것이다. 면접 시간을 이보다 잘 보내는 방법은 없을 것이다.

3. 미리 준비하라(99%의 사람들은 그렇게 하지 않는다)

만족할 만한 연봉은 허공에서 나오지 않는다. 먼저 해당 직책의 평균 연봉이 얼마인지 확인하라. 그다음 가능하다면 현재 그 직책을 맡은 사람(근래에 그만둔 사람을 안다면 더 좋다. 기꺼이 실질적인 정보를 알려줄 것이다)에게 급여 수준을 물어라. 끝으로(중요한 일이다) 목표를 달성할 방법에 대한 계획을 갖고 가라.

협상 전술: 대다수 협상은 회의실 밖에서 이뤄진다. 아는 사람들에게 연락하라. 당신이 원하는 금액, 현실적으로 받을 수 있는 금액, 합의할 수 있는 금액을 파악하라. 그냥 돈만 요구하지 마라. 해당 직위에서 당신이 하려는 일에 대한 전략적 계획을 마련하여 채용 담당자에게 주어라. 이런 계획을 갖고 협상 자리에 오는 사람이 얼마나 드문지 아는가? 이렇게만 해도 2,000달러에서 5,000달러는 올릴 수 있다. 또한 회사가 당신에게 지불할 금액뿐 아니라 당신이 회사에 기여할 수 있는 가치를 토대로 협상을 벌일 수 있도록 해준다.

4. 협상 도구를 마련하라

면접을 볼 때와 마찬가지로 협상력을 키우기 위해 활용할 수 있는 것들을 숙지해야 한다. 당신의 강점을 파악하고 채용 담당자에게 드러낼 수 있는 방법을 찾아라. 가령 나는 종종 "이 직위에서 일을 잘하려면 어떤 자질이 필요합니까?"라고 묻는다. 채용 담당자가 "지표를 잘 살펴야 합니다"라고 말하면 나는 "다행이네요. 저도 같은 생각입니다. 사실 이전 직장에서 분석 패키지를 활용하는 제품을 출시했습니다"라는 식으로 말한다.

협상 전술: 일반적인 질문에 대한 답을 통해 당신의 성과와 능력을 드러낼 수 있도록 준비하라. 다음과 같은 내용이 포함되어야 한다.
- 당신의 핵심 강점을 드러내는 성공 사례
- 대화가 엇나갈 때 채용 담당자에게 물을 질문("이 일에서 가장 마음에 드는 점이 무엇인가요? 아, 그래요? 흥미롭네요. 저도 지난 직장에서 이 일을 할 때……")

5. 연봉만 협상하지 마라

회사가 보너스, 스톡옵션, 탄력근무제, 교육비를 제공하는지 물어라. 휴가와 직책도 협상할 수 있다. 참고로 스타트업은 휴가를 협상하는 사람을 크게 좋아하지 않는다. 나쁜 분위기를 조성하기 때문이다. 하지만 스톡옵션을 협상하는 것은 좋아한다. 최고의 성과를 올리는 사람은 언제나 더 많은 것을 원하는데, 이런 태도가 회사의 목표와 잘 맞기 때문이다.

협상 전술: 연봉뿐 아니라 모든 혜택을 포함하여 이야기하자고 요청하라. 이 둘을 레버처럼 생각하라. 즉, 하나를 당겨서 올리면 다른 하나를 조금 낮춰줄 수 있다. 레버를 전략적으로 활용하라. 당신이 별로 중요하게 여기지 않는 것을 양보하여 양쪽이 만족스런 합의에 이르도록 하라.

6. 적대적인 태도가 아니라 협력적인 태도를 취하라

연봉을 협상하는 지점까지 이르렀다면 당신과 회사가 서로를 원하는 것이다. 이제는 합의점을 찾는 일만 남았다. 협상은 단지 당신이 더 많이 요구하고 회사가 더 적게 제시하는 것이 아니다. 협상은 협력을 통해 서로에게 만족스럽고 공정한 합의점을 찾는 것이다. 그러니 협상에 임하는 태도에 주의하라. 자신 있는 모습을 보이되 거만해서는 안 되며, 양쪽 모두 좋은 조건을 찾으려고 노력해야 한다.

협상 전술: 여기서 해야 할 말은 "거의 근접한 것 같네요. 그러면 어떻게 합의할 수 있을지 이야기해봅시다"이다.

7. 웃어라

농담이 아니다. 웃음은 협상을 성공시키는 가장 효과적인 수단 중 하나다. 웃음은 일종의 무장해제를 통해 긴장을 해소하고 당신의 인간적인 면모를 드러낸다. 나는 대학 입학 장학금을 받기 위한 면접을 볼 때 계속 떨어지다가 미소를 짓기 시작한 다음부터 연달아 합격했다.

협상 전술: 웃어라. 반드시.

8. 여러 친구를 상대로 연습하라

진부하게 들리겠지만 생각보다 효과가 좋은 방법이다. 큰 목소리로 연습하면 놀랄 만큼 빠른 개선을 이룰 수 있다. 그런데도 '어색하다'는 이유로 누구도 이렇게 연습하지 않는다. 연봉을 1만 달러나 더 벌어도 '어색하게' 느껴질까? 내 친구 중 한 명은 어색하다고 연습을 하지 않은 채 협상 자리에 갔다가 채용 담당자에게 일방적으로 밀리고 말았다. 그는 우울한 표정으로 내게 찾아와 협상을 제대로 못 했다고 징징거렸다. 내가 뭐라고 하겠는가? 연습을 하지 않는 것은 평균 5,000달러에서 1만 달러의 대가를 초래한다.

협상 전술: 까다롭고 냉소적인 친구들을 불러서 당신을 괴롭히라고 말하라. 역할극을 할 때 웃지 말고 실제 협상인 것처럼 임하라. 영상으로 찍어두면 더 좋다. 이 연습을 통해 놀랄 만큼 많은 것을 배울 수 있을 것이다. 말도 안 되는 것 같으면 능숙한 협상을 통해 추가로 벌 돈과 상사에게 받을 인정을 생각해보라.

9. 어떤 방법도 통하지 않으면 체면을 지켜라

때로는 채용 담당자가 꿈쩍도 하지 않는 경우가 있다. 그러면 협상 자리에서 나오거나 회사가 제시한 금액을 받아들여라. 다만 그럴 때는 나중에 재협상을 할 수 있는지 확인하고 그 사실을 기록해라.

협상 전술: 이렇게 말하라. "지금은 제가 원하는 금액을 맞춰줄 수 없다는 사실을 이해합니다. 하지만 향후 6개월 동안 제가 일을 아주 잘 해내고 탁월한 성과를 내면 재협상을 하고 싶습니다. 공정한 조건인 것 같은데 어떻게 생각하십니까?" (채용 담당자의 동의를 얻어라.) "좋습니다. 그 내용을 기록하고 마무리하죠."

"이 책을 처음 읽었을 때(2012년 무렵) 호텔 프론트 데스크에서 일하면서 시간당 10.25달러를 벌었어요. 협상에 대한 부분을 읽은 후 처음으로 급여를 올려달라고 했지요. 덕분에 아주 큰 폭은 아니지만 급여를 조금 올렸어요. 이 책을 읽지 않았다면 그렇게 하지 못했을 겁니다. 제가 더 번 돈은 520달러였습니다. 이후로 두 번 더 협상을 하여 한 번은 3만 5000달러에서 4만 2,000달러로, 4만 달러에서 5만 달러로 연봉을 올렸지요(새로운 분야로 직장을 옮겼어요). 제가 번 돈은 7,000달러+1,000달러(연초부터 지금까지)입니다. 이 책 덕분에 연봉 인상으로 번 돈만 해도 약 8,500달러나 돼요."

– 엘리자베스 설리번-버튼(30세)

협상에 대해 더 배우고 싶은 사람들을 위해 심도 있는 협상법을 담은 영상과 강의를 준비했다. iwillteachyoutoberich.com/bonus/에서 자세한 내용을 확인하라.

협상에서 절대 하지 말아야 할 다섯 가지 행동

1. 현재 연봉을 말하지 마라

당신을 채용하려는 회사에서 현재 연봉을 왜 알려고 할까? 현재 연봉보다 조금 높은 금액을 제시할 수 있기 때문이다. 현재 연봉이 얼마인지 묻거든 "서로에게 적절한 금액을 찾을 수 있을 겁니다"라고 말하라. 그래도 계속 압박하면 이렇게 맞받아쳐라. "연봉을 밝히는 건 불편하니 그냥 넘어갔으면 좋겠습니다. 다른 질문은 얼마든지 대답할 수 있습니다." (참고로 대개 일선 채용 담당자가 이런 질문을 할 것이다. 그들이 물러서지 않으면 채용 책임자와 이야기하고 싶다고 말하라. 어떤 채용 담당자도 좋은 후보자를 놓친 책임을 지고 싶어 하지 않는다. 그래서 그렇게 말하면 대개 그냥 넘어갈 수 있다. 그래도 채용 담당자가 알아야겠다고 고집하면 일단 말해주고 나중에 협상하라.) 사실 뉴욕에서는 현재 연봉을 묻는 것이 법에 어긋난다.

2. 먼저 금액을 제시하지 마라

그 일은 채용 담당자의 몫이다. 먼저 제시하라고 요구하면 웃으며 이렇게 말하라. "금액은 회사 측에서 먼저 제시해주셔야죠. 협상 가능한 적절한 금액은 얼마일까요?"

3. 채용 제안을 받은 다른 회사가 그저 그런 회사라면 이름을 밝히지 마라

어느 회사인지 질문을 받으면 그냥 "개인용 인터넷 프로그램에 집중하는 기술 기업입니다"라는 식으로 얼버무려라. 이름을 말해버리면 채용 담당자에게 주도권이 넘어간다. 채용 담당자는 그 회사를 깔아뭉갤 것이고(나라도 그렇게 하겠다), 모두 맞는 말이어서 당신은 반박하지 못할 것이다. 채용 담당자는 협상에 초점을 맞추는 것이 아니라 자신의 회사로 들어오는 게 얼마나 더 나은지 말할 것이다. 그러니 이름을 밝혀서는 안 된다.

4. "예"나 "아니요"로 대답할 수 있는 질문은 하지 마라

"5만 달러를 제시하셨는데, 5만 5,000달러로 올려줄 수 있나요?"라고 말하지 말고 "5만 달러는 협상을 시작하기에 적절한 금액이네요. 서로 비슷한 범위를 생각하고 있는 것 같습니다. 저는 5만 5,000달러를 원하는데 어떤가요?"라고 말하라.

5. 절대 거짓말은 하지 마라

다른 회사에서 채용 제안을 받지 않았는데 받았다고 말하지 마라. 현재 연봉을 부풀리지 마라. 지킬 수 없는 약속을 하지 마라. 항상 진실하게 협상에 임해야 한다.

사전 준비를 통해 연봉을 28%나 올린 내 친구

나는 25세인 내 친구 레이첼이 연봉 협상을 준비하는 것을 도왔다. 그녀는 나의 요청에 따라 준비 과정을 기록했다. 다음은 그 내용이다.

우선 큰 그림부터 살펴보자. 나는 기본 연봉을 28%나 올렸다. 일자리를 얻는 데 걸린 시간을 따져보면 시간당 1,000달러 이상 번 셈이다. 게다가 스톡옵션까지 받아서 나중에 큰돈을 벌 꿈을 꿀 수 있게 되었다.

지금까지 수많은 회사에 지원했지만 무시당했다. 그래도 나는 샌프란시스코에 있는 대형 호텔에서 마케팅 일을 하다가 다시 구직 시장에 뛰어들기로 결심했다. 마침 마케팅 매니저를 찾는 구인공고가 나서 이력서를 보냈다. 다행히 전화 면접과 대인 면접을 통과하고 연봉 제안까지 받았다.

참 쉬워 보이지 않는가? 사실 마케팅 부사장은 내가 후보자들 중에서 경력이 가장 짧지만 그래도 채용했다고 말해주었다. 과거의 숱한 시도에 비춰볼 때 이번에는 왜 성공했는지 정확하게 말하기는 어렵다. 하지만 내 생각에 도움이 된 몇 가지 요소를 제시할 수 있다. 나의 전략은 복잡하지 않지만 시간과 노력이 필요하다. 이 두 가지는 분명 당신을 다른 사람들과 차별화해준다.

1. 구인공고의 내용을 한 줄씩 분석하여 직무와 관계된 나의 기술과 경력을 기록했다.
2. 해당 회사의 홈페이지를 두루 살폈고, 해당 회사에 대한 기사를 읽었으며, 경영진의 배경을 조사했다. 그 덕분에 회사에 대한 지식을 바탕으로 내가 적합한 후보인 이유를 밝힐 수 있었다.
3. 다소 어중간한 이력을 포장할 말을 준비했다. 나의 이력은 적절한 맥락에서 보지 않으면 중구난방으로 보일 수 있다.
4. 스타트업, 재무, 협상 등 여러 분야의 전문가에게 연락하여 조언을 구했다. 라밋은 "실질적인 성과를 내고 싶다고 말하라"거나 "마케팅을 개선하기 위해 당신이 할 세 가지 일을 제안하라" 같은 조언을 해주었다. 실제로 그는 블로그에 올리는 글과 일치하는 말을 한다.
5. 라밋의 조언을 따르기 위해 많은 노력을 기울였다. 나는 산업박람회에서 관심을 끌고, 직접마케팅 응답률을 개선하고, 전반적인 인지도를 높이기 위한 방안을 궁리했다.

이만큼 준비했으면 면접이 순조롭게 진행되었을 것 같지 않은가? 그렇지 않다. 레이첼이 취직에 성공한 것은 위기를 기회로 바꾼 전형적인 예다.

(4시간이나 면접을 봤지만) 나의 아이디어를 언급할 좋은 기회가 없었다. 그래서 부사장에게 제안 내용을 이메일로 보냈다. 또한 면접에 참석한 모든 사람에게 시간을 내줘서 감사하다는 이메일을 따로 보냈다. 과하게 보일 수 있지만 이런 이메일이 전환점이 되었을지도 모른다.

나중에 전해들은 바에 따르면 부사장은 나의 열정과 지식에 깊은 인상을 받았다고 한다. 그래서 경력이 많아도 유연성이 부족한 사람보다 잠재력이 있는 사람을 뽑아서 훈련시키는 편이 낫겠다고 판단했다는 것이다. 3주에 걸친 준비와 계획이 내게 완전히 새로운 길을 열어주었다. 투자한 시간에 비하면 엄청난 수익이다.

이 사례는 이 책이 말하고자 하는 모든 것을 정확하게 구현하고 있다. 레이첼은 선택지를 신중하게 조사했고, 행동을 취했고, 경험 많은 사람들에게 조언을 구했고, 다른 누구보다 잘 준비된 상태로 면접에 임했다(너무나 준비가 잘되어서 크게 협상을 할 필요도 없었다). 또한 준비한 자료를 보여줄 기회를 얻지 못하자 이메일로 보냈다. 어떤 사람들은 이런 행동을 '이상하다'고 생각하겠지만 말이다.

하나의 수단 혹은 비법으로 부유해질 수는 없다. 지루하지만 꾸준하고 절제된 행동이 필요하다. 대부분 승리의 순간이나 모든 행동의 결과만 본다. 그러나 당신을 부자로 만드는 것은 이면의 노력이다.

목돈이 들어가는 일에 수천 달러를 아끼는 방법

절약과 관련하여 목돈이 들어가는 일은 재테크 실력이 빛을 발할 기회다. 또한 외식을 할 때 콜라를 주문하지 않았다고 자랑스러워하면서 가구나 차 혹은 집을 살 때 수천 달러를 낭비하는 어리석은 친구들을 압도할 기회이기도 하다. 덩치가 큰 물건을 살 때는 상당한 돈을 아낄 수 있다. 가령 차를 살 때 2,000달러를 아끼거나 집을 살 때 4만 달러를 아끼면 다른 사소한 절약들은 아무것도 아닌 수준이 된다. 그런데도 사람들은 목돈이 들어가는 일을 할 때 흔히 실수를 저지른다. 그들은 가격을 비교하지 않고 딜러에게 속아 과도한 가격을 지불하고도 조건이 좋았다고 생각한다. 그런 사람이 되지 마라!

차 구입에 대한 신선한 관점

많은 사람이 옷이나 외식에 돈을 아끼려 애쓴다. 그러나 이상하게도 차처럼 목돈이 들어가는 물건을 살 때는 부실한 결정으로 힘들게 모은 돈을 날려버린다. 우선 차 구입과 관련하여 가장 중요한 요소는 브랜드나 연비가 아니라는 점을 말해두고 싶다. 금전적 관점에서 보면 가장 중요한 요소는 팔기 전까지 얼마나 오래 보유하느냐다. 아무리 좋은 조건으로 차를 사도 4년 후에 팔면 손해를 본다. 그러니 얼마나 부담할 수 있는지 파악하고, 내구성 좋은 차를 사서 잘 관리하고, 최대한 오래 몰아라. 그렇다. 10년 이상은 몰아야 한다. 할부가 끝난 다음에야 진정한 절약이 시작되기 때문이다. 또한 차를 잘 관리하면 장기적으로 더 많은 돈을 아낄 수 있다. 차의 상태가 좋아지는 것은 물론이다.

차를 사는 일에는 예산 수립, 차종 선택, 차 값 협상, 차량 관리라는 네 가지 단계가 있다. 먼저 차를 사는 일이 지출 및 저축의 우선순위(4장 참고)와 맞는지 살펴라. 중고 토요타 코롤라에 만족하고 남는 돈을 투자하겠다면 아주 좋다. 물론 BMW를 너무 좋아하고 살 형편이 된다면 사도 된다. 이는 의식적 지출에 해당한다.

우선순위에 비춰볼 때 차를 사도 된다면 의식적 지출 계획을 살펴서 매달 차 값으로 얼마를 배정할지 결정해야 한다. 이 금액은 따로 모아서 지출할 형편이 되는 최대치에 해당한다. 이상적으로는 다른 지출을 줄이는 것이 좋다. ('한 달에 199달러' 같은 광고는 무시하라. 현실적으로 불가능한 조건이며, 초기에만 할부금을 줄여 고객을 속이려는 것이다.)

차를 갖게 되면 여러 부가 비용이 발생한다. 따라서 차 자체에 얼마를 쓸지 결정해야 한다. 가령 차를 굴리기 위해 한 달에 500달러까지 쓸 수 있다면 차 값으로는 200달러에서 250달러를 감당할 수 있다. (나는 샌프란시스코에 살 때 차 할부금으로 매달 350.75달러를 냈다. 하지만 보험, 기름 값, 유지비 그리고 한 달에 200달러인 주차비를 모두 더하면 실제 비용은 1,000달러 정도나 되었다.) 차 할부금으로 한 달에 200달러를 낼 수 있다면 5년에 걸쳐 약 1만 2,000달러짜리 차를 살 수 있다. 대부분 감당할 형편이 된다고 생각하는 수준에 비하면 상당히 적지 않은가? 이 사실은 차에 과도한 돈을 쓰기가 얼마나 쉬운지 말해준다.

형편없는 차는 사지 마라

제발 좋은 차를 골라라. 객관적으로 나쁘기 때문에 누구도 사지 않는 차가 있다. 가령 아이큐가 42 이상인 사람이 포드 포커스Focus를 선택할까? 안타깝게도 매장에서 반짝이는 새 차에 유혹당하는 사람이 많다. 오늘만 탈 차가 아니라 10년 넘게 탈 차라는 사실을 명심하라. 내 친구들 중에 비싼 차를 산 사람들이 있다. 그들 중에는 차를 좋아하고 매일 운전을 즐기는 사람도 있다. 그러나 나머지는 '새로운 맛'이 사라진 후 그저 통근 수단으로 차를 이용할 뿐이다. 그들의 차는 산 것을 후회하는 비싼 도구에 불과하다.

첫째, 당신이 평가하는 모든 차는 예산 범위 안에 있어야 한다. 그러면 대다수가 자동으로 제거될 것이다. 살 형편이 안 되는 차는 쳐다보지도 마라.

둘째, 좋은 차여야 한다. 당신은 "어떤 차가 좋은지 누가 알아요? 어떤 사람에게는 쓰레기가 다른 사람에게는 보물이 될 수도 있어요"라고 말할지 모른다. 잘 들어라. 어떤 차가 좋은지 아는 사람이 있다. 바로 나다. 좋은 차의 조건은 다음과 같다.

- **내구성** 나는 차를 살 때 무엇보다 고장 나지 않기를 바랐다. 할 일이 넘치는데 차를 고치느라 돈과 시간을 낭비하는 것은 최대한 피하고 싶었다. 내구성은 내가 중시하는 부분인 만큼 그 점이 우수하다면 돈을 더 지불할 용의가 있었다.
- **호감** 의식적 지출을 통해 좋아하는 일에 돈을 쓰라고 거듭 말했다. 나의 경우 차를 타고 다니는 시간이 많기 때문에 운전하기 재미있는 차를 원했다. 또한 부모님 말을 잘 듣는 인도계 아들로서 고장 걱정을 하지 않아도 되는 차를 원했다.
- **중고차 가치** 내 친구 중 한 명은 2만 달러짜리 어큐라Acura를 사서 약 7년 동안 몰고 다닌 후 반값에 팔았다. 아주 좋은 조건에 새 차를 사서 7년 동안 잘 쓴 것이다. 중고차 가치를 알고 싶다면 미국 자동차 전문 평가기관 켈리 블루 북Kelley Blue Book의 홈페이지인 kbb.com에 가서 5년, 7년, 10년 후 가격을 확인하라. 감가상각이 많이 되는 차가 있는 반면 중고차 가치가 높은 차가 있다는 사실을 알게 될 것이다.
- **보험** 새 차와 중고차에 대한 보험요율이 크게 다를 수 있다. 차이

가 크지 않더라도(가령 한 달에 50달러) 오래 쌓이면 큰 금액이 된다.

- 연비 연비를 고려하는 것은 상당히 합리적이다. 차를 많이 몰 때는 더욱 그렇다. 연비는 장기적으로 차의 가치를 판단할 때 중요한 요소다.

- 계약금 계약금은 중요하다. 새 차를 살 계약금이 부족하다면 중고차가 낫다. 중고차는 대개 계약금(즉, 차를 살 때 선금으로 내야 하는 돈)이 적다. 신차의 경우 계약금이 없으면 이자로 훨씬 많은 돈을 내야 한다. 나는 계약금을 미리 마련했다.

- 이자율 할부 이자율은 당신의 신용에 좌우된다. 좋은 신용점수가 중요하다고 말하는 이유가 여기에 있다(54쪽 참고). 좋은 신용을 확보했다면 이자율이 낮을 것이다. 할부 기간이 길수록 이 점이 더 중요해진다. 이자율은 매장마다 다르게 협상할 수 있다. 또 할부 조건을 바꾸려 들면 그냥 나와버려라. 딜러들이 흔히 쓰는 수법이다.

차를 살 때 해야 할 일과 하지 말아야 할 일

해야 할 일

- 총 보유비용을 계산하라. 총 보유비용은 차를 보유하는 동안 지출해야 하는 전체 금액을 말한다. 이 비용은 재정 상태에 큰 영향을 미칠 수 있다. 총 보유비용에 차 값과 할부 이자는 물론 유지비, 기름 값, 보험료, 감가상각비도 포함된다. 이런 '비가시적' 비용을 대략이라도 파악하면 정확한 금액을 저축할 수 있고, 수리비로 600달러가 청구되어도 놀라지 않을 수 있다.
- 멋있는 차가 아니라 적어도 10년 동안 몰 수 있는 차를 사라. 멋은 시들기 마련이다. 그때도 여전히 할부금을 내야 한다. 장기적인 가치를 따져라.

하지 말아야 할 일

- 리스 하지 마라. 리스는 거의 언제나 당신이 아니라 판매업체에 이득이다. 두 가지

예외가 있다. 항상 새 차를 원하고 그 대가로 많은 돈을 치를 의향이 있거나, 사업자가 절세 효과를 노리는 경우다. 그 외 대다수에게 리스는 나쁜 선택지다. 차를 사서 오래 보유하라. 몇 년 전에 〈컨슈머 리포트Consumer Reports〉가 혼다 어코드Accord 같은 세단을 대상으로 조사한 결과, 구매하는 경우 "리스 하는 경우보다 5년 동안 4,597달러를 아낄 수 있다"는 결과가 나왔다.

- 7년 안에 팔지 마라. 할부를 다 갚은 후 최대한 오래 몰아야 진정한 절약이 이뤄진다. 대부분 너무 일찍 차를 팔아치운다. 차를 잘 관리하여 최대한 오래 굴려야 돈을 많이 아낄 수 있다.
- 중고차를 사야 할 거라고 가정하지 마라. 계산을 해보라. 적절한 차를 고르고, 적절한 가격을 치르고, 오래 몰면 새 차를 사는 편이 장기적으로 돈을 아끼는 것이다. 428쪽에 내가 새 차를 산 이야기가 나온다.
- 차를 사려고 무리하게 예산을 짜지 마라. 현실적인 예산을 수립하고 한도를 초과하지 마라. 자신에게 솔직하라. 차와 관련이 있거나 없는 다른 비용이 발생할 것이며, 할부금을 내지 못해 고생하는 일이 있어서는 안 된다.

협상 능력으로 딜러를 제압하라

딜러와 협상할 때는 가차 없이 밀어붙여야 한다. 나는 많은 사람이 매장에서 나쁜 결정을 내리는 모습을 보았다. 강경하게 협상할 능력이 없다면 그런 능력이 있는 사람을 데려가라. 가능하면 딜러들이 할당량을 채우기 위해 협상할 준비가 되어 있는 연말에 차를 사라. 그들에게 불리한 조건이 당신에게는 유리한 조건이다!

또한 자동차 구매자들에게 정보를 제공하는 파이팅 챈스Fighting Chance(fightingchance.com)를 활용하여 협상하기 전에 임전 태세를 갖춰라. 당신이 원하는 차종에 대한 맞춤식 보고서를 요청하라. 이 보고서에는 별로 알려지지 않은 '딜러 유보dealer withholding'에 대한 세부 내용을 비롯해 딜러들이 차에 들이는 비용을 정확하게 알려준다. 가령 나는 한 달 동안 이 사이트를 조사하고 계획을 세운 다음 가격표보다 2,000달러 싸게 차를 샀다. 이 사이트는 또한 소파에서 편하게 협상하는 구체적인 방법도 알려준다. 계약서에 서명하기 전 굳이 매장에 갈 필요도 없다.

다음은 내가 차를 산 방법이다. 나는 딜러들이 할당량을 채우려고 혈안이 된 12월 말에 차를 사기로 결정했다. 17개 매장에 연락하여 내가 원하는 차종을 말하고 2주 안에 살 생각이라고 밝혔다. 또한 차를 팔아서 얼마의 이윤을 남기는지 정확하게 알기 때문에 가장 낮은 가격을 제시하는 매장을 선택하겠다고 말했다. 그날 소파에 앉아 얼그레이 차를 마시고 살사를 곁들인 세 개의 타코를 먹는 동안 딜러들에게서 연락이 오기 시작했다. 나는 가격을 모두 확인한 후 다시 각 매장에 전화를 걸어 최저가를 알려주고 더 낮출 수 있으면 연락하라고 말했다. 그 결과 입찰 전쟁이 벌어져 거의 희열을 안기는 조건이 이어졌다.

결국 나는 팔로알토에 있는 매장으로 가서 가격표보다 2,000달러나 싸게 차를 샀다. 거의 들어본 적 없는 가격이었다. 나는 여러 매장에 가느라 시간을 낭비할 필요가 없었고, 음흉한 딜러를 상대할 필요도 없었다. 입찰 전쟁에서 이긴 매장 한 곳만 가면 되었다.

따분하지만 이득이 되는 차 관리

차를 잘 관리하는 일은 섹시하지 않다. 그러나 나중에 차를 팔 때 이득이 된다. 그러니 은퇴 자금을 저축하는 일만큼 진지하게 차를 관리하라. 차를 사자마자 잊지 않도록 달력에 주요 점검 날짜를 입력하라. 참고로 평균 주행거리는 1년에 약 2만 4,000킬로미터다. 이 수치를 출발점으로 삼아 제조사의 권고를 토대로 점검 일정을 짜라.

또한 당연히 정기적으로 엔진 오일을 교체하고, 타이어 압력을 확인하고, 깨끗하게 세차해야 한다. 나는 참고사항과 함께 모든 정비 기록을 보관한다. 그래서 차를 팔 때 꼼꼼하게 관리했다는 증거로 모든 기록을 매수자에게 보여준다(그리고 합당한 가격을 요구한다). 사람들은 종종 깜박하고 정비 기록을 챙기지 않다가 차를 팔 때 뒤늦게 그 사실을 깨닫는다. 그래서 결국 (나 같은 사람에게) 가격을 깎아서 팔게 된다. 정비 기록을 챙기지 않아서 손해 보는 일이 없도록 하라.

최고의 목돈이 들어가는 일: 집 구매

"1년 만에 10만 달러를 벌 수 있는 일을 하고 싶어요?"라고 물으면 아니라고 답할 사람이 있을까? 게다가 일주일에 10시간만 들여도 충분하다면 장담컨대 모든 사람이 하겠다고 나설 것이다. 그런데 왜 인생에서 가장 큰 목돈이 들어가는 일을 하기 전에 그만한 시간을 들여 조사하지 않을까?

집을 사는 것은 평생에 걸쳐 당신이 할 가장 복잡하고 중요한 일 중 하나다. 그러니 사전에 모든 것을 파악해야 한다. 말 그대로 모든 것이다. 집을 사는 일은 대형 의류 체인점에서 바지를 사는 일과 다르다. 수십만 달러짜리 집을 살 때는 대다수 구매자가 저지르는 흔한 실수를 확실하게 알아야 한다. 또한 부동산 거래와 관련된 모든 일반적인 용어와 함께 줄다리기를 통해 최고의 조건을 이끌어내는 법을 알아야 한다. 그리고 집의 주된 용도는 큰 이득을 보는 것이 아니라 거기서 사는 것임을 깨달아야 한다.

도표를 띄워서 숫자를 넣어보지도 않고 집을 사는 것은 명청한 짓이다. 명심하라. 약간의 공부로 30년에 걸친 대출 기간 동안 7만 5,000달러에서 12만 5,000달러를 아낄 수 있다면 명백히 시간을 들일 가치가 있다. 지금부터 집을 사는 것이 적절한지 판단하는 법을 알려주겠다. 그 다음 몇 달 동안(적어도 3달, 아마도 12달)의 준비 과정에서 해야 할 일들을 전반적으로 알려주겠다. 물론 여기서 모든 측면을 다룰 수는 없으니 기본적인 내용부터 살펴보도록 하자.

왜 집을 사야 하는가?

우리는 어린 시절부터 집을 사고, 2.5명의 자녀를 낳고, 황혼기에 은퇴하는 것이 아메리칸 드림이라고 배웠다. 사실 내 친구들 중에는 대학을 졸업하자마자 집부터 사고 싶어 하는 사람들이 있었다. 세상에. 지출계획도 세우지 않고 기업 퇴직연금에 가입하지도 않았는데 집을 산다고? 나보다 나이가 적은 친구들에게 왜 집을 사려 하냐고 물어보면 그들은 멍한 눈길로 나를 바라본다. 그리고 아무 생각 없는 인형처럼 "좋은 투자 수단이잖아요"라고 대답한다. 정말이지 뒤통수를 갈겨주고 싶다.

사실 집은 대체로 그다지 좋은 투자 수단이 아니다. 이 문제는 잠시 후에 다룰 것이다. 일단 어떤 사람이 집을 사야 하는지의 문제로 다시 돌아가자. 무엇보다 금전적 측면에서 합당한 경우에만 집을 사야 한다. 과거 기준으로는 집값이 연 수입의 2.5배를 넘지 말아야 하고, 적어도 집값의 20%를 계약금으로 낼 수 있어야 하며, 월 비용(대출금, 관리비, 보험, 세금 포함)이 연 수입의 약 30% 정도여야 한다. 당신의 세전 수입이 5만 달러라면 집값은 12만 5,000달러 미만, 계약금은 2만 5,000달러 미만, 월 비용은 1,250달러 미만이어야 한다. 맞다. 다 옛날 얘기다.

지금은 사정이 약간 달라졌다. 그렇다고 해서 계약금을 낼 돈도 없이 연봉의 10배나 되는 집을 사는 사람들의 멍청함이 해명되는 것은 아니다. 감당이 안 되는 집을 사면 결국 대가를 치르게 된다.

분명하게 말하겠다. 적어도 집값의 20%를 계약금으로 낼 수 있는가? 그렇지 않다면 저축 목표를 세우고 거기에 도달할 때까지 집 살 생각은 하지도 마라. 계약금을 마련했다고 해도 매달 주택담보대출을 상환할 충분한 돈이 있어야 한다. "지금 내는 월세가 1,000달러니까 한 달에 1,000달러 정도는 상환할 수 있어!"라고 생각할 수 있다. 틀렸다. 일단 지금 세 들어 사는 집보다 좋은 집을 사고 싶어질 가능성이 높다. 즉, 월 상환액이 늘어날 수 있다. 둘째, 집을 사면 유지비로 매달 수백 달러씩 나간다. 차고 문이 부서지거나 화장실을 수리해야 하면 집주인이 아니라 당신의 호주머니에서 돈이 나간다. 게다가 수리비는 말도 안 되게 비싸다. 그러니 주택담보대출 상환액이 월 1,000달러로 월세와 같다고 해도 실제 비용은 약 40%에서 50% 더 든다. 이 경우 모든 비용을 감안하면 월 1,500달러 정도가 들 것이다.

결론은 계약금을 내고 매달 총 비용을 감당할 수 없다면 저축 목표를 세우고 매달 꾸준하게 목표를 달성하기 전에는 구매를 미뤄야 한다는 것이다.

다음으로 생각할 점은 당신이 찾는 집이 구매 가능한 범위에 있는지 여부다. 우습게도 내가 아는 사람들 중에는 가능한 한 넓은 집에서 살려고 하는 사람들이 너무 많다. 물론 부모가 지금 그런 집에서 살고 있을지 모르지만 아마 그들이 그 집을 마련하는 데 30~40년이 걸렸을 것이다. 가진 돈이 많지 않다면 기대를 낮추고 생애 첫 주택starter house에서 시작해야 한다.● 생애 첫 주택이라고 불리는 데는 이유가 있다. 생

● 우리나라의 경우 대학생, 청년, 신혼부부 등을 위해 행복주택을 공급하고 있다. 주택 규모는 45㎡ 이하이다. 그 외 청약주택 가입자를 대상으로 한 공공임대주택, 저소득층을 위한 국민임대주택 등이 있다.

애 첫 주택은 소박해서 포기해야 할 것들이 있지만 그래도 처음 집을 갖도록 해준다. 가령 당신이 원하는 것만큼 침실이 많지 않을 수 있다. 또한 입지가 좋지 않을 수 있다. 그러나 매달 꾸준히 대출금을 갚으면서 자산을 모으도록 해준다.

끝으로 적어도 10년은 살 수 있는가? 한 번 집을 사면 오래 머물러야 한다. 어떤 사람들은 5년 정도가 적당하다고 말한다. 그러나 오래 살수록 더 많은 돈을 절약할 수 있다. 거기에는 몇 가지 이유가 있다. 일반 중개소를 통하면 대개 매도가의 6%에 해당하는 높은 수수료를 내야 한다.* 이 금액을 짧은 기간으로 나누면 10년이나 20년 동안 보유하는 경우보다 훨씬 큰 부담이 된다. 또한 이사 비용도 만만치 않다. 그리고 매도 방식에 따라 세금이 상당히 많이 나올 수 있다.** 그래서 10년 이상 살 경우에만 집을 사라는 것이다.

집을 사는 것은 모두가 한 번은 거쳐야 하는 자연스런 단계가 아님을 강조하지 않을 수 없다. 너무나 많은 사람이 반드시 집을 사야 한다는 생각에 감당할 수 없는 일을 저지른다. 집을 사면 영원히 생활방식이 바뀐다. 또 어떤 일이 있어도 매달 대출금을 갚아야 한다. 대출금을 갚지 못하면 집을 잃고 신용도가 급락한다. 이는 당신의 직업과 위험감수도에 영향을 미친다. 따라서 직장을 잃고 대출금을 갚지 못할 경우에 대비하여 6개월치 생활비를 모아둬야 한다. 한마디로 주택보유자로서 책임을 다할 준비를 확실하게 갖춰야 한다.

---

* 우리나라의 경우 중개수수료는 거래금액에 따라 다르다. 5천만 원 미만은 6%, 5천만~2억 원 미만은 5%, 2억~6억 원 미만은 4%, 6억~9억 원 미만은 5% 등이다.

** 우리나라의 경우 매수 시 취득세를 납부하며 이는 주택 가격에 따라 1~3%이다. 반면 매도 시에는 양도세를 납부하는데, 1세대 1주택의 경우 비과세가 적용되며 2주택 이상일 경우에는 지역에 따라 50%의 세금이 부과되기도 한다.

물론 집을 사는 데 따른 혜택도 있다. 또한 앞서 말한 대로 대다수 미국인은 평생에 한 번은 집을 산다. 형편이 되고 오래 살 생각이라면 집을 사는 것은 중요한 자산을 마련하고 안정된 가정을 꾸리는 좋은 방법이다.

진실: 부동산은 대다수 개인에게 부실한 투자 수단이다

미국인들의 최대 '투자' 대상은 집이다. 그러나 부동산은 미국인들이 가장 많은 돈을 잃는 투자 대상이기도 하다. 부동산 중개사(그리고 대다수 주택보유자)들은 이 글을 읽고 나면 나를 좋아하지 않을 것이다. 그러나 실제로 부동산은 미국에서 가장 과대평가된 투자 수단이다. 집은 일차적으로 (아주 비싼) 구매품이자, 이차적으로 투자 수단이다.

집을 투자 수단으로 생각한다면 기껏해야 미미한 수익률밖에 안겨주지 못한다는 사실을 알아야 한다. 첫째, 위험 문제가 있다. 집이 당신의 최대 투자 대상이라면 포트폴리오를 얼마나 분산투자할 수 있을까? 한 달에 주택담보대출을 상환하기 위해 2,000달러를 낸다면 다른 곳에 6,000달러를 투자하여 위험의 균형을 맞추는가? 당연히 그렇지 않을 것이다. 둘째, 데이터에 따르면 부동산은 개인투자자들에게 아주 부실한 수익률밖에 안기지 못한다. 예일 대학의 경제학 교수인 로버트 쉴러 Robert Shiller가 조사한 바에 따르면 1915년부터 2015년까지 집값의 연평균 상승률은 겨우 0.6%에 불과했다.

말도 안 되는 수치 같지만 사실이다. 우리는 사실과 달리 돈을 벌고 있다고 자신을 속인다. 가령 25만 달러에 집을 사서 20년 후 40만 달러에 판 사람은 "15만 달러나 벌었네!"라고 생각한다. 그러나 그는 부동산세와 관리비 그리고 주식에 투자하지 않은 데 따른 기회비용을 감안하지 않았다. 사실 주식에 장기 투자했다면 부동산에서 얻은 수익을 가볍게 뛰어넘었을 것이다. 임대가 아주 좋은 선택인 이유가 여기에 있다. 나도 임대를 선택했다!

집을 사는 것이 항상 나쁜 선택이라는 말은 아니다. (사실 나도 나중에는 집을 살 생각으로 '집 계약금'이라는 부계좌를 만들었다.) 다만 투자 수단이 아니라 구매품이라고 생각해야 한다. 또한 다른 구매품처럼 집을 산 후 최대한 오래 보유해야 한다. 자료를 조사하고 협상하라. 그리고 (임대 같은) 대안을 파악하라.

보유 vs. 임대: 놀라운 수치들

임대가 특히 뉴욕이나 샌프란시스코처럼 집값이 비싼 지역에 사는 많은 사람에게 실제로 현명한 선택인 이유를 보여주겠다. 그전에 먼저 임대가 자산을 확보하지 못하기 때문에 '돈을 버리는 짓'이라는 생각부터 버리자. 어떤 재테크 분야에서든 이런 진부한 말을 들으면 주의하라. 맞는 말이 아니다. 지금부터 그 사실을 증명할 수치를 살펴보자.

다음 사례에서 22만 달러짜리 집에 들어간 실제 비용은 40만 달러가 넘는다. 여기에는 이사 비용, 새 가구 구입 비용, 인테리어 비용, 부동산 중개비가 포함되지 않았다. 이런 비용만 해도 모두 수만 달러에 이른다.

이 수치에 동의할 수도 있고 동의하지 않을 수도 있다. 어느 쪽이든 직접 계산해보라. 드러나지 않는 모든 비용을 잘 파악해야 한다.

임대를 하면 이 모든 비용을 낼 일이 없다. 사실상 주택담보대출에 들어갈 돈이 자유롭게 풀리는 셈이다. 요점은 그 돈을 투자하는 것이다. 그 돈으로 아무것도 하지 않거나 혹은 모두 써버린다면 차라리 집을 사서 강제로 돈을 모으는 효과를 얻는 편이 낫다. 그러나 지금까지 이 책

30년 동안 주택을 보유하는 데 따른 비용	
매입가(대개 단일 가구)	22만 달러
계약금(10%)	2만 2,000달러
부대비용	1만 1,000달러
보증보험(요율 0.5%, 82.5달러 76회 납입분)	6,270달러
대출 이자(연 4.5%)	16만 3,165.29달러
세금 및 보험(3,400달러)	10만 2,000달러
관리비(2,200달러)	6만 6,000달러
수리 및 개조	20만 달러
총 비용	77만 8,408.73달러

참고: 주택담보대출 이자율은 시간이 지남에 따라 변할 수 있다.

을 읽었다면 매달 추가로 확보한 자금을 모두 투자에 쓸 것이다.

물론 주택을 보유하는 경우와 마찬가지로 임대가 모든 사람에게 적합한 것은 아니다. 모든 것은 개별적 상황에 따라 다르다. 보유해야 할지 임대해야 할지 쉽게 판단하는 방법은 〈뉴욕타임스〉가 제공하는 '임대냐 보유냐Is It Better to Rent or Buy?'를 활용하는 것이다. 이 훌륭한 온라인 계산기는 유지비, 개조비, 자본 이득, 매매 비용, 물가상승률 등을 감안한다.

주택 보유자 되기: 구매를 위한 조언

모든 재테크 분야와 마찬가지로 집을 잘 사는 비법은 없다. 다만 진정한 비용을 제대로 파악하지 않은 채 평생 가장 큰 돈이 들어가는 집을 사서는 안 된다. 나는 공격적으로 자산을 배분하지만 부동산에 대해서는 보수적이다.

즉, 집값의 20%를 계약금으로 내고, 30년 동안 고정금리로 주택담보대출을 받고, 매달 총 비용이 수입의 30%를 넘지 말아야 한다는 검증된 규칙을 따를 것을 권한다. 그럴 수 없다면 돈이 더 모일 때까지 기다려라. 약간 무리하는 건 괜찮지만 실제로 감당할 수 있는 수준을 넘어서면 안 된다. 애초에 잘못된 결정을 내리면 계속 고생하게 된다. 또한 대출 기간 내내 부담이 가중되어 문제가 더 커진다. 이런 일이 일어나서는 안 된다. 당신이 다른 재테크 분야에서 기울인 노력이 헛수고가 되기 때문이다.

집을 살 때 합당한 결정을 하면 재테크 측면에서 아주 좋은 입지에 설 수 있다. 그래서 매달 집과 관련하여 돈이 얼마나 들어갈지 정확하게 알 수 있고, 비용을 통제할 수 있다. 또한 주택담보대출을 상환한 후에도 투자를 하거나, 휴가를 가거나, 텔레비전을 사는 등 원하는 일을 할 수 있다.

다음은 타당한 결정을 내리기 위해 해야 하는 일이다.

1. 신용점수를 확인하라

점수가 높을수록 주택담보대출의 이자율이 낮아진다. 점수가 낮으면 높아질 때까지 기다리는 편이 나을 수 있다. 신용이 좋으면 전체 비용이 낮아질 뿐 아니라 매달 상환하는 금액을 줄일 수 있다. myfico.com에서 구한 다음 표는 22만 달러를 30년 동안 고정금리로 대출할 경우 신용점수에 따라 달라지는 월 상환액과 총 이자를 보여준다.

신용점수가 주택담보대출에 미치는 영향			
피코FICO 점수	연이자율	월 상환액(달러)	총 이자(달러)
760-850	4.18%	1,073	16만 6,378
700-759	4.402%	1,102	17만 6,696
680-699	4.579%	1,125	18만 5,021
660-679	4.793%	1,153	19만 5,200
640-659	5.223%	1,211	21만 6,022
620-639	5.769%	1,287	24만 3,146

이자율은 시간이 지남에 따라 바뀐다. 최신 수치는 '피코 대출 이자 절감액 계산기'를 검색하라.

2. 계약금은 최대한 많이 내라

전통적으로는 집값의 20%를 계약금으로 낸다. 금액이 부족하면 대출자가 월 상환액을 내지 못하는 경우에 대비하는 보증보험에 가입해야 한다. 보증보험료는 대개 대출액의 0.5%에서 1%에 연 수수료를 더한 금액이다. 계약금을 많이 낼수록 보증보험료가 줄어든다. 적어도 집값의 10%를 계약금으로 낼 수 없다면 집을 살 생각을 하지 마라. 집값의 10%도 없는데 어떻게 대출금을 상환하고 유지비, 세금, 보험료, 가구 구입비, 개조비를 댈 것인가? 뻔하다. 계약금을 마련하기 위한 저축 목표를 세우고 거기에 도달할 때까지는 집을 살 생각도 하지 마라.

3. 집을 사는 데 드는 총 비용을 계산하라

차나 휴대폰을 사러 갔다가 광고에 나온 가격보다 훨씬 비싸다는 사실을 알게 된 적이 있는가? 나는 그런 적이 있다. 그래도 대개 이미 사

집값은 항상 오른다(혹은 '집값은 10년마다 두 배로 뛴다')
사실이 아니다. 물가상승률과 세금, 다른 비용을 감안하면 집값은 오르지 않
았다. 겉으로 드러나는 금액을 보면 오른 것 같지만 이면을 살펴야 한다.

레버리지 투자로 돈을 불려야 한다

주택보유자들은 종종 레버리지를 부동산의 주된 혜택이라고 말한다. 다시 말해서 2
만 달러만 계약금으로 내고 10만 달러짜리 집을 산 경우 집값이 12만 달러로 오르면
사실상 돈을 두 배로 불린 셈이다. 안타깝게도 레버리지는 집값이 떨어질 경우 반대로
작용할 수도 있다. 집값이 10% 떨어지면 자산의 10%만 줄어드는 것이 아니다. 중개
료, 부대비용, 새 가구 구입비, 다른 비용을 감안하면 20% 정도가 줄어든 것이다.

주택담보대출 상환금은 세금 공제 혜택을 받으므로 돈을 많이 아낄 수 있다

이 부분은 대단히 조심해야 한다. 세금 공제 혜택은 좋지만 사실 집을 사지 않았다면
나가지 않았을 지출에 대해 세금을 아끼는 것일 뿐이다. 관리비, 개조비, 보험비 등을
따지면 집을 보유한 데 따른 지출은 임대하는 데 따른 지출보다 훨씬 크다.

려고 마음먹었기 때문에 그냥 샀다. 그러나 집은 단위가 워낙 크다 보
니 뜻밖의 비용이 상당한 액수에 이를 수 있다. 가령 예기치 못한 비용
으로 매달 100달러가 나간다면 구매를 취소할 것인가? 당연히 아닐 것
이다. 그러나 이 사소한 비용은 30년의 대출 기간에 걸쳐 3만 6,000달
러로 불어난다. 게다가 그 돈을 투자하지 못한 데 따른 기회비용까지 발
생한다. 모든 수수료와 비용을 포함한 부대비용은 대개 집값의 2%에서
5% 사이다. 따라서 집값이 20만 달러라면 1만 달러가 된다. 이상적으
로는 집을 사는 데 드는 총 비용이 연 소득의 3배를 크게 넘기지 말아야

한다는 점을 명심하라. (빚이 없다면 약간 무리해도 괜찮다.) 또한 보험료, 세금, 관리비, 개조비를 감안하는 것을 잊지 마라. 이 모든 비용이 약간 부담스럽게 느껴진다면 집을 사기 전에 잘 조사해야 한다. 부모나 다른 주택보유자에게 생각지 못한 비용에 대해 물어보거나 '주택 구매 시 발생하는 뜻밖의 비용'을 검색해보라.

4. 가장 보수적이고 따분한 대출을 받아라

나는 30년짜리 고정금리 대출을 좋아한다. 물론 15년짜리 대출보다 이자는 더 많이 내야 한다. 그러나 30년짜리 대출은 30년 동안 상환하거나 원하는 경우 상환액을 늘려서 더 일찍 청산할 수도 있어 유연하다. 하지만 중도 상환은 하지 않는 편이 낫다. 〈컨슈머 리포트〉는 한 달에 100달러를 추가로 상환하는 경우와 그 돈을 수익률이 8%인 인덱스 펀드에 투자하는 경우를 비교했다. 20년에 걸쳐 따져본 결과, 펀드에 투자하는 쪽이 항상 더 이득이었다. 기사에 따르면 "집을 오래 보유할수록 중도 상환이 더 나은 선택이 될 가능성이 줄어든다."

5. 정부 혜택을 확인하라

정부는 국민이 첫 주택을 쉽게 장만할 수 있기를 바란다. 그래서 많은 주 정부와 시 정부는 첫 주택구입자들에게 여러 혜택을 제공한다. 당신이 사는 지역에 어떤 제도가 있는지 확인하라. 직접 물어보라. 그럴 만한 가치가 있다. 끝으로 지역 신용조합, 동문 모임, 교사 단체 등 당신이 속한 조직에서 제공하는 혜택도 확인하라. 특별 저금리 주택담보대출을 받을 수 있을지도 모른다. 혹시 모르니까 코스트코 회원인지도 확인하라(코스트코는 회원에게 특별 금리를 제공한다).

6. 인터넷에서 집값을 비교하라[*]

zillow.com이라는 사이트에 대해 들어본 적이 있을 것이다. 이 사이트는 미국 전역에 걸쳐 집값에 대한 풍부한 데이터를 제공한다. 또한 redfin.com과 trulia.com도 확인하라. 이 사이트들은 과세 기록과 거주지 평가를 비롯하여 주택 구매와 관련된 여러 정보를 제공한다. 보험에 대해서는 insure.com에 들어가서 보험료를 비교하라. 그리고 현재 가입한 자동차보험 회사에 전화해서 주택보험까지 가입하면 할인을 해주는지 물어라.

목돈이 들어가는 일에 대비하는 법

지금까지 결혼, 자동차 구입, 주택 구입에 대해 살폈다. 그러나 목돈이 필요한데도 사람들이 미리 대비하지 않는 다른 일도 많다. 아이를 갖는 걸 생각해보라! 문제는 앞서 살폈듯이 미리 대비하지 않으면 결국 훨씬 많은 비용이 들어간다는 것이다.

다행인 점은 앞으로 목돈이 들어갈 거의 모든 일을 예측하고 대비하는 방법이 있다는 것이다.

1. 비용을 현실적으로 따지지 않다가 나중에 어쩔 수 없이 받아들이는 경향을 인정하라

지금까지 이 책을 읽었다면(그리고 나의 조언을 절반이라도 따랐다면) 아마

---

[*] 우리나라의 경우 네이버 부동산이 대표적인 집값 비교 사이트이다. 다만, 네이버 부동산을 통해 올라온 매물들 중에는 허위매물, 실제 거래되는 금액과 다른 매물들이 종종 있으니 참고용으로만 사용하고, 해당 지역에 있는 부동산 중개업소에 직접 방문할 것을 권한다.

95%의 사람들보다 재테크를 잘할 것이다. 그래도 여전히 실수를 저지를 것이다. 아마 결혼식 비용은 당신이 계획한 것보다 더 많이 들 것이다. 집을 살 때 감안하지 않은 비용이 발생할 것이다. 이런 현실을 부정하는 것은 최악의 접근법이다. 문제를 인정하고 차분하게 앉아서 향후 10년 동안 중요한 일에 들어갈 비용이 얼마일지 현실적으로 따져 보라. 냅킨에 해도 된다. 완벽할 필요는 없다. 20분만 투자하여 어떤 결과가 나오는지 보라.

2. 자동 저축 계획을 세워라

중대한 일에 대비하여 예산을 미리 마련하라는 나의 조언을 따를 사람은 거의 없을 것이다. 그래서 자동 저축 계획(295쪽)이라는 지름길로 갈 것을 권한다. 당신이 결혼식에 3만 5,000달러, 차에 2만 달러, 첫 아이를 키우는 데 2년 동안 2만 달러를 쓴다고 가정하라. 여기에 당신이 사는 도시에서 집을 살 때 일반적으로 내는 계약금도 필요하다. 그다음 얼마를 저축해야 하는지 파악하라. 당신이 25세고, 3년 후에 차를 사고 결혼을 한다면 $45,000/36개월=$1,250/월이 된다. 안다. 한 달에 1,000달러가 넘는 돈이다. 그만한 형편이 안 될 수 있다. 그래도 이 사실을 나중에 아는 것보다는 낫다. 이제 300달러는 저축할 수 있을지 자문하라. 가능하다면 앞으로 300달러라도 더 저축해야 한다.

3. 모든 것에서 최고를 가질 수 없으니 우선순위를 정하라

우선순위는 필수다. 앞서 말한 대로 인간의 본성은 결혼을 하고 첫 집을 살 때 최고만을 원하기 마련이다. 이런 현실을 인정해야 한다. 또한 모든 것에서 최고를 가질 수 없다는 사실도 인정해야 한다. 결혼식에서 필레 미뇽을 대접하고 술과 음료를 무료로 제공하고 싶은가? 마당이 있고, 학군이 좋은 지역의 집을 원하는가? 각 항목의 비용을 나열해 보면 예산에 맞추기 위해 무엇을 포기해야 하는지 정확하게 알 수 있다. 이렇게 하지 않으면 아무것도 포기할 필요가 없는 것처럼 보인다. 그래서 사람들이 엄청난 빚을 지게 되는 것이다.

중요치 않은 항목에 대해서는 구걸하든, 빌리든, 훔치든 돈을 아껴라. 결혼식을 치를 장소가 중요하다면 돈을 들여라. 대신 의자, 식기, 꽃은 저렴한 것으로 골라라. 차를 살 때 선루프를 포기하고 원하는 모델을 사라. 그리고 무엇을 하든 목돈이 들어가는 물건은 지독하게 협상하라. 이 부분에서는 미리 계획하면 시간이 돈을 대신할 수 있다.

나눔: 일상 너머로 목표를 격상시키기

대부분 매일 돈 문제와 씨름하다가 전혀 진전을 이루지 못한 채 평생을 보낸다. 그들은 "왜 300달러나 하는 재킷을 샀지?", "회원 탈퇴를 한 줄 알았는데"라고 한탄하기 바쁘다. 하지만 이 책에 나오는 단계를 밟았다면 이런 기본적인 문제에서 벗어났을 것이다. 이제 당신의 여러 계좌는 자동으로 맞물려 돌아간다. 당신은 매달 유흥비로 얼마를 쓸 수 있고, 얼마를 저축해야 하는지 안다. 문제가 생기면 시스템을 확인하여 비용을 줄여야 할지, 돈을 더 벌어야 할지, 생활방식을 바꿔야 할지 쉽게 알 수 있다. 시스템에 모든 정보가 있다.

이제는 일상 너머로 목표를 격상시킬 때다. 대다수 사람들은 돈 걱정에 얽매여서 풍족한 삶을 생각지 못한다("이 빚만 갚았으면 좋겠어"). 하지만 당신은 돈을 활용하여 좋아하는 일을 한다는 더 큰 목표를 세울 수 있다.

나는 성공하는 데 도움을 준 공동체에 베푸는 것도 풍족한 삶의 일부라고 생각한다. 무료급식소에서 자원봉사를 하거나 가난한 아이를 후원하는 등 사회에 기여하는 여러 방법이 있다. 부자가 아니어도 가진 것을 나누는 일은 가능하다. 100달러라도 도움이 된다. 펜슬스 포 프로미스Pencils for Promise 같은 단체를 통해 가난한 개발도상국에 직접 도움을 줄 수 있다. (나는 이 책의 커뮤니티가 펜슬스 포 프로미스를 위해 30만 달러가 넘는 기부금을 모았다는 사실이 자랑스럽다. 이 돈은 전 세계 빈곤 지역에 사는 아이들을 위해 13개의 학교를 짓는 데 사용되었다.) 혹은 모교, 지역 도서관, 환경단체 등 당신에게 의미 있는 곳에 기부할 수 있다. 돈이 넉넉지 않다면 종종 돈보다 귀한 시간을 기부하라.

생각해보면 자선활동은 이 책이 제시한 원칙을 그대로 따른다. 가장 간단한 단계를 통해 일단 시작하는 것이 중요하다는 원칙 말이다. 기부하거나 봉사할 곳을 골라라. 부자가 아니어도 투자할 수 있듯 부자가 아니어도 자선활동을 할 수 있다.

요점은 이제 당신은 다른 사람들이 거의 갖추지 못한 재테크 시스템을 갖췄다는 것이다. 그래서 바쁜 일상을 넘어서는 수준으로 목표를 격상시킬 수 있다. 작년에 다른 사람들을 위해 당신이 한 가장 큰 일은 무엇인가? 올해는 무엇이 될까?

이 책을 통해 내가 바라는 것이 하나 있다면 당신이 의식적 지출의 대가가 되는 것이다. 그리고 그 능력을 활용하여 주위 사람들을 돕는 것이다. 도움이 필요한 아이에게 조언을 해줄 수도 있고, 장학금을 만들 수도 있으며, 그냥 무료로 친구들에게 재테크를 가르쳐줄 수도 있다. 이제 당신은 최고 수준의 투자 지식을 갖췄다. 또한 단기 목표를 위해 돈을 관리하는 수준을 넘어 풍족한 삶을 일구고 다른 사람들과 부를 나누는 방법을 전략적으로 생각할 수 있다.

이 책을 영화로 만든다면 이 대목에서 비가 내리고 배경음악으로 바이올린이 연주되는 가운데 한 젊은 병사가 한 줄기 눈물을 흘리는 늙은 장군에게 경례를 할 것이다.

당신 그리고 다른 사람들을 위한 풍족한 삶

내가 목표를 이뤘다면 이 책의 끝은 당신이 열어갈 풍족한 미래의 시작일 것이다. 우리는 돈이 풍족한 삶의 전부가 아니라는 사실을 안다. 또한 수많은 주위 사람이 돈에 대해 확고한 의견을 가졌지만, 막상 돈을 관리하는 방법은 모른다는 사실을 안다. 그리고 (특히 자동화된 경우) 의식적 지출이 재미있을 수도 있다는 사실을 안다. 그러나 돈을 굴리는 방법을 안다고 해서 끝나는 것이 아니다. 풍족해지는 법을 모르는 사람이 너무나 많다. 부는 명문대 졸업생이나 복권 당첨자만 누릴 수 있는 신비로운 것이 아니다. 누구나 부자가 될 수 있다. 단지 당신에게 부가 어떤 의미를 지니느냐의 문제일 뿐이다. 당신은 그 의미를 안다. 돈은 풍족한 삶의 작지만 중요한 요소다. 당신이 살아가야 하는 삶은 도표 밖에 있다. 당신은 돈을 활용하여 도표 밖에서 풍족한 삶을 설계하는 법을 안다.

부탁이 하나 있다. 이 책에 나오는 내용을 친구들에게 전파하여 그들이 목표에 집중하도록 도와줄 수 있겠는가? 풍족한 삶은 돈을 넘어서는 것이다. 풍족한 삶은 자신이 돈을 관리하는 데서 시작하여 다른 사람들도 부유해지도록 돕는 일로 이어진다.

당신이 돈을 더 벌 수 있도록 보너스 자료를 나누고 싶다. iwillteachy-
outoberich.com/bonus에서 그 자료를 구할 수 있다.

끝으로 이 책에서 배운 것이 있다면 무엇인지 이메일(ramit.sethi@iwill-
teachyoutoberich.com)로 알려주기 바란다. 당신의 목소리를 듣고 싶다.

감사의 글

누구도 혼자 힘으로 책을 쓸 수 없다. 나의 경우에 이 책은 찾기 힘든 데이터를 찾아준 자료조사원들, 내가 책을 쓰는 동안 회사를 운영한 팀원들, 재테크에 대한 이야기를 들려준 독자들, 나를 뒷받침해준 가족들 그리고 이 책에 생명을 불어넣은 편집자와 디자이너들의 도움을 받았다.

끝으로 이 책이 완성되기까지 도움을 준 모든 사람에게 감사드리고 싶다. 내가 생각할 수 있는 모든 주제에 대한 정보를 항상 웃는 얼굴로 찾아준 자료조사원, 크리스 닐Chris Neal에게 감사드린다. 팰리세이즈 허드슨 파이낸셜 그룹Palidsades Hudson Financial Group 소속 재무설계사로 최종 사실 확인을 해준 에릭 미어만Eric Meermaan과 폴 제이콥스Paul Jacobs에게 감사드린다. 제1판을 위해 자료 조사를 해준 제프 쿠오Jeff Kuo에게도 감사드린다.

워크맨 출판Workman Publishing의 내 친구들, 애나 쿠퍼버그Anna Cooper-berg, 올랜도 아디아오Orlando Adiao, 모이라 케리건Moira Kerrigan, 레베카 칼리슬Rebecca Carlisle, 라시아 몬데시르Lathea Mondesir에게 감사한다.

오랫동안 담당 편집자로서 부드럽게 다음 원고가 언제 준비되는지 묻는 데 도가 튼 마곳 헤레라Margot Herrera에게도 당연히 감사드린다.

내게 훌륭한 모범이 되어준 나의 가족, 프랍 세티Prab Sethi와 닐람 세티Neelam Sethi, 로이Roy와 트리샤Tricia, 나지나Nagina, 이브라힘Ibrahim, 라치Rachi, 하지Haj, 니키Nikki, 카를로스Carlos 그리고 아이들에게 감사한다.

끈기, 도덕, 노력에 대해 가르쳐준 나의 멘토와 스승들에게 깊은 감사의 말을 전한다. 그리고 재미있는 이야기를 끝없이 제공해준 친구들에게 고마운 마음을 전한다. 나의 에이전트 리사 디모나Lisa DiMona에게도 감사한다. 우리가 또 해냈어요!

무한한 인내심으로 모든 단계에서 나를 뒷받침해준 아내, 카스에게 감사드린다.

끝으로 나의 새 독자들에게 감사드린다. 이 책이 풍족한 삶을 설계하는 데 도움이 되기를 바란다.

부자 되는 법을 가르쳐 드립니다

2019년 12월 25일 초판 1쇄 발행
2022년 2월 17일 초판 13쇄 발행

지 은 이 | 라밋 세티
옮 긴 이 | 김태훈
펴 낸 이 | 김정수, 강준규

책임편집 | 유형일
마 케 팅 | 추영대
마케팅지원 | 배진경, 임혜솔, 송지유, 이영선

펴 낸 곳 | ㈜로크미디어
출판등록 | 2003년 3월 24일
주   소 | 서울시 마포구 성암로 330 DMC 첨단산업센터 318호
전   화 | 02-3273-5135 FAX | 02-3273-5134
편   집 | 070-7863-0333
홈페이지 | http://www.rokmedia.com
이 메 일 | rokmedia@empas.com

값 19,800원
ISBN 979-11-354-5506-3 (03320)